本书是教育部重大课题攻关项目"大众传媒在文化建设中的功能和作用机制研究"阶段性成果，由项目经费资助出版。

董天策　著

学理三棱镜:媒介批评文集

中国社会科学出版社

图书在版编目(CIP)数据

学理三棱镜:媒介批评文集/董天策著. —北京:中国社会科学
出版社,2020.1
ISBN 978 - 7 - 5203 - 6054 - 8

Ⅰ.①学… Ⅱ.①董… Ⅲ.①传播媒介—文集 Ⅳ.①G206.2 - 53

中国版本图书馆 CIP 数据核字(2020)第 034472 号

出 版 人　赵剑英
责任编辑　陈肖静
责任校对　刘 娟
责任印制　戴 宽

出　　版　中国社会科学出版社
社　　址　北京鼓楼西大街甲 158 号
邮　　编　100720
网　　址　http://www.csspw.cn
发 行 部　010 - 84083685
门 市 部　010 - 84029450
经　　销　新华书店及其他书店

印　　刷　北京明恒达印务有限公司
装　　订　廊坊市广阳区广增装订厂
版　　次　2020 年 1 月第 1 版
印　　次　2020 年 1 月第 1 次印刷

开　　本　710 × 1000　1/16
印　　张　27.25
字　　数　352 千字
定　　价　128.00 元

目 录

三　公共言论与价值理性

四　媒介事件与新闻炒作

八　媒介伦理与传播法规

九　新闻评奖与作品得失

自序 一个新闻传播学人的
媒介批评实践

　　1995 年，《现代传播》刊发关于 "媒介批评" 的文章，明确提出 "媒介批评" 的概念，拉开国内媒介批评研究的序幕。研究肇始，有学者把英文的 media criticism 表述为 "传媒评论" 或 "传媒批评"，但普遍的表述还是 "媒介批评"。研讨兴起不久，就有学者提出宏大的学术目标：建立 "媒介批评学" 或 "传媒评论学"。经过数年努力，刘建明著《媒介批评通论》、王君超著《媒介批评：起源·标准·方法》在 2001 年先后出版，成为国内媒介批评研究的概论性著作，努力揭示媒介批评作为一个学术领域的基本样貌。

　　媒介批评研究兴起之前，媒介批评实践已在国内展开，只不过不叫 "媒介批评"，而叫 "报刊审读" 或 "新闻阅评"。大约从 1989 年开始，各省、直辖市、自治区陆续开展 "报刊审读" 工作，到 1996 年前后，各省、直辖市、自治区纷纷成立专门的 "新闻阅评" 机构。这就是说，当学界开展 "媒介批评" 研究之时，"报刊审读" 或 "新闻阅评" 已作为一种中国特色的媒介批评实践而普遍开展起来，主要目的是加强传媒管理，加强舆论导向。除了这种作为管理手段的 "报刊审读" 或 "新闻阅评"，学界独立的媒介批评实践也陆续展开。譬如李希光、刘康等著《妖魔化中国的背后》（1996 年）、《妖魔化与媒体轰炸》（1999 年），张锦力著《解密中国电视》（1999 年），李幸著《告别弱智:点击中国电视》(2000 年)等著作的出版,都受到业界与学界的关注。①

因此,20 世纪 90 年代到 21 世纪初,作为话语实践的媒介批评(即"媒介批评实践")与作为学术研究的媒介批评(即"媒介批评研究")已在国内先后登场,成为新闻传播业界与学界共同关注的一个新兴领域。在我看来,这时的媒介批评已走向自觉。只有对媒介的批评成为一个独立言说系统,一方面对媒介批评实践开展理论研究,另一方面又在媒介批评理论的指导下进行媒介批评实践,两者相互促进,相得益彰,媒介批评才真正走向自觉。相对于自觉的媒介批评,则是自发的媒介批评,这是一种事实上形成了媒介批评实践而尚未形成明确的媒介批评观念及其理论研究的状态。这种状态是媒介批评自觉的必要基础与必经阶段。中国自发的媒介批评实践,早在清末民初已经形成。对此,我指导的博士生胡丹在学位论文《清末民初知识分子与媒介批评研究》中已做过专门研究,阐明中国媒介批评起源于或者说"生成"于清末民初,集中体现在维新变法时期、辛亥革命前后、五四时期几个历史时段。②

那么,究竟什么是媒介批评呢?这自然是一个见仁见智的问题,不同的学者有不同的界定。我曾说过:在学术的意义上,"批评"是一个中性的概念,指对事物的是非、善恶、美丑、得失作出的分析、判断、评论。因此,所谓媒介批评,就是对媒介的是非、善恶、美丑、得失作出的分析、判断、评价,本质上是一种价值评判,一种评价意见。这种分析判断或价值评判,可能是对媒介现实的某些问题提出质疑,加以抨击,乃至否定;也可能是对媒介现实的某些做法总结经验,加以肯定,倡导推广。换言之,媒介批评既可以是否定性的批评,也可以是肯定性

---

① 董天策、胡丹:《中国内地媒介批评论著十年扫描》,《山西大学学报》(哲学社会科学版)2011 年第 2 期。

② 董天策:《中国媒介批评的发生学研究成果——评〈清末民初知识分子与媒介批评研究〉》,《新闻界》2015 年第 19 期。

的评价。当然，对于缺乏媒介批评传统的当代中国来说，适当强调媒介批评的否定性指向，加强对媒介现实中各种问题的分析、评论、批判，对于促进传媒业的健康发展具有十分重要的现实意义。①

媒介批评究竟要批评什么？或者说媒介批评可以从哪些方面着手、在哪些层面展开？这是必须明确的问题。我的看法是："媒介"不仅意味着信息传播的载体，而且意味着信息传播的产品，还意味着媒介与社会的关系。唯其如此，作为一种话语实践的媒介批评，主要在五个层面展开：一是文本层面的媒介批评，针对新闻与广告等媒介产品展开；二是行为层面的媒介批评，针对媒介活动中传播主体的传播伦理展开；三是现象层面的媒介批评，针对某种带有普遍性的媒介现象展开；四是体制层面的媒介批评，针对媒介体制问题展开；五是文化层面的媒介批评，针对媒介文化问题展开。②

媒介批评的这五个层面，构成了媒介批评的主要领域，展现了媒介批评的巨大空间。大体上，媒介文本/产品批评、媒介行为/伦理批评、媒介现象批评，是媒介批评的基本领域或核心领域，国内的媒介批评主要在这几个领域展开。媒介体制批评，是媒介批评的特色领域，因为媒介是体制化的存在，与社会制度密切相关，社会制度决定媒介体制。所以，媒介体制批评是对媒介的深层次批评，欧美批判学派的批判对象主要就是媒介体制。至于媒介文化批评，则与文学批评、艺术批评、影视批评等类型的批评存在着较大的关联。面对媒介所传承的大众文化，如果分别从文学、艺术、影视的角度，就其美学特质、文艺规律、艺术成就等内涵展开批评，仍旧分别属于文学批评、艺术批评、影视批评的范畴；如果侧重从媒介文化的生产与传播及其社会影响来展开批评，则成

① 董天策：《媒介批评的空间》，《中外媒介批评》第 2 辑卷首语，暨南大学出版社 2010 年版。

② 同上。

为媒介文化批评,或者说成为"文化研究"。这样,媒介批评的媒介体制批评、媒介文化批评两个层面,就与传播学的批判学派以及跨学科的文化研究,具有某种交融的性质。

我对媒介批评的关注,缘起于媒介批评实践。1999年5月,《珠海市新闻舆论监督办法(试行)》出台。当时我在四川大学文学与新闻学院任教,成都一家报纸前来采访,我谈了自己的看法。等报道出来,觉得不够充分,就把自己的看法写成一篇小文《为珠海出台舆论监督〈办法〉叫好》投给《新闻知识》,该刊1999年第9期作为卷首语刊出。本来,自己的学术定位是做理论研究,这篇小文刊出后忽然醒悟,这不就是媒介批评吗?2000年春,应四川省广播电视厅、广播电视学会邀请,参加当年四川广播电视新闻奖评选,在评选会结束之际,负责人要我代表学界做个总结,仓促间拟个提纲就讲了一通,然后整理成一篇小文《强化新闻特性,提高宣传水平——1999年四川年度电视新闻奖评审观感》发表在《新闻界》,让我对媒介批评有了更深切的感受。

还有一件事加深了我对媒介批评的认识。也是1999年,《华西都市报》首任总编辑席文举先生找到我,希望我组织川大研究生为其每日出刊的内部《业务交流》撰写报评,就当天《华西都市报》的优缺点展开批评,或者就该报与其他报纸的得失进行比较。我觉得这是培养研究生独立思考精神和批判分析能力的好机会,就爽快应承下来。那时,川大新闻传播学研究生尚未开设"媒介批评研究"之类的课程,我就在"新闻理论研究"课布置了平时作业:每个研究生必须在课程结束时提交发表在《业务交流》上的数篇报评文章,并附上数百字的个人总结,作为平时成绩。1999级和2000级两个年级的研究生试验下来,我发觉效果很好。根据学生的自我总结,2001年我写了一篇教研文章,把研究生写作报评的成效归纳为四个方面:第一,改变了学生认为理论无用的偏见,使其体会到理论对实践的指导作用;第二,培养了学生审视媒介的专业眼光，使其深化了对新闻业务的感性认识和理性思考；第三，促进了学生对各种知识的融会贯通，使其提高了运用理论来分析、解决问题的能力；第四，激发了学生对理论学习的热情，特别是使学生养成理论联系实际、独立分析问题的自觉性。①

从此以后，在研究生培养过程中，我一直比较注重让研究生撰写媒介批评文章，作为培养其批判意识、分析问题、研究学术的一个入门路径。作为教师，自然不能光说不练，自己也时不时撰写或者与研究生合写一些媒介批评文章。转眼之间，就到了2019年，屈指一算，距离我撰写第一篇媒介批评文章恰好20周年。2019年暑假，对自己撰写的媒介批评文章略加盘点，且不算为《同舟共进》杂志撰写的八九十篇刊物点评，也不算为广州市委宣传部撰写的七八十篇《广州日报》阅评报告，单是在专业期刊公开发表的就有好几十篇。忽然动了一个念头，何不把这些媒介批评文章结集出版？于是乎，来回翻拣，挑选出50篇文章，分成九个专题，即新闻真实与专业操守，言论空间与评论特色，公共言论与价值理性，媒介事件与新闻炒作，公共事件与舆论监督，人文精神与价值导向，媒体发展与业务创新，媒介伦理与传播法规，新闻评奖与作品得失，编成这本《学理三棱镜：媒介批评文集》。

书稿编成，一个问题涌上心头。媒介批评文章结集出版，意义或价值何在？众所周知，媒介批评文章总是针对某种现象、某个问题而作，具有相当强的时效性。过了一段时间，还有什么意义或价值呢？详加审视，自以为这些文章主要是针对富有理论性的问题而写，具有较强的学理性，或许有助于相关理论问题的探讨。我说过，媒介批评是一种往返于理论与实践之间的学术活动。一方面，媒介批评是对鲜活的媒介现实进行学理审视，剖析、判断、评价其利弊得失，为业界提供有价值的参考意见，帮助业界弘扬优势，正视问题，修正错误，从而促进传媒业的

① 董天策：《媒介批评：新闻教育理论联系实际的有效途径》，《新闻界》2001年第4期。

健康发展；另一方面，媒介批评所发现的问题，所进行的分析，所阐明的学理，所提出的对策，又可以为新闻传播学研究添砖加瓦，或储备素材，或增添新说，或完善旧说，或更新观念，从而推进新闻传播学的不断深化乃至重构。在此意义上，媒介批评可以深化新闻传播学术研究。① 这也许是文集可以出版的一个主要理由。

　　这本文集的写作时间历经二十年：从大的方面说，在一定程度上反映了从 1999 年至 2019 年新闻传播业发展历程中某些值得关注的问题、值得总结的经验与教训，对于科学认识或把握这段传媒历史提供了某些具体的思考片断；从小的方面说，在很大程度上体现出本人撰写媒介批评文章的历史轨迹与致思路径。此外，学界对媒介批评的理论研究比较重视，新的专著和教材不断出现；而对媒介批评的话语实践似乎热情不够，专门的文集尚不多见。对于越来越重视媒介批评教学的新闻传播学本科生和研究生来说，媒介批评文集还不如媒介批评研究著作好找。于是乎，敝帚自珍，仿佛又增加了文集可以出版的理由。

　　需要说明的是，这本文集的有些篇章是跟研究生（写稿时在读）合作撰写的，已在文末分别标出研究生姓名。合写的文章，不论是先由我提出写作任务与框架，还是先由研究生提出写作任务、共同讨论写作框架，大都数易其稿，由我最后删定。因此，文中这样或那样的问题，主要由我负责。这次编辑成书，对文章的某些词句作了必要的修改与适当的润色，特别是按照 2012 年 6 月 1 日实施的新版《标点符号用法》国家标准统一了某些标点符号的使用，力求行文更加自然流畅而规范，庶几使文章的事（现象、问题）、理（道理、学理）、文（辞章、文采）达到有机的统一。当然，至于是否达到这样的境界，只有留给读者批评指正了。

──────────

① 唐金凤：《加强媒介批评，促进传媒发展，深化新闻学术——访暨南大学新闻与传播学院常务副院长董天策教授》，《今传媒》2011 年第 3 期。

　　我对媒介批评的基本观点，比较集中地体现在《今传媒》杂志记者 2011 年对我做的专访①中，因此我把这篇专访作为代跋放在文集最后，以便读者对媒介批评的基本理念有一个大致了解。十分抱歉的是，这篇专访提到我在暨南大学工作期间曾组织过两届全国媒介批评学术会议，编辑出版过两辑《中外媒介批评》，当时本来打算将两方面的工作，以及本人对媒介批评的理论研究，持之以恒地开展下去。奈何2012 年底调入重庆大学新闻学院就任院长，随工作变动带来工作重心的调整，加上传媒业本身的历史性变革，曾经的媒介批评学术计划基本上付诸东流！最近这几年在媒介批评领域继续开展的工作，只是收入本文集的若干篇媒介批评文章。其中甘苦，如鱼饮水，冷暖自知！

董天策

2019 年 9 月 20 日于重庆大学新闻学院

---

① 唐金凤：《加强媒介批评，促进传媒发展，深化新闻学术——访暨南大学新闻与传播学院常务副院长董天策教授》，《今传媒》2011 年第 3 期。

一

新闻真实与专业操守

专业操守与理性精神不可或缺

——从"习总打的"假新闻谈起

"习总打的"是 2013 年 4 月轰动一时的假新闻。从刊出后迅即引起人们的广泛关注与普遍称赞，到新华网核实为假消息及《大公报》发布致歉声明，都发生在 4 月 18 日一天之内。"习总打的"究竟是真是假让人感到疑惑，引起种种猜测，网络舆论沸沸扬扬，莫衷一是。我以为，这是一个相当典型的媒体案例，值得从专业角度加以认真探讨，做出比较有学理性的剖析。

一 "习总打的"的报道内容与传播效应

不妨简要回顾一下"习总打的"的报道内容与传播效应。2013 年 4 月 18 日，香港《大公报》刊发《北京"的哥"：习近平总书记坐上了我的车》，报道北京出租车师傅郭立新 3 月 1 日的载客奇遇，说当晚 7 点多钟，他把习近平从鼓楼西大街载到钓鱼台大酒店。习近平仅带一名随从人员，自己坐在副驾驶座位，反而让随从坐后排。在 8.2 公里、26 分钟的路程中，北京"的哥"与习总书记聊污染、聊收入、聊政策，最后请求并得到习近平"一帆风顺"的题赠。

报道一经刊出，立即成为各大网络媒体的头条，引发广大网民热议。新华网"舆情在线"监测表明，网易转载中国证券报《媒体称习近平"微服私访"晚高峰在北京打的》，腾讯微博《习主席微服私访在北京打的》，新华网发展论坛《零距离接触！习近平微服私访，坐出租被司机认出》，凤凰博客《习近平微服私访高峰打的为哪般》，都纷纷成为当日最热的热点新闻、热门微博、论坛热帖、热点博文。与此同时，一大批网络评论迅速发表，诸如《总书记街头打车"微服私访"体察民情》《习近平街头"打的"不只令的哥惊喜》《习总书记"微服打车"给谁做了榜样?》《透视总书记"打的"中的民生情怀》《习总书记街头打的预示哪些政策风向?》等，纷纷对"习总打的"进行解读。

正当网络热议之际，遭遇当头棒喝。当天 17 时 42 分，新华网发稿："4 月 18 日香港大公报刊登的《北京的哥奇遇：习总书记坐上了我的车》一文，经核实，此报道为虚假新闻。"17 点 55 分，《大公报》发表致歉声明："《大公报》4 月 18 日刊发了《北京"的哥"：习近平总书记坐上了我的车》一文。经核，此为虚假消息，对此我们深感不安和万分遗憾。由于我们的工作失误，出现如此重大虚假消息是极不应该的。对此我们诚恳地向读者致歉。我们将以此为鉴，用准确严谨的新闻报道反馈公众。"

按理说，新华网的核实与《大公报》的致歉发布之后，人们应当冷静而理性地对待"习总打的"这一假新闻。然而，不少人对新华网的核实与大公报的致歉却将信将疑。正如@达明的天空所说："今天是 18 号，为什么感觉还是 1 号，过着愚人节，一大早各媒体说总书记打的问民生，到晚上又说此新闻是不实的，让我对媒体不知说什么好，只能对天说：借我一双慧眼吧，让我把这世界看得清清楚楚，明明白白，真真切切。"从网上言论看，不少人宁愿相信"习总打的"是真的，或者期望是真的，甚至从网友到专业人士都持有这样一种意见，"习总打的"无论真假都有正面意义。从新闻专业的角度看，这种模棱两可的态度，对于培育媒体的专业操守与公民的理性精神，是极其不利的。

二 "习总打的"报道究竟是真还是假？

从报道本身看，报道出自香港《大公报》。《大公报》创办于1902年，迄今已有一百多年历史，是我国发行时间最长的中文报纸，也是1949年以前影响力最大的报纸之一，素来享有盛誉。采写"习总打的"报道的王文韬和马浩亮，均是资深记者。王文韬是《大公报》北京分社社长、报社社长助理，曾是新华社北京分社记者；马浩亮是《大公报》副主笔兼北京分社副总编辑、《北京观察》专栏主要撰稿人。他们采写的报道看起来相当专业，新闻要素俱全，时间、地点、人物明确，事件经过翔实生动，长达3000余字，并配有数幅图片，可谓"有图有真相"。

从新闻背景看，这一报道也让人感到是有依据的。2012年12月7日至11日，习近平总书记到广东考察工作，沿途"不封路、不清场、不扰民"，带头执行《中央政治局关于改进工作作风、密切联系群众的八项规定》，轻车简从，务实亲民，赢得一致赞扬。尤其是2013年2月8日，习近平在北京慰问农民工、一线民警、环卫工人，并到北京祥龙出租车公司听取司机们对打车难的看法，司机们争相发言，反映了"停车太难""油价也贵""交通部门应松绑"等问题。

显然，报道本身与新闻背景让人没有理由不相信这篇报道。然而，以专业眼光来看，这篇报道存在相当明显的漏洞。最大的问题，是其信息来源通篇只有一个，即"北京的哥"郭立新。这么重大的消息，为何没有采访权威部门，比如中央办公厅？再说，党和国家领导人是否可以如此随意出行？这也是一个可以检验消息真实性的问题，为何不向权威部门求证？而且，报道细节也有若干疑点。比如写在发票背面的这个"一帆风顺"并无落款，且字体与早前习近平题词差异很大；比如高级领导人通常都不会坐在副驾驶位置,而是坐在更加安全的后座;比如党和国家领导人从事外事活动的重要场所按惯例是钓鱼台国宾馆,而不是报道中所说的钓鱼台大酒店。

所有这一切,都让这篇报道的真实性存在疑问。因此,报道一出来,就有人质疑其真实性。据博文《"习总打的"假新闻的微博打假始末》所说,博主童振兴4月18日看到有关报道后,当即在大公网该新闻后两次跟帖建议核实其真实性,又在个人的新浪微博中发表若干帖子怀疑报道的真实性。遗憾的是,这种质疑不仅极其个别,而且根本没有引起关注。绝大多数媒体和民众见到《大公报》的报道,根本就没有怀疑这条新闻的真实性,以至于各大网站纷纷转载为新闻头条,引起广大网民热议。

为什么在新华网的核实与大公报的致歉刊登之后,不少人仍然宁愿相信"习总打的"是真的?坦率地说,新华网的核实与大公报的致歉给人留下了诸多想象与猜测的空间。新华网的核实只有一句话:"经核实,此报道为虚假新闻。"《大公报》的致歉,核心信息有三:一是承认此报道为虚假消息;二是说明原因是工作失误;三是表态一定要改进工作。在这里,消息究竟是如何核实的,消息究竟虚假在何处,失误究竟是如何造成的,都只是概括陈述而未做具体说明。这样的陈述,势必给人留下诸多疑问。尤其是极"左"思潮盛行年代让事实真相服从于宣传需要的阴影,加上近年来一些地方否认的传言、谣言变成遥遥领先的预言这一现实,使不少人采取一种宁可信其有而不可信其无的态度。

三 "习总打的"网络言论中的突出问题

如果说《北京"的哥":习近平总书记坐上了我的车》报道在新闻采写上不够专业,那么众多的网络言论也暴露出理性精神缺乏的深层次问题。应当说,在新华网的核实与大公报的致歉之前,一般人压根儿就没想到"习总打的"是假新闻。在这种情况下，时评写手和广大网民及时撰写有关"习总打的"的评论，阐发其现实意义，理所当然。问题在于，当新华网的核实与大公报的致歉发布之后，不少时评写手和广大网民仍将"习总打的"的真实性悬置起来，不追问事实真相，只是凭个人的想象与主观的愿望发表一些似是而非的言论。这种言论的基本观点可以概括为：无论事实真假，"习总打的"都有正面意义。

　　——即便这是一则虚假新闻，但是也从侧面反映了民众对于下情上达的强烈渴望。

　　——虽然关于习总书记"微服私访"的报道是条假新闻，但这也是社会对亲民、务实的作风呼唤。

　　——为什么要对该报道是"虚假新闻"而感到失望呢？不管报道是不是真的，我们都宁愿相信是真的，这里不仅饱含着百姓的期盼和爱戴，也符合习总书记的亲民执政作风。

　　——透过这则假新闻，笔者也至少看到了三点教人倍感振奋的地方：一是领导人面对新闻的态度，那是坦诚的坦荡的。……二是民众对领导人的热烈拥护。……三是民众对领导人的满心期待。……有此三点所得，那么，新闻是真是假，又有什么好计较在乎的呢？

显然，民众宁愿相信"习总打的"是真新闻，的确反映了民众的渴望、呼唤、期待、爱戴、拥护等丰富的意愿，这种普遍的社会心理本身也是一种客观存在的事实。诚如4月19日《联合早报》的一篇文章标题所说，"习近平打车假新闻背后是真期待，民众宁可相信是真的"。一般人因此而认为新闻是真是假不必计较，也可以说情有可原，不必深究。

不过，如果着眼于新闻传播的专业伦理与现代社会的价值理性，那么,因为"习总打的"体现了民众的真期待就不在乎其真假,像《联合早报》那篇文章那样说什么"反正,在这个神奇的国度,真真假假始终难分辨,很多东西来过、看过、思过、笑过也就过去了",却是极不负责的,不仅违背了现代新闻的专业伦理,而且违背了现代社会的价值理性。

要知道,真正有价值的评论必须建立在事实的基础上,决不能依托于子虚乌有的谣传。在此意义上,不必计较"习总打的"新闻真假的言论难道不是似是而非吗?如果媒体和公众以善良的愿望替虚假报道文过饰非,必然导致只注重自己的立场,不顾事实真相,最后高度情绪化地参与公共领域的讨论,导致非理性的民粹主义倾向,不利于人们对公共领域的理性参与。

四 总结与探讨

综上所述,"习总打的"假新闻采写及其传播过程中的经验教训,可以做如下总结:

其一,《大公报》的报道很失专业水准。如前所析,信息来源单一是其突出问题。说严重一点,单凭一个出租司机就采写如此重要的新闻,无异于把新闻等同于道听途说。而报道细节的疑点,如果事前仔细推敲,也完全可以引起对消息来源真实性的警觉。为什么资深记者也会出现如此乌龙的失误?笔者未采访当事人,不好妄加评论。但新闻采写对所报道的消息进行多方核实、深入调查,却是任何一个记者都必须努力做到的。

其二,部分网民不在乎新闻真假的言论似是而非。在新闻传播过程中,事实必须真实,评论必须建立在事实的基础上,必须以事实为依据,才能富有真知灼见,才能引领社会舆论,才能推动社会进步。在此意义上,评论决不能跑在真正的新闻前面。不管是时评写手还是广大网民，在写作评论的时候，必须对消息所报道的事实加以认真的分析与审慎的查实。

其三，媒体与网民的相同问题是过于浮躁。进入网络传播时代，似乎一切都在追求快速。为了抢新闻，不管三七二十一抢先发布或转载那些能够吸引眼球的爆炸性新闻，或是在新闻事实还没弄清楚或新闻事件还在发展过程中就迫不及待地撰写和发表评论，已经成为当下的普遍做法。于是，差错一再增加，新闻的公信力日益受到损害，加剧了整个社会的诚信危机。

其四，澄清事实真相的辟谣艺术有待提高。如前所说，新华网的核实与《大公报》的致歉相当笼统，从而造成人们将信将疑的局面。在日益开放的社会，任何辟谣或澄清，都应当充分说明事实真相，提供必要的事实细节，从而向社会释疑解惑，廓清各种猜测，达成以正视听的目的。

总之，在网络与自媒体越来越发达、信息传播越来越及时快捷、言论空间不断得以拓展的当今时代，无论是做新闻报道，还是做新闻评论，抑或澄清事实真相，都需要大力强化专业操守与理性精神。只有这样，才能切实保障公众的知情权、参与权、表达权、监督权，才能真正推进公民社会的建设，才能积极促进整个社会的现代化转型！

（原载《新闻界》2013 年第 16 期）

真实是新闻的生命
——关于"西瓜注红药水"报道的对话

受访人：董天策，暨南大学新闻与传播学院常务副院长

采访人：叶明华，暨南大学新闻与传播学院研究生

采访时间：2006 年 9 月 15 日

采访地点：暨南大学新闻与传播学院

叶明华（以下简称"叶"）：当前假新闻比较多，而且有的假得很离谱，"西瓜注红药水"就是相当典型的例子。董老师可曾注意到这个事件。

董天策（以下简称"董"）：这个事情发生在广州，我自然注意到了。2006 年 7 月，广州《信息时报》报道说：广州市民向有关部门投诉，怀疑西瓜被注入了红药水。一时间，广州市面上的西瓜无人问津。紧接着，香港几家媒体转载了这则报道，引起香港食品环境卫生署和香港消委会的重视，专门提醒香港市民提高警惕，谨防"食瓜中毒"。与此同时，"西瓜注红药水"在内地也传开了，人们看着西瓜不敢吃，导致各地市场西瓜价格暴跌。河南、湖北、山东、宁夏等地瓜农遭受不同程度的损失。后来《中国青年报》记者做了深入的调查采访，结果是："西瓜注了红药水"纯属谣言，《信息时报》记者的报道没有经过核实，报道严重失实。

一　"记者的职业道德修养、媒介的时效性竞争都会威胁到新闻的真实性"

叶：董老师，此次"西瓜注红药水"事件，为什么《信息时报》和《中国青年报》两家媒体前后报道截然不同呢？

董：7月19日，《信息时报》以"广州出现注水西瓜被注红药水根本就不能吃"为题进行报道。单就报道本身而言，其实就存在不少值得商榷的地方。我们从该报道对问题的揭示就可以看出来："买个大瓜回家吃汁多子白如嚼蜡"，"有个别不良瓜贩给西瓜注射激素"，整篇报道就这两个问题。其采访的对象也只有报料的两个市民，还有就是几个水果经销商，报道的内容也是他们的一面之词。至于情况是否属实？哪些地方的西瓜有问题？哪些地方的瓜是好的？记者没有深入调查、全面分析，没有向卫生检疫部门求证，没有听取任何专家的意见，就这样给西瓜定了性，弄出一个严重失实的报道。

《中国青年报》的报道是在一个月后，准确说是8月20日，比较全面地报道了事件的经过，以海南瓜农遭受的重大损失为由头，回顾了整个"西瓜注红药水"事件的来龙去脉。中青报的记者做了深入的调查采访：从瓜农到中国西瓜甜瓜品种鉴定委员会，到海南省西瓜协会，再到香港食物环境卫生署，都做了深入全面的采访，从而拆穿了谣言，维护了瓜农和广大消费者的权益。

叶：导致一些记者没有深入采访，没有亲临现场，没有经过全面调查了解就报道新闻的原因是什么呢？

董：原因是多方面的，简单说，我认为有两个方面：一个是主观因素，属于记者的职业道德问题。真实是新闻的生命，是新闻报道的基本准则。但是，有些记者为求时效、为求省事，没有亲临现场，没有深入调查了解，就凭感觉、凭第一印象、凭道听途说的一些信息，来做新闻报道。在这种情况下，出现和事实截然相反的虚假报道或厚此薄彼的片面报道，也就不足为奇了。

另一个是客观因素，属于新闻时效性竞争给真实性带来的挑战。随着各种新媒体，各种先进通信工具的出现，媒体之间对于新闻时效性的竞争日益激烈。有学者说媒介经济就是"眼球经济"或者说"注意力经济"，媒体为了吸引读者观众的眼球而在新闻时效性上的争夺已经白热化。为了第一时间刊登新闻，争夺眼球——注意力，新闻的真实性往往成为牺牲品。一些媒体"宁可错，不愿迟"，在新闻事实还没有确定，还有疑点，乃至还没有发生的时候，就把报道做出来了，万一出现错误，再慢慢进行修正，这种竞争态度也是导致当前新闻报道失误层出不穷的原因。

二 "记者不能单纯依靠各种先进通信工具，好新闻是要靠腿脚跑出来的"

叶：各种先进通信工具的发明使用，使得一些媒体记者为省时省力采用电话、网络进行采访，董老师对这样的采访方式有何看法呢？

董："科技以人为本"，任何一项科学技术发明都是为人类提供方便，科技本身没有好坏善恶之分，关键是看使用者怎么去用它。现代化通信手段的出现，像手机电话、网络查询，为记者的采访报道提供了便利，也提供了另一种采访选择手段，何乐而不为呢？但是，身为记者，不能单纯依靠电话、网络这样的通信工具去进行新闻采访，尤其是当新闻事实本身很复杂的时候，特别不能出于省事省力，害怕辛苦而只进行"不见面"、"不到现场"的采访。

现在确实有一种不良现象：一些媒体的记者每天就在家里、办公室里打电话、等通稿，然后在电脑上稍做修改，略加编撰就拼凑一篇新闻报道，每天也不用去采访，不用深入新闻事件的现场，不用奔波劳碌，记者当得很舒服，但是这样是写不出什么好新闻的。"离基层越近，离真理越近。"名记者黄远生告诫我们：好记者应该"脑筋能想，腿脚能奔走，耳能听，手能写"。好新闻是靠腿脚跑出来的，不是屁股坐等出来的。记者不能轻信任何人提供的任何材料，应该自己深入第一线去采访，去见证，去调查。在这次西瓜事件中，最早写出《广州市面出现注水西瓜》报道的记者黄某在接受一家媒体采访时坦言，"没有亲眼见过被注了红药水的西瓜。"可见，该报道事后造成如此恶劣的影响，和记者不实事求是，没有深入调查，没有亲自求证是分不开的。

三　"新闻采访一定要身临其境，才有发言权，才能够写好新闻"

叶：一些记者抱怨：就算是亲临现场，也不能保证写出来的报道能够十全十美，没有疏漏，董老师觉得呢？

董：这其实是另外一个问题。的确，一个记者就算是亲临现场，也不一定能写出好的报道来，因为他可能观察得不够细心，不够深入，尤其是缺乏新鲜的发现。老记者范敬宜有一首打油诗描写一些记者的工作方式："早辞宾馆彩云间，百里方圆一日还，群众声音听不着，小车已过万重山。"这是发人深省的。一些记者就算是到第一线去了，也只是蜻蜓点水、浮光掠影地转一圈，只用眼睛看，不用心思考，肯定是不行的。毛主席说过："没有调查研究，就没有发言权。"新闻采访，记者一定要身临其境，认真观察思考，才有发言权，才能写好新闻。社会现象错综复杂、盘根错节，记者没有一点问题意识，没有"打破砂锅问到底"的精神，怎么能触摸到事情的真相呢？

近年来涌现出的一些好记者，像《中国经济时报》记者王克勤，《羊城晚报》记者赵世龙，《南方都市报》记者陈锋，央视的柴静等，他们的采访都是不畏艰难，敢于"深入敌后"，用最客观的、最真实的事实或场景去打动读者，打动观众。新闻记者应该有他们这样一种排除万难、追求真相的精神。

叶： 没有经过实地采访，不是根据第一手材料写出来的报道会造成什么样的影响呢？

董： 从这次事件来看，虚假报道和片面报道造成的影响是深远的、巨大的。一些媒体的调查显示："西瓜注红药水"事件报道一个月以来，人们看着西瓜不敢吃，导致各地市场西瓜价格暴跌，河南、湖北、山东、宁夏等地瓜农遭受不同程度的损失。仅海南瓜农的损失就超过了3000万。而且经过一些海外媒体的转载，使得我国的国家形象也在一定程度上蒙受损失。如此严重的后果，或许是媒体记者做报道时所没有预料到的。

从传播学的角度来看，传统社会的谣言传播，人际传播是主要途径，也就是人与人之间的口口相传，它的影响一般只是局限在一个比较小的群体范围内。在大众传播时代，一旦大众传播媒介介入，谣言的传播速度、传播范围、影响程度就会呈几何级数递增。大众传播媒介覆盖范围广，信息影响面广，受众人数多，虚假的报道一旦刊出，就会快速地在受众中流传，即使事后纠正，也难以让虚假的消息不再扩散，而且还会使媒体的权威性、影响力大打折扣。记者是掌握着大众传播媒介的传播者，务必谨小慎微，才能避免犯不必要的错误。

四　"新闻写作一定要讲究尺度，要注意舆论导向"

叶： 采访时要亲临现场，才能够获取第一手资料，那么在写作过程中还要注意什么呢？

董： 新闻写作要把握好尺度，要注意舆论导向。"舆论导向正确，是党和人民之福；舆论导向错误，是党和人民之祸。"江泽民总书记的这句话分量很重。所谓"真理再前进一步，就成了谬误"，新闻报道也是如此，过犹不及。特别是像食品安全这样一些涉及面广、影响深远的报道，一定要慎之又慎。近年来，有关假冒伪劣商品的一些揭露报道，收到了很好的效果，保护了消费者的生命财产安全，也有助于维持正常的市场经济秩序，但也有一些报道出现了过火的势头，在舆论导向上出现一些偏差，被国外的媒体转载或别有用心的媒体添油加醋，对我国食品卫生等相关的行业造成了某种程度损害。譬如南京冠生园陈年月饼的报道，就使我国月饼出口遭受沉重的打击。

叶： 有些记者说："新闻报道尺度的把握不是一朝一夕的事情，工作时间长了，感觉就有了"，董老师怎么看待这个问题呢？

董： 新闻报道尺度的把握是一个经验积累的过程，对于同一类题材、同一行业的报道多了，也就熟悉了该类题材涉及的广度和深度，这就是所谓"外行看热闹，内行看门道"。同时，尺度把握也是一个可以积累和培养的过程。我们一直强调记者要有政治意识，这不是一句空话套话，我国的新闻媒体是党和政府的喉舌，记者要具备较高的政治素质，确保舆论导向正确。

社会主义新闻事业要求记者注重政治理论学习，注重对党的一系列路线、方针、政策的研究，并且能够理论联系实际，实事求是地看待现实的问题。有了这样的意识，记者所做的报道，才不会偏离社会主义方向，确保舆论导向正确。同时，具有较高的政治素质，往往就具备较高的新闻敏感性和新闻发现力，从纷繁复杂的社会生活中捕捉到别人没有注意到的新闻。

五　"编辑要比记者站得高，看得远，看得深，
看得透，看得全面"

叶： 业界都说：编辑是新闻媒体的"把关人"，新闻报道失实，记者有责任，编辑有没有责任呢？

董：新闻报道失误，除了记者没有深入调查研究，实事求是地进行采访报道外，编辑肯定是有一定责任的，因为他没有对记者的报道进一步核查，没有把好关，导致失实的新闻见报，对受众造成误导。新闻编辑是新闻传播过程中的职业"把关人"，要有高度的政治责任感，良好的职业道德修养和出色的业务水平，要炼就一双火眼金睛。面对诸多需要判断、取舍、整合的信息资源，要以维护国家和社会的稳定与发展为前提，以满足社会与公众的知情权为出发点，以恪守新闻真实性、客观性、公正性和全面性为原则。只有这样去编辑新闻，才能当好把关人。总之，编辑要比记者站得高，看得远，看得深，看得透，看得全面，善于发现记者没有意识到的疏漏。

（原载《新闻实践》2006 年第 10 期）

新闻摄影必须坚持真实性原则
——"荷赛获奖照片造假"事件透视

"荷赛获奖照片造假"是新闻界 2004 年春天的一个焦点性事件。当年 2 月 13 日，新浪网发布快讯：武汉晚报社摄影记者邱焰拍摄的《非典时期的婚礼》荣获 2003 年第 47 届"荷赛"日常生活类（单幅）三等奖。第二天，《武汉晚报》在头版做了大篇幅报道，并刊出获奖照片。据说邱焰得知获奖消息后非常激动，称自己第五次参赛首次获奖。高兴之余，烦恼却接踵而至。照片中的男当事人陈英和亲属获此消息，以照片侵权为由向邱焰索要赔偿，将邱焰告上法庭。4 月 5 日上午，陈英诉荷赛获奖照片造假侵权一案在武汉市江汉区人民法院开庭审理，但长达 3 小时的庭审并未作出判决。

"荷赛"，是由总部设在荷兰的世界新闻摄影基金会主办的世界新闻摄影大赛（WPP）的简称，被认为是国际专业新闻摄影比赛中规模最大、最具权威性的赛事之一。据说"在'荷赛'近五十年的历史上，获奖作品卷入官司，这还是第一次"[①]。因此，不少媒体纷纷对这场官司进行报道。4 月 29 日下午，武汉市江汉区法院再次开庭审理此案。诉讼双方都拒绝法庭的再次调解，而"新娘"的父亲正在准备材

---

① 许琛：《当新闻摄影遇上口罩》，http://www.ycwb.com/gb/content/2004-04/10/content_673378.htm。

料进行起诉。① 此后，案件的进展与结果如何，尚未见报道。从学理的角度看，无论案件审理的结果怎样，"荷赛获奖照片造假"事件都是值得认真反思的，因为它涉及新闻摄影报道的专业准则这个根本性问题。

"荷赛获奖照片造假"事件的问题集中在两个方面，一是"造假"，二是"摆拍"。诚如有报道指出的那样，"围绕这场官司，对新闻摄影作品真实性的质疑也接踵而至，相关者在接受记者采访时纷纷表示，一切由法庭说了算。新闻照片能否摆拍也被打上一个大大的问号，有关人士表示这也是对新闻真实性的又一拷问"。② 在理论上，"造假"与"摆拍"的问题，实质上是新闻传播的真实性与客观性的问题。本文所论，主要是真实性问题。

按法律程序，邱焰的荷赛获奖作品是否作假，当由法庭审判作结论，他人不应说长道短。不过，从媒介批评的角度看，有关报道呈现出来的情况却令人不得不认真反思新闻摄影的基本准则。作为新闻报道的一种方式，新闻摄影首先必须遵循新闻传播的真实性原则。然而，邱焰的荷赛获奖作品在前期拍摄与后期编辑两个环节上都给人以"失实"的印象。

新闻摄影报道，主要是靠光影、构图等"形象语言"来说话的，这使得它区别于一般的文字报道。然而，这种形象语言在交代事件的时间地点、反映事件的背景、阐发哲理评价方面存在着不能完全表达意义的局限，这就需要通过文字说明加以补充。题为《非典时期的婚礼》这幅照片的主要信息可表述为：一对男女穿过马路＋女子身披婚纱，手捧鲜花＋男子身着西装。根据符号学原理，作为图像符号的"男子""女子""婚纱""鲜花"所指涉的意义是不确定的，这就需要在后期编

---

① 胡劲华：《荷赛侵权纠纷再起风云》，http：//culture. news. sohu. com/2004/04/30/78/article220007884. shtml。

② 胡俊：《〈非典时期的婚礼〉是摆拍？荷赛奖得主卷入侵权案》，http：//news. xinhua-net. com/newmedia/2004－04/05/content_ 1401283. htm。

辑时用文字加以说明。

问题在于，同样是这幅摄影作品，其主题与图片说明在先后发表时存在着很大的差异：2003 年 5 月 7 日，《武汉晚报》A7 版刊登粗黑体标题"非典时刻生活依旧"的照片，图片说明是"5 日，在武汉市街头，一对情侣穿着婚纱，戴着口罩，穿过马路去拍婚纱照，一位挂着拐杖的老人与他们擦肩而过，'非典'时期，爱情、婚姻和生活仍在继续。记者邱焰摄"。2004 年 2 月 14 日，《武汉晚报》头版报道，标题为"第 47 届世界新闻摄影比赛揭晓，本报记者邱焰的作品《非典时期的爱情》获三等奖"。在消息正文中，有这样一段文字："《非典时期的爱情》是'非典'时期——2003 年 5 月 6 日，邱焰在汉口南京路一带拍摄的一对穿着婚纱礼服的新人，戴着防'非典'的口罩穿过马路的情形，曾发表在该报 2003 年 5 月 7 日 A7 版上。"而"在'荷赛'上，这幅获奖照片的标题是《非典时期的婚礼》"。① 图片说明是"中国主题：一对穿着结婚礼服、戴着防 SARS 口罩的新人穿过马路。"② 这样，同一幅照片就先后出现了"非典时刻生活依旧"、"非典时期的婚礼"、"非典时期的爱情"这样三个不同的主题。图片说明中又有先后出现了"情侣"与"新人"这两个不同的概念。这样先后不同的报道主题与图片说明，难道不给人以报道失实的印象吗？

当然，就"荷赛获奖照片造假"事件本身而言，诉讼双方对于作假与否的根本理由还不是集中在照片的后期编辑上，而是集中照片的前期拍摄上。前期拍摄可能导致报道失实的关键，又集中在"摆拍"这一个长期以来存在着广泛争议的问题上。

---

① 胡劲华：《京、汉两地艰难调查 拨开"荷赛造假"事件迷雾》，http：//people. com. cn/GB/14677/22097/2431360. html；郑巍：《〈非典时期的爱情〉女主角证词现身——"荷赛照片造假案"能走多远》，http：//zjnews. zjol. com. cn/ gb/node2/node138665/node138751/node138759/userobject15ai2529746. html。

② 胡劲华：《世界新闻摄影比赛中我国获奖作品疑是造假（图文）》，http：//news. east-day. com/eastday/news/news/node4946/node16749/userobject1ai166251. html。

　　所谓"摆拍",是指"摄影师根据自己的设想,创设一定的情节,让被摄者表演,最后由摄影师拍摄完成的过程"①。摆拍对于不同类型的摄影具有不同的意义。一般而言,摄影可以分为新闻摄影、实用摄影、艺术摄影三大类。就实用摄影来说,它主要是指广告摄影和供商业用途的人像摄影。"广告本身的特点就是要有强烈的视觉冲击,甚至并不拒绝夸张和做作,因此,摆拍几乎是广告摄影唯一的创作手法"②。广告摄影主要是依客户的需要和口味而定,不排斥摆拍。至于艺术摄影,通常被视为摄影师为表达自己的主观意愿而进行的创作,其传播渠道主要是办影展,摆拍与否都不在我们的讨论之列。这样,值得一论的只剩下新闻摄影。

　　国内研究"荷赛"的学者刘庆云曾指出:"评论新闻照片必须分类而谈,切不可笼统去争论'能不能摆拍'或'要不要艺术性'等问题。"他按"荷赛"标准分别论述了摆拍在八类拍摄题材中的情况。依其论述,"突发现场新闻类"和"日常生活新闻类"等是明确禁止人为摆拍的,这几类照片的生命力在于其"新闻价值——事后转为历史文献价值"。而"新闻人物肖像类"照片"以在新闻现场抓拍为主,但也不可能完全排斥根据摄影师的要求,安排在某种环境或特定光之下进行拍摄的手法"。③

　　事实上,摆拍本身也存在着三种具有不同性质的情况。一种是"无中生有"的摆拍,即本无其事,拍摄者自己导演或安排被摄者按其意图进行"表演",然后进行拍摄;一种再现性的摆拍,即确有其事,但已成过去,拍摄者为了生动形象,找人以"表演"的方式加以再现;一种是艺术性的摆拍,即拍摄对象是真人真事,但拍摄者为了某种艺术效果而随意摆布拍摄对象,使其符合拍摄者的意图。在新闻传播活动中,

---

① 何勇:《谈摄影创作中的摆拍》,http://www.cphoto.net/sysb/04.htm。
② 同上。
③ 刘庆云:《摘取世界新闻新闻摄影大赛桂冠成功之路》,中国摄影出版社 1996 年版,第 7—8 页。

第一种摆拍是作假，违背的是真实性原则，第二、第三两种摆拍干扰拍摄对象，违背的是客观性原则。

在"荷赛获奖照片造假"事件中，原告所称的摆拍基本上属于第一种情况，即是一种无中生有的摆拍。原告称："这张照片是彻头彻尾由被告邱焰亲自导演、亲自编拍一手策划出笼的。2003年5月初，邱焰通过他人介绍来到中山大道的武汉色色婚纱店，要物色一对男女模特儿拍摄'非典'时期爱情故事的照片，邱当时从店内四名模特周若琪、汪帆、廖全薇、陈英中选上原告和另一女模特儿廖全薇参加拍摄。""5月5日（被告称为6日）这天下午，在色色婚纱店为原告提供化妆和服装，邱为体现拍摄的真实性和时代性，安排给两位模特儿两个口罩，并邀请婚纱店的摄影师、平面设计师一行共四五人，从婚纱店口一直绕道江汉路步行街，邱一路用数码相机拍摄了数十张照片，2003年5月7日，在晚报上登出的照片，除了过路的老人外，其他都是婚纱店员工"。[①] 若原告所言属实，那么新闻摄影作品《非典》就是人为制造的假新闻，是与真实性原则背道而驰的。

当然，"被告代理人邓进进行了针锋相对的辩护，认为邱焰的作品是街头抓拍，……是邱焰路过街头，在非典时期的街头抓拍的。"[②] 邱焰本人在接受媒体采访时说，"去年4月中旬非典特别厉害，一直到5月底稍微平静一点。在一个多月时间里，我想记录我身边的生活，所以从4月20日开始，我就背着相机每天去拍。正好在路上碰到一对新人过马路，我看到以后觉得很有意思，就把它拍下来了。"[③] 言外之意，照片是抓拍而来的。不言而喻，邱焰及其代理人用"抓拍"来为自己

① 胡劲华：《荷赛作品侵权案昨天开庭原告：讨饭也要告到底》，http：//news. xinhua-net. com/newmedia/2004－04/06/content_ 1403064. htm。

② 同上。

③ 郑巍：《〈非典时期的爱情〉女主角证词现身——"荷赛照片造假案"能走多远》，http：//zjnews. zjol. com. cn/gb/node2/node138665/node138751/node138759/userobject15ai2529746. html。

辩护，显然是以事件性新闻摄影不能摆拍这一公认原则为前提的。换言之，即使是邱焰及其代理人也承认，摆拍事件性新闻照片将可能导致其失实，违背真实性原则。

不过，被告代理人的辩护明显存在着漏洞。为了证明这张照片是邱焰抓拍到的，被告代理人在陈述理由时强调，"陈英与廖某当时在谈朋友"，"接到原告的起诉状后，去色色婚纱店认真调查后，了解到当时陈英与女模特儿在照片中出现的场面，是色色公司安排的模特儿婚纱走秀表演，并非原告所说的由邱焰导演摆拍的"①。如果"谈朋友"是事实，或许有助于证明"非典时期的爱情"这一主题。然而，"模特儿婚纱走秀表演"即使是事实，不仅难以证明邱焰所拍摄的这张照片是真实的，反倒证明这张照片存在着很大的作假嫌疑：既然知道是影楼的婚纱走秀表演，为何要报道说是"非典时刻生活依旧"或"非典时期的婚礼"或"非典时期的爱情"呢？这难道不是故意误报吗？有报道说，"2003年4月26日的武汉某报，上面头版刊登了一位女模特儿戴着口罩对镜梳妆的照片，这则图片报道标题为《戴口罩的婚纱秀》，摄影记者正是邱焰。"② 第二次庭审时，法官出示的色色影楼经理的书面证言称，"拍摄当时色色影楼正在举行大型户外婚纱秀"③。相互对照，故意误报不是很明显么？

令人费解的是，摄影界对新闻摄影报道中的摆拍行为，往往持一种十分宽容的态度。笔者在"邱焰事件"的相关报道中就看到这样的文字：

随着现代技术的发展和市场的需要，摆拍作品也开始成为"潮

---

① 胡劲华：《荷赛作品侵权案昨天开庭原告：讨饭也要告到底》，http://news.xinhua-net.com/newmedia/2004–04/06/content_1403064.htm。

② 《17岁姑娘被摆拍成新娘》，http://www.jfdaily.com.cn/gb/node2/node142/node149/userobject1ai460705.html。

③ 胡劲华：《荷赛侵权纠纷再起风云》，http://culture.news.sohu.com/2004/04/30/78/article220007884.shtml。

流"。对于摆拍现象，中国日报社摄影部主任、中国摄影家协会副主席、中国新闻摄影学会学术委员王文澜曾称："在中国新闻摄影界，抓拍、摆拍的争论是在'文革'结束，因为那时候对拍摄方法的区别来自于'文革'很多照片的弄虚作假，持续地引起了很长时间的争论。现在这个问题已经不是问题了。从荷赛的照片来看，有很多都是经过摆拍、设计、策划，比如像科技类二等奖的面膜，但是没有丝毫影响照片的真实性和新闻事件的可靠性和可读性，反而通过画面的设计，提高了冲击力。不管你用什么方法拍摄，抓拍、摆拍，你要达到画面的效果，应该是你成败的唯一标准。"①

在笔者看来，这种对于是否应当摆拍以及是什么性质的摆拍不作任何区分就加以全盘肯定的做法，是十分有害的。如此一来，摆拍岂不成了一种在新闻摄影报道中普遍适用的拍摄方式或手段？如果是这样，又怎么可能保证动态性新闻摄影报道的真实性呢？

事实上，荷赛的比赛规则对新闻摄影报道的真实性是有明确要求的。"克劳迪娅小姐告诉记者，对于照片的真实性，比赛规则中除了严禁经不允许的电脑技术手段修改过的照片参赛外，还明确指出：'……经多次后期曝光和在人为操纵下拍摄的照片禁止参赛'。"② 我们有什么理由不对新闻摄影报道的真实性原则加以维护呢？

在当今时代，强调摄影报道的真实性原则，具有十分深刻的现实意义。由于数码摄影技术的广泛应用，摄影报道不仅可能存在着前期拍摄"无中生有"的摆拍式造假，也可能存在着后期编辑在图片的文字说明

---

① 胡俊：《〈非典时期的婚礼〉是摆拍？荷赛奖得主卷入侵权案》，http://news.xinhuanet.com/newmedia/2004 - 04/05/content_ 1401283.html。

② 胡劲华：《京、汉两地艰难调查　拨开"荷赛造假"事件迷雾》，http://people.com.cn/GB/14677/22097/2431360.html；郑巍：《〈非典时期的爱情〉女主角证词现身——"荷赛照片造假案"能走多远》，http://zjnews.zjol.com.cn/gb/node2/node138665/node138751/node138759/userobject15ai2529746.html。

上作假，还存在着通过数码技术制作假照片的可能性。在这样的背景下，不仅要重申新闻摄影报道的真实性原则，而且应当采取切实措施加强新闻摄影的专业伦理或者说职业准则建设。

首先，要加强摄影记者的专业伦理教育，充分确立新闻摄影报道的真实性原则，使其内化为每一个摄影记者的自觉要求，并在摄影实践中身体力行。

其次，要加强摄影报道的制度性建设，要用良好的制度来约束每一家媒体、每一个摄影记者的拍摄行为。在这方面，美国《洛杉矶时报》资深摄影记者布莱恩沃斯基在伊拉克战争中因制作假照片而被炒鱿鱼的做法，值得我们借鉴。

最后，要加强媒介批评的力度，对新闻摄影中造假、摆拍等现象，要进行深刻的剖析和理性的批判，让媒介批评发挥一种理性制约作用，并且提高广大受众的思想认识水平和价值判断能力，促进新闻摄影报道达到更高的水平。

（原载《新闻记者》2004 年第 7 期，与研究生丰帆合写）

附：照片

都是传媒惹的祸？

——理性审视"蕉癌"风波

2007 年 4 月 7 日，国家农业部新闻办公室发布消息，声明香蕉枯萎病与食用香蕉的安全性没有任何关联，澄清"海南香蕉致癌"的传言。当晚，中央电视台《焦点访谈》就"蕉癌"风波做了调查分析。4 月 8 日，自 3 月下旬以来一度十分低迷的海南香蕉价格，开始从跌破成本价的每公斤 0.24—0.30 元回升到 0.9 元。4 月 9 日，收购价有的达到每公斤 1.6 元。至此，一场突如其来的"蕉癌"风波得以逐渐平息。

是什么原因导致了"蕉癌"风波？相当普遍的看法是归咎于新闻媒体，而且指名道姓地批评，是广州《信息时报》的报道导致"海南香蕉致癌"的传言，进而使海南香蕉业蒙受巨大经济损失。笔者认真查阅了有关报道，以为《信息时报》的报道对于这个事件要负一定的责任，但完全把板子打在媒体身上也不妥当，必须全面分析"蕉癌"风波的来龙去脉，深入阐明有关方面的责任，以作前车之鉴。

一 煽情报道："蕉癌"风波的直接诱因

翻检《信息时报》的有关报道，会发现其对广州香蕉感染枯萎病（即巴拿马病，俗称"蕉癌"）的报道并非凭空捏造，也不存在报道失实。然而，整个报道却存在着煽情、夸张、失衡、不严谨等问题，从而在某种程度上误导了消费者。

这个煽情报道，首先体现在版面及标题处理上。3 月 13 日，《信息时报》推出广州香蕉感染"蕉癌"的重头报道。头版是导读，头条标题"广州香蕉/染'蕉癌'/濒临灭绝"，分三行排列，并配发香蕉林染病的照片，十分醒目。具体内容在 A2—A3 以跨版方式推出：主标题"'巴拿马病'蔓延　广州三成香蕉遭毁"以跨版通栏方式打出，副标题又称"这种致命的'香蕉癌症'正在快速扩大感染面积，广州人几年后或吃不到本地香蕉"。A2 版还配发两张染病香蕉林的照片，主打照片位于版心，占据了整个版面 1/2 强，极具视觉冲击力。加上标题制作突出了"蕉癌""灭绝""致命"等让人敏感和不安的"黑色词汇"，很容易造成读者的误解。在快速读报，只浏览新闻标题或简单翻阅报纸内容的情况下，读者捕捉到的信息很可能就是"香蕉致癌"！

其次，内文措辞充满了夸张性。"昔日万亩蕉林　今日全无踪影""幸存香蕉树几年内将枯亡""封锁不及时病毒四处蔓延""蕉农为操旧业背井离乡"等小标题十分夸张，正文又继续以"枯亡""病毒蔓延""蕉癌""香蕉世界的 SARS"等词语制造煽情效果，着重渲染香蕉感染巴拿马病的严重性和恐怖性，报道因此而失去平衡。事实上，巴拿马病早在 10 多年前就已经受到重视，总体上已得到有效控制。尽管记者在 A03 版以"链接"方式补充了《巴拿马病堪称香蕉癌症多个国家地区深受毒害》《专家正研究抗病毒品种》两篇文章，但报道却没有说清楚巴拿马病毒是否会影响人类健康，也未表明成熟的香蕉是否带"毒"，从而使整个报道很容易导致读者产生恐慌心理。

最后，长达 2500 字的报道只出现了三个权威的消息源，分别是"广州市农业科学研究所生物技术研究室主任刘绍钦""一位不愿透露姓名的专家"以及"广州市科学技术协会调研员梁高峰"。巴拿马病的成因、现状影响、解决方法等仅由三人分别讲述，每一环节只有一名专家发言，其中 1/3 至关重要的消息源还是匿名的。而记者的转述，更存在着不够准确的地方。譬如，"由于病毒本身的破坏力和当时农民认识不足、政府缺乏经验反应较慢，错过了最佳挽救时机"，"发病中心很快扩散，到最后不能收拾"。诸如此类的表述，不仅有欠严谨，而且势必反过来加重报道的煽情性与夸张性，加剧报道的失衡。

　　或许是意识到报道存在的问题，《信息时报》3 月 14 日在 A7 版刊发了题为《市民不会吃到染"癌"香蕉》的追踪报道，试图补救 13 日报道的失衡。遗憾的是，这篇报道对有关问题的澄清仍不够深入，尤其是对"蕉癌"与人体癌症之间有无关系等重要问题的阐述，显得力度不够。文章更为突出的内容，反倒是巴拿马病具有极强的传染性、难以防御性和不可治愈性。其小标题"全国主要产区都发现该病""蕉农无意中成为传播渠道"，就十分明显地透露这样的信息。因此，这个报道的澄清力度还不及对巴拿马病危机程度的强调，无疑会加剧读者的恐慌心理。亡羊补牢不成，反倒推波助澜，扩大了事态的不良影响。

二　食品安全隐患："蕉癌"风波的现实环境

　　由此可见，正是媒体的煽情报道直接诱发了"蕉癌"风波，这是无论如何也不能回避的。然而，完全归咎于媒体的报道，理由也是不够充分的。据报道，海南省澄迈县热带水果协会会长李隆基就曾认为，无论是"香蕉癌症"还是"毒"水果，这两篇报道本身没错，只是被消费者误会成市场上销售的香蕉有"毒"。人民网海南视窗特约评论员也指出："《信息时报》3 月 13 日的报道只是说了广东三成香蕉沾染巴拿马病毒，从头到尾并没有涉及海南。按照常理，广东的香蕉应该更是遭遇灭顶之灾，相对来说，这对海南的香蕉是一个机遇。可是，怎么这场香蕉风波的灾难性后果就降到了海南头上了呢？""就是新华社与央视，在追根寻源的时候，都只能追到 3 月 13 日的《信息时报》，尔后就是跳跃性极大地说,这是以讹传讹,从香蕉癌症说到海南的香蕉有毒。怎么传的,没人说得清。"①

　　据《南方日报》4月18日报道,受"蕉癌"风波影响,广东湛江、高州等地3月下旬的香蕉收购价格一路下跌,蕉农损失惨重。这也从一个侧面表明,"蕉癌"风波与香蕉业市场的变化具有某种程度的关联性。从有关报道来看,"蕉癌"风波的产生与我国当前的食品安全隐患具有内在的关联。据《法制晚报》记者郭紫纯考察,3月18日,新华社发自南昌的消息称,江西部分媒体报道了广州香蕉染"蕉癌"一事,不少人误解为吃了香蕉易患癌症,使市场上香蕉大量滞销。这是坊间讹传吃香蕉会"致癌"的肇始。也就是说,最晚在广东关于"香蕉癌症"的消息出来5天以后,即有"吃香蕉致癌"的传闻。一时间,网络上关于"蕉癌"的消息满天飞,广州以外的报纸纷纷转载,小道消息也广为扩散。3月20日,广州市食品安全信息网和中国食品网发布消息,称12种水果因运输储存过程中使用化学剂而成为"毒水果",香蕉名列其中。这次"曝光"行为对"香蕉致癌"的说法在客观上起了"推波助澜"的作用。②3月21日,《广州日报》一条消息称:"香蕉等十二种水果有毒残余,有致癌物残余,成了毒水果"。正是从3月21日起,海南香蕉价格的开始往下猛跌。这些事实表明:"香蕉致癌"传言本身,是与食品安全问题紧密联系在一起的。

　　应当说,食品安全隐患是近年来引起社会各界广泛关注的重要问题。"红、黄、绿、白、黑,如今的食品中可谓五毒俱全:红的有苏丹红,黄的有硫磺,绿的有孔雀石绿,白的有吊白块,黑的有毛发

---

　　① 矢弓:《海南香蕉风波的冷思考》,http://news.0898.net/2007/04/10/301885.html.
　　② 郭紫纯:《"蕉癌"讹传海南损失至少5亿》,《法制晚报》2007年4月11日,http://fzwb.ynet.com/article.jsp? oid=19967940。

水……"一位委员在全国政协会议小组讨论中如是说。有着几千年饮食文化传统的中国，似乎进入了一个谈"食"色变的时代！仅仅 2006 年，就有诸多的食品安全问题"曝光"：6 月，北京市 23 名消费者因食用福寿螺而引发广州管圆线虫病；9 月，上海连续发生"瘦肉精"食物中毒事故；11 月中旬，"红心咸鸭蛋"先后在北京、广州、大连等地被查出含苏丹红；11 月下旬，上海检验出市场上销售的多宝鱼药物残留超标严重，且含有违禁药物甚至多种违禁药物；11 月底，香港食环署检测出 11 个样本含孔雀石绿，暂停 30 余种内地淡水鱼输港……诸如此类的食品安全问题接连不断，怎能不引起国人的高度警惕，以至于一有风吹草动，就宁可信其有，不可信其无。在食品安全草木皆兵的环境中，从"香蕉患癌"传出"香蕉致癌"的流言，在社会学的意义上也就成为很自然的事情。

可以这样说，正是"问题食品"给消费者带来了不安乃至恐慌，并且引发"多米诺骨牌"式的食品安全信任危机，从而给食品产业带来重要的影响。在食品安全隐患严重的环境中，一篇本来并未涉及海南香蕉的媒体报道引发海南香蕉销售受挫，也就具有了现实的社会基础。换言之，食品安全隐患不消除，类似的恐慌心理还可能会产生。

三　危机处理慢半拍："蕉癌"风波的危害加剧

尽管我们并不情愿，但还是不得不理性地看到，随着社会运行的日益复杂，各种各样的危机只会增多而不会减少。在这样一种现实面前，唯一的办法只能是妥善处理各种危机。

按照现代危机处理的理念，任何危机一旦发生，有关部门只能积极面对，妥善处理，而不能采取鸵鸟政策，视而不见，置之不理。自然，危机性质不同，处理的方式也不一样。对于像"吃香蕉致癌"这样一种毫无事实依据的传言，主要的措施就是要及时发布权威信息，澄清事实真相,消除恐慌心理。海南"蕉癌"风波正是在各级政府部门发布权威信息、国家主流媒体及时报道权威信息之后,才得以化解的。这一结果本身就表明,通过发布权威信息来澄清事实真相是多么重要。

事后反思,不能不指出在海南"蕉癌"风波发生后,有关部门对权威信息的发布还是慢了半拍。尽管"香蕉致癌"传言出现后有专家出来澄清,如香蕉研究专家陈厚彬教授3月19日在接受中央电视台"聚焦三农"栏目采访时就曾说明,"香蕉致癌"没有依据。但是,与海南"蕉癌"风波直接相关的地方政府和农业、质检、检验检疫等相关部门,并未在传言出现之初就及时发布权威信息。官方公开而正式的辟谣是在4月5日,海南省委宣传部、省农业厅联合召开新闻发布会,澄清"香蕉致癌"讹传。此后,国家农业部新闻办公室在4月7日进一步发布辟谣消息,声明香蕉枯萎病与食用香蕉的安全性没有任何关联。这就是说,从3月18日出现"蕉癌"的传言,到4月5日海南政府部门公开辟谣,已近20天。从3月21日海南香蕉价格开始暴跌到政府采取措施,已有半个月之久。而官方辟谣之后,香蕉价格立即回升。显然,如果政府部门早一点站出来说话,海南蕉农的损失还可以大大减小。

除了反应迟缓,违背危机公关处理的权威证实原则,也是这次官方辟谣在方式上值得改进的地方。在危机发生后,政府官员不应该自己拿着高音喇叭去解释,而应请重量级的第三方权威机构到前台说话,使公众解除警戒心理,重拾信任。在海南省召开的新闻发布会上,不管是代表政府新闻发言人的农业厅副厅长,还是民间组织香蕉协会的会长,都是自说自话,政府没有借助第三者专家权威的声音来澄清传言。如果借助于专家的声音,"蕉癌"危机的解决势必取得更加理想的效果。

四 各种原因与各方责任的辩证审视

如此反思，将"蕉癌"风波的各种原因进行一一分析，并且探讨事件牵涉到的各方责任，并无各打五十大板之意，而是希望表达这样一种观念：看问题要多一点辩证法，少一点片面性。

进一步说，强调辩证思维，并没有为媒体报道开脱的意思。就"蕉癌"风波而言，如上所述，食品安全隐患是其产生的社会根源，我们必须花大力气逐渐解决这个涉及国计民生的大事。《信息时报》的煽情报道，在现有的认识框架与认识水平之内，是"蕉癌"风波的直接诱因。而煽情报道之所以会出现，则是为了强化报纸的卖点与看点，抢夺读者的眼球，争夺注意力资源，一言以蔽之，是为了片面追求市场效应与经济效益。谁都知道，作为公共机构的媒体，不仅要传播信息，更要承担社会责任，担当社会道义，把社会责任与社会效益放在首位。

在此意义上，媒体煽情报道的教训是深刻的，应当认真吸取：其一，媒体的报道，在任何时候都不能缺失社会责任，否则，就可能对社会造成难以估量的损失；其二，新闻工作者在报道某些敏感问题，尤其是可能引发危机的敏感问题时，必须充分认识受众的解读习惯与承受能力，从而避免误导消费者；其三，媒体从业人员的业务素质需要大大提高，尤其是要加深对新闻报道的真实性、客观性以及全面性、平衡性的认识和理解，尽可能减少甚至消除新闻报道面对复杂问题时可能出现的偏差。

当然，以上批评都是建立在认定媒体报道及其产生的传言与海南香蕉销售受挫具有直接关联的基础上。问题在于，这样一个认定是否充分与全面，本身就是可以探讨的。正如有评论所质疑的那样：海南的香蕉风波确实是源于"香蕉致癌"这一传言吗？还有没有其他原因？譬如，

怎样把海南已达 200 万吨产量的香蕉从海南运到全国消费市场，就鲜见
有关部门披露具体措施。① 如果这个质疑成立，那么，海南香蕉产业的
销售运输是否存在着瓶颈问题，同样值得新闻传媒的关注，更需要引起
有关部门的高度重视。

（原载《新闻记者》2007 年第 5 期，与研究生张任青子、何裕华
合写）

---

① 矢弓:《海南香蕉风波的冷思考》，http://news.0898.net/2007/04/10/301885.html。

"艾滋女"事件真相大白后的思索

　　2009 年 10 月，"艾滋女"事件引起广泛关注。据报道，9 月 10 日，一个名叫"闫德利"的女子以"艾滋女"身份发表博文《我的忏悔》，称自己被检查出艾滋病，为自己的滥交感到后悔。到 10 月 12 日，"闫德利"又陆续发表博文讲述自己被继父强暴、去北京当小姐的悲惨经历，并曝出 279 个"嫖客"的电话号码。为证明博文的真实性，"她"毫不避讳地贴出艳照和全家福。一时间，"闫德利"的博文和照片引发网站的狂热转载，"艾滋女"成为网友漫骂的焦点。

　　10 月 16 日，华东一家报纸联系上"闫德利"，在一个多小时的线上交谈中，"闫德利"道出"炒作是为寻找未婚夫"的想法。此文成为各大媒体争相转载的"猛料"。然而，次日前往闫德利老家河北容城县贾光乡采访的报纸报道说，身在北京的闫德利接受电话采访称，自己并没有发布博客，此前也从未接受过媒体采访。后经证实，博文的发布者、最初接受报纸在线采访的人，并非闫德利本人，而是一个假冒"闫德利"之名对其进行恶意中伤的人。这个消息一传出，公众舆论发生逆转，纷纷声援闫德利。与此同时，针对媒体、网友的质疑和拷问也纷至沓来：互联网上的谣言何以屡禁不止？闫德利的不雅照何以在网络上大肆流传？越来越多的传统媒体记者涌向容城寻求真相。

　　18 日，闫德利回到老家向乡派出所报案，当日的 HIV 抗体检测证实她并未患艾滋病。此时,容城警方也展开调查,容城县政府以及公安、卫生、宣传等部门也高度重视。在官方的安排下,闫德利19日晚接受新华社记者采访,怀疑诽谤者系前男友杨某。20日,容城警方以涉嫌传播淫秽物品立案,并于21日在京抓获杨某,以诽谤罪将其刑拘。杨某承认,假冒"闫德利"的行为是为了报复闫德利跟他分手,要把她搞臭,让她无法嫁人。至此,"艾滋女"事件终于真相大白。

轰动一时的"艾滋女"事件说明了什么?这是一个值得深入思考的问题。从新闻传播角度看,"艾滋女"事件折射出各种媒体的软肋。

一 博客是一把双刃剑

博客,又叫作网络日志。作为媒体,博客是指个人通过网络日志的形式发布信息的平台,因此也被称为"自媒体"。从传播科技发展的角度看,博客的诞生是信息技术促成的一场革命,是一次真正发自草根力量的浪潮。与其他网络传播方式相比,博客具有"零进入壁垒"的优势,方兴东将其解释为零编辑、零技术、零成本和零形式。[①]正是由于使用门槛较低,博客成为任何人能以任何名义注册并且发布信息的平台。

通过博客,人人都可以成为信息的发布者,从而拥有更多的言论自由。因此,在民主化进程日益向前推进的时代,博客备受人们青睐。特别是博客与生俱来的自由性、隐匿性和开放性,使其能够引发更多的社会参与和公众讨论。近年来,博客这种信息的集散地与"观点的自由市场",已经在某种程度上成为舆论监督的重要力量。2007年的"周老虎"事件,2008年的"天价烟"事件,2009年的"躲猫猫"事件,都是博客以及网络舆论呈现事实真相、推动问题解决、促进社会进步的突出表现。

---

① 汪兴东、王俊秀:《博客——E时代的盗火者》,中国方正出版社2003年版,第65页。

问题在于，如何保证博客这种自媒体所发布信息的真实性和客观性？有学者指出，"由于博客缺乏传统媒体的监督审查和监管体系，而其所属的网站在现有条件下又很难扮演传统媒体的'把关人'的职能，所以在以'零进入壁垒'为特点的博客中，披露隐私、谩骂以及虚假信息也就无可避免。"① 可以说，在博客中，人人可以发布信息，但又无须对信息负责，这样一来，信息的真实性和客观性也就难以得到保证。

特别是在网民非正当使用或别有用心地使用博客的情况下，博客很可能沦为一种助纣为虐的工具。"艾滋女"事件的始作俑者杨某，正是利用博客这种个人信息平台来实现对闫德利进行"自我诬陷"。在"艾滋女"事件中，博客沦为一种攻击和诽谤他人的传播工具。"艾滋女"事件表明，博客让杨某诬陷闫德利，毁坏其名誉的图谋顺利实现，闫德利无辜地成为"被艾滋"者。因此，公民应当如何正确地使用博客这一传播形式，社会如何对博客进行合理而有效的管理，就成为一个十分重要的现实问题。

二　网站乱炒热点成为谣言推手

"艾滋女"事件的发生过程表明，在对点击率顶礼膜拜的情形下，网站如果不加甄别地炒作"热点"，往往会成为谣言的"幕后推手"。"艾滋女"之所以成为轰动一时的媒介事件，与网站的推波助澜是分不开的。笔者搜索发现，在"闫德利"发布博文，尤其是公布一份有279个电话号码的"性接触者通讯录"后，网站就争相转载和炒作博客中的爆炸点。例如，10月15日，番禺网《闫德利事件为报复为烂得出名？》；10月16日，奥一网《"艾滋女"闫德利曝光性接触者号码自称很骄傲》，凤凰网《河北"艾滋女"曝光279名性接触者电话号码》，

---

① 吴满意：《网络媒体导论》，国防工业出版社2008年版，第98页。

新民网《艾滋女闫德利再自曝 公布"接触者"只为寻夫》,东北网《"艾滋女"闫德利为何"烂也要烂出名气"?》,华龙网《闫德利曝光的不是性接触者,而是寂寞?》,中国娱乐网《"为什么会是我?""艾滋女"闫德利博客忏悔》;10 月 17 日,中国经济网《黄晓明暴富纯属意外 艾滋女闫德利我要出名》,番禺网《"艾滋女"闫德利报复,嫖客中招有几何?》,南昌新闻网《艾滋女公布 279 个男人手机号码》;10 月 19 日,南方报网《"艾滋女"闫德利,为何"要烂出名气"?》。另外,新民网《艾滋女闫德利博客裸照曝光》一文竟转载大量"闫德利"QQ 空间的裸照。当然,这些报道都被证实为子虚乌有。

网站不同于博客等自媒体,它是"按照新闻媒体传播流程(即由专业人员对新闻和信息进行采集、整理、加工、发布)运作的、具有公信力的、能够产生巨大社会影响力和能够迅速形成社会舆论的互联网站"[①]。因此,网站需要一定程度的约束和规范,要对发布的信息负责。然而,在"艾滋女"事件中,众多网站却一味地跟风炒作,使得报道的真实性和准确性受到践踏,而大量色情内容的转载和散播,又极大地侵犯了当事人的权益,在社会上造成恶劣影响。所有这一切,恰好表明网站"把关人"的缺位。

显然,网站"把关人"的缺位是由当前激烈的媒体竞争环境以及经济利益的驱使所造成的。"从经营管理的角度看,现阶段的网络媒体主要依靠广告商的支持。只有拥有高点击率的网络媒体,才会引起广告商的兴趣,从而占据较大的传媒市场份额,保证盈利。"[②] 在当前这样一个媒体泛滥、信息爆炸的时代,网站要想生存下去,并且盈利,就必须使自身拥有大量的点击率。为了吸引受众,网站往往表现出过分迎合受众心理的不良倾向。"艾滋女"事件中部分网站的行为,正是这样一

---

① 闵大洪:《数字传媒概要》,复旦大学出版社 2003 年版,第 72 页。
② 董天策:《网络新闻传播学》,福建人民出版社 2004 年版,第 138 页。

种过分迎合受众心理的表现。"在网络这个不为他人所知的隐匿空间，受众对新闻需求的内容和品位方面，有时候会显得更加'低级'"①。因此，网站往往喜好追求那些耸人听闻和煽情化的新闻。

在某些网站经营者眼里，"艾滋女"的出现恰好为网站提供了一个可以充分用来吸引网民眼球的素材。首先，"艾滋女"作为特殊群体的一员，本身就是一个新闻"卖点"，加上博客上所谓的自我曝光，以及离奇、惨痛的经历和报复社会的心理，更是为这个"卖点"加料，特别是博客中的那句"我的人生既然已经烂了，那就要烂出名气！"，所有这一切，都成为媒体狂炒"闫德利"的根由，例如《"艾滋女"闫德利为何"烂也要烂出名气"？》《闫德利事件为报复 为烂得出名?》等。其次，"艾滋女"有279名性接触者更是一大卖点。有的网站不仅大肆转载博客发布的通讯录，还添油加醋，例如《"艾滋女"曝光279个性接触者号码　自称很骄傲》《闫德利曝光的不是性接触者，而是寂寞?》。最后，"艾滋女"所谓自曝色情图片和视频，也是吸引受众眼球的一大卖点。有的网站调侃，这是继2008年初明星艳照门事件后的又一次"艳照门"，还有的网站为了满足受众的猎奇心理，专门转载了这些色情图片和视频。

显然，"艾滋女"事件中网站的这种浮躁心态，应当引起人们的深刻反思。正如《燕赵晚报》的一篇评论所言，"博客不等于事实，网站没有预先审核，捡到篮子里就是菜，作茧自缚。对这种只在博客里出现的内容，只有单方面信息源就不加甄别地热炒，这和一个普通人道听途说有何区别？对传言不调查取证，没经过本人证实，如何确定这就是事实？这个最简单的逻辑，在网络对点击量的膜拜下被弃之不顾。"②

① 董天策：《网络新闻传播学》，福建人民出版社2004年版，第138页。
② 王丹雪：《网络的轻浮躁狂伤害了闫德利》，http：//news.sina.com.cn/c/2009－10－20/041616464563s.shtml。

三　传统媒体心态浮躁容易丧失专业品格

应当说,"艾滋女"真相较快地被揭示出来,是与传统媒体的努力分不开的。10 月 18 日,《新京报》报道,闫德利称"网上的一切都不是真的"。19 日晚,闫德利接受新华社记者的专访。20 日,新华社的稿件见诸网络。因此,"正是大量传统媒体对事件传播主导权的'接管',推动了真相的出现。……权威媒体的介入稳住了流言纷飞的舆论。之后,闫德利自证清白、始作俑者在京被抓,都通过报纸、电视媒体做了高信度的报道。"[①]

不容回避的是,在"艾滋女"事件中,也有一些传统媒体匆忙介入而为谣言推波助澜。10 月 14 日,南京《东方卫报》刊登《"艾滋女"开博曝光数百性接触者》一文,率先把"艾滋女"从网络信息的海洋中打捞出来。这篇报道在网上广为流传,不管是上网媒体,还是网上媒体,都大量转载。10 月 16 日,该报再爆猛料,刊登《艾滋女闫德利再自曝 公布"接触者"只为寻夫》一文,这篇文章同样成为被争相转载、热炒的对象。"艾滋女"事件中,报纸和网络如同进行了一场接力赛:"艾滋女"首先通过网络曝光,然后报纸介入,而后网络又对报纸的失实报道加以大力转载,形成恶性循环。

本来,在真相不明的情况下,传统媒体应该冷静求证,谨慎介入,做好网络信息的"把关人",肩负起报道事实真相和正确引导舆论的职责。然而,某些传统媒体偏偏忘却了自己的社会责任,随波逐流,跟风炒作,显得十分浮躁。《东方卫报》在《艾滋女闫德利再自曝 公布"接触者"只为寻夫》中称:"本报前天报道了《"艾滋女"开博曝光数百性接触者》之后,引起了网友的热议。昨天,记者与公布性接触者

---

① 徐剑桥、李秀婷:《如果再出一个"艾滋女"我们仍需付出同样代价?》,http://news. southcn. com/c/2009 – 10/27/content_ 6099566. html.

名单的当事人闫德利取得了联系，她表示自己已遭遇死亡恐吓。……
'每天在 QQ 上询问我事情真相的人成百上千，我实在没有时间一一回
应。'在得知记者身份后，闫德利主动表示想聊一聊。"① 这段文字的字
里行间，有诸多地方令人质疑。首先，报道动机是什么？记者报道此
事，是为了履行告知义务，还是借机炒作？记者为何在"通讯录"公
布次日就不加鉴别地报道此事？"引起了网友的热议"，可谓一语道破
其炒作天机。其次，为什么不怀疑信息来源的可靠性？从"在得知记者
身份后，闫德利主动表示想聊一聊"的叙述可以看出，记者的采访是采
用 QQ 进行的线上采访。在这种情况下，"闫德利"是真是假，显然无
法得到确认，为什么不深入调查？还有，"闫德利"博文开始声称要报
复男人，随后却又改口说要寻夫，如此矛盾的说法为何没有引起记者的
怀疑？

可见，在"艾滋女"事件中最初介入的报纸非但没有进行深入调
查，而且还加入炒作队伍，成为网络媒体的"共犯"：先是对"艾滋
女"开博曝光数百性接触者进行报道，后又急于对事情进行挖掘，以至
于忽略了新闻的真实性，丧失专业品格，这是值得认真检讨的。在信息
泛滥、竞争激烈的媒体环境中，新闻从业人员更应该拥有良好的职业操
守，保持客观冷静的头脑，不跟风，不炒作，不迎合受众的低级趣味。

四　"艾滋女"事件的总体教训

诚如一篇报道所言，"事件爆发、网络热传、传统媒体介入、公权
力登场、真相大白……这样的套路借助网络加速器飞速地完成周期，已
经为社会所'习惯'。"② 在这样一种情况下，我们应当充分吸取"艾滋

① 徐杨、嵇天：《艾滋女闫德利再自曝公布"接触者"只为寻夫》，http：//dfwb. njnews. cn/html/2009 - 10/16/content_ 357656. html。
② 徐剑桥、李秀婷：《如果再出一个"艾滋女"我们仍需付出同样代价?》，http：//news. southcn. com/c/2009 - 10/27/content_ 6099566. htm。

女"事件的教训：

首先，加强网民的道德建设。博客的开放和自由，使得人人都能够成为信息发布者，从而进入了公民新闻时代。然而，真正的公民新闻必须建立在公民的理性自觉与道德自律的基础之上。因此，网民应当树立良好的道德观念，自觉规范自身行为，理性使用媒介，避免网络暴力的出现。当然，一旦出现像"艾滋女"事件始作俑者杨某这样的道德败坏乃至违法者，就应当绳之以法，维护社会的公正秩序。

其次，强化媒体的"把关"职责。我国网民数量庞大，构成复杂，网络传播秩序仅仅依靠网民的自律是远远不够的。无论是网站还是传统媒体，都应当充分行使"把关人"的职责，维护信息传播的良好秩序。一方面，媒体在追求经济利益的同时，必须牢记自身的社会责任；另一方面，新闻从业人员应当加强专业素质和道德修养，努力保证新闻的真实性，拒绝报道色情、暴力等不健康内容。

最后，健全互联网管理制度。互联网是一个新生事物，人类社会对互联网的管理还处在摸索阶段，许多新情况新问题都是前所未有的。要有效应对网络上出现的各种问题，必须健全网络管理制度。例如，如何加强网络监管，打击网络谣言，规范网络伦理，保护公民权利，等等，都是值得从学理上加以讨论和从制度上加以建设的问题。

（原载《新闻记者》2010 年第 1 期，与研究生刘姝伶合写）

记者岂能如此忽悠采访对象

——不得不说:我被"PK"了

2009 年岁末,一不小心就被卷进一个小小的舆论旋涡:在争议"富二代"高校征婚的过程中,《新快报》12 月 8 日 A14 版发表一篇署名周文韶的评论《董教授意欲何为?》,引述韩愈"师者,乃传道授业解惑也"的古训,责我误导当今女大学生"做得好不如嫁得好":

> 认为"不必大惊小怪"的暨南大学新闻与传播学院副院长董天策教授语出惊人:"女大学生想嫁有钱人有错吗?……'富二代'、有钱人如果征婚成功率高的话,可能会形成'做得好不如嫁得好'的文化氛围。如果社会真要发展到这一步,应该包容,教育工作者也应面对现实,这也对教育工作者'怎样教''如何教'提出了更高要求(据 4 日《新快报》)。"女大学生想嫁有钱人是无须大惊小怪的,倒是为人师表的董教授的言论就令人大惑不解了。

坦率地说,我十分欢迎作者这种指名道姓的批评,只有这样,批评的针对性才能充分体现出来。如果我的确说过这样的话,表达过这样的观点,我也愿意诚恳地接受作者的批评,作为一个从教二十多年的大学教师,这点思想觉悟还是有的。

　　问题在于，批评者所引述《新快报》12月4日的有关报道，本来就严重地曲解了我的本意（且不说批评者的引述存在不准确的地方）。3日下午5、6点钟，我接受《新快报》一位记者的电话采访，对"富二代"在高校征婚这一现象谈了四点意见：第一，这可能是一种商业炒作，因为未作调研，只能说"可能是"；第二，假如真的是征婚，也没什么了不起，不必太在意，不必过分关注，新《婚姻法》规定大学生可以结婚；第三，在当前经济形势严峻、就业困难的情况下，女大学生找工作不容易，不排除一些女生会产生做阔少妻子的心理，对此，应面对现实，加以包容；第四，如果"富二代"征婚成功，会对校园文化造成不良影响，形成"做得好不如嫁得好"的氛围，不利于培养大学生尤其是女大学生积极向上的人生观、价值观、婚恋观，这就给教育工作者对大学生"怎样教""如何教"提出了更高的要求。这样的观点，5日下午接受广州市电台、电视台以及香港一家报纸采访时，我不断加以重申。

　　然而，12月4日的《新快报》出来，我才发现自己的观点则被大大篡改了！《新快报》导读版左下角刊出的肩题、正题、副题分别是："富二代校园征婚在教育界引发争议""暨大教授/PK/教育厅副厅长""教授：做得好不如嫁得好/想嫁有钱人咋了"，其中，"PK"二字红底反白，"想嫁有钱人咋了"在整个标题中字号最大，比较抢眼，同时还配发了我的一张照片。A16版肩题："《80后富二代征婚》追踪，教育界人士观点激烈碰撞"，正题是两行十分醒目的黑体通栏标题："暨大教授：想嫁有钱咋了？/华农校长：奉劝女生别应征！"整个报道除导语外分为四个部分："对话：应征女大学生：有钱人谁不喜欢！"；"拍砖：如此炫富是暴发户心理"；"中立：尊重女大学意见"；"力挺：不就是征婚吗，让大家乐乐"。还配发了我的另一张照片与华南农大校长陈晓阳的一张照片，以至于后来某些网站在转载这个报道时，又将标题换成了"暨大教授PK华农校长"。

当天中午，我看到报纸不免大吃一惊：我怎么成了"富二代"高校征婚的"力挺"派?! 仔细察看报道，即察觉题文不符，报道文字与我的观点相去甚远。不妨全文抄录于下：

（女大学生）想嫁有钱人有错吗？女大学生竞争压力大，找好工作不容易，不排除部分女生想做阔少妻子的想法。暨南大学新闻与传播学院常务副院长、中国传播学会常务理事董天策认为，"富二代"、有钱人征婚很普遍，如果征婚成功率高的话，可能会形成"做得好不如嫁得好"的文化氛围。"如果社会果真要发展到这一步，应该包容，教育工作者也应该面对现实，这也对教育工作者'怎么教、如何教'提出了更高要求。"

"新婚姻法颁布之后，女大学生也可以谈恋爱，可以结婚嘛!"董天策认为，"富二代"征婚，在现在开放社会发展态势来说，并没有什么问题，各种方式都会被容忍。他评价："这件事没什么可非议的，也没必要给予太多关注，不就一个征婚嘛，让大家乐一乐。"

这两段文字，大多加了引号（第一段引号颇为错乱），意味着都是在引述我的观点。事实上，这完全是记者和编辑（署名新快报记者陈红艳、实习生宋焱）的强加与曲解。首先，断章取义，随意发挥。我说征婚可能是炒作的观点，只字未提。我本来是相当中立的立场被说成是"力挺"。其次，胡乱搭接，扭曲原意。我说"富二代"征婚如果成功，会对校园文化造成不良影响，形成"做得好不如嫁得好"的氛围，不利于培养大学生尤其是女大学生积极向上的人生观、价值观、婚恋观，却被变成我肯定女大学"做得好不如嫁得好"；我说在当前经济形势严峻、就业困难的情况下，女大学生找工作不容易，不排除一些女生会产生做阔少妻子的心态，对此应面对现实，加以包容，如果我们去责备女大学生应征,她可能会反驳说"想嫁有钱人咋了",报道中竟然变成了我的原话!至于"想嫁有钱人有错吗""各种方式都会被容忍"等语句,则完全是作者的编造,我根本就没有讲过这样的话。最后,移花接木,貌似真实。报道配发本人的两张照片,封面上的一张来自 2009 年 10 月 15 日《暨南大学》校报第二版《学者无疆》一文的照片,正文中的那一张大概是我 2007 年在一个研讨会上发言时的照片。也就是说,两张照片都是从网上下载而来,经编辑"妙手"与文字报道编排在一起,极易给人造成一种现场采访我的真实感,其实这完全是移花接木的手法,违背了新闻报道的真实性原则。

为什么《新快报》的记者、编辑要把我写成"富二代"征婚的力挺派呢?不妨从标题与正文结构中去寻求答案。封面导读突出的是"PK",报道正文肩题突出的是"观点激烈碰撞",正文小标题划分出"拍砖""中立""力挺"三派,也是从报道结构上强化"PK"与"碰撞"。对一桩会引起争议的新闻事件,《新快报》为了把报道做得有看点,能够吸引眼球,竟然不顾我的本意,完全从自己的需要出发,对我所谈的看法随意剪裁,不仅损害新闻工作的专业理念与职业论理,而且哗众取宠,误导民众,完全是一种典型的小报作风!

本来,作为一个被采访对象,我的本意被扭曲,也不是什么大不了的事情。然而,此事十分典型地体现了某些报纸在参与市场竞争过程中违背新闻规律的做法,作为一个从事新闻传播教育与研究的学者,出于维护新闻专业主义理念的立场,我不能不对此提出批评。与此同时,此事对于我所服务的暨南大学以及暨南大学新闻与传播学院有一定的负面影响,作为主持日常工作的常务副院长,我不能不澄清有关事实真相,以正视听!

(原载《新闻记者》2010 年第 2 期)

二

言论空间与评论特色

打造"思想的圆桌会议"

——《南方都市报》时评版简析

时评，经历了长时间的沉寂之后，终于在 2002 年大举复兴。如果说《中国青年报》的《冰点时评》和《青年话题》吹响了时评复兴的号角，那么《南方都市报》则以其大手笔打造的时评版，为时评的复兴推波助澜，发挥着引领与示范效应。本文通过对《南方都市报》时评的分析，力图为时评的发展提供一些借鉴意义。

一 《南方都市报》时评版的创办

早在 1998 年 11 月初《冰点时评》问世，时评在《中国青年报》崭露头角之际，就有人预言：中国媒体的竞争已经进入"观点时代"。开办于 1999 年夏的《青年话题》，很快成为报社言论的新品牌，持续居于"新闻版经常阅读率"前茅。

且不论"观点时代"是否真的到来，但 2002 年时评的风生水起却是不争的事实。2002 年 3 月 4 日，《南方都市报》率先开办时评版，引发一波时评热潮。到下半年，《南方周末》头版新辟《方舟时评》专栏，《羊城晚报》每周二开辟时评专版，搜狐网每天新设《在线时评》。一时之间，各类媒体齐头并进开发言论市场，时评俨然成为中国媒体竞争的一个新的领域。

伴随这次来势汹涌的"时评热"，是业界学界关于"时评"的广泛讨论。在这场讨论中,《南方都市报》的时评版凭借其自身的影响力和操作思路的创新,自然成为一个当仁不让的主角。

2002年3月4日,《南方都市报》在扩版为每日出报88版的当天创办时评版,开始该报迈向"有厚度,更有深度"的主流媒体之旅。创办之初的时评版,每天一版,一周发7版。到2003年4月2日,专辟来论版。至此,《南方都市报》的时评版由每天一个版增加到每天两个版:社评版和来论版。"社评版"的栏目包括:本报社评和观察家,有本报署名的评论员文章,也有署名的特约评论员文章。"来论版"的栏目包括:马上评论、视点、观点交锋、南方论坛、第三只眼、议论风生、众说纷纭和时事漫画。来论版的所有言论,皆为公众评论。

二　言论的版面化与显要化

我国报纸向来有重视评论的传统,但直到20世纪90年代中期以前,报纸评论通常只以专栏的形式存在,如《人民日报》的"人民论坛""今日谈",《文汇报》的"虚实谈",《中国青年报》的"求实篇",《光明日报》的"大家谈"等。

进入21世纪初,随着新闻采集和传输方式的现代化以及互联网的迅速普及,"消息的提供"已经变得越来越快捷和简易,事件性的独家新闻也越来越少。同时,人们面临洪水般涌来的海量信息,亟须给予梳理、导航,指出某些新闻事件的来龙去脉,前因后果,发展趋向。而这些,正是报纸评论的用武之地。于是,有些报纸的评论开始打破"栏"的界限,出现了新闻言论版。《南方都市报》的时评版就是一个典型代表。它的言论版由"社评"及对页的"来论"组成。这种"社论版对页"(op-ed)的形式,是目前美国大报用来安排社论、来信和评论的通用做法。《纽约时报》是这一风气的始作俑者。①《南方都市报》将时评

---

① 辜晓进:《走进美国大报》,南方日报出版社2002年版,第223页。

版放在要闻版之后的 A2、A3 版,不仅显示出对言论的高度重视,也开启了国内报纸时评版风气的先河。

言论的版面化与显要化,不仅是《南方都市报》通过提供独家的"观点"以展开差异化竞争的策略,更是该报转型为"主流媒体"的必要之举。《南方都市报》创刊之初曾被视为"另类",关注市井生活,主打社会新闻,语言通俗易懂,加上报纸版面为 4 开,被视为一份"小报"。然而,《南方都市报》从未放弃要成长为"主流报纸"的理想。主编程益中曾说:"另类是手段,主流才是目的;另类其实是为了更主流。这是南方都市报的一种谋略。""为什么必须主流?因为主流风险最小,市场接受程度最广;只有主流报纸,才能吸引主流读者,吸纳主流广告。"①

对一份报纸而言,要想成为"主流",具有权威性、公信度和影响力,很大程度上有赖于它的言论。言论是报纸的旗帜和灵魂,尤其是对于主流媒体来说,没有或削弱这个旗帜和灵魂,简直是不可想象的,这就是我们常说的办报要"言论挂帅"。要想显示报纸水平,张扬报纸个性,锁定较广泛的读者群,报纸言论必不可少,且大有可为。

三　思想的圆桌会议

《南方都市报》2003 年的新年祝辞说:"在新的一年里,我们将秉承'积极稳健有见地'之精神,发表对新闻的解读和对时局的建言,一如既往地为您提供判断的方式和方法,探索认知的角度和维度,不追求一锤定音;尊重您思想的权利,保护您思想的成果,不谋求话语霸权。我们力求打造一个充满民主气氛的'思想圆桌会议',让每一个有价值的思想能够发出声音。"

1. "观点的自由市场":为了让各种有价值的思想具有发言的平

①　詹正凯:《程益中:另类报纸其实是为了更主流》,www.cddc.net,2002 年 9 月 11 日。

台,《南方都市报》是全国首家用两个版面来做时评的报纸,且首辟"来论版",该版所有栏目"全部开放",来稿"文章但求言之有理,不求面面俱到"。① 这是媒体对公众民主意识和受众接近权或公众表达权的尊重,是报纸对民主建设的真正影响。

受众的接近权(right of access)包含的范围很广,如参与媒介的娱乐节目或媒介发起的社会活动,在媒介上刊播新闻性、文艺性、学术性作品等。狭义的接近权,特指每个公民都有在媒介上发表意见、观点的自由。② 众所周知,传媒作为信息传播的载体和意见表达的平台,是民主社会的组成部分,在公共领域中承担着不可替代的责任。早在1980年,联合国教科文组织国际交流问题研究委员会在报告中就指出,"负责管理交流工具的人应该鼓励他们的读者、听众和观众在信息传播中发挥更加积极的作用,办法是拨出更多的报纸篇幅和更多的广播时间,供公众或有组织的社会集团的个别成员发表意见和看法。"③

随着时代的变迁、传播技术的发展,越来越多的受众需要对我们周围这个急剧变动的世界发言,而建立这样一个发言和交流的平台,形成一个"观点的自由市场",既是广大受众实现自己接近权的迫切渴望,更是报纸、电视等传统媒体面对第四媒体竞争而不断创新的有力对策。

2. 宽容的言论生态:《南方都市报》时评版设有"另类观点"和"观点交锋"两个栏目,以保证人们能尽可能听到多元的声音,从而形成自己的判断。

有学者认为,鉴于"实情不自叫"理论,也就是实情不会自己叫自己的名字,所有的实情都是人类主体自命的,媒体应该满足受众的兼听权。所谓兼听权,指的是公众通过不同媒体,尤其是立场、观点不同

---

① 《南方都市报》2002年3月4日第2版。
② 张国良主编:《传播学原理》,复旦大学出版社1995年版,第171页。
③ 胡正荣:《传播学总论》,北京广播学院出版社1997年版,第289页。

的媒体，听取彼此各不相同的信息和观点的权利。兼听不同于多听，多听可能包含着重复，而兼听必然包含着差异乃至对立。①

被恩格斯称为英国启蒙主义先驱的政论家、诗人弥尔顿1644年发表《论出版自由》。弥尔顿在这篇名著中提出了意见市场的"自主原则"，他说道："让她（真理）与谬误交锋吧，谁看见在自由而公开的交战中，真理会败下阵来？"他又说："上天给他理智就是叫他有选择的自由，因为理智就是选择。"② 因此，公众只有多方获取信息，才有可能获得实情。所谓多方，既包括多家媒体，同时还必须包括不同观点、不同立场的媒体。报纸登出"不同"的观点，恰恰是展示真理如何通过争议排除错误的过程。

《南方都市报》对待"不同"的态度是宽容的。其宽容既表现在不将一些所谓"另类"的观点拒于版面之外，也表现在让一些具有冲突性的观点形成交锋。以2003年9月14日关于"广州自杀秀现象"的评论为例，形成观念对垒的是一篇本报署名评论员文章和一篇来论。社评的标题是"城市不应蒙蔽的人性之光"。文章批评有些媒体将一男子从高高的跨街铁桥上纵身跃下的轻生行为称为"自杀秀"，认为没有什么比生命更宝贵，而对生命的尊敬是一座城市人文精神应有的底线。而来论的标题是"不能用城市设施进行自杀秀"，认为利用公共设施自杀的人并非真的要自杀，只是为了哗众博得同情。对于因为利用公共设施而造成交通堵塞，浪费警力和物力的，要追究本人及其家属的相关责任。这种不同观点的交锋，既有当日言论的对话，也有跟此前言论不同的见解。

四　言论的"生鲜专柜"

我国党报历来有"读者来信"版，可长期以来，读者来信版的内

---

① 焦国标：《论兼听权》，《国际新闻界》2002年第5期。
② 李世安：《美国人权政策的历史考察》，河北人民出版社2001年版，第51页。

容主要是人民群众提出自己工作和生活中的各种困难和疾苦,把党报当作一个类似政府信访部门的一个渠道,而不是发表自己对社会问题、国家大事的个人观点。后来代替"读者来信"的言论版,又是一种社会评论版,几乎完全是由擅长写评论文章、杂文的文人群体来支撑。这种版面其实只是报纸杂文栏目的扩大,品种单一,而且代表的社会人群也相当有限。

真正带有交流性质的言论版,比较典型的是《中国青年报》的《青年话题》。这个言论版追求"大嘴小嘴都说话",但它的主打言论却不是社论,该报的社论仍放在一版,只有到年节和重要会议才可以见到,因此我国社论形式主义化的局面仍然没有得到根本的改变。[①]

评论的力量在于时效性。评论不仅解读新闻,而且爆破新闻。张明春在主持《大连日报》"新闻网吧"(时事评论版)的时候,每期都有一句非常醒目的通栏文字:新闻在被议论和关注时,会产生更真实的力量。

《南方都市报》言论的时效性体现在:其一,借鉴国外成熟报纸每天都有一到两篇社论的做法,使我国的社论从节庆日或者重要会议的"专贡品"回归到"新闻评论"的初始功能。《南方都市报》将署名的本报评论员文章放在"社评"栏内,与不署名的美国报纸言论版的社论相比,署名评论员文章的地位较后者为轻,但是,正是因为相应"降低"地位,才使得"高高在上"的社论通常所不涉及的更丰富的社会生活内容,得以进入"社评"的选题[②],从而实现了报纸每天对日常新闻的表态。

其二,言论与新闻同步发送或捆绑发送。《南方都市报》的新闻和评论的时间差基本控制在一两天之内,而且几乎每天都有一篇言论,评

---

① 马少华:《冲突与宽容的言论生态》,《国际新闻界》2002 年第 3 期。
② 同上。

论对象是本报同期的新闻，使新闻与评论互文见义，互相延伸，加重了报道的分量，而且真正做到了新闻和评论的同步。时评的目的不在于穿透历史的深远，而是通过对社会的实时监测，随时随地地促成社会现实的细微进步。

五　小结

时评，顾名思义，就是"因时而评"，"合时而著"的新闻评论。考之于中国近代报业史，曾有过两次"时评热"。1896 年 8 月 9 日在上海创刊的《时务报》，促进了中国第一次"时评热"；到 20 世纪 40 年代，以《大公报》"星期社评"为代表，形成了第二次"时评热"。面对 2002 年"时评"的勃兴，有人称之为第三次"时评热"。[①]

如果说杂文是专制激发的珍珠，那么时评就是民主所催生的结晶。时评，是公民参政、公民表达的实用文体。中国社会主义民主政治建设的发展，是时评兴起的土壤，是其进一步发展与繁荣的催化剂和促进剂；反过来，时评的兴起和繁荣，又助推了中国社会的进一步开放和民主。

现阶段的时评还有种种不足，《南方都市报》的时评也远非尽善尽美，譬如，片面追求时效性所带来的"肤浅"，或者一味讲究"理性""建设性"而淡化了"批判性"。但是，《南方都市报》时评版的操作思路和"公民议政"的思想，无疑是值得研究和借鉴的。

（原载《新闻记者》2003 年第 11 期，与研究生谭梦玲合写）

---

① 朱健国：《"时评热"与"民主泡沫"》，www.bbs.cyol.com，2003 年 2 月 17 日。

建构新型的公民言论空间

——《南方都市报》来论版的意义

2002 年 3 月 4 日,《南方都市报》在扩版为日出 88 版的当天,推出每天一版的时评版,开始了迈向"有厚度,更有深度"的主流媒体之旅。2003 年 4 月 2 日,《南方都市报》更将来论辟为专版(第三版),与社评版(第二版)并列编排。在我国报刊发展史上,来论独立成版还是第一次,具有不可忽视的意义。

一 来论的版面化

何为"来论",国内学界尚未有严密的界定。邱沛篁等主编的《新闻传播百科全书》指出:"来论,新闻评论学术语。指放在社论版位置发表的读者写来的重要评论。属社论的一种变体。"在论述新闻评论种类的划分时又说:"西方国家通常把报纸的新闻评论分为四类:1. 社论,包括社论、统一社论、舆论结、代论;2. 专论,包括专论、来论、星期论文;3. 释论,包括大事分析、时事述评、评述;4. 短评,包括分散在各专业版内的短小评论文章。"①

显然,从新闻评论的分类看,西方的来论并不属于社论形态。刘建明主编的《宣传舆论学大辞典》在"社论版对页"条目写道:"(社论

---

① 邱沛篁等主编:《新闻传播百科全书》,四川人民出版社 1998 年版,第 228、227 页。

版对页）是指与社论版相对的那一个版面，专门用来当可以同社论版唱对台戏的'自由论坛'，刊登本报政治评论专栏作家的稿件和来论。西方一些报纸标榜它们的政治专栏作家是'独立的'评论家，他们自由发表评论，不受报社态度的限制。"① 本文所讨论的《南方都市报》来论版的"来论"，与西方的来论概念接近，意即读者写来的评论。

　　我国党报历来重视群众的批评意见。解放后党中央的"关于新闻工作的第一个文件"《关于在报纸刊物上展开批评和自我批评的决定》指出："吸引人民群众在报纸刊物上公开地批评我们工作中的缺点和错误，并教育党员，特别是党的干部在报纸刊物上作关于这些缺点和错误的自我批评，在今天是更加突出的重要起来了。"② 因此，党报常辟有"读者来信"的专栏，用以发表群众中"有益"且"能判断其为真实"的批评。但是，"读者来信"长期由报社的群众工作部负责，在人们心目中类似政府信访部门之类的角色。读者来信的内容，主要是群众倾诉个人在生活和工作中的困难和问题，谈不上意见的表达和交流。

　　在这种情况下，"评论专栏"特别是"群言专栏"在新时期蓬勃发展起来。1978 年十一届三中全会以后，随着思想禁锢的解除和媒体几次大的自由讨论的开展，以《人民日报》设立"今日谈"专栏为发端，《新华日报》"细流集"、《文汇报》"虚实谈"、《羊城晚报》"街谈巷议"等言论专栏纷纷设立。其中《人民日报》"今日谈"、《中国青年报》"求实篇"等群言专栏颇受读者欢迎，并在 1996 年中宣部举办的中央新闻名专栏评选活动中入选十二强。它们是一种开放型专栏，文章个人署名，作者具有广泛的群众性。

　　20 世纪 90 年代后期，报刊评论逐渐打破"栏"的界限，呈现出版面化的倾向，如《中国青年报》的"青年话题"、《解放日报》的"视

① 刘建明主编：《宣传舆论学大辞典》，经济日报出版社 1992 年版，第 252 页。
② 张之华主编：《中国新闻事业史文选》，中国人民大学出版社 1999 年版，第 841 页。

点"、《南方都市报》的"时评"专版、《经济观察报》的"社论"版等。在这场被称作"时代先声"的"时评热"中，时评正是以"大众视点""平民写作"来彰显其力量的。换言之，这一时期评论空间的拓宽，在很大程度上得益于"群言评论"（可归为后来的"来论"）的"攻城略地"。

以《南方都市报》为例，据笔者粗略统计，在其开设"时评"专版的一年多时间里（2002年3月4日至2003年4月1日），常设的栏目除该报编辑部成员或特约评论员撰文的"社评""点评""媒体焦点"以外，由普通读者撰文的栏目先后开设了十余个，其中包括"视点""观点交锋""议论风生""读者来论"等。从文章数量来看，每天的"来论"数量基本保持在两篇或两篇以上，约占"时评"版文章总量的1/3甚至1/2。经过2003年4月2日的版面调整，《南方都市报》的"来论"完全突破了"专栏"的界限，辟出"来论版"，形成独立版面，以"视点""马上评论""一家之言"等栏目为主打，专门刊发来论。

"来论"从无到有，由单篇发展到专栏，直至版面化，不仅起到了丰富评论品种、壮大评论队伍的作用；而且与我国改革开放的历史进程互动互进，在客观上拓宽了公共空间，提升了读者的主体地位。

二　"公共空间"的开放

"公共空间"（public sphere），又译作"公共领域"，是哈贝马斯构建的"政治性乌托邦"的关键词。按照哈氏的定义，它是"允许市民自由发表和交流意见，以形成共识和公众舆论的地方。它向公众开放，所有社会成员都享有平等的权利和机会，在这块地方自由讨论有关公共利益的任何事务。大众传媒是这一领域的主要论坛"。①

---

① 肖小穗：《媒批评——揭开公开中立的面纱》，黑龙江人民出版社2002年版，第79页。

《南方都市报》开辟"来论版"，最明显的变化体现在言论空间的扩大：言论版由以前的一个版面扩大到两个版，评论总量也由扩版前的4—6条增加到扩版后的8—10条。随着评论数量的激增而带来的，更是言论本质的微妙变化。

一方面，来论版的相对独立使得"来论"自成生态，生机盎然。从2003年4月6日起，《南方都市报》即在"来论版"下方注明"本版观点不代表本报立场"，既表明该版面的民间色彩，又促进了话题的多样选择和表达的自由发挥。以对"非典"事件的评论为例，据笔者不完全统计，在4月21日至4月30日间，该报共发表评论80篇，涉及"非典"的相关评论49篇，超过总量半数以上。在话语主题的选择上，既有关于"市民是否戴口罩"这样的健康生活话语的讨论，也有对"河北省对瞒报疫情市长就地免职"之类政治话语的关注。该报2003年4月22日"来论版"，就温州副市长吴敏一辞官下海现象同时刊发四篇评论。《由吴敏一辞官反思三个问题》和《政坛精英流失现象值得忧虑》两文从大处着笔，前者质疑现行的领导干部选拔、管理机制，后者则与前文相呼应，鲜明提出"待遇，人事得改革"的建议。《官员辞职：私心莫大于公心》则批评官员辞官下海是私心作祟，认为"为官是来不得半点私心的，否则，干脆别做官。"而新浪网的特供稿《有感于下海官员"从政"观》同样站在反方的立场，进一步阐发了"从政"的意义："不在于争取个人的幸福"，它是一种为公众谋福利的事业，不但要抛弃"权力的优越感"，还要树立"权力的责任感"。

另一方面，"来论版"采用的是"社评版"对页的形式，在视觉上不会破坏言论版面的整体感。这种版式与《纽约时报》言论版的做法颇为相似，后者强调"来论"与"社论版"评论的冲突性，在版式设计上体现出一种"平衡"理念。而《南方都市报》的言论版，就目前而言，来论与社评实现了"空间同一"，但尚未实现"共时态"生存。也就是说,在该报同一天刊发的评论中,鲜见社评版文章与"来论"围绕同一现象或主题展开评论。在笔者看来,这在一定程度上影响了其观点之间的冲突性。

三　社会参与的强化

从话语空间的角度说,来论版的开辟是公共空间的开放;而从传播主体的角度看,辟出专门的来论版刊登人们的来论,则是社会参与的强化。

20世纪六七十年代,西方传播学界提出了社会参与理论(或称民主参与理论),认为作为受众的公民不仅有"知"(即知晓信息)的权利,而且有"传"(即表达意见)的权利。《南方都市报》《经济观察报》等报纸的每一篇"来论",均会注明作者的真实姓名,所在城市甚至个人职业。《南方都市报》11月4日"来论版"刊发6篇文章,标明来自北京、广东、四川、河南、山东等五省份,职业身份有职员、教师、交警、记者等。这表明,来论突破了言论仅是编辑部、职业写手、政治精英写作专利的局限,已经有越来越多的普通作者拾起手中笔,写"我"所想,书"我"所感。

马少华曾在一篇文章中提到言论版面化对于读者心理所起的微妙变化。他认为,"言论的语言、情感和逻辑,以及它所提供的事实是有一种影响人,左右人,征服人的力量的。……当人们面对一篇评论的时候,无论它是出自报纸编辑部,还是其他随便什么人,它的论据、逻辑、说服人的技巧和强势地位,往往是阅读者的头脑不知不觉地处于受支配、左右的地位——一个被动接受的地位。……但是,在一个言论版上,许多篇观点不同、利益背景不同、论据和逻辑不同的言论放在一起的时候,他们各自具有的那种对读者的强势、支配力,受到了相互抵消,言论本身受到了弱化,而读者——一个在不同观点之间评判取舍的认识主体，则不期然得到了提升。这也是一个给言论'除魅'的结构。"①

诚然，来论及其独立版面的出现本身就是社会民主化的体现，是读者主体意识的体现，是公民参与传播过程的体现。1980 年，联合国教科文组织国际交流问题研究委员会在一份名为《多种声音，一个世界》的报告中就曾指出，以前通常把读者、听众、观众当作产品的"消费者"，而产品的内容如何是不要消费者过问的。这样的交流往往是"单向"的，受众处于被动接受的地位。报告主张"交流应成为自由开放的答复、做出反应和进行争论的过程。这一权利可以保证集体行动的真正一致，并且使个人能够影响权威人士作出的决定"。② 解决这一问题的办法是：负责管理交流工具的人拨出更多的报纸篇幅和更多的广播时间，供公众或有组织的社会集团的每一个成员发表意见和看法。

在我国，《宪法》和有关法规对公民的表达权也作出了明确的表述。现行《宪法》第 35 条规定，"中华人民共和国公民有言论、出版、集合、结社、游行、示威的自由。"③ 学界认为，这一项自由，是公民表达意愿、参加社会生活和国家生活的基本手段和途径。1978 年以来，我国社会在各个方面已发生了深刻变化。社会变迁的各个方面带给人们许多困惑，也驱使人们有着强烈的表达欲求。特别是近十年来，我国社会阶层已经发生了结构性的改变，"各阶层之间的社会、经济、生活方式及利益认同的差异日益明晰化"，④ 不认同政治、经济与知识精英联盟而垄断社会资源与话语权的时评作者，"为了维护社会生态平衡，就必然会选择自己角色立场，自觉地以平民的视角看问题。"⑤

---

① 马少华：《言论版的秘密》，《新京报》2003 年 11 月 13 日第 2 版。
② 参见刘建明主编《宣传舆论学大辞典》，经济日报出版社 1993 年版，第 293 页。
③ 魏永征：《新闻传播法教程》，中国人民大学出版社 2002 年版，第 37 页。
④ 邓科：《中国当代社会阶层透视：洋葱头结构、良性变化》，人民网，http://www.people.com.cn/GB/shenghuo/76/123/20011221/632469.html。
⑤ 鄢烈山：《二十一世纪的"新乐府"——我的"时评"观》，《采写编》2003 年第 6 期。

2003 年，被称为"新民权行动年"。在有关孙志刚、李思怡、孙大午等人命运的自发的平民维权行动中，"我们看到了当事人与舆论间的互动，互联网与传统媒体的互动，公共知识分子与媒体、当事人的互动；最后，还有政府与民间的互动。"① "公民权利"不只是作为法律条文的某种存在，而是作为一种实际权利得以一再实践，由此进入每个普通人的心中。因此，我们更有理由相信，以读者平等参与和交流为基点，形成多元开放言论空间为目标的"来论"及其"来论版"，一定会走得更远。

（原载《新闻界》2004 年第 5 期，与研究生丰帆合写）

---

① 秋风:《新民权行动年》,《新闻周刊》2003 年第 47 期。

观点之争:报业竞争的新制高点

在资讯不再稀缺的时代,判断力显得尤为重要。如何引导人们在资讯泛滥的社会环境中保持对资讯的相对客观、中立的判断,引发人们对社会价值观的认知,就成为媒体不可推卸的责任,同时也成为媒体凝聚民众的利器。当《新京报》将更具舆论引导意义的评论列为主打卖点之一,并在北京媒体中引发新的时评热时,我们把眼光投放到新型时评的发轫地——广州。近年来,在全国各地、各类媒体高歌猛进开发言论的历史进程中,广州各主要报纸更是不约而同地聚焦时评,先后创办或者充实各自报纸的时评版面,观点竞争成为广州报业新一轮竞争的制高点。

一 时评在广州报纸异军突起

时评是时事评论的略称,是以议论时事为内容的评论。1898 年创刊的《清议报》开设"国闻短评"专栏,把评论之笔引向时事,开启我国时事评论的先河。1904 年创刊的《时报》首创"时评"专栏,注意评论与新闻相配合。这类紧密配合时事的短小评论,挣脱了旧式论说释疑解惑、坐而论道的言论模式,受到新闻界的广泛重视,辛亥革命前后风行一时。其后,在 20 世纪 40 年代,以《大公报》"星期社评"为代表的第二次时评热又在全国范围内兴起。及至 2000 年前后,更是出现了波澜壮阔的第三次时评热潮，引起国人的高度关注。

拉开目前时评热潮序幕的，是《中国青年报》。该报较早认识到，报纸读者不仅需要好的、多的、真实的、全面的新闻报道，还需要及时的、深刻的、情真意切的评论；而且，报纸读者已经不是单向度的纯粹接受者，他们也渴望参与，他们对报纸刊登的新闻，甚至对自己在生活中的所见所闻，都有话要说。因此，《中国青年报》1998年11月在"冰点新闻"版推出一个全新的评论专栏——"冰点时评"，对新闻事件作出清晰的理性判断，并且融入民主和法治的精神，每周见报三次。在此基础上，《中国青年报》1999年11月又推出"青年话题"专版，刊发不同观点的时事评论，发扬光大"冰点时评"的理念，因为该报深深地认识到，"思想进步可能就孕育在'不同'之中，而相同只能让我们停留在原地。"（《中国青年报》1999年11月1日《青年话题》发刊词）

《中国青年报》的"冰点时评"出手不凡，深受读者欢迎，2001年获得"第二届中国新闻名专栏奖"，其文章被频繁转载于各大媒体，在读者中有良好的口碑。不过，让时评在我国报纸上四处开花的，不能不说到《南方都市报》。2002年3月4日，《南方都市报》开风气之先，在全国首辟时评版，从而引爆全国尤其是广州报纸的时评热潮。2002年7月，素以言论见长并已有"百姓茶坊"（后改为"众论"）、"视点"专版的《南方周末》，又在头版增设"方舟评论"专栏；2002年8月，《南方日报》全新改版，推出"观点"专版，每周三次出版，并一度同时在头版开设"时评"专栏；2002年9月，《羊城晚报》推出每周星期一出版的"七日时评"版；2003年初，《广州日报》新辟"今日时评""都市早茶"，将时评专栏化；2003年4月2日，《南方都市报》增辟"来论版"，将时评版由一个版增加到两个版；2003年9月，《羊城晚报》将原来的"七日时评"改为"时评"，版位前移，并将原来的半版改为整版。这样,各具特色的时评作为差异化竞争的策略,已在广州报业中蔚然成风。

二　广州报纸时评的特色

与全国其他各报的时评相比,广州报纸的时评呈现出鲜明的时代特色。

首先是时评形态的版面化和独立化。直到 20 世纪 90 年代中期以前,我国报纸评论通常只是以专栏的形式存在,与新闻共处一版,如《人民日报》的"人民论坛""今日谈",《光明日报》的"大家谈",《文汇报》的"虚实谈",《中国青年报》的"求实篇"等,都是如此。《中国青年报》的"青年话题"虽然首开言论专版化之先河,但并未引发北京报纸的普遍尝试,一段时间内还不免显得寂寞。广州报纸这两年勃然而兴的时评,尽管有的还是以专栏的形式出现,但大多都是单独成版,独立于新闻版面。时评由专栏发展到专版,这在我国新闻史上具有十分重要的创新意义。长期以来,我国报纸的版面都是新闻与言论混合编排,这样的编排方式有利于充分地体现报社立场,强化舆论导向,却难以充分地体现新闻的客观性、宣传的艺术性。以《南方都市报》为代表的广州报纸将时评版独立编排,将新闻与言论区别开来,一方面有利于更好地体现新闻的客观性、宣传的艺术性;另一方面也极大地凸显了报纸的言论空间,提升了言论在报纸中的地位。

其次是时评经营的规模化。从单张报纸看,时评经营的规模化是通过其充分的版面空间和定期出版来体现的。在这方面,《南方都市报》是一个典型代表,一开始就天天出版,连续不断,到 2003 年 4 月 2 日更将时评扩充为两个版,由"社评"及对页的"来论"组成,其规模化经营更是显而易见。当然,《南方都市报》的这种版面安排也是与国际惯例接轨的,因为这种"社论版对页"的形式是西方大报用来安排社论、来信和评论的通用做法。从广州报纸整体看，处于竞争态势的各主要报纸都纷纷创办或刷新自己的时评版，这就使广州报纸的时评在整体上也达到了规模化经营的水准。应当说，在我国，还没有哪个城市的报纸像广州报纸这样你追我赶，纷纷创办时评版。所以，广州报纸时评经营的规模化，不仅是单张报纸的，而且是整个报业的。

再次是言论空间的多元化。直观地看，这种多元化首先体现在时评的作者来自全国各地，社会各界。比如《南方都市报》2003 年 12 月 3 日时评版出现的作者，分别来自海南、深圳、江苏、北京、湖北、武汉、河北以及广西，职业构成则有学者、职员、公务员、媒体从业者及在读博士生。更为重要的是，这种多元化实质性地体现为宽容、民主的言论生态。从栏目设置来看，《广州日报》有"多棱镜""观点对对碰"，《南方日报》有"你说我说"，《羊城晚报》和《南方都市报》有"观点碰撞"，《南方周末》有"众议"。2003 年 8 月 31 日《广州日报》的"多棱镜"，就"七名省政协委员联名建议广东省率先废除劳教制度"的建言，展开"劳动教养是否已经不合时宜"的讨论，集纳了乐观（从"符合法制精神"和"实际效果更佳"两方面论证改革劳教制度有利社会治安）、谨慎（认为简单废除劳教制度将出现法律盲区）以及独辟蹊径的"第三只眼"（从《立法法》的角度来论证广东省无权废除劳教制度）等多方观点。这种"不追求一锤定音"、"不谋求话语霸权"的版面安排，可谓兼容并蓄，从根本上保证了只要言之成理，各种思想都可以发出声音，从而为读者提供"判断的方式和方法"，"探索认知的角度和维度"，形成公民议政的平台保障。

此外，秉承广州报业一贯的大胆泼辣，各报的时评观点犀利，视角独到，影响深广。2003 年初，非典型肺炎在广东地区发生，2 月 11 日权威信息正式发布。2 月 12 日，《南方都市报》发表社评《危机应对机制必须与时俱进》，提出尊重公众的知情权，及早让公众了解疫情等危机，从而有效化解公众恐慌，不仅评论及时，而且振聋发聩。2月15日，《广州日报》的"今日时评"《百姓知情　天下太平》针对危机事件中信息传播不对称的现实问题，对政府有关部门及时采取有力措施并发布信息从而平息公众恐慌的经验进行评论，提出了保障公民知情权这样一个重大问题，说出了人们的心里话，赢得了人们的称道。4月25日，《南方都市报》率先报道"孙志刚案"，并在当天推出社评：《谁为一个公民的非正常死亡负责?》，针对"孙志刚该不该被收容"以及"即使孙志刚属于收容对象，谁有权力对他实施暴力"进行追问，影响之大，堪称空前。

三　广州报纸时评热潮的成因

如前所说，在当前的时评热中，首先扛起"时评"大旗的是《中国青年报》的"冰点时评"。广州报纸却后来居上，形成了独具特色的广州报纸时评热潮。何以如此，值得认真思考。

从总体上说，随着改革开放的深入，随着社会主义市场经济体制的确立，随着民主与法制建设的完善，我国的社会舆论环境越来越宽松，公共言说空间越来越大，这就为时评的勃兴创造了有利的社会环境。面对社会转型时期出现的各种新情况、新问题、新思潮，人们不仅需要大量及时有效的信息，而且需要对信息深入解读、阐释、分析和评论。加上近年来随着新闻采集和传输方式的现代化以及互联网的迅速普及，人们面临洪水般涌来的海量信息，亟须对信息加以理性的梳理、导航，阐明新闻事件的来龙去脉，前因后果，以及发展趋势。因此，中国的传媒竞争已然进入"观点竞争"的时代。要想在新一轮的竞争中胜出，新颖、独到、尖锐、犀利的观点遂成为各媒体新的诉求。这也是广州报纸时评热潮形成的一般背景。

叩问广州报纸时评热潮为何产生，除了注意到上述一般背景之外，不能不注意到广州报业的激烈竞争。广州位处中国改革开放的前沿阵地，是中国经济最发达、最具开放气息的大都会之一。作为华南地区当仁不让的中心城市，其吸引能力和辐射能力正日益提高。长期浸淫在改革开放浪潮中的广州报业，最早迈出市场化、产业化步伐。广州报业市场经过十多年的纷争和整合，呈现出广州日报集团、南方日报集团、羊城晚报集团三足鼎立、诸侯争霸的态势。由于办报的方针及所面对的读者群体不尽相同，三家报业集团各主要报纸都有各自的读者群体。为了稳定发行量，吸引更多读者，三方的优势报纸都在不断增版，更新版面设计，扩大信息量以及新闻报道的深度和广度，比拼创新力、公信力、传播力和影响力。随着"观点竞争"时代的到来，谁都不敢掉以轻心，结果自然是时评不限于一花独放，而在多家报纸同时勃兴，体现出"群发优势"：各报的时评各具特色，各有千秋。如《南方日报》突出时政性话题，大方沉稳；《南方周末》强调人文关怀，让人沉思；《南方都市报》关注当前问题，犀利泼辣；《羊城晚报》关注民生，亲民色彩浓郁。

如果仅仅说激烈的报业竞争催生了广州报纸时评的蓬勃兴盛，显失客观，因为北京、成都等地的报业竞争同样激烈，却并未出现广州报纸这样的时评热潮。看来，广州报纸时评热潮的产生还得归因于广州报业的另一个显著特点——思想解放、锐意革新。在这里，锐意市场化改革，要让"党和群众都喜欢"的《广州日报》出落为中国第一个报业集团；《南方周末》从一份文化生活周报发展为一份全国性综合性主流周报，成为中国一家以"精神缘"纽带团结读者的严肃报纸；一份"绝不学习《新民晚报》的小鼻子小眼，绝不作第401家《新闻晚报》"的《南方都市报》，正在成为中国都市报的完美范本。各报在新闻采编和策划方面体现出来的创新更是不一而足：20世纪80年代，《羊城晚报》首创用体育新闻作头版头条的先例；90年代，《南方日报》成为当代中国首家在头版头条做批评报道的党报；香港回归和新世纪来临的当日，《广州日报》分别推出创纪录的97版特刊和200版特刊，一时洛阳纸贵。显然，广州报纸"时评现象"中所体现出来的开拓、创新，正是与广州报业思想解放、锐意革新这种传统一脉相承的。唯其如此，尽管广州报纸的时评还存在着这样或那样的不足，但我们有理由相信，广州报纸的时评将如同其新闻报道一样，不断创新，不断成长，迈上一个新的历史台阶。

（原载《传媒》2004年第5期，与研究生谭梦玲合写）

试论《人民日报》官方微博
新闻评论的话语方式

以微博为载体,对新闻进行评论,从而衍生出来的新形态——"微博新闻评论",是新媒体环境下新闻评论发展的新模式。从民主与法治的角度看,微博新闻评论作为人们思想观点交锋的重要"集散地",有利于表达人们的利益诉求,是舆论监督的重要方式,也是网络问政的重要平台,对社会进步具有积极意义。面对这种新的舆论格局,各大报纸、电视等传统媒体纷纷抢滩微博平台,除了把握先机发布新闻,还积极利用"评论"这一新闻文体抢占舆论阵地。

一 研究目的与研究对象

(一)研究目的

"微博新闻评论,属于网络新闻评论的一种,是微博用户对微博上新近发生的新闻报道进行评论,或者就某一新闻事件发表观点看法的行为。"[①] 目前学界对微博新闻评论的研究,主要集中在两个方面:一是从发生学的角度研究微博新闻评论的兴起对传统新闻评论的影响;二是从传播学的角度对微博新闻评论的传播过程、传播效果进行研究。而对其隐性特征或者说内在本质,如话语方式、行文逻辑、言语风格等方面

---

① 廖宇飞:《微博新闻评论的特点及其写作要求》,《青年记者》2012 年第 20 期。

的变化却鲜有研究。

　　《人民日报》官方微博（以下简称@人民日报）所发表的新闻评论，是《人民日报》继"今日谈""人民论坛""人民时评""经济漫笔""国际论坛""任仲平文章"等评论专栏之后推出的崭新评论样式。由于微博新闻评论限于140字以内，且时效性、互动性较强，其话语风格与传统新闻评论迥然不同。已有学者注意到，话语方式的革新是《人民日报》沟通官方话语体系与民间舆论场的有效方式。人民日报评论部主任卢新宁说得好："当我们不拘于陈旧呆板的语言表述，努力创新表达方式，就能打破人们对人民日报评论的'刻板印象'。"① 她表示，《人民日报》的新闻评论可以进行"话语体系"和"修辞模式"的重建。

　　（二）研究对象：@人民日报新闻评论

　　本文以@人民日报所发表的新闻评论为研究对象，主要基于以下考虑。首先@人民日报在新浪微博中有较大影响力。@人民日报开通仅4个月，粉丝就突破280万，在数量上超过《人民日报》纸质版2012年度278万份的征订量。截至2013年7月15日，@人民日报已拥有808余万粉丝。据新浪微博统计，@人民日报的影响力从2012年9月开始一直遥遥领先于中国之声、新华视点等中央级媒体微博。

　　其次，@人民日报所发布的新闻评论较为系统和集中。"你好，明天"与"微评论"（从2013年3月17日起改名为"人民微评"）是@人民日报发布新闻评论的两个专门栏目，以评说最近新闻事件为主，大体以每日一条的速度更新。本文选取这两个栏目2012年7月22日至2012年12月28日所发布的349条微博为分析样本。其中，"你好，明天"157条，"微评论"192条，平均转发量4452.2条，

---

　　① 卢新宁：《党报评论的历史方位——关于评论竞争的思考兼谈"任仲平"的追求》，《新闻与写作》2009年第11期。

平均评论量 1336.1 条,最高转发量达 132301 条。就其转发量和评论量而言,@人民日报的新闻评论是其所有微博中影响力和关注度最大的内容。

再者,@人民日报作为官方媒体的代表,发表的新闻评论较为客观理性,且话语方式具有一定规律性和延续性,形成了自身的风格特征。

(三) 研究视角:话语方式

对"话语"的研究可追溯到古希腊和古罗马时代。其中,以亚里士多德《修辞学》为代表的话语研究主要探讨政治、法律演说中的说服机制和技巧。进入 20 世纪,以索绪尔为代表的语言学研究开启了话语研究的新视野,结构主义成为话语研究的主要方向。美国结构主义语言学家哈里斯(Z. S. Harris)在 1952 年的《语言》(language)杂志上首次使用"话语分析"一词。从此,话语分析作为现代语言学中的一个专门术语被各个学科广泛使用,甚至进入公众生活的领域,俨然成为一个经常见诸报端的"流行语"。

最初,"话语"的研究对象只是对话、演说、故事等,现在已经拓展到法律、新闻、广告、网络等领域。荷兰学者梵·迪克(VanDijk)在《作为话语的新闻》(News as Discourse)一书中首次将新闻语言纳入话语研究的范畴。在论述新闻话语的范畴并阐述其排序规则和策略时,他明确指出"新闻评论"也是新闻话语的组成部分:"新闻话语还有另一以记者和报纸本身的评论、观点和评价为主要内容的图示范畴。"①因此,本文对@人民日报新闻评论话语方式的研究主要基于梵·迪克的理论视角。

二　@人民日报新闻评论的话语呈现

梵·迪克在《作为话语的新闻》中指出:"话语分析的主要目的是

---

① [荷]梵迪克:《作为话语的新闻》,曾庆香译,华夏出版社 2003 年版,第 56 页。

对我们称为话语的这种语言运用单位进行清晰的、系统的描写。这种描写有两个主要的视角：文本视角和语境视角"。① 文本视角是从微观层面对文本各个层次上的话语结构进行分析，如语音、词汇、句法、语义等；语境视角则是把这种微观的分析与语境中的社会文化因素结合起来考察，对话语做宏观的描述。因为"新闻话语的研究范围不仅包括新闻的文本结构，还包括传播语境中、社会文化语境中新闻话语的生产和接受过程。"②

（一）文本：微博新闻评论的话语方式

1. 体裁：140 字的"微言大义"

自 20 世纪 80 年代以来，我国新闻评论就呈现出短小化的发展态势，以专栏形式出现的小言论遍地开花。随着新媒体的发展，新闻评论短小化的趋势在微博中进一步得以体现。由于微博 140 字的限制，"微评论"与"你好，明天"栏目成为《人民日报》新闻评论历史上字数最少、篇幅最短的样式。例如，7 月 25 日的"你好，明天"只有 56 个字："也许我们无法回避灾难，但我们可以选择如何面对灾难。恩格斯说过：没有哪一次巨大的历史灾难，不是以历史的进步为补偿的。记得。晚安。"

首先，字数的减少，使@人民日报新闻评论在对新闻事件的选择和表达上更具典型性及概括性。在写作时进一步简化事实性信息，突出意见性信息，新闻事实往往只用一句话概括，甚至通篇均是意见性信息。如 10 月 30 日的"你好，明天"："纷纷表示、一致认为，不明真相、别有用心，一些司空见惯的中国式表述，要么大而化之，要么居高临下。语言的板结，反映沟通的堕怠，透出权力的傲慢。从听不懂，到不爱听，到再也不听，语态陈旧滞后，影响传播效果，事关政令畅通。给

---

① ［荷］梵迪克：《作为话语的新闻》，曾庆香译，华夏出版社 2003 年版，第 27 页。
② 同上书，第 32 页。

官话洗脸，用时代语言沟通，何尝不是执政理念转变？安。"

其次，@人民日报新闻评论中的意见性信息从不泛泛而谈，其论证过程也省去了传统新闻评论的起承转合，有针对性地一事一议，在有限的字数内提出独到的见解。因此，@人民日报新闻评论总能给读者以连贯顺畅、简洁明快的阅读体验，在总体上呈现出短小精悍、言简意赅、微言大义的风格特征。

2. 词汇：口语化的表达方式

"口语化的表达方式"是@人民日报上线后备受关注的特点之一，这种走下神坛、走向民间的话语风格，在其新闻评论中得以最大体现，被网友称为"小清新"。@人民日报通过平易近人的表达，与读者拉近了距离、增进了感情，把自身打造为可闲话家常的朋友。这种口语化的表达方式，具体表现在人民日报新闻评论对俗语、流行语及网络用语的大胆使用。

在349条分析样本中，"俗语""流行语"及"网络用语"这三类词汇共出现55次，平均每10条新闻评论就有1.6条使用较为口语化的表达。如网络用语"矮穷挫""白富美""躺着也中枪""元芳，你怎么看"等；流行语"骨感""穿越""不能承受之重"等；俗语"好了伤疤忘了疼""会哭的孩子有糖吃"；甚至改编流行诗词"你过，或者不过，年票都在那里，不多不少"等，都出现在@人民日报新闻评论中。再如"屌丝"这一网络用语，在一段时间内更被连续运用。11月2日的评论："经济总量、外汇储备、高速高铁，构成发展中国，分配焦虑、环境恐慌、屌丝心态，映射转型中国"；11月12日的评论："让拼爹成为过往，给屌丝一个未来，需用制度力量打通板结的上升通道，撑起共同信念。"

词汇是语言最基本的组成部分，其变化和发展直接反映了社会文化的变迁。@人民日报在新闻评论中大胆启用新词、网络热词，一定程度上为板结化的话语模式和用词习惯注入了新的血液，在官方话语体系中吹起一股清新鲜活之风。值得注意的是，@人民日报在 11 月 7 日的"微评论"中对这一话语风格做了说明："从'给力'到'屌丝'，再到'元芳，你怎么看'，人民日报与网络热词的亲密接触，都引来广泛关注。实际上这是时势使然。"

3. 句式：立场鲜明，情感充沛

新闻评论的语言由不同的句式组成，按照表达语气可以分为陈述句、反问句、祈使句及感叹句；按判断类型来分可以分为肯定句、否定句及双重否定句。通过对@人民日报 349 条新闻评论样本的分析，笔者发现：

1）@人民日报新闻评论大量使用祈使句。在分析样本中，共有218 条微博使用了 1 句或 1 句以上的祈使句，占总条目百分比的62.5%。按方霁在《现代汉语祈使句的语用研究》的划分，祈使句可以分为命令句、要求句、商量句及请求句四种。"命令句"指话语主体要显示绝对权威而采取的强硬、直接的命令语气；"要求句"指话语主体在保持相对权威的前提下，采用相对委婉的语气来提出要求；"商量句"指话语主体与话语对象之间关系平等，因此采用不卑不亢的商量语气来表达建议；"请求句"指话语主体采用尊敬客气的语气来表达意愿，一般带有"请"等动词。① 在 218 条使用了祈使句的微博中，共有265 句祈使句，这四类祈使句的使用频率见表 1 所示：

表 1　　　　　　　　@人民日报新闻评论中各类祈使句的使用率

祈使句类别	数量	有效百分比（%）
命令句	0	0
要求句	166	62.6
商量句	79	29.8

① 方霁：《现代汉语祈使句的语用研究》，《语文研究》1999 年第 4 期。

续表

祈使句类别	数量	有效百分比（%）
请求句	20	7.6
合计	265	100.0

由表 1 可以看出，@人民日报新闻评论在行文中大量使用祈使句，但以语气委婉而观点明确、立场鲜明的要求句为主。其中，要求句常出现"需""须""不能""不要"等明确的助动词，如"中国高铁需正名，中国列车需正向"；"现代化之路，不能只有物质的狂欢，更要为心灵和正义留一方净土"。同时，@人民日报还运用一定数量的商量句与请求句，在表达观点的同时尽量避免"说教式""灌输式"的印象，增加亲切感，拉近与民众之间的距离。如"官员开会请言为心声"。此外，@人民日报新闻评论在行文中还倾向于使用否定句来表明立场。分析样本中共有 221 条微博使用了否定句，占总条目的 63.3%，如"坚持依法办案，不纵容姑息，不逢迎舆论，是法治的进步"。

2）@人民日报新闻评论在结尾大量使用语气强烈的反问句和感叹句，数量分别为 102 条和 53 条，占总条目的 29.2%、15.2%。丁树声在《现代汉语语法讲话》中指出，"同样的意思，用反问句来说比肯定句否定句更有力量"。[1] @人民日报这一话语风格，不仅让读者在阅读体验上有了焕然一新、淋漓畅快的感觉，而且更有利于亮出自己的观点、获得读者的关注和共鸣，因为"问句的出现意味着将态度直接强加给读者，或者邀请读者直参与交际并作出态度和行为的选择"[2]。12 月 14 日的"微评论"用反问句明确提出自己的观点："塑化剂标准不科学？三聚氰胺无毒？人体排毒功能强大故不会损害身体？即使真有道理，也应该拿出有力的科研成果，以体现专家的严谨；肆意人放厥词、

---

[1] 丁树声:《现代汉语语法讲话》，商务印书馆 2009 年版，第 206 页。

[2] Badarneh, M. A., "Exploring the use of rhetorical questions in editorial discourse: a case study of Arabic editorials", *Text & Talk*, 2009, 29（6），p. 639.

耸人听闻，反倒刺激公众神经，让人怀疑其价值立场。学术是社会的良心，请不要以这种方式挑战常识好吗?"

@人民日报新闻评论通过对以上句式的灵活运用，来表现自己的褒贬扬抑和喜怒爱憎。这种立场鲜明的话语方式有情感、有热度、有诚意，更容易引起读者上的共鸣，获得更好的传播效果。

4. 修辞：增加气势，暗寓褒贬

修辞手法是新闻评论中用以增加美感，展现其语言风格的最主要手段。现代修辞理论认为，新闻修辞的一个重要特点便是借"势"服人，即"修辞者通过'势'合于一定法度的运用，促使受众信服自己的说辞"。[①] 对349条分析样本统计后发现，共有264条新闻评论使用了一种或一种以上的修辞手法，使用率高达75.6%。其中，对偶、对比、比喻、排比为最主要的四种修辞手法，其占全样本的百分比，见表2。

表2　　　　　　　　@人民日报新闻评论的修辞手法使用统计

修辞手法	数量	个案百分比（%）
对偶	168	48.1
对比	139	39.8
比喻	87	24.9
排比	21	6.0
无	85	24.4

1）"对偶"是使用频率最高的修辞手法。"对偶"就是把字数相等、结构相同、意义相关的两个句子或短语对称排列在一起，表示相反、相关或相连意思的修辞方式。由于微博新闻评论篇幅短，字数少，排比句的使用相对较少。对偶手法的大量使用有两方面的作用。一是在一定程度上填补排比句的空缺，增加新闻评论的气势，使全文具有"形

① 刘亚猛:《追求象征的力量——关于西方修辞思想的思考》，生活·读书·新知三联书店2004年版，第163页。

式美":如"六年讨薪路,讨的不该是心酸;两月判决书,判的不该是废纸。开发商拒不执行,底气何来?农民工权益不得保护,公平安在?"对偶能通过建立特殊的文字结构来调动读者的情感,使新闻评论产生巨大的艺术感染力。此外,对偶还能使新闻评论的格局更工整,展现语言的节奏美和对称美,体现文章整体的审美特质。

2)@人民日报新闻评论还利用"对比"修辞手法,把两种相互对应的事物放在一起进行讨论,使观点更为鲜明。既有对立矛盾事件的横向对比,如"城市化列车飞奔向前,农民买一张票却很难。提速的城市化,请别忘了田埂上无力追赶的人群。"也有"过去"的历史事实与"现在"的新闻事件作纵向的对比。如"今年是中日建交40周年,但没有公理公道,哪有友谊友好?历史问题,默许就是促成;主权问题,宽忍就是放纵!"

3)@人民日报新闻还善于运用"比喻"进一步发挥评议功能。在评论最近几起教师虐童案时,借用家喻户晓的童话,把虐童的教师比作"狼外婆",把受害的孩子比作"小红帽":"校园本是花园,却变成摧花的所在。我们呼吁有关部门严格师资管理、严惩'狼外婆',防止'小红帽'悲剧再次上演。"@人民日报新闻评论通过比喻这种修辞方式,可以更含蓄、更形象地表达其褒贬态度。

5. 论证:"诉诸逻辑"和"诉诸情感"相结合

作为一种论说文体,@人民日报新闻评论也注重论证的结构和方式,善于把"诉诸逻辑(logos)"和"诉诸情感(pathos)"相结合。

1)逻辑论证:"资料—理由—主张"的模式

"诉诸逻辑(logos)"是亚里士多德在《修辞学》中归纳的论证方式之一,"三段论"和"例证"是其主要手段。英国修辞学家图尔明(Stephen Toulmin)发展了亚里士多德的研究,他提出的辩论模式有六个元素,主张(claim)、根据(ground/evidence)、理由(warrant/reason)、资料（backing/data）、限定（qualifier）、反驳（rebut-tal）。有西方论者认为，图尔明的这一模式可以让读者去分析任何论辩中的逻辑。①

笔者对@人民日报新闻评论的样本进行内容分解后发现：由于@人民日报新闻评论篇幅仅在140字以内，不能像传统的评论那样用较大篇幅完成严谨的论证过程，其逻辑论证基本采用了"资料—理由—主张"的模式。即先摆出近日发生的事实性信息作为"资料"，再通过"理由"进一步深入分析，最后通过发表"主张"阐明自己的立场。以11月30日所发的"微评论"为例，就可看出@人民日报新闻评论的逻辑论证过程：【微评论：他们为什么前"腐"后继】河南原交通厅长董永安被判无期，而此前已有三位前任落马，这个位置何以成为"官员轮流转，腐败当中留"的"政治百慕大"？这说明，缺少有力的制度约束，换人换不来清廉。反腐倡廉，在惩罚贪官的快意恩仇之后更应注重权力监督体系建设，才能有效遏制前"腐"后继。

在这里，"主张"是指说服者在论证中试图证明的结论及表明其所持的立场，相当于微博新闻评论中的"论点"。"反腐倡廉，在惩罚贪官的快意恩仇之后，更应注重权力监督体系建设，才能有效遏制前腐后继"，属于@人民日报所提的"主张"。"资料"是说服者提供的、作为支律主张的事实，相当于评论中的"背景材料"。"河南原交通厅长董永安被判无期，而此前已有三位前任落马"，属于"资料"部分。"理由"指的是"主张"和"资料"之间的关联性，担当这两者间的桥梁作用。如"这说明，缺少有力的制度约束，换人换不来清廉"就是整个论证过程中的"理由"，说明了资料中"高官落马"与主张中"注重权力监督体系建设"之间的关系。

---

① 刘洋：《中英文新闻评论的劝说策略分析》，硕士学位论文，贵州大学，2009年，第20—21页。

2）情感论证话语中的"公民视角"

亚里士多德认为:"当听众的情感被演说打动的时候,演说者可以利用听众的心理来产生说服的效力,因为我们在忧愁或愉快、友爱或憎恨的时候所下的判断是不同的。"① 除了严密的逻辑论证,@人民日报还善于在评论中"诉诸情感",达到"晓之以理,动之以情"的目的。对349条分析样本统计后发现,@人民日报新闻评论有将近半数(49.6%)的评论采用了"公民视角"来发表见解,而"国家视角"只有26.4%,见表3。"公民视角"的建立使@人民日报能够站在民众的立场上对政府提出规劝,而不是居高临下地发出指令。这一话语方式在一定程度上成为民众的诉求表达机制,能从情感上拉近官方媒体与人民群众的距离,有效避免观点被"束之高阁",从而达到"打通体制内和体制外两个舆论场"的目的。

表3　　　　　　　　　@人民日报新闻评论的话语视角

话语视角	数量	有效百分比（%）
公民	173	49.5
国家	92	26.4
其他	84	24.1
合计	349	100.0

（二）语境：微博新闻评论的话语生产和接受

"语境"视角是跳出对新闻评论文本的微观研究,从宏观的角度去考量新闻评论话语整体在社会文化语境下的生产和接受过程。研究发现:@人民日报新闻评论的话语生产,主要是在坚持权威的基础上尝试建构"协商式对话"的范式,且在字里行间努力营造出富有公信力与责任感的话语风格。

---

① ［古希腊］亚里士多德:《修辞学》,罗念生译,上海世纪出版集团2006年版,第23页。

1. 坚持权威的话语体系

尽管上文提到@人民日报的新闻评论在话语方式上有许多大胆革新与突破，在一定程度上填补了"官方舆论场"与"民间舆论场"之间的鸿沟。然而，《人民日报》作为中国共产党中央委员会的机关报，@人民日报的新闻评论仍然坚持权威、客观、公正的话语方式。

这体现在@人民日报的话语善于利用微博"时效性强"的特点占据舆论的制高点。在社会舆情聚焦的事件上、在公共危机事件上，或在事件扑朔迷离、众说纷纭等"关键时刻"，@人民日报总在第一时间主动发声，把握言论的主动权。在349条分析样本中，共有179条评论是针对焦点新闻事件或舆论热点而发布的，占样本总数的51.3%。例如，2012年12月发生"黄金大米"事件，湖南有关方面迟迟未公布事件的调查结果，@人民日报在"微评论"中呼吁："真相不应总靠猜测，不能总在追问后姗姗来迟。调查有何进展，新的质疑又该如何说明，都需及时回应。"在2012年伦敦奥运会上，刘翔又一次退赛引来舆论一片哗然，@人民日报在当日发表评论，对困惑、愤怒中的民众进行引导："我们是否想过，凡事上升到国家荣誉固然不够大国，仅从利益关系揣测是否也有失公道？利益真的成了时代价值的'粉碎机'，从此只有诛心之论，没有感动信任？"

2. 尝试建构"协商式对话"的范式

"对话"是巴赫金话语理论中的重要组成部分，他认为"存在就意味着对话的交往。"① "对话"理论所倡导的"多元表达观"被传播学等学科借鉴。喻国明在《传播语法的改变与话语方式的革命》一文中指出，"我们要从过去那种话语霸权的模式中走出来，逐渐学会遵循新的游戏规则，从过去的单一声部齐唱的话语表达方式，转型到能够容纳更

---

① ［苏］巴赫金：《巴赫金全集》，钱中文译，河北教育出版社1998年版，第93页。

多的声部,更多的混声的合唱的话语表达方式。"① 当前,微博强大的交互功能为受众提供即时对话的平台,深刻地影响了微博新闻评论的话语形态。诚如王君超所说,"微博建构的话语方式,体现了美国新闻学者詹姆斯·凯瑞倡导的李普曼式的'告知新闻'到杜威式的'对话新闻'的转向"。②

@人民日报利用微博这一平台,大大改变了新闻评论过去以单向灌输观点为主的话语方式,开始尝试构建起官方媒体与普通网民"协商式对话"的范式。首先,以包容心态开放"评论"和"转发"的功能,让网民畅所欲言,碰撞观点,参与天下大事的评论。其次,主动向广大网民约稿,积极纳言。2012 年 12 月 28 日,@人民日报上线半年之际发了一条特殊的"约稿微博"并且"置顶":"每天新闻那么多,您不能总听我们自说自话,是否也想不吐不快?没关系,如果您观点新鲜、独到、理性,欢迎来稿邮件至 rmrbwbs@163.com,公共言说空间,不能缺了您的声音! 共同参与,推动社会进步!"此外,@人民日报新闻评论还经常在文中提倡"对话"中的"多元表达",如"微评论:在多元表达中凝聚共识","多元时代,要以最大诚意包容不同声音",等等。

这一话语方式的革新受到广大网民的认可,网民纷纷通过转发和评论各抒己见,形成了"多声部"的发声模式。这主要体现在@人民日报"粉丝"数量猛增以及新闻评论"转发"和"评论"的次数上。在349 条统计样本中,@人民日报新闻评论的平均转发量达 4452.2 条,平均评论量,1336.1 条,见表 4。

---

① 喻国明:《传播语法的改变与话语方式的革命——在纪念〈新闻透视〉开播周年论坛上的演讲》,《现代传播》2007 年第 4 期。
② 王君超:《微博的"颠覆性创新"》,《传媒》2011 年第 4 期。

表4　　　"你好，明天""微评论"的转发置、评论置均值、极值

统计量	转发量（条）	评论量（条）
均值	4452.2	1336.1
极大值	132301	43035
极小值	92	5
有效（N）	349	349
缺失（N）	0	0

3. 强调公信力与责任感

亚里士多德在《修辞学》中指出："既然修辞术的目的在于影响判断，那么演说者不仅必须考虑如何使他的言说能证明论点，使人信服，还必须显示他具有某种品质，须使听众认为他是在用某种态度对待他们。"[1] 通过对@人民日报新闻评论中的话语进行考察，可以挖掘出其所要展示的一些品质或者说所秉持的信念。

运用词频统计的方法对 349 条样本考察后发现，@人民日报新闻评论中关于"责任"和"公信"这两类品质的论述多次出现。其中，"责任"出现 25 次，"公信"出现 19 次，分别占统计样本总数的 7.2% 及 5.4%。如 10 月 21 日的"微评论"："言必行，才有公信力"。8 月 8 日的"微评论"："公信力不是拍胸脯就能拍出来的，而在于实事求是，在于对真相和正义的维护。"又如在党的十八大前夕，@人民日报在"你好，明天"中，发出呼吁："步入深水区，改革不可废，承诺不可弃，担当不可丢。这是历史使命，也是责任义务。"

@人民日报在话语中高频率地使用"公信"与"责任"这两个词语，不仅表明对这类社会议题的高度关切，也体现出《人民日报》作为中国最具有影响力的媒体之一，对其自身肩负的"责任"有着清醒的认识和高度的理论自觉。同时，作为党最重要的喉舌，《人民日报》

---

① ［古希腊］亚里士多德：《修辞学》，罗念生译，上海世纪出版集团 2006 年版，第 75 页。

也深知"公信"这种品质对于媒体形象的重要性。如 9 月 2 日的"你好，明天"，既是@人民日报对自身的鞭策，更是一次强调"责任"的形象建构："43 天粉丝过百万。这是激励更是鞭策，是承诺更是使命；做一个诚实的微博，不骄矜、不浮夸，以敬畏之心守护事实真相；一个负责的微博，不盲目、不媚俗，以虔诚之心呵护发展进步。"

三　简短的结论

上述分析表明，@人民日报的"你好，明天"及"微评论"，无论文本还是语境，都呈现出独特的话语方式。

在文本上，140 字以内的篇幅限制使@人民日报新闻评论在写作上呈现出短小精悍、言简意赅、微言大义的话语风格，给读者以连贯顺畅、简洁明快的阅读体验；在词汇使用上，@人民日报新闻评论大胆借用新词及网络热词，语言富于现代感，更"接地气"，这种口语化的表达方式拉近了@人民日报与民众间的距离，在官方话语体系中吹起一股清新鲜活之风；在句式选择上，@人民日报新闻评论灵活运用祈使、否定、反问、感叹等句式来亮出观点，立场鲜明，情感充沛，富于感染力；在修辞运用上，@人民日报新闻评论通过对偶、对比、比喻和排比的修辞手法来增加文章的气势，表达自己的爱憎，使文本具有一定的审美价值；最后，@人民日报新闻评论在论证过程中把"诉诸逻辑"与"诉诸情感"巧妙结合，通过公民视角来组织话语，以沟通"官方"和"民间"两个话语体系。

在语境上，@人民日报作为《人民日报》在新媒体领域的代表，新闻评论在整体上仍然坚持权威理性的话语风格。与此同时，尝试通过构建"协商式对话"来增加与民众的沟通。这一话语方式的转向，或者说传播方式的转变，体现了@人民日报新闻评论尊重多元表达，重视民间诉求渠道并致力于扩充公共言论空间的言论创新。

@人民日报上线之初就确立了"观点立博，依托报纸评论优势，打造强势品牌栏目"的原则，因此其话语方式的革新或坚守，不妨看作权威官方媒体在新媒体时代的适应性举措。对于传统新闻媒体应该如何转型，特别是"微博新闻评论"这一新兴文体的发展等相关课题，@人民日报新闻评论的话语方式或许能提供一定的思考角度和方法借鉴。

（原载《国际新闻界》2013 年第 9 期，与研究生梁晨曦、夏侯命波合写）

联合早报网《中国早点》的言论特色

新加坡联合早报网依托早报资源，借助网络平台，成为海外华文媒体的权威性新闻网站。它以第三只眼看大中华，客观报道和深度评析是众多亚太地区读者的最爱。2009 年，日均页浏览量达到 800 万—1000 万次，月平均读者超过 400 万人，其规模之巨、影响范围之广，堪居东南亚华文媒体之首。①

《中国早点》是早报网观点频道下的子栏目，划分为六个板块，周一至周六依次是北京、香港、上海、广州、北京和台北（在北京同时开设两个栏目），每日栏目固定，分别由联合早报派驻中国北京、上海、广州、香港、台湾的记者采写报道、发表评论。"由于各个地方关注的焦点有所不同，特派员都以自身所处的地域为支点，报道当地发生的热点事件，进而发表评论。因此，《中国早点》摆脱了一个地方、一起事件的束缚，呈现出多元化的姿态。"② 过去，《中国早点》隶属于新闻频道，已有学者对其评论属性作了界定。2010 年，《中国早点》与《专评》《语录》一起并入更为准确定位的观点频道，《中国早点》的评论属性更加明确。

---

① 周爽、姚鸿珂：《疫情暴发时的网络新闻——基于人民网、文汇网、联合早报网的对比分析》，人民网，http://http://media.people.com.cn/GB/22114/150608/150618/10622529.html，2009 年 12 月 21 日。

② 温晔：《解读联合早报网下的中国早点》，《东南传播》2009 年第 11 期。

国内学界认为，"《中国早点》作为早报网旗下的一个特色栏目（'新闻'中的评论），它所报道的内容与中国息息相关，具有与其他栏目不同的特性。因此，有必要对《中国早点》的言论特质进行分析。"①本文抽取2006年到2010年《中国早点》5年间的评论为研究样本，采用量化分析和文本分析相结合的方法，解读其特色，探究其成因。

本研究直接以2006年为样本时间的起始点。抽样方法是以月为单位，以周为分层，进行合成周抽样，2006年9月到2010年12月，以周一、周二、周三、周四、周五、周六为一循环周。需要说明的是，由于2006年的新闻评论是从9月开始的，为了便于以年为单位作横向的比较，2006年9月到12月，以上述方法再循环两次抽样。按以上方法，笔者共抽取了306篇样本：2006年共38篇，2007年共68篇，2008年共69篇，2009年共68篇，2010年共63篇。

一 《中国早点》言论的总体特色

对《中国早点》言论特色的探讨，可以从宏观与微观两个不同的层面展开。对《中国早点》评论的量化分析，主要是从宏观上弄清其评论议题、评论对象和评论倾向具有什么特点。统计数据表明，这种特点主要体现在以下三个方面。

1. "政治"是评论的重点议题，"社会生活"也很受重视。"政治"是《中国早点》涉及最多的议题，占总数的30.4%；其次是"社会生活"，占17.0%；"科教文化"排在第三位，占12.1%；再次是"卫生环境"，占11.1%；"经济"和"其他"均占10.8%，最后则是"体育"（4.6%）和"法制"（3.3%）。

2. 评论对象主要是"政府部门"和"社会现象"。从评论对象看，对"政府部门"的评论占38.9%，"社会现象"也是评论较多的对象，

① 温晔：《解读联合早报网下的中国早点》，《东南传播》2009年第11期。

占 31.7%，其次是"其他团体"（15.7%），这些团体包括房地产商、医院、媒体、银行等以及各种民间团体。评论的对象分布也与评论的议题相符合，以"政治"为议题的评论，评论对象大多为"政府部门"，而以"社会生活"为议题的评论，评论对象大多为"社会现象"。

3. 评论倾向以中立为主，批评建议为辅。联合早报的言论一向以敢言善论、客观中立著称，此次统计的结果亦然。结果显示，《中国早点》的评论，中立的倾向占五成多（50.7%），批评倾向的占 26.1%，建议性的评论占 17.3%，也有 5.9% 的评论是属于褒扬性的。

二　《中国早点》言论的写作特色

从微观上分析《中国早点》的言论特色，主要是立足于文本，从文本的评论方式或写作特色来探讨。通过研读选取的样本，发现《中国早点》的言论在文本写作上具有如下特点：

1. 善用小事，引起共鸣。《中国早点》的评论，大都是以作者在当地的生活体会为缘起，或描述其感受，或由此而联系到社会民生。在笔者所分析的 306 篇评论中，有 71 篇（占 23.2%）采用这样的写作方式。如《遇丐记》（2007 年 10 月 4 日），从作者在街头遇到乞丐到底该不该给钱的矛盾心理出发，联系到广州市政府对乞丐和流浪人员的管理问题，作者最后并没有就此作评论，而是回归到作为普通人的角度，讲述了自己的感受："自己一毛不拔，是否就会改变黑社会操控乞丐的现状？就算一个人施舍五毛钱的怜悯再'廉价'，乞丐也有了苟活的机会。重要的是，换给自己一次抬头向前行的心安，也是对逐渐硬化了的心肠一次激活。"作者的所见所闻，实际上也是大多数人会遇到的事情；作者的感悟，不仅能唤起读者的共鸣，同时也给读者一个反思的时机。又如《危机下的街边经济》（2009 年 4 月 3 日），作者发现办公室外小摊贩增多，由此说到奥运后流动摊贩的变化："近期，一些城市开始表明，对流动小贩的管理要'多理解、多提供方便、多疏导'。"结尾处作者用生活化的语言表达感受："天黑了，想到街边吃一份麻辣烫。"像这种善于观察、善于运用身边的小事来叙述的写作，很容易引起读者的共鸣。

2. 巧妙引述，态度显现。通过引述媒体或其他的观点来表明自己的态度，也是《中国早点》的言论特色。数据分析表明，占 21.9% 的评论都引述媒体或个人的观点。这种引述并不是简单地引述他人口述或报道的事实（关于事实或数据的引述被排除在统计之外），而是一种观点、一种态度。如《需要被娱乐的时代》（2006 年 11 月 23 日）一文，从黄健中的桃色新闻和张钰的公开性爱视频事件出发，论述娱乐新闻打情色擦边球的现象，作者引用《信息时报》和《南方都市报》的观点："舆论指出，央视的地位独一无二，靠的就是垄断（《信息时报》）。在整个中国传媒领域，'它的语态整体上显得高高在上'，也因此央视的选秀节目《梦想中国》总被拿来和湖南卫视的《超级女声》对比（《南方都市报》）。"又如《谁才是公寓的主人？》（2006 年 10 月 25 日），对广州 20 家公寓楼盘的业主委员会主任向广东省人民代表大会提交《广东省业主自治条例》建议草案一事，引述《南方日报》和《南方都市报》相关评论："《南方都市报》则发表《业主自治要做中国基层民主的训练场》的社论，指出行政部门对基层群体事件的高度敏感，过去不断阻拦和压制业主自治；但业主所要的不是骚乱，所争的只是安居乐业的生活目标。"作者自己的观点虽然只有结尾短短的一句话，但实际上，在该作者引用上述两家媒体的观点时，作者本人的态度也跃然纸上。

3. 善用成语，展现中国风。《中国早点》所蕴含的浓浓中国风，也体现在标题上。数据分析表明，21.4% 的评论标题采用成语，如《欲拒还迎》《一山二虎　谁是老大？》《浓妆与淡抹》《击壤而"歌"还是鸣鼓而攻？》。评论的标题如此中国风，栏目的标题也独具匠心。如驻广州的记者专栏叫"南言之瘾"（2006—2008 年）和"岭南悟索"（2009 年以来），北京的则有"京城偶寄"（2006—2009 年）和"京选视界"（2010 年至今）。这些中国风的标题一方面体现出作者的汉语功底，另一方面也让读者倍感亲切。

4. 善用数据，追求准确性。数据也是《中国早点》的特色之一，24.5% 的评论都引用数据。这些数据来源于权威部门，如政府机关、科研机构、专业调查公司或网站等，不仅让新闻事实更加清晰简明，也增强了评论的说服力，显得有理有"据"。在《香港"80 后"与求签》（2010 年 2 月 16 日）一文中，关于香港区政府对"80 后"的态度，作者引用数据说："根据港府早前公布的资料，截至去年 11 月 30 日，有 25 个咨询及法定组织有委任 30 岁或以下人士为非官方成员，占同类机构仅 6.4%。"以此来论述香港"80 后"实际上并未受政府重视。统计数据的引用，既是作者评论的依据，也增加了评论的可信度。

5. 巧用对比，融会贯通。通过对同一个地区的不同事件进行对比，通过对不同地区的同一事件进行对比，是《中国早点》评论的又一特色。统计结果显示，25.8% 的评论采用了对比或类比的手法。不同国家和地区之间，实际上有很多类似的事情，这些事情的对比，可以引人深思，也可以给人启迪。由于早报是新加坡媒体，在《中国早点》中的一些评论中，作者会同时阐述新加坡也会出现的现象或做法，形成看问题的一种对比视角。如《上海"压床"难　新加坡找到"出路"》（2009 年 8 月 19 日）提出，中国医疗急救行业"一床难求"的现象，新加坡曾经也面临过："曾几何时，新加坡相关部门也作出提醒，小病不要到医院急诊室去，应就近接受治疗。而李总理星期天提出加强急诊医院和社区医院的相互联系，让病情稳定但仍需康复疗理的急诊医院病人转到附近的社区医院去，以腾出病床来。"通过新加坡对同样问题的解决措施，作者希望：“这样的做法相信也能引起许多上海人的共鸣。”

三 《中国早点》言论特色的成因探讨

《中国早点》为什么会形成如上所述的言论特色？这是需要进一步探讨的问题。从本研究所分析的样本以及早报网本身来看，主要有以下两个方面的原因。

1. “中国策略”与中华情结

从评论议题看，除“政治”这个议题外，《中国早点》的评论对“社会生活”也非常重视；从批评对象看，“政府部门”和“社会现象”居多；从评论的标题看，超过五分之一的标题都采用了成语；从评论的方式看，超过五分之一的评论，来源于作者在当地的亲身经历。

从这 4 个方面都可以看出作者对当地细致观察的态度。如果不是驻扎当地，深入观察中国社会的每一个角落，显然很难以小见大、见微知著。这种对中国社会的深入洞察和细致体味，与早报网的“中国策略”和中华情结有密切的关系。

2003 年，《联合早报》及早报网推出关于中国报道的改革。这个改革的背景，则是当年不少新加坡公司、市民纷纷看好中国市场，准备在中国拓展业务。因此，早报网在这一年也制定了自己的“中国策略”。《中国早点》是配合增设的《早报中国》而写的新闻短评。对此，早报网高度重视，《联合早报》派驻中国的特派员也增加了一倍。中国成为新加坡第三大贸易伙伴，新加坡则是中国第八大贸易伙伴。对新加坡而言，中国经济发展的好坏有直接响。相同的中华文化以及中国的快速发展等一系列历史的、现实的客观因素，让“中国策略”显得尤为必要。[①]

除了媒体自身的定位外，早报网还有浓厚的中华情结。新加坡的华

---

① 赵振祥：《东南亚华文传媒研究》，世界知识出版社 2006 年版，第 477—478 页。

人占总人口的 70% 以上,且早报网 90% 的读者在海外,这 90% 的读者中绝大部分都是华人。因此,对内对外,早报网都有着庞大的华人读者群。德国学者迪特·森格哈斯认为,同一个文明内部交流的问题,它的前提是同一个文明的共享性、亲近性。① 因此,早报网想获取广泛的受众关注,还需要获取这种共享性和亲近性。

《中国早点》的文章来自北京、上海、广州、香港、台湾等地的记者和通讯员,这些人长期在各自所在的城市生活,所写的评论或紧扣时事热点或贴近当地民生,都是作者的观察所得,有感而发。如《中国早点》下的子栏目"南言之瘾",是记者在 2006 年到 2008 年期间在广州所写。子栏目"京城偶寄"是由专栏作者 2006 年以来驻扎在北京所写。因此,评论中所涉及的"小事件",都是当地读者可能会遇到的,这种深入当地体察社情民意的做法,极大地拉近了媒体与读者的距离,并在长期的接触过程中,让读者潜意识地将它视为一个中国化的媒体。

2. "局内人"与"局外人"

从评论的倾向看,中立的评论占了一半,批评建议性的评论也超过四成;从评论方式看,引述某些权威媒体或个人观点的文章也占了五分之一,引用数据的文章也占了五分之一。全面、公正、客观是早报的言论特色,其评论的倾向、观点的引述以及数据的引用,都能体现这个特点。客观的事实和独特的观点相结合,是《中国早点》也是《联合早报》的最大特色。这种特色得益于作者的跨地域、跨文化的思维方式。

首先,作者长期在中国生活,成为"局内人",对身边的许多微小事件都有观察与体会,往往能够以小见大,见微知著。而早报网浓厚的中国情结,也为让作者成为"局内人"增加了文化上的归属感,使得他们既具有西方的新闻专业主义精神,又以中国文化为归依。

其次,由于早报网是新加坡的媒体,敢于触碰一些中国内地媒体避

---

① 王积龙:《网络媒体如何打造注意力经济》,《新闻界》2005 年第 5 期。

讳的问题。喻国明教授认为，"所谓的传媒竞争，在很大的程度上比拼的是其社会能动属性的发挥状况。传媒在市场竞争中的价值大小，主要取决于其社会能动性在多大程度上为推动人们正确地判断形势、优化地做出行为决策，打上多少自己作为资讯渠道的烙印。"① 因此，正是有着作为"局外人"的利益距离感，《中国早点》更容易提供一些多元的观点，使得报道更加客观，对中国的政治、经济、法制、民生等问题发出代表相当一部分华人利益的声音。这也是《中国早点》深受华人读者欢迎的原因。

最后，各个国家和地区都会面临一些相似的问题，所谓"旁观者清"，作者能从一些意想不到的视角去进行评论，同时，通过不同地区不同文化之间的对比，为读者提供不一样的观点碰撞。

总之，《中国早点》作者这种"局内人"与"局外人"融为一体的双重身份交织，既让华人读者具有同源文化的亲近感，又能提供不一样的视角与观点。

（原载《新闻记者》2011 年第 8 期，与研究生昌道励合写）

---

① 喻国明：《影响力经济：传媒产业本质的一种诠释》（上），新浪网，https：//tech. sina. com. cn/me/2003 - 01 - 24/1516163074. shtml，2003 年 1 月 24 日。

《人民日报》"钟声"专栏国际新闻评论的特色

新闻评论历来被看作媒体的"旗帜"与"灵魂"。近年来，面对风云变幻的国际局势和国际舆论，中国主流媒体不仅加大了国际新闻报道的力度，而且加大了国际新闻评论的力度，旗帜鲜明地讲述中国故事，传播中国声音，寻找沟通中外、表达立场的有效传播路径。

"钟声"是《人民日报》创办的国际新闻评论专栏，自 2008 年开栏以来，凭借专业的评论和权威的声音，在国际舆论中发挥了重要作用，成为国际社会和民众获取观点信息的重要来源。不少"钟声"文章一经发表，就被国内外媒体转载评述，引起读者广泛讨论。"钟声"国际新闻评论多次获得中国新闻奖的国际传播奖项，而该奖项的评奖标准是"有效影响了国际舆论的新闻作品"，这反映出"钟声"专栏在国际传播中具有重要作用和影响力。

在国际舆论格局不断变化、公共话语平台大量迸发、国际舆论众声喧哗的今天，国际新闻评论是帮助读者思考国际问题、消除国际误解、阐明中国主张的有力武器，其独特作用十分重要。本文以"钟声"专栏 2008 年 11 月 29 日开栏到 2015 年 12 月 31 日期间发表的 952 篇评论为研究样本，试图对《人民日报》的国际新闻评论专栏做一个全方位的分析，解读其特色，为国际新闻评论的发展提供一个参考。

一　"钟声"专栏国际新闻评论的时代背景

（一）新闻评论与国际新闻评论

新闻评论是指媒体编辑部或作者对最新发生的有价值的新闻事件和有普遍意义的社会现象、热门话题，运用分析和综合的方法，就事论理，由实论虚，有着鲜明针对性和思想启迪性的一种新闻文体。[①]

国际新闻评论是新闻评论的一种类型。有论者指出：国际新闻评论也可称为国际时事评论，或简称国际时评、国际评论，是针对国际事务中重要或有趣的问题直接发表意见、阐述观点、表明态度，具有鲜明针对性和解释性的一种新闻体裁或政论文体。[②]国际新闻评论主要是针对国际问题进行评论，具有很强的政治性和思想性，从某种意义上说，它体现的是国家意志和政府立场。这是国际新闻评论区别于其他评论类型的重要特征。

（二）当前国际新闻评论面临的主要问题

近年来，中国综合国力不断增强，在国际事务中发挥着越来越重要的作用。然而，中国媒体的声音却尚未在国际上取得相应的地位，缺少有影响力的国际新闻评论，加之西方媒体在国际舆论中仍占据强势地位，使国际社会对中国不仅缺少了解，而且还存在严重误解。一个标志性的时间节点是 2008 年，从年初南方雪灾到西藏"3·14"事件，从汶川大地震到北京奥运会再到三鹿奶粉事件，每一件大事都吸引着世界的目光，不少负面言论在国际社会一时流传甚猛，对中国的形象造成不利影响，中国面临如何有效传播中国声音和及时反应的考验。面对这种情况，如何通过国际新闻评论来表达中国的立场和态度，阐释中国对国际

---

① 丁法章：《当代新闻评论教程》，复旦大学出版社 2012 年版，第 18 页。
② 赵瑞琪：《地方媒体国际新闻评论解析——基于全球本土化的视角》，《中国出版》2014年第 9 期。

问题和涉华问题的主张？怎样的国际新闻评论才能满足读者需求并获得世界的认同？是当时中国媒体面临的一个重要问题。

（三）打造国际新闻评论栏目的必要性

媒体是人们了解世界、认识世界的重要途径。面对国际局势、面对读者需求，为了传播中国，《人民日报》作为主流媒体，理应发出自己的声音，表达自己的立场，掌握国际舆论主动权。国际评论专栏正是澄清事实、批驳媒体不实报道，发出中国之声的有效方式。因此，打造有影响力的国际评论专栏，在海量信息中引领人们向主流舆论靠拢，改变长期以来西方媒体对国际新闻评论"一统天下"的局面，就显得尤为重要。

二 "钟声"专栏国际新闻评论的特色

从 2008 年 11 月 29 日到 2015 年 12 月 31 日，"钟声"专栏共发表国际新闻评论 952 篇。通过对这些研究样本的分析，可以清楚地看到"钟声"专栏在应对国际舆论变化所做的努力，以及不断创新和更加成熟的状态，呈现出别具一格的特色。

（一）选题多元，突出负责任大国的外交意识

从本质上说，新闻评论的选题是一种价值选择。"钟声"专栏的国际新闻评论，确立什么样的选题一定程度上反映了《人民日报》的价值追求。从研究样本可以看出，"钟声"专栏评论的选题十分广泛，涉及政治、经济、外交、军事、社会、文化、环境等方方面面，涵盖了国际社会和民众关心的各类问题。这与以往《人民日报》国际新闻评论主要关注政治、军事、外交这几个方面有所不同。选题领域的拓宽，体现了"钟声"专栏随着时代的变化而锐意进取的状态："钟声"专栏开始广泛参与到各项事务中，积极同国际社会对话。

除了选题多元，"钟声"专栏还突出负责任大国的外交理念。在

952 篇样本中，以外交、政治和经济为主题的评论数量最多，三个类别共计 804 篇，占到评论总数的 84.5%。而以外交为主题的新闻评论有 318 篇，数量上超越政治和经济评论，成为"钟声"专栏最关注的主题。这在一定程度上与中国外交政策的调整有关。近年来，中国提出"新型大国关系"概念，努力以一种新的姿态出现在国际舞台上。特别是 2014 年以来，随着中国领导人外交活动的增多、世界地区性冲突和矛盾多发，以及各种国际会议的召开，关于外交的评论数量呈大幅度上升趋势。同时，随着中国综合国力的增强，中国正努力承担更多的国际责任和义务。在此背景下，"钟声"专栏充分利用国际交往和外交活动阐释中国外交政策，评析多边关系和区域合作等外交问题，有效配合了中国建设"新型大国关系"的理念和进行大国外交的部署，成为主流媒体传递国家政策和信息的有效通道。

（二）对象集中，以"我"为主

"钟声"专栏在评论对象方面呈现高度集中的态势，共有 295 篇文章的评论对象为中国，换言之，中国在评论中的出现一枝独秀，以"我"为主的特点突出。以中国为评论对象的文章，主要是对涉华问题的回应和批驳。针对与中国有关的问题，善于抓住敏感点进行评论阐述，遏制错误观点在社会上传播，避免对民众的误导，消除国际社会的误会。具体表现在三个方面：一是在国际交往中，借助外事活动或会议等契机，解读中国的对外政策；二是在涉华事件中，国际舆论牵涉到中国，对国际上的质疑或不实、扭曲的言论作出回应；三是面对突发性重大事件，主动在第一时间发表评论，将中国的态度传播到世界，抢占舆论先机。可见，"钟声"专栏具有高度的政治敏感性，在评论中始终将国家利益放在首位，敢于在国际重大事件中发声，提升国际话语权。

（三）关注外媒，以事件为导向

只有及时、全面地把握国际国内的动向，才能找到具有现实意义和引导价值的选题。"钟声"专栏的选题来源最多的是国际舆论热点和媒体报道，分别为 258 篇和 175 篇。由于历史原因，西方媒体在国际舆论中一直占据强势地位，常常先声夺人地影响着国际舆论的走向。英国《金融时报》、美国《纽约时报》等世界知名报纸都有国际评论栏目，且享有较高的权威性。"钟声"作为中国主流媒体新开设的一个新闻评论专栏，要在竞争中创出自己的特色，发出中国的强音，并不是一件容易的事。"钟声"专栏的选题，注意扭转这种一边倒的现象，将关注点集中到西方媒体的报道上，一旦发现扭曲事实的报道或是质疑之声，便及时进行批驳或阐释，充分体现了其作为中国主流媒体的政治敏感和责任担当。

同时，以事件为导向的选题，往往能让新闻评论的效果得到最大发挥。"钟声"专栏紧跟事件的动态，让新闻评论为新闻报道画龙点睛。这些选题与公众生活、社会实际息息相关，已经成为国际社会和媒体关注的焦点，为评论的进一步批驳和阐释奠定了良好的基础。从《俄罗斯始终无法认定自己的归属》，到《缅甸准备搁置密松电站项目》，再到《美国对台出售武器》，都体现出"钟声"专栏对境外媒体新闻报道及事件的关注。"钟声"通过对媒体报道事件的追踪、分析，给出一个准确的解释，阐明对事件的主张，为国际社会和民众提供一个更有思想和深度的观点。

(四) 意图鲜明，批驳与阐释并重

评论意图是评论希望达到的某种目的。"钟声"专栏新闻评论意图多种多样，而"阐释"与"批驳"两种意图占据主导地位 (详见表1)，"阐释"类评论有 248 篇，"批驳"类评论有 203 篇。以"批驳"为意图的新闻评论，主要体现在关于中日关系的评论中，尤其是针对日本不承认历史、中日领土争议等问题。在具体论述中，评论运用"邪恶""颠倒是非""居心叵测""煞有介事""令人生厌""闹剧"等措辞，尖锐批评日本政府的行为，体现出对日本的强烈谴责。

与此同时，"钟声"专栏也注重用心平气和的态度来解释问题，用沟通对话的方式来消除国际社会的误解。在一些有争议的国际问题上，"钟声"专栏不仅表明对事件的主张，还详细地解释为什么会有这样的主张，给国际社会一个客观、公正的答复，实现"阐释"的意图。例如，针对西方媒体对中国周边局势的不实报道，《中国周边紧张吗？数据说话!》以理性的方式，用数据去阐释实际情况，使文章有理有据。

表1   "钟声"专栏新闻评论的评论意图

评论意图	赞许	阐释	批驳	质疑	警告	建议	期许
文章数量	128	248	203	58	73	70	172

（五）用语专业，深化对国际事务的理解

国际新闻评论涉及的问题大多来源于国际关系，因此关于国际组织、国际机制等方面的术语占比很高。为了描述方便，不少评论文章经常使用缩略词，这种用法有助于专业人士简洁而高效地沟通，但也增加了非专业人士的理解困难。如果读者对专业名词不理解，评论就很难产生令人满意的效果。

为了降低读者的阅读难度，更好地理解国际事务，"钟声"专栏的新闻评论力求用语专业，同时也对一些晦涩或不常用的专业名词加以解释，方便读者理解。如《全球通缩，不是一国的问题》就对"通缩"一词作了解释："何谓通缩？一个必要条件就是物价全面持续下跌。"《发展权不应停留在纸面上》开篇就对"发展权"作了解释：1986年12月4日，联合国大会决议通过《发展权利宣言》，明确指出"发展权是一项不可剥夺的人权"。这种"专业"与"专业"的对话原则，让"钟声"专栏的新闻评论更加真实、贴近，为读者和国际社会传递了可理解的中国声音。

三　"钟声"专栏国际新闻评论的借鉴意义

"钟声"专栏为什么能形成上述特色？有哪些可以借鉴的地方？从本文对研究样本的分析来看，主要有以下三个方面。

（一）直面敏感问题，紧扣国际话语权

国际新闻评论向来都是观察世界的一个敏感窗口，能帮助人们洞悉国际事件的前因后果和来龙去脉，使复杂的事态变得清晰明朗。① 然而一段时间以来，中国媒体对一些敏感问题顾虑颇多，不轻易发声。"钟声"专栏打破传统，不回避问题，迎难而上，敢于选取敏感问题进行评论。不管是南海问题、台湾问题，还是中国军费开支情况，以及中国游客的陋习，等等，"钟声"的评论都不避讳。这些问题本来就容易受到国际社会的关注，如果中国的新闻媒体不站出来表明中国的主张，西方媒体就可能借机反复炒作，扭曲中国形象。"钟声"专栏正视中国自身问题，及时进行透彻的评论，其实是主动化解问题的敏感性，从而有效化解矛盾，赢得国际话语权。

话语权，即为了表达思想、进行言语交际而拥有说话的权利。② 国际新闻评论不仅要有直面敏感问题的勇气，更要把握好评论的时机，特别是先入为主地抓住国际舆论的话语权。"钟声"专栏非常注重评论的时效性和话语权，尤其是面对重大国际问题，往往会配合当天的新闻报道及时发表评论，甚至刊发系列评论。2012 年下半年，日本挑起钓鱼岛问题，否认钓鱼岛是中国的领土。从 10 月 16 日起，"钟声"专栏连续发表五篇评论，"五论"钓鱼岛问题，摆出大量历史事实和文献资料对日方的言论进行强烈批驳，用鲜活的语言和充分的事实表达中国立

---

① 胡润斌:《地方报纸也应重视国际评论——兼谈〈解放军报〉国际评论特色》,《新闻知识》1996 年第 11 期。

② 郭继文:《从话语权视角谈和谐世界》,《前沿》2009 年第 10 期。

场，争取国际话语的主导权。

（二）主动设置议题，及时引导国际舆论

议程设置理论认为：媒体虽然不能决定你"怎么想"，但在决定你"想什么"方面有着强大的效果。在国际传播中，议程设置能力的强弱尤为重要，它能影响人们对国际问题的认知。国际新闻评论是有效参与国际舆论斗争的有力武器，应对传递什么样的信息、达到什么目的具有清晰的判断，并通过主动设置议题来告诉人们应该关注什么，应该讨论什么，应该朝着什么样的方向去思考。在重大国际问题上，如果中国总是处于辩解、辟谣的被动地位，总是受西方价值观的影响，久而久之，就会给世界一个"被告"的刻板印象，无法掌握国际舆论的主动权。①

"钟声"专栏通过对问题的前瞻性分析，力求第一时间发声，纠正偏见和谬误，并主动设置议题，从中国立场和中国视角来评析国际大势，既用权威的声音吸引读者，也为国际舆论提供新的视角。在叙利亚问题上，"钟声"多次提出要解决叙利亚问题，就要积极发挥联合国作用，加大联合国的干预力度。这一率先提出的观点，成为随后联合国监督团进驻叙利亚的舆论先导，为中国的外交大局营造了良好的舆论氛围。可见，要有效引导舆论，国际新闻评论必须加大主动设置议题的力度，善于提出独特的观点，让一种思辨型的舆论氛围在国际社会中形成。

（三）从宣传到传播，打破国内国际界限

过去相当长时间里，中国的国际新闻评论都围绕中心工作展开，在价值取向上多以宣传价值为主。有论者指出，在美国，国际评论起着观察者、参与者和催化剂的作用。在中国，国际评论更多的是外交政策的工具，是面向受众的单向度宣传。② 这在一定程度上造成了中国媒体国

---

① 胡智锋、刘俊：《主题·诉求·渠道·类型：四重维度论如何提高中国传媒的国际影响力》，《新闻与传播研究》2013 年第 4 期。

② 赵瑞琦：《比较视野中的国际时评与外交政策互动》，《贵州师范大学学报》2008 年第2 期。

际传播力的困局。正是意识到这样的问题，"钟声"专栏把完全站在中国视角来谈问题，把单向宣传模式转变为双向沟通、多向传播模式，在实现宣传价值的同时，更多地关注新闻价值，逐步走向以"传播"为主导的评论方式。

在内有民众舆论、外有世界各国观察的情况下，要更好地表达诉求，提升国际舆论引导能力，国际新闻评论就要将国内问题国际化、国际问题国内化，尝试打破国内国际界限，统筹国内国际两个大局，多关注一些文化、社会等方面的普世性问题，将中国的意识形态和文化与世界性的规则与伦理结合起来，引起全球共鸣。只有在对国际问题进行评论时考虑国内影响，在评论国内问题时也注意在国际上会产生何种反响，才能真正让中国的声音得到理想的传播，让中国主流媒体在国际舆论格局中处于优势地位。

（原载《新闻爱好者》2017 年第 6 期，与研究生邵羽西合写）

三

公共言论与价值理性

和谐社会需要理性传播

——评文登事件中的新闻报道与言论表达

2015 年 7 月下旬，发生在山东文登的一起治安事件，从 22 日发生到 24 日结案，只有短短两三天时间，却引起较多舆论关注，直到 8 月上旬，有关"文登事件"的网络言论还在陆续发表。一起治安事件何以引起较多舆论关注？围绕这个事件出现了什么样的言论？这些言论有无问题，如果有，又是什么样的问题？所有这些，都意味着"文登事件"的新闻报道与言论表达，是一个具有分析价值的案例。

一 文登事件及其相关传播

7 月 22 日 14 时 52 分，新浪微博网友@侯聚森一侧卫 36 发帖称，自己在学校门口被百度贴吧"纳年纳兔纳些事吧"几名网友殴打："五六个打我一个又是辣椒水又是甩棍的，有本事你别跑啊。"并配发了两张自己被打伤的照片。17 时 30 分，@山东共青团发微博称，"威海青年@侯聚森一侧卫 36 因为发表爱国言论被网络暴民堵在校门口群殴。在此之前，已有人冒他之名发表不法言论，现在又被施以暴力！爱国，竟成了被阴暗力量迫害的理由？施暴者必须受到法律惩处。"19 时 55 分，@共青团中央转发@山东共青团微博，并加标题呼吁："警惕网络暴力演变成现实暴力。"

20 时 30 分，威海市公安局文登分局官微@文登警方在线发布通报称，22 日 13 时 30 分许，文登区师范学校门口发生一起治安案件。文登警方迅速出警，初步查明：当事人侯某在网上与他人发生纠纷后，相约在文登师范门口，并发生肢体冲突。目前，公安机关正全力对案件进行调查、侦破。威海警方官微转发并评论："为了回应社会关注，文登警方正在调查此案。"随后，@公安部打四黑除四害转发该微博。

22 日 21 时 46 分，大众网发布来自威海的消息："网传威海一青年疑因爱国言论被不明人员打伤警方已立案"，配发几幅微博截图，包括"侯聚森微博发布受伤照片""山东共青团官微力挺侯聚森""团中央微博置顶关注侯聚森被打伤""网友发微博力挺侯聚森"，等等。7 月 23 日清早，搜狐、澎湃等多家网站刊登"青年疑因爱国言论被打伤 公安部官微称已立案"的报道，除了引述@公安部打四黑除四害的简要消息，主要内容都是对大众网威海消息的重新编辑。

23 日 9 时 41 分，@文登警方在线发布情况通报称，警方连夜工作，确定四名涉案人员，其中三名涉案人员已于 7 月 23 日凌晨分别在青岛、大连被警方查获。警方正在调查另一名涉案人员。当日 18 时许，@文登警方在线再次发布消息，"7·22"治安案件涉案人员梁某某，于 17 时 40 分在烟台开往贵阳的 K1204 次列车上被查获。大众网也先后两次报道事件的最新进展。

24 日 17 时 58 分，@文登警方在线发布此案处理结果：对陈某某、梁某某分别处以行政拘留十五日，对侯某某、张某某、张某某处以行政拘留十日，对孙某处以行政拘留七日。其中，梁某某、侯某某、张某某因年龄已满 16 周岁不满 18 周岁、初次违反治安管理，依据《中华人民共和国治安管理处罚法》第二十一条第（二）项，行政拘留不执行。对于警方处置，许多网友表示支持，以微博大 V@五岳散人为代表的网友号召："各位，帮忙给秉公执法的警察点个赞嘛。"

　　26 日 0 时 55 分，大众网发布"独家对话侯聚森父子，详说被打前因后果"的访谈实录，呈现了侯聚森父子叙说的被打前因后果。26 日 8 时 41 分，@威海警方在线转发该案处置结果，并评价称"事实清楚，定位准确。处罚得当……'7·22'案是一起普通的治安案件，已经处理完了。"

　　从 7 月 23 日起，围绕文登事件的评论开始出现。此后一连数日，媒体、博主、网友纷纷发表各自的评论。评论涉及的主题包括：质疑约架与爱国的关系，批评警方的处理结果，追问事件起因及其内幕，抨击贴吧人群的网络言行，等等。7 月 28 日，中国青年网报道：一个名叫"纳年纳兔纳些事"的贴吧，因长期宣扬反党言论，歪曲抹黑中国历史，有预谋地对意见不合的青少年进行人身攻击、人肉搜索，严重触犯法律底线，被有关部门封禁。① 封闭贴吧是文登事件的后续，相应地，清除网上黑恶势力又成为一个重要的评论主题。

二　某些官微与媒体的报道偏差

　　稍做梳理就会发现，媒体针对文登事件的评论主题相当集中，就是质疑约架与爱国的关系：7 月 23 日，凯迪网络发表《当爱国言论成为街头约架的理由》；24 日，红网发表《"爱国青年"约架也是法律问题》，《环球时报》发表社评《"爱国青年被围殴"，情感比事实清楚》；25 日，《北京青年报》发表《"因言打架"的真相与是非》；27 日，《新京报》发表《文登约架，法律不会"看人下菜碟"》；28 日，《钱江晚报》发表《爱国并没有违法的豁免权》，《环球时报》发表《文登事件不应也不会挫伤爱国主义》。

　　这些评论少数发表在案件处置之前，大多是在处置之后，立论角度

---

① 中国青年网：《中青网评揭"纳吧"前世今生 网友点赞吁监管追责》，http：//news. youth. cn/gn/201507/t20150728_ 6933146. htm。

各有侧重，却有一个共同的价值立场与评论基调，就是阐明"因言打架""文登约架"与"爱国""爱国言论"没有必然联系，决不能因为自我标榜的爱国言论而获得打架斗殴的豁免权。更何况，"爱国是思想和信仰的表达，需要用一生去践行。""互相打架斗殴，则属于公共治安范畴。一码事归一码事，不能混为一谈。""把自己的骂战、违法的约架斗殴行为，冠以任何高大上的名头，这是对文明的羞辱"。因此，有评论还对共青团系统的官方微博作了直言不讳的批评，认为"就此事的表态应该慎重"。应当说，这些批评有理有据，言之成理。

如果说媒体的这些评论有道理，显然就是对某些官微和媒体"爱国青年因言被打"说法的纠偏。那么，某些官微与媒体报道是否存在不妥呢？坦率地说，不妥之处相当明显。警方处警之后，对打架斗殴双方的事实调查与性质认定，理所当然应由警方做出。然而，在结果出来之前，@山东共青团就擅自给事件定性，认定是"爱国青年因言被打"，而且力挺侯聚森："爱国，竟成了被阴暗力量迫害的理由？施暴者必须受到法律惩处。侯聚森，你不孤单，我们都在你的身旁！"如此旗帜鲜明的表态，引导了大众网报道此事的价值立场与报道基调，进而对后续跟进的一些媒体也产生了影响。

侯聚森是山东共青团的网评员，@山东共青团的表态或多或少有些护犊心切。大众网在警方查处结论出来之前，就以@山东共青团的表态作为报道基调，以侯聚森单方面的陈述作为报道内容，自然有失客观公正。特别是其首篇报道配发的微博截图说明，包括"侯聚森微博发布受伤照片""山东共青团官微力挺侯聚森""团中央微博置顶关注侯聚森被打伤""网友发微博力挺侯聚森"，极大地强化了站在所谓"爱国青年"侯聚森一边的报道立场。

事实究竟如何？威海市公安局文登分局对这起治安案件的查证表明："2013年以来，侯某某与梁某某、陈某某等人经常在网上发表不同言论，进而形成纷争、谩骂，并经常在网上互称要和对方见面'理论'。案发前，梁某某、陈某某、张某某、张某某等4人来到文登，梁某某同时准备了甩棍等作案工具。案发当日上午，陈某某数次通过QQ约侯某某见面'理论'，侯某某均作出见面'理论'的回应；13时40分许，侯某某同孙某（男，20岁，系侯某某同学）等人员从文登师范学校校内走到校门口，侯某某先与陈某某互殴，后梁某某、张某某、张某某、孙某等参与斗殴，致侯某某、张某某轻微伤。"因此，将其定性为"约架互殴"，可以说是准确无误。

以事实为依据，以法律为准绳，这是法治社会处理纠纷、审理案件的基本准则。对案件的报道，只能客观报道事态的进展，而不能擅自给案件定性，否则就成为舆论审判或媒体审判。退一步说，@侯聚森—侧卫36在微博中声称自己是爱国青年，@山东共青团也认定侯聚森是爱国青年，纵然这个标签是真，也决不能因为是爱国青年就可以约架斗殴。无论如何，约架斗殴与爱国无关。由此可见，在此案报道过程中，某些官微与媒体不仅违背程序正义，而且有失客观公正。这是一个应当吸取的教训。

三　某些网络言论的过度反应

与前述媒体评论的冷静分析不同，另一种类型的网络言论则充满自我论断的张狂，对文登事件作出了相当激烈的情绪化反应。

要说明的是，随着封闭纳吧，中国青年网接连发表了系列性的评论：7月28日《"纳吧"的前世今生——警惕网上黑恶势力绑架青少年》，29日《以法治为依据清除网上黑恶势力》，8月3日《清除网上黑恶势力事关国家安全》，8月7日《清除网上黑恶势力需打人民战争》。这些评论站得高，看得远，层层深入，揭批网上黑恶势力的危害，很有力度。

除了前述媒体评论和中国青年网的这些评论，围绕文登事件的网络言论主要是以文登事件为评论对象或从文登事件出发的言论,基本上是网友以博客、论坛帖子、话题讨论主帖形式发布的,具有自媒体传播的特点。这些网络言论大多发表在 7 月 24 日以后,一直延续到 8 月上旬,内容纷繁庞杂,难以全面概括,这里只说印象最深也令人震撼的两点:

其一,质疑警方对文登事件的定性。网友"云淡风清好赏月"说:"我难以说服自己同意警方对该事件的定性。警方各打五十大板欠妥。""该事件从起因、到发生、到警方处理直至持续发酵至今,已经成为是一起不折不扣的政治事件。"① 网友"王小石头儿"认为,"纳吧 4 人行为完全可以适用涉嫌寻衅滋事犯罪。"② 林爱玥说:"这显然不是一起'普普通通的治安案件',而是一起有组织、有预谋的刑事犯罪。"③ 网友"去伪求真"说:"这是一起典型的有境外势力幕后支持或操纵,有组织、有预谋、有目的的针对爱国青年的暴力恐怖事件,是网络反毛、反共、反社会主义和爱国主义的黑恶势力由上暴力发展成为现实暴力的一次曝光显形"。④

其二,警惕文登事件催生颜色革命。网友"咔嚓酥"说,"'7·22'事件仅仅是大幕拉开的序曲,是一系列针对爱过('过'应为'国',引者注)网友行动进行'暴力消解'和'定点清除'的开始,是对爱国网友、爱国言论的一次武力炫耀和打击消磨。手法可耻、用心歹毒。"⑤ 何雪飞说:"在'文登 7·22 事件'中,梁某某团伙才第一次表

① 云淡风清好赏月:《对山东文登"约架斗殴"事件的一点分析与看法》,http://blog. sina. com. en/s/blog_ 5f85d5560102vp13. html。

② 王小石头儿:《理性判断文登群殴事件的是非曲直》,http://blog. sina. com. cn/s/blog_ 73ff8e3f0102vq7t. html。

③ 林爱玥:《总要给历史留点真相:深度拷问文登 7·22 事件》,http://bbs1. people. en/post/2/1/2/150365674. html。

④ 去伪求真:《"7·22 文登事件"给我们的启示(第三稿)》,http://bbs1. people. com. en/post/2/2/2/150533231. html。

⑤ 咔嚓酥:《文登"7·22"事件凸显舆论战线重要性》,http://news. nen. com. cn/system/2015/07/30/018322800. shtm。

现了史无前例的严密的组织性、彻底的反动性和肆无忌惮地猖狂性。"
要"警惕'文登7·22事件'成为颜色革命的催化剂"。① 更有言论认
为:"侯聚森案件是中国政治分水岭,标志着橙色革命民主派,已把网
络上'民主'搬到了街头,标志着他们标榜的'民主'开始从君子动
口不动手的网络骂战,转到了人民现实生活当中。""如果不对中国所
谓的'民主派'进行严厉打击,中国迟早会发生街头颜色革命!"②

值得注意的是,网友在各自发布的言论中刻意制造网络舆论场域乃
至意识形态领域的紧张与对立。说什么"'文登事件'发生后,网上立
马产生了公知与自干五的斗争。'事件'反映的是当下中国社会意识形
态、政治观点的尖锐矛盾与对立,以及'推墙派'与'护墙派'的持
续斗争"。③"在文登之役中,面对公知的抹黑,部分官媒的攻击和威海
警方的挑衅,共青团顶住压力,坚毅回击,揭真相、摆证据、谈事实、
讲道理,与自干五并肩作战,双辉相映,最终挫败了对手的进攻,整个
过程坚定顽强,十分精彩,在中国意识形态斗争史上,必将留下浓墨一
笔。""其经典价值已载入中国社会现阶段意识形态斗争的史册。"④

诸如此类的论断,共同的立场是不认同警方对文登事件的处理,认
为警方避重就轻,没有看到问题的实质和严重性,纷纷将其认定为"政
治事件""刑事犯罪""暴力恐怖事件",进而将事件说成是颜色革命的
前奏,大有风雨欲来之势。其实,只要对照一下"文登事件"的事实
与性质,就不难发现这样的论断完全置事实于不顾,不仅夸大其词,而
且虚张声势,刻意制造阶级斗争氛围,真是太离谱了!

① 何雪飞:《文登7·22事件——颜色革命势力对中国的严峻考验（修订版）》,ht-tp://blog.sina.com.en/s/blog_1507775540102vphb.html。

② 孤独王子2015:《再谈文登7·22事件的本质》,http://bbs.tianya.cn/post-free-5197215-1.shtml。

③ 云淡风清好赏月:《对山东文登"约架斗殴"事件的一点分析与看法》,http://blog.sina.com.en/s/blog_5f85d5560102vp13.html。

④ 健康媒体王炎:《不再容忍"叛军":文登之役深度研析》,http://blog.sina.com.en/s/blog_8b3902ca0102vnqc.html。

四　和谐社会需要理性传播

为什么一个"约架互殴"事件会引起较多舆论关注？法制网舆情监测中心 8 月 12 日点评说：主要是因为事发初期部分官微及媒体对该事件的定性，贴上了"爱国青年因言被打"的标签，使其具备了一定意识形态争辩的敏感因素。随即，该事件被拔高到爱国与否的层面，导致舆论场对立情绪不断激发。① 只要将自媒体中的言论与新闻媒体的评论加以对照，这可以看到对立情绪的紧张态势。一个帖子抨击《北京青年报》《钱江晚报》《新京报》所发表的评论，是"文登 7·22 事件中的丑恶表演"，"颠倒黑白，无耻之尤，其心可诛"。② 这样的诛心之论，简直是"文革"语言的借尸还魂。

当前，随着改革开放的深入，社会转型的加剧，社会阶层的分化，群体利益的多元，社会矛盾的凸显，诸如此类的现实问题，加上中国崛起所引起的国际格局变化，必然引起国人在思想意识上的种种变化。譬如，文化断裂，信仰缺失，共识缺乏，教化空虚，社会焦虑，习惯性怀疑，敌我对立，暴戾狂躁，极端情绪化，都是当今中国相当普遍的问题。

在这种情况下，面对一个突发事件，尤其是具有争议性的事件，究竟应当怎么表达自己的看法呢？我想，和谐社会需要理性传播。针对新媒体非理性传播比比皆是的现状，《人民日报》曾呼吁，"让理性成为传播支点"。③

那么，应当如何理性传播呢？首先要坚持唯物辩证法的立场，历史

---

① 《网曝山东文登青年因言约架警方快速处置获赞》，法制网舆情监测中心，http://www.legaldaily.com.cn/zfzz/content/2015-08/12/content_6216907.htm? node=53439。
② pzhshaoc：《文登 7·22 事件中的丑恶表演》，http://bbs.tianya.cn/post-worldlook-1516607-1.shtml。
③ 赵婀娜、董丝雨、黄千：《E 时代，让理性成为传播支点》，http://theory.people.com.cn/n/2014/1113/c49154-26014252.html。

地辩证地看待突发事件或现实问题。对涉及意识形态安全的问题，既不能麻痹大意，放松应有警惕，也不能草木皆兵，动辄上纲上线，必须具体问题具体分析。在文登事件中，约架斗殴与纳吧网友的言行虽有关联，毕竟不是一回事，文登警方先处置约架斗殴，再由管理部门封闭纳吧，就是合适而且合理的处置方式。遗憾的是，处置结果出来之后，某些网友仍然将约架斗殴与纳吧言行联系起来进行分析，结果就出现了如上所述的情绪化表达，刻意制造对立情绪，误导网络舆论。

其次，要坚持实事求是的思想原则，或者就事论事，或者摆事实讲道理。在这里，"就事论事"不是指仅仅从事物的表面现象孤立、静止、片面地议论，而是指按照事物本身的性质来评定是非得失。在此意义上，媒体评论对约架与爱国关系的质疑，是就事论事的评论，从而得出了无法辩驳的结论。而中国青年网对封闭纳吧的几篇评论，则是从事实出发来讲道理，令人信服。与此相反，某些网友的自媒体言论往往偏离就事论事的轨道，任意突破事实边界，随心所欲地谈论自以为是的看法，连基本的逻辑都不讲，其结论自然沦为没有证据的指控，荒诞不经。无论如何，我也弄不明白网友"孤独王子2015"如何从"侯聚森案件"得出所谓"橙色革命民主派"已开始动手的推论，更不知道打架斗殴与网络上"民主"有什么联系。

总之，对于争议性问题的讨论，越有争议越要理性，少一些随意发挥的喧嚣，多一些心平气和的讨论，让理性表达促进和谐社会建设！

（原载《新闻记者》2015年第10期）

警惕网络舆论的价值取向偏差

——以宁波老虎咬人事件为例

2017 年 1 月 29 日，在宁波雅戈尔野生动物园，一名男子翻越围墙进入老虎散放区被咬死。事件发生后，主流媒体、自媒体、普通网民纷纷在微博、微信上表达自己的看法，迅速成为引人注目的网络公共事件。值得注意的是，有关的网络舆论分化严重，或强调规则至上，男子不遵守规则而死是咎由自取；或"悼念老虎"，反讽戏谑死者；或为死者辩解，逃票罪不至死。各种观点都坚持自己的立场，互相指责。为什么会形成截然不同的观点？这些观点又存在什么样的问题？这是值得认真分析与理性反思的。

一　宁波老虎咬人事件中的舆论分化

1 月 29 日下午 2 时许，一名张姓男子在宁波雅戈尔野生动物园遭老虎袭击，送医后经抢救无效死亡。据宁波东钱湖旅游度假区管委会官方声明，死者为逃避 130 元门票，先翻越了 3 米高的动物园外围墙，又翻越了老虎散放区的围墙，进入老虎散放区。现场的一些游客用手机记录下该男子遭老虎袭击的过程，并上传到社交媒体，诸多微信群、朋友圈纷纷传播多段老虎咬人的视频。主流媒体也迅速跟进报道，微信公众号、微博等自媒体的讨论持续不断。在清博指数系统搜索"老虎咬人"微信热文，截至 2 月 3 日 14 时，共计 2806 篇，阅读总量 1763 万 +，其中《老虎咬人，他曾三次试图站起？震撼！比悲剧更可怕的真相，在这……》《咬死他的其实是两只老虎，另一只更可怕！很多人不知道！》等40余篇文章阅读量达到10万＋。①

在前期，由于信息尚不明确，人们的关注点主要在事实层面：男子为什么进入虎园？或云是"进虎园逗老虎"，或说是"为了逃票翻墙进了虎园"，等等。1月29日晚上11点，宁波东钱湖旅游度假管委会的官方微博公布真相，男子是为逃票而翻越围墙。事情经过基本清晰，舆论焦点就从事实层面转入价值层面，以表达自己的观点为主。大体上，主要有以下几种观点。

（一）规则至上，违规担责

这种观点认为，该男子为省门票钱而翻墙进动物园，误入虎园被老虎咬死，是不遵守规则所致，本人应负主要责任，而且借此案例可推进国人的规则教育。尽管一些主流媒体也在自己的自媒体平台发出理性的声音，强调生命意识优先于规则意识，但更多的文章却认为"规则至上"，只强调死者违反规则，而缺少对生命的悲悯。中国政法大学疑难证据问题研究中心执行主任吴丹红的《规训与惩罚：说教一万次，不如老虎咬死人一次》、专栏作家连岳的《说说宁波老虎咬人事件》都认为规则至上，死者不值得同情，同情死者是和稀泥。普通网民中，也有不少人持有这种观点。@开欣说：没有规矩不成方圆，守住规则才会守住生命。虎园岂是漠视规则之地。@一米阳光说：兽性本吃人，人性本吃兽，关键点在于规则。守规则安，违规则毙。总之，不遵守规则而死，就是咎由自取。

（二）"悼念"老虎，反讽死者

讨论中占据主导地位的意见，是"悼念"老虎，以此来反讽死者，

---

① 清博：《研究老虎咬人事件的10万＋文章，传播最广的居然是……》，http：//weme-dia. ifeng. com/7850975/wemedia. shtml。

甚至称死者是智障,称同情死者的网友为"圣母婊"。@一只柚子吧说:可怜的老虎,凭什么年还没过完就遇到这个智障,还搭送了自己的命啊。@孙萌萌金牌夫人说:不遵守规则就是要付出代价,看评论圣母婊真恶心,别再秀自己智商下限了。不少自媒体人也迎合网民的这种情绪,或是"悼念"老虎,或是辱骂死者。敖评的《沉痛悼念被逃票游客害死的老虎!》喊出:"你作死要死别把别人害死"①;网络写手"和菜头"的《纪念一头老虎》更得出可怕的结论,称"人类真的是这个星球上最伪善的生物"。②

除了用极端的语言悼念老虎,还有不少人把这件事编成段子进行调侃。网上 PS 出以此事为背景的图片和表情包。最典型的是一张黑白老虎照片,配上"沉痛悼念,永垂不朽"几个粗体字,不少公众号在发表该主题文章时都使用了这张图片。还有的给老虎的图片配上诸如"先别叫外卖了,有人掉下来了""早知道还是吃外卖算了"等文字,模仿老虎的口吻戏谑化地讲述事情的经过。把受害男子比作老虎的外卖,一点怜悯之情都没有,只剩下冷嘲热讽。与规则派严肃认真地强调规则的重要性不同,悼虎派用反讽来表达对死者的不满,通过悼虎来嘲讽死者,从而间接地表达违反规则当自取灭亡。

（三）为死者辩护,罪不至死

也有不少网友同情被咬死的男子,认为他罪不至死,称讽刺死者的网友是"冷血鬼,没人性"。

@那殇别致的说:不管怎样,他已经付出了生命的代价,难道逃票就要给他判死刑吗?至于吗?我觉得网友们留点口德,网络暴力让他的家人怎么活。@楊Bee锋说:大过年的,死者为大,想想如果是你亲

---

①　敖评:《沉痛悼念被逃票游客害死的老虎!》,http://www.360doc.com/content/17/0130/12/29426895_ 625421917. shtml。

②　和菜头:《纪念一头老虎》,http://weixin. niurenqushi. com/article/2017 - 01 - 29/4755284. html。

人。除了同情死者失去生命，也有人同情死者为了省130元而去冒险。百度贴吧中"老虎吧"的一篇帖子，标题就表达了鲜明的立场："如果我每月只有三千元的工资，我会不会也想逃130元的门票？"文中写道："老虎吃人是超乎寻常的特例，体现的却是平民百姓的艰辛。妄论平民百姓素质者，请先省思自身。"① 一些自媒体也发布为死者辩护的文章，微信公众号"小余老师说"发布的《那些为老虎喊冤的人类，请你们统统闭嘴！》，光看标题就火药味十足。法律工作者王亚中在《男子逃票落虎口，动物园难辞其咎》中列举了动物园的五大罪状，认为对待穷人和富人的标准不能完全相同，否则会加剧贫富差距。② 尽管这些观点不一定准确，却也给这场讨论带来一些别样的思考。当然，这种辩护的声音在讨论中处于弱势地位。

二　言论的价值取向偏差及其原因

价值取向是人们在一定场合以一定方式采取一定行动的价值倾向。它来自人的价值体系、价值意识，表现为政治取向、功利取向、道德取向等不同的方面。人的每一具体行为的取向或定向，都是各种具体价值取向综合作用的结果。③ 面对一桩具有多重价值意涵的事件，不同价值取向的人可能得出截然不同的结论。不容否认，宁波老虎咬人事件的涵意是多重的：一个人突然被老虎咬死，值得同情；为了救人而打死老虎，老虎也死得冤枉；死者不守规则需要批评，死者没钱买动物园门票又让人怜悯；死者要为自己的行为负责，但生命的价值也不容贬低。显然，如果单就某一点而论，自然是各有各的道理，而这些事实与观点都

---

① 蛋白怎么有灵魂：《如果我每月只有三千元的工资，我会不会也想逃130元的门票……》，http://tieba.baidu.com/p/4961258979。

② 王亚中：《男子逃票落虎口，动物园难辞其咎》，http://blog.sina.com.cn/s/blog_8a21353a0102wpps.html。

③ 于淼：《榜样再现与偶像生产：媒体引导个体价值取向的机制及困境》，《湖北社会科学》2011年第4期。

集中在同一事件之中，取舍之间，就有一个价值取向的问题。

　　评论家马少华认为，批判是有价值次序的："不同事物的价值是有高有低的，因为价值反映客观事物满足人的需要的程度，它依赖于人的价值标准。人对不同事物的价值判断不同，价值排序就不同。"① 男子违反动物园的规则，逃票进入动物园，被老虎咬死。这是犯错在前，对于这种不遵守规则的行为，无疑需要反思和批判。但是，比较而言，人的生命更加重要，应该放在首位。这名男子为省 130 元钱不幸被虎咬死，当哀其不幸，心存悲悯。对同类的怜悯，是基本的人性。无视他人的生命与处境而一味嘲讽，无异于把弱者逼上绝路。规则固然重要，但规则也是人制定的，目的是确保人性的光辉普照大地。如果没有了人性，要规则还有什么意义?② 然而，不少自媒体和网民却颠倒了价值次序，没弄清什么价值该放在第一位，什么价值放在第二位，把批评死者不守规则放在尊重人的生命之上，或一味强调规则至上，或一味地"悼念"老虎，调侃甚至辱骂死者。抓住一点而不顾其余，必然导致言论的价值取向出现偏差。部分言论过于极端，顾此失彼，缺乏全面的价值立场，没有合情合理地分析这次事件，对死者家属也造成二次伤害。还有，相关信息铺天盖地，死者的年龄、籍贯、家庭状况都曝光出来，对死者也缺乏应有的尊重。

　　之所以出现诸如此类的价值取向偏差，具有深刻的现实根源。

　　(一) 价值的多元化和社会伦理的失范

　　个体的价值取向深受社会价值取向的影响。目前，我国正处于社会转型期，社会阶层分化和利益关系多样化，加上西方思潮的涌入，导致人们价值观念和价值取向的多元化。在传统的社会价值取向中，人命关

---

　　① 马少华:《"批判的价值次序"与评论的选题问题》,《新闻与写作》2011 年第 2 期。
　　② 王亚中:《物伤其类，人喜吃人? 重虎轻人者，人皮之下是人还是虎》, http//blog. sina. com. cn/s/blog_ 8a21353a0102wpq3. html。

天的观点能得到一致认同。随着价值取向的多元化，就可能出现不同的声音。宁波老虎咬人事件的网络舆论，就充分说明了这一点。特别是老虎咬人事件中暴露出国人长期以来无视规则的弊病，更是触动了社会的神经，导致网民或强调规则至上，或凭吊老虎，反讽死者。在宁波老虎咬人事件之前几个月，北京八达岭长城曾发生过类似事件。一个女子不遵守动物园规定擅自在猛兽区下车，导致自己被咬伤、母亲被咬死。当时，这名女子就因为不守规则而被抨击。这次，这个张姓男子又因为不守规则而落入虎口，还导致老虎也被击毙，让人愤怒多于同情。这是因为，从考试作弊，到闯红灯，再到强行插队，人们对日常生活中缺乏规则的行为积怨已久。网民在讨论中宣泄对"不守规矩"的不满情绪，导致讨论呈现出"老虎比人重要"的价值偏差。

（二）自媒体、网民不经严格把关的任性表达

传统媒体时代，新闻媒体通过批评社会阴暗面，弘扬社会正能量，从而引导社会舆论，形成社会规范。[1] 新闻媒体的记者、编辑起到"把关人"的作用，可以引导社会舆论的发展。进入网络时代，自媒体、普通网民无须经过层层把关，就可以在网络上发出自己的声音，开展公共讨论，形成网络舆论。加上网络发言可以采取匿名方式，这就让一些人更加肆无忌惮，任意宣泄个人情绪，形成一种任性表达，强化言论的价值取向偏差。譬如，为了表达对不守规则行为的愤懑，就说被老虎咬死是"自作孽不可活""死有余辜"，无视生命的价值与人性的尊严。

（三）人文精神的缺失

作为人类文化所体现的最根本的精神，人文精神形成于欧洲文艺复兴时期，建立在人性论、人文主义倡导的个性解放、个人自由思想和关

---

[1] 于淼：《榜样再现与偶像生产：媒体引导个体价值取向的机制及困境》，《湖北社会科学》2011 年第 4 期。

心人、尊重人、以人为中心的世界观基础之上，并随着社会和经济的发展，在高科技时代不断融汇人类所有文化精神（包括科学精神、伦理精神、艺术精神等）而提升成熟的理性精神。① 当前，种种原因导致国人在网络言论中缺乏应有的人文精神。一方面，网络传播追求速度，既不讲究语言精准，也不讲究逻辑严谨。很多言论急于表达，没有经过深度思考，分不清价值取向的轻重缓急；另一方面，工具理性的盛行也导致人文精神的缺失。不少自媒体的唯一目标就是吸引眼球，获得阅读量，产生影响力，从而实现传播的价值变现。这就很容易出现为了取悦网民，为了获得更多高阅读量而不择手段。编造段子调侃，上传血腥的照片和视频，以此来吸引眼球，就很自然地出现在宁波老虎咬人这一网络公共事件之中。

三　公共讨论要秉持什么样的价值理性

宁波老虎咬人事件虽已过去，但留给我们很多思考：在网络讨论中，面对一个悲剧性事件，应当秉持什么样的价值理性？

（一）要坚持人本主义的价值立场

人本主义流派众多、内涵丰富，至少包括两种内涵：一种是历史上的人本主义，指 14 世纪下半叶发源于意大利并传播到欧洲其他国家的哲学和文学运动，成为现代西方文化的一个要素；另一种是指承认人的价值，把人看作万物的尺度，或以人性、人的有限性和人的利益为主题的价值哲学。② 人本主义各派哲学在理论上各有不同，但他们最突出的特征都是以不同方式强调人的核心地位，不同程度上把人当作万事万物的出发点和归宿。③ 恪守人本主义的价值理性，就应该以人为本，关注

---

① 施卫星：《人文精神：整体护理发展的内在动力》，《中华护理杂志》2000 年第 7 期。
② 江天骥：《科学主义和人本主义的关系问题》，《哲学研究》1996 年第 11 期。
③ 刘放桐：《"人本主义"和"人本主义哲学思潮"随想录》，《学术月刊》1999 年第 10 期。

世界对于人的意义，追求人的幸福。是否应该击毙老虎救人？从人本主义的价值立场，这个问题迎刃而解。在这次悲剧事件中，人和老虎都走向死亡，都值得同情。但应该有一个合理的价值次序，人的生命毕竟高于一切。在此前提下，再讨论死者逃票而窜入老虎活动区，因不遵守规则而负有主要责任，以此唤醒国人规则意识。

（二）要坚持事实与价值的统一

任何公共讨论，都必须保证事实层面的真，也要保证价值层面的善，把事实与价值有机地统一起来。只有这样，才能保证讨论始终具有价值理性。在网络公共事件中，广大网民自发参与讨论，牵涉面广，影响力大，也是培育广大网民价值理性的好机会。在这次讨论中，一些主流媒体开办的自媒体就发表了具有正确价值取向的评论。新京报评论部的微信公众号先后发表的两篇评论《宁波老虎咬人事件：生命堪悯，规则当守》《宁波老虎咬人，我们最该做的绝非"嘲讽"》，都是忠于事实、秉持理性的评论，把生命价值放在首位，在此前提下指出不遵守规则的危害，却也没有恶意嘲讽死者。这样的评论，不仅是对网络舆论的正确引导，而且应当成为网民学习的言论榜样。

（三）要与人为善，多一点人文关怀

人文关怀是针对现代科学技术发展造成人的精神关怀缺失而提出的，是对人的生存状况的关注，对人的尊严与符合人性的生活条件的肯定，以及对人类的解放与自由的追求。① 毫无疑问，动物园老虎咬死人这类新闻，是非常有吸引力的，但无论如何，我们在报道和评论之时，都不能践踏生命的价值。对于老虎咬人，无论是呈现事件还是评论事件，都应该多一点人文关怀。譬如，给过于血腥的照片或场景打上马赛克，不过分渲染某种极端情绪，不去编造段子消费死者，等等。为了保

---

① 俞吾金：《人文关怀：马克思哲学的另一个维度》，《光明日报》2016 年 2 月 6 日 B4 版。

证网络传播的健康发展，国家可以出台对自媒体平台进行规范和监管的政策，自媒体人也要形成自己的行业规范，遵守新闻职业道德。① 网民在公共平台上发表言论，一定要遵守网络伦理规范，杜绝语言暴力，让网络空间风清气正，促进精神文明建设。

（原载《新闻界》2017 年第 4 期，与研究生班志斌合写）

① 董天策、班志斌：《自媒体传播在公共卫生事件中的信息噪音——以〈疫苗之殇〉大讨论为例》，《新闻记者》2016 年第 5 期。

自媒体传播在公共卫生事件中的
信息噪音
——以《疫苗之殇》大讨论为例

2016 年 3 月，山东警方破获案值 5.7 亿元非法疫苗案，疫苗未经严格冷链存储运输销往 24 个省市。疫苗含 25 种儿童、成人用二类疫苗。作为重大医疗卫生事故，这次疫苗事件引起社会各界的广泛关注。3 月 22 日，一篇南方都市报记者写于 2013 年的报道《疫苗之殇》被翻了出来，各自媒体平台纷纷转发。随后，部分自媒体人撰文批评这篇文章，也有部分人力挺这篇文章，在自媒体平台上展开了激烈的大讨论。疫苗问题被讨论，引起高度关注，通过曝光倒逼疫苗行业的改革，保障公民生命健康，无疑是一件好事。但是，自媒体平台在信息传播的过程中太想制造冲击力，导致传播的信息数量庞杂，内容夸张。结果，一方面信息爆炸，另一方面又噪音爆棚。讨论看似轰轰烈烈，实则空洞无物，没有多少有价值的信息。

一 《疫苗之殇》大讨论中的信息噪音

在传播学中，噪音的概念最早由香农和韦弗提出，即"任何非属信息来源原义而加之于其信号的附加物"。疫苗问题出现后，信息传播的本意是科普疫苗知识，消除恐慌，指导人们生活。但在实际传播中，却因为信息庞杂、新闻表述不客观、夸张式报道等问题而偏离原本的传播

目的,形成信息噪音。主要的噪音形式有以下两种:

(一) 对原文进行夸张式处理

《疫苗之殇》这篇旧闻,本身并没有什么问题,也是报道疫苗有关问题的,在新的热点事件发生时重新推出,可以理解。但是,各微信公众号转发这篇文章时,却做了夸张的处理。如《疫苗之殇!谁来保护我们的孩子?》一文不仅删掉原文第一段的说明(即声明这是一篇旧闻),并配上视觉冲击极强的图片。文中既没有一类疫苗和二类疫苗的区别,又把有毒疫苗和失效疫苗混为一谈,夸大危害性,很容易误导受众。一些文章在引用《疫苗之殇》后,全盘否定中国疫苗。如《避免疫苗之殇,带孩子去香港打疫苗全攻略》《疯狂!疫苗之殇事件发生后,澳洲疫苗受欢迎要代购?》纷纷出笼,至于像《疫苗之殇,字字诛心》《疫苗之殇!伤13亿国人的心!》《疫苗之殇:你沉默你就是帮凶》这样的标题党,更是数不胜数。

为什么要夸张处理?除了博人眼球,《疫苗之殇,不希望又是一次"三鹿奶粉"!》这篇文章的一段话很能说明问题:"如此重要的疫苗却成了不法分子牟取暴利的工具,其性质恶劣到令人惊惧的地步。持续关注,就是倒逼改革的力量!"疫苗安全事关重大,需要通过报道倒逼改革,这是部分自媒体人自认为正当的理由。其实,恰恰是因为意义重大,评论就更应该小心谨慎,在不具备专业知识的情况下,不该随意批评。舆论可以倒逼改革,但一定要建立在客观、真实的基础上。

(二) 充斥着大量冗余信息

这次《疫苗之殇》大讨论充斥着大量冗余信息。信息的作用是消除不确定性。而冗余信息并不能消除人们的不确定性,还可能造成新的认知干扰。消息中冗余越多,它所携带的信息量就越少。正是这些冗余信息让受众明明读了许多关于疫苗的文章,却依旧没有消除不确定性,还是一头雾水。

3月22日当天，一篇与《疫苗之殇》针锋相对的文章也出现了，和菜头的《每一个文盲都喜欢用"殇"字》一文开始在朋友圈中蔓延。这篇文章批评《疫苗之殇》一文用旧稿、没有分清一类还是二类疫苗、混淆失效和有毒的区别等问题，还算客观，但对"殇"字的批评，却充满攻击意味："殇，是指幼年夭折或为国战死者。疫苗还有幼年中年之分？还是疫苗为国捐躯了？所有文盲都喜欢乱用这个字，只是因为它看起来比'伤'字更上档次一点……"

在这篇文章的带动下，又出现了《请不要用"疫苗之殇"来做噱头》《疫苗之殇是"胡说八道"!》等反对派文章，之后又有了《疫苗之殇的"殇"用对了吗?》《疫苗出问题了，你还在关注"殇"字怎么用?》等支持派文章。双方展开辩论，从标题中就可以看出，这次辩论是感性判断多于理性分析。而且，这些文章的作者大多不是医学专业人士，只能纠结于"殇"字有没有用错、政府没有加强监管等常识性问题。这样的讨论非但不能给人科学的指导，甚至反而会给人误导。

与此同时，借着疫苗大讨论的"东风"，疫苗主题的恶搞视频、广告也纷纷出笼，骗取点击量。如有公众号推出恶搞视频《唐僧打假疫苗死了》《疯狂动物城之狂犬疫苗》，广告软文《邮币卡电子盘"疫苗"之殇》《平安保险，守护疫苗之殇》，等等。

二　信息噪音产生的原因

（一）自媒体高度市场化

与传统媒体不同，自媒体平台的市场化程度更高。通过获得更多的关注和浏览，从而获得更多广告收入，是自媒体的主要任务。为了增加粉丝量、阅读量、点赞数，微信公众号小编绞尽脑汁。这次疫苗事件，是一个全民关注的问题，很多微信公众号希望在这次疫苗舆论热潮中分得一杯羹。实际上，"疫苗之殇"的大讨论也的确催生了好几条阅读量

10 万 + 的微信文章。因为有直接的利益诱惑，自媒体人不管对这个话题是否了解，都纷纷转发、评论此事，以期得到更多关注。

（二）传统媒体丧失话语权

在疫苗事件当中，与自媒体平台上的"舆论大战"不同，传统媒体表现得相当冷静。3 月 23 日，《京华时报》《北京青年报》《新京报》都在显要位置刊发了标题为《李克强：彻查山东问题疫苗流向》的报道。3 月 24 日，《新快报》《海南特区报》《北京晨报》等报纸刊登了题为《世界卫生组织驻华代表发布通告：不正确储存或过期疫苗几乎不会引起毒性反应》的报道。

尽管传统媒体发出的报道几乎一致地奉劝人们不要恐慌，不要因噎废食，却很少有人去看报纸上的安民告示，而习惯于阅读微信上的文章。自媒体时代，传统媒体丧失话语权并不可怕，真正可怕的是，科学、权威的见解与观点不能及时传递给受众，从而带来舆论混乱。

三　减少公共卫生事件中的信息噪音

（一）信息噪音带来的危害

在这次疫苗事件中，自媒体平台发布的文章给受众带来恐慌，让人甚至不敢接种疫苗。从腾讯网 3 月 22 日和 3 月 24 日的两期"今日话题"栏目的网民讨论，可窥见一斑。网友"一颗心，只为你"说：要是不打疫苗也能上学，坚决不给孩子打了。这个说法得到 6859 个网友点赞。公共卫生事件本来就容易引发公众恐慌。因此，需要采取措施减少信息噪音，通过科学的信息传播来消除公众的疑惑。曝光疫苗问题，有重大的正面价值，可以让人们高度重视疫苗行业存在的不规范行为，从而推动疫苗监管的不断改进。然而，由于噪音的存在，受众接收到的信息变得鱼龙混杂。缺乏相关专业知识的民众难以分辨真假，无论是全盘接受还是全盘否定，都会带来负面影响。这种负面影响，反过来又会削弱其本身的正面价值。

（二）规范自媒体平台管理

虽然，传统媒体努力改善疫苗在公众心目中形象，告诫人们不能"谈疫苗色变"。但大多数年轻人更愿意阅读知名公众号发来的不太专业却充满激情的微信推送。因此，自媒体平台的传播行为亟待规范。一方面，国家需要出台一些对自媒体平台进行规范和监管的政策；另一方面，自媒体人也要形成自己的行业规范，遵守传播伦理。在不具备相关专业知识的情况下，要少言、慎言。政府的卫生管理部门也要吸取这次事件的教训，做好自己的自媒体平台，一旦出现公共卫生事件，就能及时发出科学、权威的声音。

总之，在传媒环境迅速变化的今天，公共卫生事件中的信息传播更为复杂，需要国家卫生部门和传统媒体、自媒体等多方努力，承担社会责任，减少信息噪音，提高此类事件的应对能力。

（原载《新闻记者》2016年第5期，与研究生班志斌合写）

媒体言论的社会认知偏差与非理性表达

——以周鼎"自白书"事件中的评论为例

2014 年 12 月 23 日夜半，四川大学教师周鼎在网上发表"自白书"，宣称"一个相信讲好一门课比写好一篇论文更重要的人，今夜死去了。"① 其实，他的意思仅仅是说要退出学校的公选课教学。由于"自白书"嬉笑怒骂，措辞激愤，迅速引起网友热议与媒体关注，成为 2014 年岁末的一个热点事件。不过，事态迅速峰回路转。面对网友的热切挽留，周鼎 25 日改变想法，表示将继续开设公选课。四川大学 26 日公布消息说，"为激励我校教师潜心本科教学、致力人才培养，特设立'卓越教学奖'，特等奖金 100 万元，一等奖金 50 万元。"② 轰动一时的四川大学周鼎"自白书"事件也就画上句号。应当说，这是一个值得庆幸的结局。

庆幸之余，我以为有必要对周鼎"自白书"所激起的舆论反应做一番理性的反思。作为大学教师，周鼎可以自由表达他对高校教学与科研关系的看法，也可以自由表达他未能晋升职称的情绪，哪怕是喝了酒在网上发泄牢骚，都是没有问题的。问题在于，新闻媒体究竟应当如何对待像周鼎这样发泄个人情绪的表达？

① 《川大教师自白书全文》，枫网，http：//www.laoren.com/lrbxw/2014/418517.shtml。
② 《四川大学设立百万奖金鼓励教师潜心教学》，《华西都市报》，http：//news.sciencenet.cn/htmlnews/2014/12/310125.shtm。

　　查阅媒体的报道与评论，不难发现有关报道比较冷静。《钱江晚报》的《川大教师自白书被热议　周鼎称自己的价值就是讲好一门课》，澎湃新闻网的《对话川大周鼎：我不是因为评不上职称才写自白书》，通过各自对周鼎的采访对事件的前因后果做了还原，客观公正。而评论，却有不同的立场。《北京青年报》的评论《让好教师绝望的大学，办学价值何在？》与《南方日报》的评论《周鼎的"自白书"有失偏颇》，在网上传播时被视为正、反两方的代表，前者是正，后者是反。绝大多数媒体所持的立场与《北京青年报》类似，譬如《新京报》的评论《教学不应是大学的"副业"》，红网的评论《谁逼走了"一心上好课"的老师？》。还有一些报道的立场也类似《北京青年报》。《南方都市报》的报道《教师发"自白书"：高校就是衙门教师工作就是报账》，《齐鲁晚报》的报道《四川大学教师周鼎"自白书"怒批高校教育》（内容与《北京青年报》的评论相同），立场尽在标题之中，不言自明。

　　高校科研与教学的关系，本是老生常谈，见仁见智，难有定论。澎湃新闻网 25 日对大学青年教师进行随机采访，结果也是多种声音并存：或认为研究和教学并不矛盾，为什么会纠结这个问题；或认为"科研重要还是教学重要"的表述本身已偏离周鼎"自白书"指向的问题，因为"轻教学"从未换来真正意义上的"重科研"；或认为"任何时候，都应该是教学更重要"；或认为"重科研轻教学，世界都一样"；或对周鼎工作了八年而没有像样的科研成果提出严厉批评。① 然而，媒体大多站在周鼎一边抨击高校重科研轻教学，而且这样的观点还被认为是正方观点。应当追问的是：这种被视为正方观点的评论有道理吗？初一看，掷地有声；细思量，未必尽然。

　　首先，把周鼎个人化与情绪化的看法当成立论的事实依据，由此出

---

① 《高校"青椒"大吐槽：科研和教书究竟哪个更重要》，澎湃新闻网，http://news.163.com/14/1225/18/AEB－3FMRV00014SEH.html。

发批评高校只重视科研,不重视教学,不重视人才培养。如此评论,显然违背评论必须建立在准确事实之上的基本准则,不够理性。周鼎"自白书"开篇即说,"喝了半斤白酒,不知是否醉了。酒壮怂人胆,姑且胡言乱语。"这自然是愤懑之辞,却也多少有些借酒发泄的味道。且不说"自白书"所说的"一所高校就是一座衙门""高校是座农家乐""最牛逼的教师是拥有最多科研经费的人,而不是拥有最多听众的人""高校教师的主要工作是申报课题,报账,报账,还是报账"之类论断高度情绪化,十分夸张,就是周鼎说四川大学不重视教学,也很难说符合事实。就在 2014 年,周鼎曾获川大第六届本科教学优秀奖"二等奖""四川大学 2014 年唐立新教学名师奖";而且,学校已经给以教学工作为主的教师开辟晋升高级职称的绿色通道,工作了八年的周鼎未能晋升副教授,只是个人条件尚未具备,难道这也能怪学校不重视教学吗?其实,《南方日报》发表《周鼎的"自白书"有失偏颇》这篇评论,尽管被网络舆论认为是反方的评论,事实上却有理有据,分析中肯。

其次,对于如何摆正教学与科研的关系,评论作者与刊载媒体显然缺乏深入的了解。经过改革开放三十多年的发展,高校已分成研究型大学、教学研究型大学、教学型大学等不同的类型。科研与教学之间如何权衡,不可一概而论,关键是看学校的定位。研究型大学不但要教学,传播知识,更要科研,生产知识,在教师的选聘、晋升上强调科研,注重知识生产,实乃天经地义。按国际惯例,像周鼎这样只教学而缺乏科研的大学教师,只能在讲师、高级讲师这个系列中晋升,不可能评上副教授、教授。然而,同情周鼎、批评大学的评论根本就无视大学定位的区别,无视研究型大学更重视科研这个内在要求与学术传统,不分青红皂白地批评高校,只能说是对研究型大学缺乏真正的了解。同时,又把教学等同于人才培养,仿佛科研与人才培养无关,更没弄清楚研究型大学的人才培养方式。要知道,研究型大学除了本科教学,还大量招收研究生，包括硕士生和博士生，而研究生的培养，主要是在导师的指导下通过参与科研活动来进行的。

再有，个别评论"借题发挥"，并未从事实本身出发来进行评论，大讲特讲作者个人对高校存在问题的看法。譬如，《让好教师绝望的大学，办学价值何在？》这篇出自熊丙奇之手的评论，标题很有冲击力。可是，文章在指出十多年前就"要求高校重视人才培养、教育教学，可至今却没有看到高校有调整的迹象"这一问题之后，笔锋一转，说"根本原因在于，今天的高校完全实行计划办学，而非开放办学"，"高校办学只对行政计划的主导者负责，而不是对教育和受教育者负责。"最终的结论是，"真正的现代大学制度，是开放办学制度。"因此，"给公众学校办学战略决策的参与权，给受教育者选择权，我国的大学，才能从计划办学走向开放办学，从重视行政政绩、围绕行政指标而办学转为真正重视教育而办学。"① 显而易见，笔锋所转之后的论述，都是在谈作者自己的开放办学理念，早已偏离了周鼎"自白书"所要求的更加重视教学，并在职称评审上更加宽松、让教学效果好而科研弱的教师顺利评上副教授、教授的诉求与问题。如此"偏离论题"，评论自然难以令人信服。

为什么被视为正方观点的评论存在着上述问题呢？一方面，那些力挺周鼎、批评大学的评论，不同程度地存在对大学体制与学术传统了解不充分、理解不全面的社会认知偏差。如前所述，被视为正方观点的评论，对高校科研与教学关系的把握，既没有考虑大学的类型区分，又把本科教学等同于人才培养，必然导致认知偏差。众多作者又从存在偏差的社会认知来开展评论，其见解与观点的准确性与科学性，自然就大打折扣了。谁都知道，新闻界就是舆论界，媒体的报道与评论代表着社会

---

① 北京青年报：《让好教师绝望的大学，办学价值何在？》，人民网，http：//opinion. people. com. cn/n/2014/1225/c1003－26273708. html。

共识。要是新闻媒体对大学教育存在着社会认知偏差,其报道与评论就很可能误导人们对大学教育的理解。不客气地说,在四川大学周鼎"自白书"事件中力挺周鼎的评论,恰恰存在着对大学的社会认知偏差而不自觉,这是需要警醒的。2014 年 7 月,面对公众舆论关注清华大学教师方艳华转岗一事,葛剑雄教授接受媒体采访时曾指出,对方艳华老师这样的情况,外界需要理性看待。"每个学校都有自己的规定,教师个人不合适,可以选择离开。外界不要轻易去干预,不要轻易把这样的案例跟社会大环境挂钩。"① 言外之意,新闻媒体对大学要有所敬畏,对于没有真正弄明白的事情不要妄加评论,这是新闻媒体应当记取的忠告。

另一方面,那些力挺周鼎、批评大学的评论,或多或少地存在着同情弱者的民粹主义倾向。在中国,同情弱者的情绪一直很强烈。一方面,由于有这样的社会心态环境,周鼎才会在自己未能成功晋升高一级职称的情况下借酒浇愁,发泄愤懑;另一方面,周鼎的发泄往往又会点燃网友与舆论的同情。在此意义上,周鼎"自白书"相当成功。不仅网友热情地支持他挽留他,而且大多数媒体也力挺他,同时不分青红皂白地抨击高校重科研轻教学的体制。类似的一幕在半年前就曾发生过。2014 年 7 月,清华大学外语教师方艳华由于九年未评上副高职称而转岗,先是引发部分师生向学校请愿,希望将这位"因全身心投入课堂教学导致科研成果不足"的老师留在教学岗位,继而又引起媒体的关注:或惋惜《清华讲师方艳华被转岗　教得再好没职称也得走?》,或质疑《大学教师"非升即走"是否合理?》,或批评《清华解聘教师引争议:非升即走易滋生功利主义》,或直言《清华不再续聘方艳华是科研代替教学缩影》,或进行《清华教师保卫战再追问:评价制度是否需调整》,

---

① 《清华讲师方艳华被转岗　教得再好没职称也得走?》,澎湃,https://www.thepaper.cn/newsDetail_forward_1258647。

等等。其同情弱者，批评高校的态度与立场，如出一辙。

社会认知偏差与民粹主义情绪交织在一起，其结果自然是造成非理性的表达。前述《新京报》的评论《教学不应是大学的"副业"》，红网的评论《谁逼走了"一心上好课"的老师?》，单是标题所蕴含的偏颇与情绪，就是显而易见的。12月27日，新华网四川频道编发四川大学教师邓曦泽的博文《教学与科研之间——关于周鼎〈自白书〉的自白书》，所加的"编者按"认同作者的看法，指出"周鼎式'自白书'不是说理的。不过，或许正因为它不是说理的，并且充满才情、充满情绪，所以才能引发如此之多的关注、同情和不平。""许多人并不喜欢仔细阅读和认真思考。但是，问题的解决，应诉诸理智和论证，而不能诉诸情绪式表达，不能诉诸转发量和点击量，也就是不能诉诸'民粹'。"① 这就是说，邓曦泽也好，新华网四川频道也好，其实都在反思周鼎"自白书"的民粹性。推而言之，这何尝又不是对媒体评论民粹性的反思呢?

事实上，社会认知偏差与民粹主义情绪的交织，还会遮蔽真正值得探讨的问题。如果说周鼎《自白书》的基本问题可以概括为：如何摆正教学与科研的关系，并在利益分配上做到科学、公正? 那么，像四川大学这样的研究型大学，在师资的聘任、晋升、管理等方面，更加强调科研，理所当然，没有什么好非议的。如果说真有什么问题值得探讨的话，那就是研究型大学的教师构成是否应当多元化? 按国际惯例，即便高水平的研究型大学，也需要一定数量擅长教学而不做科研的专业教师，而聘用与管理这些教师的是与终身教职制度并行的"讲师"制度。"所谓讲师制度，是指不列入终身教职制度的在高校任教的教师，他们只负责教书，学校并不考查其科研状况。美国的研究型大学经常聘任讲

---

① 邓曦泽：《教学与科研之间——关于周鼎〈自白书〉的自白书》，新华网四川频道，http：//www. sc. xinhuanet. com/content/2014－12/27/c_ 1113797194. htm。

师，而且讲师也要求有博士学位或者相应领域中的最高学位。一般来说，他们只负责讲授基础课程，主要讲授本科生的课程，特别是一些基础类的大班课程。"① 当然，这样一种讲师制度，最高职位只有高级讲师。如果国内研究型大学把非终身教职的"讲师"制度借鉴过来，为只愿从事教学而且也有能力胜任教学的教师开辟一个可选择、可晋升的职位空间，庶几可以让人各得其所，各美其美，共同为研究型大学的人才培养做出各自应有的贡献。

（原载《新闻界》2015 年第 4 期）

---

① 郭英剑：《清华教师"遭调岗"：该怎样借鉴美国终身教职制》，《中国科学报》2014年 7 月 31 日第 7 版。

媒体人的公共言论要理性

一 事件回顾

2017 年 3 月 23 日，2018 世界杯预选赛亚洲区十二强比赛在湖南长沙举行。3 月 22 日晚，在央视五套的直播节目《足球之夜——2018 俄罗斯世界杯亚洲区预选赛（中国—韩国）前瞻》中，央视解说员刘嘉远在报道中韩两国球队训练时说："长沙的（市民）去韩国队酒店放放鞭炮，今天晚上就当过年。一晚上鞭炮别闲着，让他们睡不着。"这番不当言论一经播出，迅即在网上引起争议，有网友表示"解说素质不行啊"。[①]

面对网友的质疑，刘嘉远在个人微博中称自己是"互动闲聊、开玩笑"。23 日早上 8 时 52 分，刘嘉远在个人微博上说，"纯粹（跟）电视直播节目外的新媒体端网友互动闲聊，被某些同行演绎成了电视直播煽动并造势……更有些严肃的朋友着急了一晚上，生怕韩国队睡不好。天亮了，能想通缘由的朋友自然会对大战前的氛围会心一笑。"他的回应不乏对批评声音的讽刺与不屑，却丝毫未有真诚的反悔和道歉之意。对此，网友"雪域玄天"在该微博下评论道，"你们是国家的名片，别让

[①] 《央视解说称"长沙球迷应去韩国队酒店外放炮"引争议》，财经网微博，2017 年 3 月 23 日，https：//m. weibo. cn/status/4088517695601209？sourceType＝weix－in&from＝1073095010&wm＝9848＿0009。

这张名片上沾满污渍。"

刘嘉远在央视直播节目中发表"到韩国队酒店放鞭炮"的言论，不仅违背了体育竞技精神，还对社会舆论造成了错误的舆论导向。在 3月 22 日晚的直播过程中，就有网友在节目评论中讨论"给韩国队捣乱"的方法了——有的说"直接停热水"，有的说"需要这种招数吗，不给他们提供泡菜就行了"。这些言论虽然是一种调侃，却进一步加剧了错误的舆论导向。在刘嘉远关于此事的微博的评论之中，不少网友对韩国骂声不断，言语间充斥着污言秽语，极不文明。

由此可见，刘嘉远的言行不是一个职业媒体人应有的立场与态度。在播出这场中韩足球比赛时，央视没有再让刘嘉远出现在节目之中，这无疑是正确的举措。刘嘉远"鼓吹放鞭炮"的言论，事情虽小，折射出来的问题却不容忽视，值得高度重视。

二　媒体人理性发言的必要性

（一）媒体人与媒体的特殊角色

媒体人作为个体，自身情绪和言行都会无可避免地受到个人价值观的影响。然而在媒体平台发言，媒体人即是该媒体机构的有机组成部分甚至是代言人，其一言一行便不再是个人行为，在某种程度上代表整个媒体机构的态度与立场。因此，媒体人一旦在媒体平台发声，就体现出鲜明的舆论导向。

早在苏维埃革命时期，列宁就指出媒体的历史使命，报纸不仅是集体的宣传员和集体的鼓动员，而且是集体的组织者。[①] 这一论断对如今媒体的角色定位仍有重要意义。身为集体的组织者，媒体就必须坚持正确的价值观念，发挥正确的舆论导向作用。用习近平总书记的话来说，

---

① 中共中央宣传部新闻局：《马克思主义新闻工作文献选读》，人民出版社 1990 年版，第 35 页。

就是要做党的政策主张的传播者、时代风云的记录者、社会进步的推动者、公平正义的守望者。

坚持正确舆论导向，传递正能量，这就要求媒体的每一个成员都要承担起理性表达的责任。作为媒体行业的专业人士，媒体人在公共领域中发表言论，万不可将媒体作为自己发泄一时情绪的通道，应当本着专业精神，理性发表公共言论，传递党的方针政策，维护国家的利益，反应公众的需求，保护民众的权利。

（二）非理性言论可能带来严重后果

当前传媒格局和舆论环境正在发生历史性的变化，在众声喧哗的时代更需要时代的"定音鼓"。① 媒体人更应在时代洪流中承担起责任，用理性的公共言论帮助整个社会"定准音"。然而，有一些媒体人却未能认清自己的责任，在媒体上发出不当言论，造成错误的舆论导向，给社会增添了许多不必要的戾气，甚至引发舆论动荡，可能会给社会治安留下不小的隐患。在刘嘉远发表"到韩国队酒店放鞭炮"言论的当晚，就有网友在百度"中超吧"发帖称，"我长沙的。睡不着想放鞭炮去！你懂得。"新浪湖南 3 月 24 日发表微博称，韩国队下榻酒店称 23 日凌晨确有鞭炮声响起，但时间很短，② 这两件事情之间有无联系，自然会引人猜想。

需要指出的是，不管是在传统意义上的大众媒体上发表言论，还是在自媒体上表达公共言论，媒体人都要遵守职业道德，理性发言。有些媒体人将微博等自媒体作为出气筒，完全不顾其言行后果。2014 年 2 月 21 日，广东卫视主持人王牧笛陪女朋友去打点滴，护士连打四针才找准女朋友血管，王牧笛在随后的微博中称"我也想拿刀砍人"，引起

---

① 姜潇：《坚持正确舆论导向　唱响时代主旋律》，《人民日报》2016 年 2 月 21 日第 1 版。

② 《中国球迷去韩国队下榻酒店放鞭炮？辟谣！》，新浪湖南，2017 年 3 月 24 日，ht-tp：//weibo. com/2311694415/EBi622gxT？refer ＿ flag ＝ 1001030106 ＿ ＆type ＝ comment ＃ ＿ rnd1491630265494。

网友对医患关系和媒体人素质的吐槽。

三 媒体人应当如何理性表达

那么，媒体人应当如何发表言论，才能保持理性，不致言行失范呢？

（一）把握情感，保持理智

刘嘉远 3 月 3 日转发关于韩国部署"萨德"的微博时曾表示："三月底的长沙会战，国足拿出干劲儿来！"希望中国队能够在球场上战胜韩国队以获得尊严，本来无可厚非，然而刘嘉远在节目中任由内心情感泛滥，导致其发出的公共言论变得盲目而非理性。作为专业人士，媒体人应当时刻谨慎把握自己的内心情感，使之不至泛滥而导致严重后果。在涉及中外问题时，媒体人尤其需要客观看待中方与外方的关系，理性发表公共言论，在保护本民族自身利益的同时，以开放和包容的心态看待其他民族的利益，相互尊重，和平共处，共同发展。

在行动取向上，刘嘉远采用宣扬暴力的话语方式，对社会治安造成了潜在的威胁。遗憾的是，发表不当公共言论并非只有刘嘉远这一个例。早在 2010 年 11 月 3 日，浙江电视台钱江频道主持人钟山，在新闻杂谈节目《九点半》中，在报道一则关于腾讯公司宣布"在装有 360 软件的电脑上停止运行 QQ 软件"的新闻后，拍桌骂道："这是赤裸裸的绑架用户！下作！令人呕吐！……小心有你的企鹅变成烧鹅的那一天啊。"如此非理性的公共话语虽能纾解内心一时的情绪，却不能对社会进步有一丝助益。媒体人应引以为戒，加强自身的人文素养，避免陷入这种"只以身份、立场、动机划分阵营，宣扬激进暴力斗争的二元对立话语模式"。① 在公共言论的表达中，媒体人应当倡导多元对话和法治精神，发表理性见解，引领正向的主流价值观。

---

① 姚志文：《网络民粹主义的媒介治理》，《新闻界》2016 年第 24 期。

（二）严守职业伦理

媒体人在媒体平台发声，就是公众眼中传递和解释事实的专业人士，总是在某种程度上代表着该媒体机构的立场，其言论关乎媒体平台甚至整个行业的公信力及职业尊严。因此，媒体人必须坚守媒体行业的职业伦理。《中国新闻工作者职业道德准则》1997 年修订版第二条"坚持正确的舆论导向"，明确要求新闻工作者"弘扬……有利于人们分清是非，坚持真善美，抵制假恶丑的舆论……新闻报道不得宣扬色情、凶杀、暴力、愚昧……的内容"。该准则在 2009 年修订版中表述为"弘扬社会正气，坚决抵制格调低俗"。① 每一位媒体行业从业者都应当时刻践行这些准则。

无论是在大众媒体平台发声，还是在自媒体如微博等平台发表言论，媒体人都需保持理性。刘嘉远在电视直播第二天发表的微博中并未端正态度，反思自己的行为，还进一步讽刺提醒他注意言行的网友，实为不当。

媒体人作为个体可以有自己的价值观念，而作为媒体机构的一员，只有树立责任意识，时刻遵守新闻工作者的职业伦理与道德规范，才能成为真正的媒体人。俗话说，正人先正己，媒体人要用新闻职业伦理、道德规范来约束自己，关键时刻要正确判断大是大非，在新闻报道中既要坚持实事求是，也要坚持人文关怀，不做不良社会情绪的推手和发酵剂。② 媒体人发表公共言论，必须以政治正确为前提和出发点，传播正能量，弘扬社会正气。

（三）增强底线意识

权力越大，所应承担的义务也就越大。媒体人比一般民众掌握了更

① 《〈中国新闻工作者职业道德准则〉修订版全文》，中新网，http：//www.chinanews.com/gn/news/2009/11 - 27/1988722. shtml。

② 范以锦、严艳：《媒体人如何履行监督职能——良好的社会责任高度的专业精神》，《新闻与写作》2013 年第 4 期。

多的话语权，在享受言论自由权利的同时，也应当承担更多义务，谨言慎行，接受监督。国家互联网信息办公室在 2013 年提出网络言论自由的"七条底线"，即法律法规底线、社会主义制度底线、国家利益底线、公民合法权益底线、社会公共秩序底线、道德风尚底线和信息真实底线，涵盖了法律和道德等多方面要求。

然而，目前有些媒体人未能做到坚守底线：2015 年 5 月 27 日，山东烟台市民警沈成磊在抓捕盗窃汽车的犯罪嫌疑人时，不幸被歹徒刺死，赵文（其微博标签为"兰州媒体资深记者"）在微博上评论道"条子不捣蛋，案子少一半；恶警充爹娘，快快来发丧！"后经证实，赵文是兰州日报编辑部的编辑，他的言论产生了十分恶劣的影响。由此可见，媒体人的底线意识仍需加强。

笔者以为，这七条底线不仅是人们在网络空间行使言论自由的底线，也可以拓展为媒体人在所有公共言论中都应坚守的底线，包括大众媒体平台和微博等自媒体平台。在大众媒体平台，媒体人作为媒体的成员要理性发声，坚守底线，这是不容置疑的。对于自媒体的使用，由于公众对媒体人自媒体的使用行为的认知，不可能与其所在媒体和其所拥有的记者身份相剥离，[①]　媒体人同样要慎之又慎，遵守公序良俗。

无论是在电视节目中还是在社交媒体上发表言论，每一个媒体人都应当把握自身情感，坚守职业伦理，强化底线意识，谨言慎行，理性表达，这是起码的职业要求。刘嘉远不当言论的教训，值得媒体人记取。

（原载《新闻与写作》2017 年第 6 期，与研究生何宏亚合写）

---

① 　丁柏铨：《媒体人使用"自媒体"的自由与约束》，《新闻与写作》2014 年第 9 期。

四

媒介事件与新闻炒作

媒介事件如何取得轰动性传播效应？

——从"大堡礁招聘"说起

2009 年初，澳大利亚昆士兰旅游局发布大堡礁护岛员招聘信息，凭借其"世上最好工作"的卖点，不仅吸引了世界各地人士的广泛参与，而且引起世界各国媒体的高度关注，从而成为一个轰动全球的媒介事件。经过数月海选，34 岁的英国义工本·绍索尔（Ben Southall）最终从全球 3.4 万求职者中脱颖而出，在 5 月 6 日赢得"世界最好工作"。7 月 1 日，绍索尔正式上岗，工作时间为 6 个月。其日常工作是巡视珊瑚礁，喂海龟，观鲸鱼，拍照，写博客，向世界宣传这个旅游胜地……仿佛绍索尔成了大堡礁招聘的大赢家。然而，真正的大赢家却是澳大利亚昆士兰旅游局，因为"他们以 170 万美元的低成本，却收获了价值 1.1 亿美元的全球宣传效应，成功进行了一次超值的旅游营销"[①]。大堡礁护岛员招聘活动为什么能够产生如此巨大的全球传播效应，值得认真分析总结。

一 "大堡礁招聘"的传播效果：全球媒体聚焦

从一开始，"大堡礁招聘"就不是一个简单的招聘，而是一个经过精心策划与组织的公关活动。昆士兰州旅游局公关项目经理尼卡莱（Nicole）女士说："这是一项旅游营销活动，我们筹划了 3 年，经费预

---

① 刘琨瑛：《大堡礁招聘护岛员全球媒体被牵着走》，《广州日报》2009 年 5 月 7 日 A10 版。

算总计170万澳元（约合735万元人民币），其中包括了护岛人15万澳元的薪水。"① 正是凭借精心策划与组织安排，大堡礁招聘才一举成为吸引世界各国媒体进行海量报道的媒介事件。

作为一个理论概念，"媒介事件"大体上是对两种传播实践模式的概括：其一是社会现实中发生的真实事件经过媒介的聚焦、放大、删减、扭曲等媒介化处理，形成一个奇观化的媒介景象，即媒介奇观；其二是某些社会组织、政府机构、媒介单位乃至公众人物出于某种宣传需要，人为安排或导演某种事件在特定的时间、地点发生，引起媒介的关注与报道，从而形成一个媒介事件。② 后一种媒介事件的形成，通常是公共关系策划的结果。用丹尼尔（Daniel Dayan）的话来说，就是"有意安排的事件"——主要是制造来供媒介作报道的事件③。作为一个媒介事件，"大堡礁招聘"的确取得巨大的成功与传播效应。

首先，吸引了大范围、多层次媒体的关注。具体说，表现在三个方面：（1）"大堡礁招聘"引起世界各大通讯社如法新社、路透社、美联社的关注，其中法新社全程跟踪报道。（2）"大堡礁招聘"占据中外主流报纸和电视新闻的重要位置，美国广播公司（ABC）、有线电视新闻网（CNN）、《纽约时报》（*New York Times*）、英国《卫报》（*Guardians*）、《每日邮报》（*Daily Mail*）、加拿大《多伦多城市新闻》（*Toronto City News*）等十分关注。在国内，从1月9日到5月16日，新华社先后编发64条报道。中央电视台、《北京青年报》《羊城晚报》《广州日报》等众多媒体先后介入报道。（3）网络媒体报道声势浩大，"大堡礁""世界最好工作"等关键词，成为世界各大网站报道的重头戏，譬如

① 周春兵：《"大堡礁招聘"，澳洲版的"超女"营销活动》，http://www.boraid.com/darticle3/list1.asp?id=107933&pid=807，2009年3月31日。
② 刘自雄：《解析"媒介事件"的内涵》，《辽东学院学报》2005年第5期。
③ ［美］丹尼尔·戴扬、伊莱休·卡茨：《媒介事件：历史的现场直播》，麻争旗译，北京广播学院出版社2000年版，第69页。

"最好的工作"在百度上有数十万条之多的搜索结果。

其次，全球媒体的不断跟进与深入报道，充分设置了公众议程。随着活动深入，全球媒体报道密度和幅度不断加大。2月22日报名截止，"30万人竞聘导致网站瘫痪"成为报道焦点，全球媒体掀起第一轮报道热潮；4月3日"10+1强"出炉，再一次使全球媒体自动聚焦；5月6日，最终人选公布，全球媒体以最大的规模报道本·绍索尔摘下桂冠的消息，中央电视台记者自费到澳洲拍摄最后的竞争。全世界媒体聚焦"大堡礁"，使其旅游品牌再次复活，为澳大利亚昆士兰旅游局带来巨大的宣传效应与经济效益。招聘结果的传播高潮过后，大堡礁招聘的报道告一段落，但随着绍索尔在7月1日正式上岗，媒体又给予某种程度的关注，使大堡礁报道余音缭绕。

二 "大堡礁招聘"全球轰动的传播学分析

从传播学的视角看，大堡礁媒介事件具有以下鲜明特点，使其富有高度的新闻价值，从而得到了最广泛和最充分的传播。

（一）物质激励与精神动力的双重驱使，诱发公众的广泛参与和媒体的高度关注

首先，物质激励与借时造势巧妙结合，激发公众的"选择性注意"。大堡礁招聘以网络信息进入受众视野，必须经受"选择性注意"的考验。传播学研究中的"选择性注意"理论认为，媒介信息对受众要有吸引力，必须遵循两大基本原则：一是"对比性原则"，即信息与环境中的其他部分形成强烈的对比；二是"报酬与威胁原则"，即受众能灵敏地感知和记忆那些有利于其需求和兴趣的信息，而对那些可能危及自身的警告性信息则会有特别的戒备。

应当说，大堡礁招聘首先运用了"对比性原则"与"报酬与威胁原则"，激发了人们的注意和参与。如前所述，招聘创意酝酿有三年之

久，却在金融风暴席卷全球之际推出，更凸显其新颖独到的创意价值。经济危机导致企业利润缩水，裁员、减薪成为不少企业的经营之道，失业人士更是急切渴望一份新工作。在此背景下，大堡礁高薪招聘护岛员，每小时薪酬高达 1400 美元，人们有什么理由不去争取如此丰厚的薪酬呢？同时，大堡礁护岛员的工作具有难度低而薪酬高的特点：护岛员只负责喂鱼、收发信件、记载探奇历程的工作，就可以获得 15 万澳元/半年的薪酬，且拥有"蓝色珍珠"小屋、高尔夫球小车，享受私人游泳池、景观水疗池，这怎能不让人跃跃欲试呢？官方数据表明，1 月 9 日推出招聘信息，13 日就有超过 30 万人上网了解这份工作，致使网站因访问量突升而瘫痪，全球共有 34684 人申请工作。

其次，浪漫与探险的美好联想，强化了公众参与的内在驱动力。认知派激励理论认为，对于人的行为的发生和发展，要充分考虑到人的内在因素，诸如思想意识、兴趣、价值和需要等。人的行为是外部环境刺激和内部思想认识相互作用的结果。[1] "大堡礁招聘"不仅从经济层面俘虏公众，而且从心理需求层面激励公众。一方面，大堡礁是平静与安谧、浪漫与激情的符号象征，带来美妙浪漫的联想：美丽的珊瑚，原始的礁岩，纯白的沙滩，遮天蔽日的海鸟、海鸥，还有著名的情人天堂"降灵岛"，成为浪漫与爱情的代名词。撇开物质激励，大堡礁的美丽浪漫就足以吸引公众参与。另一方面，大堡礁也是神秘与探险的符号象征：海底世界广阔、深邃、神秘，而海域漂游、海底潜水探险又十分刺激。心理学研究表明，寻找不熟悉的新体验是人类和动物的一种基本行为倾向。冒险精神迎合了应聘者尤其是外国应聘者喜欢挑战与冒险的性格特质。

公关活动除了要吸引目标受众参与，最重要的是利用与公共利益的结合点、社会议题的关联性或事件本身的稀奇性、新鲜性等特点，来提升新闻价值吸引媒体报道，进而将组织信息传递给大规模的受众，潜移

---

① 俞国良：《社会心理学》，北京师范大学出版社 2006 年版，第 166 页。

默化引导舆论。许多公关活动由于不能洞悉新闻价值的魅力，无人问津，默默无闻。大堡礁招聘却具有丰富的新闻价值。如上分析，大堡礁招聘首先关注社会热点，就公众此刻最关心的也最感兴趣的热点问题制造新闻。同时，大堡礁招聘强调新鲜性和反常性，招聘护岛员是件极其简单的事情，却动用巨大的人力物力在全球海选征集，而且护岛员的工资还高得离奇。这种事件的反常性、轰动性、离奇性，自然使"大堡礁招聘"成为全球媒体关注的一场新闻盛宴。

（二）网络与传统媒体之间的议程互动，使大堡礁媒介事件产生传播效果的乘积效应

大卫·菲利普斯（David Philips）在《网络公关》中写道："曾几何时，公关从业者需要对印刷、展示、展览等过程了如指掌。到了网络时代，每个从业者的必备常识变成了设计、组建网站，使用讨论列表、聊天室、AVI 视频资料、互动电子游戏、电子邮件和聊天工具。……对这些工具的理解和应用，已经成为传播者必须具备的素质。"[①] 大堡礁招聘，一开始就充分利用网络媒体进行传播。活动初期，昆士兰旅游局通过网络实现信息全球扩散。招聘网站建立 7 个版本，有针对性地开展信息传播。接着，又利用 Youtube 进行病毒式传播：绝大多数申请者借助 YouTube 提交自己的英文求职视频，通过 YouTube 网站，很多网民发现并追随这次活动。随着活动的深入，旅游局又在网络互动上大展身手，设计网络投票"外卡选手"环节，促使公众从观看式参与转变到行为式参与。同时，海选还产生了独特的讨论平台，如 BBS、博客，使受众相互讨论、交换意见，使观看式参与转化为讨论式参与。

在大堡礁招聘的过程中，网络媒体由于信息源广、传播速度快而先行一步，而网络媒体形成报道热点后，议题之间的"零和博弈"迫使

---

① ［英］大卫·菲利普斯：《网络公关》，陈刚、袁泉译，北京大学出版社 2005 年版，第 14—15 页。

传统媒体逐步跟进。从这个角度看,网络媒体对传统媒体进行了议程设置。而传统媒体的适时介入,又授予网络议题以更高的地位,网络舆论也相应地发生质的变化,上升为社会主流舆论,反过来更有利于网络舆论的进一步扩张。因此,传统媒体在接受网络媒体议程设置的同时,又深化了网络议题,提升了网络舆论,有利于网络舆论的充分扩散。而网络舆论的再次扩张必然引起新一波的传统媒体跟进……按媒介间议题设置理论,网络媒体与传统媒体的这两种互动方式所产生的效果是不一样的:前者是"溢散效果",即议程从边缘媒体到主流媒体而产生的舆论效应;后者是"共鸣效果",即议程从主流媒体到边缘媒体而产生的舆论效应。[①] 在大堡礁议程互动中,"溢散效果"帮助网络舆论得到提升,确立社会主流舆论的地位;而"共鸣效果"促使社会主流舆论在社会生活中进一步扩散,实现舆论扩散效应。可见,舆论就是在"网络议程与传统媒体议程互动"模式中反复地"提升—扩散—再提升—再扩散",产生巨大的乘积效应,最后从公众那里掘取最大限度的注意力,将舆论影响力发挥到极致。

(三) 海选式招聘中的受众参与和媒体的议程互动,使大堡礁媒介事件产生滚雪球般的传播效应

从受众议程与媒体议程互动的角度看,海选的根本威力在于公众的不断参与以及媒体的不断报道产生了信息传播的滚雪球效应。

应当说,海选式招聘是具有可看性的"竞选"方式,从海选到当选者揭晓持续近半年,层层选拔、相互 PK、悬念迭出,引发公众的好奇和猜测,公众不由自主地关心面试内容、选手表现、PK 结果。值得注意的是,海选初期只是小部分公众参与,好比一个小雪球,并没有全球性参与的效果。随着第一个环节揭晓之后,"50 强"引起媒体关注,

---

① 董天策、陈映:《传统媒体与网络媒体的议程互动》,《西南民族大学学报》(人文社会科学版) 2006 年第 7 期。

媒体进行声势浩大的报道。从这个角度讲，受众对媒体议程进行了设置。由于报道提高了媒介事件的舆论热度，更多的旁观者被吸引到海选中，第二环节揭晓就产生更大的轰动。这就意味着，媒体又对受众进行了议程设置。然后，舆论兴奋反过来促使媒体增加报道密度，结果又引发新一轮的更多旁观者加入大堡礁海选……在这种反复的"受众参与—环节揭晓—媒体报道—受众议程—更多受众参与"的良性互动链条中，舆论从小到大，从冷到热，不断升温，最后引来了全世界的参与，大堡礁的旅游品牌变得炙手可热。

在公众参与和媒体议程互动的过程中，网络传播具有十分重要的中介作用。在 Web 2.0 时代，随着博客、播客、RSS、SNS、社会书签的出现，打破了人际交往中亲缘和地缘限制，建构了"虚拟社会网络"，极大拓展了人际传播的规模，互不相识的网友通过"虚拟社会网络"很快就能建立起联系，跟进媒介事件，从而使舆论领袖的意见十分方便地流向普通人，不断拓展舆论的影响力。大堡礁对"护岛员"没有学历要求，也没有太多年龄限制，这种"低门槛招聘"在于提高参与率，培养更多的"意见领袖"，通过他们的现实社会网络和虚拟社会网络来放大舆论扩散。"舆论领袖＋博客＋论坛＋公众"，是大堡礁媒介事件网络建构中的一个特点。借助博客、论坛等新媒体既提高了受众的信任、认同感、参与度，又将部分受众转化为宣传网络的基点继续扩散。海选决出 50 强后，余莹在网络上建立了名为"余莹加油"的博客，吸引中国网友的大量点击。可见，应聘者越多，意味着"意见领袖"越多，通过现实和虚拟社会网络扩散舆论的可能性就越大。正如昆士兰旅游局的博伊勒（Desley Boyle）所说，"这次活动很大程度上依靠的是公共关系和社交网络活动。"①

---

① 徐一：《最超值的旅游营销："大堡礁"用一次"招聘"撬动全球》，《现代广告》2009年第 5 期。

三　"大堡礁招聘"对中国公关的启示与意义

作为一门经营管理艺术，现代意义上的公关引进中国已三十余年，而且也有不少比较成功的实践与探索。然而，由于各种原因，现代公关在当代中国的实践总体上还存在着许多不尽如人意的地方。跟国外成熟、高效的公关相比，中国公关的理念、策略普遍显得落后、陈旧。中国自古是个人情社会，"人情文化"根深蒂固，"有人好办事，办事先找人"是国人相当普遍的思想观念，以致人情关系成为达成某种目标的奏效方式。受"人情文化"的影响，相当普遍的中国公关长期停留在利用人情关系的层面上。而要搞好"人情关系"，就必须吃喝铺路，钱财搭桥，乃至美色贿赂，不仅败坏社会风气，而且败坏公关声誉。公关进入中国大陆之初，就曾被扭曲为"劝酒学""酒桌文化""庸俗关系学"，形成了"公关＝金钱＋美女＋交际"的刻板印象。即使同媒体打交道，也往往一味靠金钱、攀关系来达成某种目的。譬如不少公关人员付费邀请媒体做"广告新闻"，或者做"软文"，把公关同化为广告与促销。面对危机，不少公关主体依然寄希望于"金钱和关系"来"摆平媒体"。在"三鹿奶粉事件"中，三鹿集团的公关公司曾建议三鹿花300万"摆平"百度，屏蔽肾结石等负面新闻。① 幸亏消息被披露，三鹿被各大媒体炮轰，百度也及时悬崖勒马。这些现象表明，公关在中国的扭曲状况是值得高度重视的。

事实上，西方公关事业萌芽时期，就曾出现一些较为长期、持续的公关事件。北美独立运动中亚当斯等革命领袖就曾通过印刷宣传册、建立13个殖民地的通信网络，来揭露英国统治者压制北美人民的罪行，利用各种人为事件如"波士顿惨案""茶叶党人"等来引起公众注意和

---

① 熊培云：《世界是被"摆平"的》，http：//www.aisixiang.com/data/21147.html，2008年10月2日。

讨论，形成社会舆论，争取舆论支持。在美国政治竞选宣传中，现代公关中的一些做法也已出现，现代公关所使用的大众媒介也被广泛采用。而现代公关，正是工商企业面对新闻界 20 世纪初掀起的"扒粪运动"——揭批政界、商界以及社会生活各个层面的种种丑恶行径的过程中兴起的。因此，"讲真话"被"公关之父"艾维·李（Ivy L. Lee）1906 年发布的《原则宣言》确定为基本的公关准则。所谓"讲真话"，就是"公开而坦率地代表企业和公共事务机构，向新闻界和美国的公众提供公众需要了解的有关公众利益和价值的准确资料"。在后来的发展中，公关不仅在面对危机时被动地讲出真话，而且在没有危机的平时积极策划媒介事件，主动建构企事业等社会机构的组织形象。以至于策划媒介事件越来越受到重视，被认为是"公共关系策划的核心和精髓"。①

不管是被迫讲出真话，还是主动策划媒介事件，一切公关活动的根本目的，都是强化或纠正某种社会舆论，形成对社会组织机构有利的舆论局面。从一定意义上讲，公共关系研究的是社会组织引导公众舆论的学问，"舆论的产生、强化、弱化，舆论对社会行为的影响、舆论的控制、舆论调查的科学程序问题，常常在公共关系学研究的预算单上占有重要的地位。"② 爱德华·伯奈斯（Edward L. Bernays）曾指出，公关工作是一项"寻求意见一致的工程"③。1923 年他出版世界第一本公共关系学专著，就取名为《舆论镜鉴》（*Crystallizing Public Opinion*），足见舆论研究对公共关系的影响之深。因此，西方现代公关善于通过媒介事件策划来整合各种传播手段，利用新闻媒介这一"舆论机关"影响舆论环境的功能，制造、影响舆论，让公众自发地、心甘情愿地关注、参与、认知、肯定企业品牌或组织形象，运作过程相当透明、阳光、公

---

① 周晓虹：《走向社会的名片——公共关系理论与实务》，中国社会出版社 1993 年版，第 181 页。

② 居延安：《公共关系导论》，上海人民出版社 1987 年版，第 9 页。

③ 纪华强：《公共关系的基本原理与实务》，高等教育出版社 2006 年版，第 259 页。

正，从而成为一种受到社会的普遍认同和尊重的专门职业。

从现代公关的本质来看，"大堡礁招聘"正是通过媒介事件的精心策划与组织，使全球媒体都成为其免费宣传的信息传播工具，不仅深谙公关之道，而且深得公关策划的精髓。由此可见，真正的高水平的公关是通过策划媒介事件来吸引新闻界关注，通过新闻界的报道来影响社会舆论。"大堡礁招聘"这一媒介事件对中国公关的深刻启示，莫过于"公关理念的重新建构"，它提醒中国公关必须从"靠金钱攀关系"的思维桎梏中解放出来，通过媒介事件的策划，整合多种媒体的力量来形成、强化或纠正某种社会舆论，赢得广泛的舆论支持，取得良好的传播效果，树立公关睿智、阳光、高尚的职业形象。

值得欣慰的是，随着当代中国民主与法制建设的不断进步，特别是2003年以来信息公开制度建设的不断加强，社会舆论的作用日益凸显，舆论监督得到不断强化，坦然面对媒体，或讲出真话，或策划媒介事件，都正在日益成为中国公关的自觉追求。有理由相信，经过2003年非典疫情信息公开的洗礼，2008年汶川大地震及时报道灾情与抗震救灾的磨砺，2008年北京奥运会及其国家形象传播的鼓舞，并且认真吸取、借鉴"大堡礁招聘"的成功经验，中国公关业必将获得前所未有的历史性进步。

（原载《国际新闻界》2009年第11期，与研究生蔡慧合写）

制约新闻炒作需要媒介批评

——从成都媒体恶炒"美人鱼作家"谈起

2001 年 5 月 12 日，成都媒体传出一条消息："美人鱼作家"水上签名售书。怎么回事？据报道，5 月 11 日上午在成都会展中心的恒温游泳馆内，一位名叫文雯的本地女作家举行了一次别开生面的签名售书活动：身着泳装漂浮在水面，在一位男服务生的帮助下，悠闲而潇洒地为其第一本情感体验小说《爱比被爱更痛》签名售书。如此闻所未闻的稀奇事儿，自然是一条可读性很强的新闻。于是，成都市内近 20 家媒体的 60 多名记者不约而同地将镜头和目光对准了文雯。于是，笔者才和众多读者一样读到了有关的新闻报道。

新奇感尚未消失，感慨却已油然而生——传媒炒作真厉害，居然一下子就炒出一个"美人鱼作家"来！为弄明就里，笔者浏览了成都几家都市类报纸 5 月 12 日的有关报道。综合起来，大致情况是这样的：文雯是一个带有几分传奇色彩的女子，她毕业于复旦大学新闻学院，先后从事过记者、编辑、翻译、企划等工作。她不仅业余爱好广泛，而且还有非常人可比的特别之处：能在水上不借助任何外力漂浮数小时。2001 年 3 月 13 日，当乐山奇人孙昭林以其"水上漂"的功夫冲击吉尼斯世界纪录时，文雯半路杀出，同池竞漂 6 小时，一时引起轰动，被成都媒体称为"美人鱼作家"。在接受记者采访时，文雯表示自己要漂在水上签名售书。4 月，她的第一本小说出版，四川文艺出版社对她的水上签名售书十分感兴趣。于是，文雯便开始了水上漂浮签名的练习……

　　显然，这个令人大开眼界的漂浮签名售书活动，是早有预谋的商业炒作行为。对此，文雯本人也直言不讳:"现在是注意力经济时代，能吸引别人关注是件好事。除了农民在家炒豌豆不是炒作外，人人都在为每件事炒作。炒作是现代社会的标志。"她表示:只要四川文艺出版社组织"漂签"，她还要继续"炒作"下去，到天津、重庆等地去进行水上漂浮签名，来一个"美人鱼"之旅。如果小说《爱比被爱更痛》改编成电视剧，她本人则是女主角的最佳候选人。

　　对于这种炒作行为，有报道批评说，从一年前炒得沸沸扬扬的"美女作家"到文雯的"美人鱼作家"，从随书配送避孕套到文雯的"漂签"，"炒作"在出版界不断花样翻新，几乎达到了无所不用其极的程度。其实，新闻界应该深刻反思一下，为什么出版界的这种炒作活动能够屡屡得手?如果没有新闻媒体的大量报道，出版界恐怕是难以炒出什么热点的。就拿这次"水上漂签"来说，如果新闻媒体对之不理不睬，那又何至于热到如此地步?正是新闻媒体对它进行大量的报道，才使它成为众人皆知的"新闻"。单就成都报纸而言，7家都市类报纸（《华西都市报》《成都商报》《成都晚报》《蜀报》《商务早报》《天府早报》《四川青年报》）就有6家对水上签名售书做了报道，而且有5家报纸不惜用大幅新闻图片和详细文字予以报道，使其成为要闻版或文娱版上最具吸引力的亮点。可见，真正把这"水上漂签"炒热的，正是新闻媒体!

　　在一个日益走向信息化的社会里，新闻媒体已经成为当前信息和社会舆论的中心。任何出于商业目的而进行的策划活动，其根本目的就是制造出适合媒体报道的新闻事件。这种人为的新闻事件不是以公众利益为出发点，而是以新奇性相吸引，使得新闻媒体为了吸引受众的注意力，不得不对其加以关注和报道。加上新闻竞争日趋激烈，谁也不敢漏报这种可以吸引受众眼球的新闻。于是你报我报大家报，自然也就形成了热热闹闹的新闻炒作。就新闻报道本身而言，只要制造新闻事件的商业策划没有违背公众利益和社会伦理，且策划出来的新闻事件确有新闻价值，媒体对其加以报道，满足受众的"新闻欲"，自然无可非议。但是，从文化建设的角度看，这种有意无意地与商业策划配合默契的新闻炒作，只会营造出一些戏剧化乃至虚假性的文化信息，不利于形成富有建设意义的文化氛围。本来，作家靠"作品"说话，水上漂浮能力与作品好坏究竟有什么关系呢？实际上，"漂签"不过是一场商业"作秀"，至多只给人们带来一点茶余饭后的谈资。但是，走向市场化的报纸却抓住其中的新奇性而大做文章，难免误导受众的文学审美情趣。

尤其值得注意的是，在这种与商业策划配合默契的新闻炒作过程中，某些新闻媒体已经不再满足于被动卷入，而是主动出击，积极参与这种商业策划，为其推出的新闻事件推波助澜，摇旗呐喊。譬如，在这次"漂签"活动中，成都一家报纸就出面邀请"美人鱼作家"和都市白领座谈其新作《爱比被爱更痛》，并在有关新闻报道中称："围绕此书引出的话题，一批都市白领与文雯展开了热烈探讨，白领们各抒己见，现场气氛轻松热闹。座谈之后，文雯跃入水中，开始了水上签名。"从这些不无得意的表白性语言中，不难看出这家报纸事实上也是"漂签"活动的策划者和组织者，至少是其参与者。惟其如此，该报不仅在第2版"要闻"中图文并茂地推出了《"美人鱼"水上签名售书》的报道，而且在第8版"文化娱乐"中刊出了座谈会的新闻图片和文字报道，还配发了一幅文雯水上签名的照片。

新闻媒体的这种主动介入，便使自己身兼二职：既是"新闻事件"的报道者，又是"新闻事件"的策划者。随之而来也就带来两个问题：其一，既当运动员，又当裁判员，如何保证新闻报道的客观公正？就拿该报举办的座谈会来说，策划活动或参与策划的报纸当然是强调其成功，但另一家与此活动无关的报纸却批评说，因为前来参与座谈的很多

"读者"并没有看过小说,所以讨论会没有真正讨论起来。其二,新闻媒体在这种新书促销过程中,出面来组织作品座谈会或研讨会,事实上已把自己的新闻报道者角色转换成了文学批评者角色。但是,出于新闻报道的需要,文娱记者又必然将最具新闻效应的东西从作品中肢解出来,经过孵化、强化乃至奇观化以后再加以表达,这并不构成真正意义上的文学批评。策划《爱比被爱更痛》座谈会的那家报纸所推出的报道《爱比被爱更痛——文雯情感体验小说引出丽人话题》对作品本身未置可否,却对所谓的"丽人话题"大谈特谈:"爱"比"被爱"更痛吗?爱情、事业孰重孰轻?女人成功能走"捷径"吗?理想异性的标准如何?难怪严肃的文艺批评家要对当前的"媒体炒作"提出严肃的批评。

可见,对于商业策划所进行的新闻炒作,新闻界应该好好反思一下,尤其是要深刻反思一下传媒介入商业策划后而进行的新闻炒作。面对这种炒作,笔者不得不大声疾呼:必须加强媒介批评。所谓的媒介批评,就是对传播媒介的批评,是对媒介产品、媒介现象以及媒介作用的理性思考和价值评判。在商业策划和新闻炒作的背后,存在着巨大的利益驱动。一方面是商业策划者的利益驱动,另一方面则是新闻炒作者的利益驱动。前者借助于媒体的新闻炒作来扩大产品销路;而后者则借助于炒作前者来吸引受众,以维持或增加自己的市场份额。如果任其过度膨胀,势必会在一定程度上损害社会公众的利益。而要防止其过度膨胀,具有理性思考力度和理性批判锋芒的媒介批评是不可或缺的。加强媒介批评,不仅可以对商业策划和新闻炒作进行深刻的剖析和理性的批判,起到制约作用,而且还可以提高受众的思想认识水平和价值判断能力。这样,便有望将商业策划和新闻炒作可能产生的负面作用减少到最低限度。

(原载《新闻记者》2001 年第 7 期)

媒体如何应对商业炒作

——从"人造美女"现象谈起

在 2003—2004 年的岁末年初，关于"人造美女"的报道此起彼伏，一时间成为热门话题。舆论界认为，"人造美女"是一种商业炒作。但是，何为商业炒作？商业炒作何以成为传播现实？新闻媒体如何应对商业炒作？这些都是在学理上值得深入探讨的问题。本文结合"人造美女"现象略陈浅见，就教于方家。

一 "人造美女"：商业炒作的典型案例

众所周知，当前的"人造美女"热潮肇始于"中国第一人造美女"郝璐璐的"新鲜出炉"。据报道，郝璐璐，1979 年出生在北京，1999 年大学毕业赴英国留学，攻读珠宝硕士，2001 年回国后担任自由撰稿人。2003 年 6 月，北京伊美尔健翔医院将其物色为所谓"美人治造"工程的人选，旨在通过整容将其打造成"一个东方人眼中的十全十美的美女"。而郝璐璐本人则希望通过"美人治造"进军演艺圈，其手术费用 30 万元也由一家影视投资公司提供，因为影视投资公司认为她有炒作价值。可见，从一开始，这就是一个彼此自愿而又各有所图的"三方协议"。

唯其如此，这个"美人治造"工程主要是"做"给人们看的。请注意：在实施手术的前两天，伊美尔健翔医院在北京昆仑饭店召开了首次新闻发布会,宣布启动"美人治造"工程。从 7 月 21 日第一次手术起,伊美尔健翔医院开始对郝璐璐进行历时近 300 天的全面整形,实施割双眼皮、种睫毛、隆鼻、下颌角整形、隆胸、胸部提升、提臀、嫩肤、脱毛、吸脂等 14 项手术,力求"从头到脚、从里至外"全部翻新。整个手术过程则由 CNN(美国有线电视)全程跟踪采访拍摄,后又有美联社记者、美联环球电视新闻摄制组采访、拍摄,还有日本的记者、摄影师慕名而来。国外媒体的报道,又引起国内媒体的高度重视。9 月份中央电视台新闻频道的报道,11 月份上海《新闻晨报》以及后来重庆电视台"龙门阵"栏目的专访,在全国各地形成三次高潮。截至 2003 年 12 月底,报道"中国第一人造美女"的国内媒体多达 300 余家。

有美容医学教育专家指出:"所谓'打造中国第一人造美女',这是不折不扣的商业语言,是纯粹的商业炒作。"① 按《现代汉语词典》(2002 增补本)的释义,所谓"炒作",就是"为扩大人或事物的影响而通过媒体做反复的宣传"。在市场经济的条件下,炒作往往出于商业目的,故而又称"商业炒作"。一般地说,商业炒作就是出于营利目的而在一段时间内对某个人、某件事、某件产品进行集中的、连续的、有一定规模的宣传,具体途径不外乎两种:一是大规模地投放广告,对消费者进行轮番广告轰炸;二是巧妙地"制造"出有卖点的新闻,吸引媒体进行广泛的报道,形成"新闻炒作"。由于大规模地投放广告需要巨大的经费支持,加上消费者对广告存在着或多或少的抗拒心理,聪明的商家为了节省经费开支,增强传播效果,早已将炒作的重点放在"新闻炒作"上。因此,商业炒作主要是通过新闻炒作来实现的。"人造美

---

① 《这是纯粹的商业炒作》,http://health.enotrh.com.cn/system/2003/12/02/00678050.shtml;《大话"中国第一人造美女"》,http://fashion.zbinfo.net/723475667861504/20031204/275050.shtml。

女"现象就是这样的典型案例。

从市场营销或商业运作的角度看，"炒作其实纯粹是注意力经济时代的产物。当一件事或一样东西吸引了越来越多的人来关注、了解、引发购买的尝试时，这是好事。"① 对于伊美尔健翔医院来说，"中国第一人造美女"的商业炒作相当成功。有报道说，在"美女制造"之前，北京伊美尔健翔医院仅仅是 2003 年 5 月 18 日才跻身整形业的普通民营医疗门诊，由于赶上非典后期，开张后一个月的营业额只有十几万元人民币。加上地处较偏僻地带，价格又比公立医院高很多，几乎没有什么顾客上门。而从 2003 年 9 月份开始，该中心的营业额已经上升到每月二三百万元人民币，12 月份以来营业额飙升到每天十几万元。②

二　商业炒作何以成为传播现实

应当承认，在市场经济条件下，只要不违背国家法律，不损害他人利益，不伤害社会伦理，商业炒作是无可厚非的。《英雄》制片人张伟平认为："炒作是一种商业运作，是将产品（这种产品可能是人也可能是物）推向市场的一种商业操作手段，目的就是让顾客去接纳它。做到了，便是成功。"《北京青年报》编辑张维国也指出："'炒作'首先是个中性词，是宣传的第二种解释，例如对某个人、某件事、某件产品在一段时间内集中的、连续的、有一定规模的宣传就是炒作。"③ 我们不能简单地否定也不能简单地指责商业炒作，而应当认真研究这样一个问题：商业炒作何以成为传播现实？

---

① 吴亚林：《商业炒作的哲学》，http：//house. sohu. com/newshtml/9147. html。
② 张惠娥、谭伟山：《美女·人造中》，http：//news. southcn. com/community/hotpic/200401150222. htm。
③ 《炒作的定义》，见郑叶《〈英雄〉八大炒作：商业运作典范（二）》相关链接，http：//ent. 163. com/edit/021231/021231_ 147205（2）. html。

从"人造美女"现象可以看出，商业炒作要成为传播现实，必须具备以下几方面的条件。首先，商业炒作必然以现实的社会基础为前提。说具体些，这个现实的社会基础就是社会心理与社会需求。就"人造美女"而言，所谓"爱美之心人皆有之"，中国美容整容又走过10多年的历程，加上近年来对国外影视歌舞明星整容的广泛报道，使人们对"人造美女"在心理上已经具备了相当普遍的接受能力，更由于美女在相同条件下能够获得更多更好的发展机会，"打造美女"的做法在当今中国可谓水到渠成。唯其如此，当郝璐璐的整容为众多媒体报道之后，全国各地迅速掀起一股"人造美女"热：深圳阳光医院打造"深圳第一人造美女"张玮，广州远东美容整形医院打造"广州第一人造美女"管英，四川华美整形美容医院打造"成都第一人造美女"彭小月，上海"十万元免费美容悬赏丑女"选中张迪，江苏推出"江苏第一人造美女"马蕾……诸如此类，不一而足。甚至有报道说，大连一个母亲送给自己9岁女儿的礼物竟是准备为其整容，上海一个母亲要为她3岁的女儿作整容计划以便让女儿将来当上模特儿。假如这两位母亲果真实施其想法，简直是一种疯狂。不过，其中显示出来的社会心理倒是耐人寻味。

其次，商业炒作必然以策划媒介事件或者说策划新闻事件为核心。按传统的新闻理论，新闻是新近发生的事实的报道，这个事实发生在人们的社会实践过程中，是不以人的意志为转移的客观存在。但是，现代公共关系早已打破了这种传统的新闻观念，"公共关系人员经过精心策划，有意识地安排某些具有新闻价值的事件在某个选定的时间内发生，由此制造出适于传播媒介报道的新闻事件"。[1] 尽管中国美容整容已走过10多年的历程，但在郝璐璐之前，还没有人愿意将整容之事予以公

---

① 周晓虹：《走向社会的名片——公共关系理论与实务》，中国社会出版社1993年版，第181页。

开。因此，大张旗鼓地亮出"打造中国第一人造美女"的旗号，本身就有新闻价值，加上伊美尔健翔医院又兴师动众地弄了个专家委员会，术前两天在北京昆仑饭店召开新闻发布会，而且精心包装郝璐璐，强调她的不寻常经历，从而使这个"美人治造"工程具有了很强的新闻性，使之成为吸引国内外媒体的一个焦点性新闻事件。步后尘者，无不在策划新闻事件上做文章。深圳阳光医院事先打出征集"深圳第一人造美女"的广告，然后煞有介事地从 1089 名报名女性中选定湖北姑娘张玮。上海更是别出心裁搞了个"十万元免费美容悬赏丑女"活动，让前来报名的 51 名自认为是"丑女"的女孩在大庭广众之下展示容颜，竞争唯一的"上海灰姑娘"，以获得主办单位赞助的价值 10 万元的整形手术。之所以要如此操作，无非是制造出新奇的新闻事件来吸引媒体和受众。

最后，商业炒作必然以媒体的新闻报道为依托。如果说新闻事件的策划使已存在的社会心理与社会需求浮出水面，转化为值得人们关注的看点，那么，这个看点最终要靠媒体的报道才能成为现实。因此，商业炒作在策划新闻事件的同时，总要想方设法联络媒体来报道有关的新闻事件。"美人治造"计划的策划者、伊美尔医学美容市场总监暴淮承认，"美人治造"计划刚出来的时候，国内的媒体普遍认为没什么大不了的，当时北京两家报纸的采访都没能登出来。但是，国际媒体很关注中国尤其是北京的动态。因此，在与郝璐璐签约后，他在第一时间找到 CNN 的一个制片人，该制片人觉得有新闻价值，愿意进行全程跟踪报道。"我先找 CNN，然后再拿 CNN 说事儿，后来的许多媒体都是冲着 CNN 来的。"① 结果，美联社、法新社、BBC 的记者都加入了采访行列。而 CNN"破天荒"的全程跟踪报道，又"吊"起国内媒体的兴奋点，

① 张惠娥、谭伟山：《美女·人造中》，http：//news. southcn. com/community/hotpic/200401150222. htm。

使众多的国内媒体争先恐后地进行报道，成就了一场有声有色的"人造美女"的新闻炒作。

三　媒体应当理性地应对商业炒作

显而易见，商业炒作中策划出来的新闻事件具有很强的人为性质。"这里说的'人为'不是从广义上说的。因为从广义说，任何社会活动都是'人为'的。这里所说的'人为'是特指那些为了特定的宣传目的，而不是正常的工作目的的'人为'。即这种现象的出现只是某个人或某个单位为了达到某种宣传目的而制造的一种现象。"①按理说，对于商业炒作中的这种人为的新闻事件，是否报道的主动权掌握在媒体手中，记者编辑完全可以根据其新闻价值的有无来决定报道与否，根据其新闻价值的大小来决定报道的分寸。然而，由于种种原因，媒体往往有意无意间竞相报道，最终在新闻炒作中成就了商业炒作。

说媒体在新闻炒作中成就了商业炒作，并非归咎于媒体，而是要正视造成这种现象的社会根源与传播机制，从而让媒体更加理性地应对商业炒作。分析起来，媒体自觉不自觉地介入商家的新闻炒作，在市场经济的条件下是不可避免的必然趋势。

首先，随着公共关系业的发展，以策划新闻事件为核心的商业炒作越来越普遍，媒体要想回避商业炒作已根本不可能。这在当前的娱乐新闻中十分突出。比如2002年底轰动一时的《英雄》，其商业运作的成功很大程度上得力于炒作，有人将其炒作归纳为八个方面，包括发行大型纪录片《缘起》，在人民大会堂举行了首映式及新闻发布会，包租两架顶级商用小型客机先后飞往上海和广东进行影片宣传，印制一联精装

---

① 艾丰:《新闻写作方法论》，人民日报出版社1996年版，第106页。

《英雄》版邮票及海报珍藏版等。① 试问，在这些炒作中，哪一次没有媒体的追捧呢？

其次，商业炒作所策划的新闻事件，不是强调其社会公益性、文化建设性、人文关怀性，就是在新、奇、巧上下功夫，使之富有连续性和戏剧性，让媒体欲罢不能。这在"丑女张静"的报道中得到了很好的印证："从十年千次求职无一成功到先后接到 30 多家单位的邀请，到成为养老院的一名护理员，到整容，到含泪放弃整容，再到不顾父母反对重新整容……捉迷藏一般，其戏剧性一点不亚于一部高潮迭起的电视连续剧。"② 媒体怎么能够不连续不断地加以报道呢？

最后，日益激烈的传媒竞争迫使媒体在追逐新闻热点包括人为的新闻热点上你追我赶。由于商业炒作者掌握了如何炒作的窍门，总是策划出为社会大众感兴趣的事件或话题，媒体除了加以及时报道以外，别无他策。因为是社会大众感兴趣的事件或话题，能够吸引人们的眼球，是很好的新闻卖点，你不报道，别人要报道，你在竞争中就很被动。所以，即使媒体对某些商业炒作持批评态度，也不能不报道这些商业炒作。近年来对于人体彩绘、人体摄影等商业炒作的报道，不少媒体就是这样。

如此说来，媒体似乎难逃"配合"商家进行"新闻炒作"的宿命。其实不然。尽管媒体对商业炒作中被策划出来的新闻事件不能视而不见，但如何报道的主动权仍牢牢地掌握在媒体手中，关键的问题不在于报不报道（因为不报道已不可能），而在于如何报道。回想 1998 年底，科利华软件集团宣称：投资 1 亿元和上海三联书店合作出版《学习的革命》，在 12 月 12 日起的 100 天内，实现 1000 万册的销量。这本来是一

---

① 郑叶：《〈英雄〉八大炒作：商业运作典范（二）》，http：//ent. 163. com/edit/021231/021231_ 147205（2）. html。

② 邱贵平：《新闻辣评：丑女张静必须跟着媒体"捉迷藏"》，http：//hi. people. com. cn/news/2003/09/26/88552. html。

个典型的商业炒作,但不少媒体不加思考地加以报道甚至吹捧,使科利华和《学习的革命》一时间家喻户晓,成了企业与媒介联手制造的一个出版神话。事后,业内人士撰文指出,"在市场经济的大潮中,商业炒作势在难免,但是传媒不能轻而易举地为商家迷惑,而应有自己独立的判断和审慎的对策,决不可人云亦云,到头来反为商业炒作推波助澜。"① 的确,面对商业炒作,媒体需要"独立的判断和审慎的对策",要有报道,要有分析,还要有批评。

　　或许有前车之鉴,媒体对"人造美女"的报道已是热中有冷,不仅报道其事,而且分析其由,批评其弊。尽管一些报道还停留在单纯报道其事的层面,但随着报道的深入,大多数报道都显示出一种深刻的理性精神:或在报道其事的同时加入某种程度的质疑,如《解放日报》的《"第一美女"人造中》,《信息时报》的《24岁靓女要当"广州第一人造美女"》,《长沙晚报》的《质疑湖南第一人造美女炒作将隐私变社会化》;或写出有认识价值的批评性报道,如《法律与生活》2003年11月发表《从美女经济到注意力经济10年毁掉20万张脸》,千龙新闻网登载《"人造美女"热潮汹涌20万毁容者如何消化》,新华网登载《"人造美女"到底能美多久》;或对个中原委进行客观冷静的剖析,如《中国青年报》的《"人造美女"的现实经济意义》,《北京青年报》的《"人造美女"现象的政治经济学分析》,《南方都市报》的《人造美女:谁是最大的获益者?》;或及时展开评论,表达鲜明的立场,如千龙新闻网的时评《"人工造美"悠着点》,金羊网的时评《"人造美女"时代》,《工人日报》的评论《人造美女热的隐忧》。唯其如此,"人造美女"尽管是新闻热点,却并未出现像当年推介《学习的革命》那样的狂潮。

　　由此可见,新闻媒体要不被商业炒作牵着鼻子走,要不沦为商业炒

---

① 贾亦凡:《一亿元造就一个出版神话?》,《新闻记者》1999年第2期。

作的传声筒，就必须以理性的精神对待商业炒作，既报道商业炒作中有价值的新闻事件，又对其加以分析，加以批评，在满足受众信息需求的同时正确地引导公众舆论，充分发挥舆论导向作用，更好地服务于精神文明建设。

（原载《新闻记者》2004 年第 4 期）

"网络公关"为何成为不正当竞争手段

——蒙牛伊利"网络黑公关"事件反思

2010 年 10 月，中国乳业两大巨头企业——蒙牛和伊利集团利用网络互相揭丑，抹黑对手，上演了一场声势浩大的"公关"恶战。伊利爆出蒙牛在 2010 年 7 月制定针对伊利 QQ 星儿童奶、婴儿奶的蓄意破坏活动；蒙牛则揭露 2003 年伊利集团曾花费超过 590 万元，雇用公关公司对蒙牛进行新闻攻击。蒙牛伊利间的这场"公关"恶战，将"网络公关"推向舆论风口，让我们不得不反思：在新媒体环境下，向来以"塑造组织形象"和"协调公众关系"① 为己任的公共关系，为何成为企业不正当商业竞争的帮凶？我们又该如何规范网络公共关系？

一 "网络黑公关"事件与被利用的网络公关

2010 年 10 月 19 日，一篇以伊利公司口吻写的帖子在各网络论坛浮出水面，标题是"蒙牛集团蓄意破坏我公司（伊利）的商业信誉、商品声誉案件侦破进展"。该帖直陈，"'圣元奶粉性早熟事件'事实上是我们的主要竞争对手——蒙牛乳业有组织、有预谋、有计划、有步骤周密策划出来的，而且这是专门针对我们的 QQ 星儿童奶、婴儿奶粉策划的一起蓄意破坏活动"。

---

① 董天策：《公共关系职能探析》，《天府新论》1996 年第 1 期。

10 月 20 日，蒙牛乳业通过互联网发布声明，称公司并未参与策划圣元奶粉"早熟门"一事。伊利则在其网站登出《伊利集团就"竞争企业恶意攻击事件"的说明》，称警方已侦破这起利用网络媒体恶意损害伊利集团商业信誉、商品声誉的案件，此案涉及蒙牛乳业、北京博思智奇公关顾问有限公司，有 4 人被检察机关正式批捕。与此同时，呼和浩特警方证实，蒙牛一名高管也被正式批捕，负责策划的公关公司老总和一批高管也被批捕。

10 月 22 日凌晨，蒙牛集团又发表声明，爆出伊利曾花巨资对蒙牛进行新闻攻击，公布"未晚事件"细节——2003 年至 2004 年，伊利曾与其合作公司北京未晚品牌（国际）传播机构（简称"未晚"），采取收买媒体等方式制造并传播蒙牛负面信息。为此，伊利集团曾花费超过590 万元，雇用公关公司对蒙牛进行新闻攻击。

到 10 月 22 日 11 时，呼和浩特警方召开新闻发布会介绍案情，称"安勇等涉嫌损害商业信誉、商品声誉罪一案正式破获，目前没有查出证据证明此案存在更深层次的背景，而仅是蒙牛个别员工串通公关公司的个人行为"[①]，从而结束了蒙牛、伊利之间的"公关"恶战。

蒙牛、伊利之间的这场"公关"恶战，核心和源头在于一份"731计划"——这是一份蒙牛利用网络媒体打击竞争对手伊利"QQ 星儿童奶"产品的"公关策划"，手段包括在天涯问答、百度知道等地发布 wiki 问答、全面覆盖所有亲子育儿论坛、利用消费者口吻发起网上"万人签名拒绝鱼油 DHA"的签字活动，以及发动大量网络新闻及草根博客进行转载和评述[②]。在蒙牛及其合作的公关公司看来，这份计划是一起"网络公关"。

---

① 昝慧昉、徐涛、刘长江：《深度公关》，《第一财经周刊》2010 年第 4 期。
② 《蒙牛黑公关"731 计划"》，中国经营网，http://biz.cb.com.cn/12716612/ 20101025/ 159247.html，2010 年 10 月 25 日。

"网络公关也被称为 E 公关,是指社会组织为了塑造组织形象,借助互联网络、电脑通信和数字交互媒体等传播手段来实现公关目标,影响公众的科学与艺术"①。这就是说,网络公关并没有改变公共关系本来的含义,只是一种公关手段的延伸及信息传播载体的改变,其目的仍然是"塑造组织形象"和"协调公众关系"。像蒙牛这样利用网络实施诋毁,企图摧毁竞争对手声誉和形象的行为,完全违背公关的本意,已超出网络公关的正常范畴,成为不正当的商业竞争手段。因此,人们将其形象地称为"网络黑公关"或"网络黑社会",而组织这些活动的人则被称为"网络打手""网络水军"。

二 蒙牛伊利"网络黑公关"事件的形成原因

有学者撰文历数这种无良网络公关三宗罪:歪曲真相、杜撰口碑、操控舆论,使得本来无可厚非的"网络公关"在我国滑向歪门斜道②。那么,网络公关为什么会如此"黑"呢?

(一)网络的开放性、匿名制特点使得网络成为虚假信息的集散地

"Web 2.0 时代,数字技术的进步引发了传播领域的变革,其本质便是传播主体泛众化。传统媒介组织在信息端口把关的模式发生改变,网民个体可以不经由媒介组织,直接在网络平台上发布信息"③。网络成为一个自由开放的信息平台,人人得以自由平等地发表言论。另外网络的开放性使得一些恶意攻击、诽谤的虚假信息发布和散播成为可能。传统媒体在发布信息、进行报道时,基于职业道德和对新闻真实、客观原则的追求,一般会对信息进行求证,进行"把关",虚假信息没那么容易被传播出来。由于网络是一个开放自由的信息平台,

---

① 陈先红:《现代公共关系》,高等教育出版社 2009 年版,第 405 页。
② 唐远清:《由"奶粉事件"论无良网络公关的危害》,《新闻记者》2008 年第 11 期。
③ 殷俊、孟育耀:《人肉搜索与"把关人"理论的调适》,《国际新闻界》2010 年第 2 期。

抹黑竞争对手或散布没有依据的信息，可以不经过把关人的检验就在各大论坛发布，然后组织网络水军附和、灌水，从而形成一种舆论假象。

网络的匿名制更加助长了这种虚假信息的传播。一方面，匿名制给网络黑公关的"打手""水军"以藏身的空间和心理安全感，他们可以随心所欲地发帖，制造噱头性话题并设置议程；另一方面，这些帖子伪造一般公众口吻撰写，使得网民很难辨别信息的真假，并且往往在情绪的引导下做出盲目的跟帖、转帖行为。2010年7月20日出现在开心网的一篇帖子，名为《抵制伊利集结号用我们的行动救救孩子》，用孩子父母的口吻，号召网民抵制伊利QQ星儿童奶产品，指责伊利用删帖等方式掩盖真相。这个语气激烈的帖子被迅速转帖，点击量高达20万。后来被证实，这篇帖子正是公关公司蓄意策划出来的。

（二）网络信息监管滞后，法治缺失给"网络黑公关"可乘之机

网络虚假信息层出不穷，折射出我国网络信息监管的严重滞后。我国《刑法》第246条明确规定，"以暴力或者其他方法公然侮辱他人或者捏造事实诽谤他人，情节严重的，处三年以下有期徒刑、拘役、管制或者剥夺政治权利"。然而，由于种种原因，这些法律法规的执行往往不尽如人意，受害者也没有充分利用法律武器来保护自身利益。譬如，企业面临网络攻击如果涉嫌诽谤，属于民事诉讼范畴，只能由企业向法院起诉，且属于自诉案件，需要企业自己搜集证据。一般企业若不借助公安机关的力量，往往很难甚至不可能查出网络炒作的背后黑手。像伊利蒙牛这样有实力的大企业，纵然可以查出幕后黑手，地方政府考虑到经济利益，往往会把此类事件大事化小，小事化了。就拿蒙牛伊利"网络黑公关"事件来说，最后也以"公司个人所为，更无深层次背景"画上句号；而蒙牛爆出的2003年"未晚事件"，虽然根据《刑法》第221条按涉嫌

损害商业信誉罪办理，但类似这样的案件当时在内蒙古是第一例，在全国也不多见。① 如何协调言论自由的权利和责任，如何规范商业竞争与网络环境中的竞争行为，显然是日后完善相关法规时应予考虑的。

（三）公关行业不成熟不规范，容易滋生出背离公关本质的"网络黑公关"

公共关系在欧美各国风行半个世纪之后，于 20 世纪 60 年代传入我国香港和台湾地区，80 年代初伴随着"改革开放"的春风传入中国大陆。但是，直到 2000 年 7 月 1 日，国家劳动和社会保障部实施公关从业人员持证上岗制度，公关职业才被国家正式认可，进入职业分类大典。② 到 2010 年，尽管持证上岗制度已实施了 10 年，但公关行业的职业规范与职业道德的建设是远远不够的，公关从业人员也很难受到规范的职业道德教育。

对于新世纪才兴起的"网络公关"来说，相关的行业规范更为滞后。2010 年 3 月 16 日，中国国际公共关系协会发布《网络公关服务规范》，这是我国针对网络公关业务的首份行业性标准文件。然而，这一职业准则主要是针对协会内部成员，那些不规范的网络公司、小作坊并没有加入协会，协会也无从管制③。

在行业自律、公关伦理建设缺失的背景下，一些比较弱小的公关公司往往急功近利，过分追求经济利益，做出一些违背公关本质的不良行为。涉及案件的北京博思智奇公关顾问有限公司，为了一笔二十来万的经费，就以身试法。网络公关与企业不正当竞争的合谋，更使行业自律荡然无存。

---

① 谢远东：《盼着别人倒霉　就是自己发财——运作新闻拷问公关伦理》，法制网，http://www.legaldaily.com.cn/bm/content/2004-02/26/content_77876.htm，2010 年 11 月 17 日。
② 陈先红：《公共关系原理》，武汉大学出版社 2007 年版，第 48—56 页。
③ 张磊、刘洋：《"网络黑社会"现象的危害、成因及控制研究》，《新闻知识》2010 年第 6 期。

三　蒙牛伊利"网络黑公关"事件反思

在新媒体环境下，怎样规范发展公共关系？怎样让利用网络的"黑公关"无处遁形，让网络公关走向正轨，是我们反思蒙牛伊利"黑公关"事件的重要关注点。

首先，规范发展互联网，强化网络媒体把关职责。作为网络公关的主要传播渠道，网络媒体要强化自身的把关职责。对于虚假消息、恶意攻击文章，应及时删除，共同保证网络信息的真实性，建立起网络媒体的公信力。广大网民则要提升对良莠混杂的网络信息的鉴别力，以免成为别有用心者的棋子。

其次，加强相关法治建设。加强法治建设，不仅要完善互联网上各种侵权行为的法律法规，更要普及依法治理理念，使所有受害者具备运用法律武器来保护自身利益的意识。

最后，提升公关从业者的职业自律，回归公关的真实性原则与公共利益本质。早在1906年，现代公共关系的创始人艾维·李发表著名的《原则宣言》，就表达了现代公关的两个基本理念：一是讲真话，二是凡有益于公众的事情也必然有利于组织（企业）。一个组织的最大利益便是社会公共利益，唯有坚持这一目标和尺度，组织才能获得可持续发展①。国内学者陈先红在其《公共关系原理》一书也明确提出：公共关系的本质属性是"公共性"，具体表现为4P特征，即公众性、公开性、公共舆论性、公益性②。因此，公共关系追求的是真实传播和公共利益，每一个公关从业者都要加强职业自律。

（原载《当代传播》2011年第3期，与研究生章琴丽合写）

---

① 胡百精：《公共关系学》，中国人民大学出版社2008年版，第13页。
② 陈先红：《公共关系原理》，武汉大学出版社2007年版，第59—60页。

五

公共事件与舆论监督

如何开展对重大社会问题的舆论监督

——"山西黑砖窑"事件的启示

历史将不会忘记：2007 年夏天发生在山西的"黑砖窑"事件，是我国舆论监督史上的一个重要案例。其重要性在于，它是我国新闻媒体对重大社会问题自主开展舆论监督的有效尝试。在新的社会历史条件下，如何开展对重大社会问题的舆论监督，既需要实践的探索，也需要理论的探讨。"黑砖窑"事件正好为我们探讨这个问题提供了契机。

一般地说，舆论监督是指"公众通过新闻媒介对党务、政务和一切公共事务的公开，对国家机关各级公务人员施政活动，以及社会公众人物（包括政治家、演艺明星、上市公司等）的监督，这种监督既包括揭露和批评，又包括评价和建议。"① 大体上，舆论监督可分为三个层次："一是对国家决策，特别是在决策前或决策过程中所作的报道和评论。二是对国家各级公务员的施政活动作报道和评论。三是对一切违法违纪的人和事进行报道和批评。"② 在我国新闻传播实践中，"新闻媒介对坏人、坏事，特别是腐败行为的揭露和批评，是中国现阶段舆论监督的主要的和常见的形式"。③

上述舆论监督层次的划分，没有明确把对重大社会问题的舆论监督

---

① 孙旭培、鲁碧英：《论推进舆论监督的三类经验》，《新闻大学》2003 年夏。
② 孙旭培：《舆论监督的回顾与探讨》，《炎黄春秋》2003 年第 3 期。
③ 孙旭培、鲁碧英：《论推进舆论监督的三类经验》，《新闻大学》2003 年夏。

作为一个层次，这在理论上是有缺陷的。在当前中国的社会转型过程中，重大社会问题不断产生，是舆论监督不容忽视的对象，必须予以高度重视。所谓重大社会问题，是指关系到国计民生、社会稳定、长治久安、可持续发展等方面重要而突出的社会问题。发生在山西的"黑砖窑"事件，涉及拐卖儿童、非法用工、虐待劳工、拖欠工资、官员渎职等一系列问题，特别是对公众利益、劳工合法权益、人身权益的侵犯，更是性质严重。媒体对"黑砖窑"的报道，已经不再是一般意义上对"坏人坏事的揭露和批评"，而是对重大社会问题的舆论监督。

应当承认，重大社会问题一般具有不同程度的负面性，往往影响到事件发生地的政府形象，甚至会影响到整个国家的形象。因此，对重大社会问题如何做出反应，使其得到妥善有效的解决，不仅是有关党政部门应该高度重视的问题，也是媒体在开展舆论监督时应当大力探索的问题。从媒体对"黑砖窑"的报道来看，我们认为：在新的社会历史条件下，要正确而且有效地对重大社会问题开展舆论监督，应当努力做到四个"并重"。

一　网络媒体与传统媒体并重

在实践操作中，舆论监督往往被看作媒体监督，即民众通过新闻媒体进行的监督。这里的新闻媒体不仅是指报纸、广播、电视等传统媒体，也应包括网络这一新兴媒体。实践证明：网络媒体和传统媒体在舆论监督方面各有自己的优势。

自从2003年高调走向舆论监督的前台，网络媒体已成为人们获得信息和发表言论的一个重要阵地，尤其是在舆论形成过程中，网络媒体具有不容忽视的推动作用。网络的开放性、匿名性特点，使得各种信息和观点能够自由地在网络空间得到传播；同时，网络反馈的及时性和传播的互动性、参与性，又使网络媒体更容易在短时间内形成议题；加上网络传播极大地突破了空间限制，更容易在较大范围内产生强大的舆论压力。

在"黑砖窑"事件中，网络媒体的作用集中体现在及早披露信息和形成舆论议题方面：6月5日，名为"中原老皮"的网友在河南大河论坛发布题为《罪恶的"黑人"之路！孩子被卖山西黑砖窑400位父亲泣血呼救》的帖子，揭露"山西黑砖窑拐卖虐待童工"的事实。截至6月18日，该帖在大河论坛的点击率突破30万。6月7日，该帖作为头条被转载到天涯杂谈，其后更是获得高达58万的点击率和3000多篇回帖。在天涯上的数千个回帖中，网友们几乎同时表达了一个基本立场——"愤怒"："震惊呀，在21世纪的今天居然还有这样的事情，如果是真的，建议中央一定要严查严打！""包身工""当代的奴隶主庄园"……还有各种各样的言论："当地黑砖窑和警方之间有着不可告人的交易！""当地警察已经变成黑煤窑主看家护院的私人武装！""起诉政府不作为"……也有网友呼吁："不能消极对待"，"建立民间解救联盟、黑窑儿童拯救小组"……①一时间，对"山西黑砖窑"的讨论在网络上波涛汹涌般展开。

强大的网络舆论，给山西各方面施加了巨大的压力，促使有关问题得到及时解决和严肃处理。网络民意的汹涌，一直持续到山西省打击黑砖窑专项行动的尾声。6月20日，又一封求助信《寻子无果 400位父亲再次联名》公开披露。有帖子质问："解救工作已经接近尾声，怎么还没有孩子的踪影？"网络很快讨论和质疑孩子的去向："那些孩子被转移了？""孩子被黑心窑主转移到了别的地方""被拐的孩子去了哪里？"与此同时，一些网民希望帮助寻找打工亲人下落的信息也在网上发布。这些言论和信息不仅在6月23日被有关部门送到国务院领导手中，也使山西省再一次在全省范围内出动大量警力进行地毯式排查，帮

---

① 部落：《山西黑砖窑事件续：劳监部门涉嫌倒卖童工》，http://cn.news.yahoo.com/070614/533/2iawy.html。

助寻找失散亲人。可见，网络媒体为公众提供了一个开放的言论平台，民意能够畅通表达，从而形成强大的舆论。毫无疑问，这极大地推动了舆论监督的深入开展。

当然，网络舆论要真正产生效力，还是离不开传统媒体的介入。报纸、广播、电视等传统媒体在舆论监督实践中积累了大量经验，在操作模式、人才队伍以及社会公信力等各个方面都具有十分明显的优势。专业新闻工作者通过对重大事件和社会问题展开深入细致的调查，使得报道在权威性和深入性等方面更加值得信赖。"黑砖窑"最终引起社会各界的广泛关注，是与传统媒体的深入报道分不开的。率先报道"黑砖窑"事件的是河南电视台都市频道。该频道具有十多年新闻工作经历的记者付振中，在5月9日获得河南第一个孩子失踪的线索后就深入山西，对"黑砖窑"进行调查暗访。河南电视台都市频道5月19日播出《罪恶的黑人之路》，此后连续播出二十多期。由于覆盖范围的限制，节目播出所引起的反响还局限在河南省内。

待6月上旬网络点燃对"黑砖窑"的舆论风暴，传统媒体又及时介入，做了大量深入细致的调查，推出不少富有深度的报道。舆论监督的先锋媒体《南方周末》做了系列报道：《山西黑砖窑内幕：少年血泪铺黑工之路》（2007年6月14日）描述了"黑工之路"如何形成，《山西洪洞黑砖窑身世调查》（2007年6月21日）揭开了罪恶黑砖窑的背后内幕，《黑砖窑风暴中的山西官员》（2007年7月5日）呈现了山西官员应对和处理危机的种种态度，《山西黑砖窑风暴被她点燃》（2007年7月12日）讲述了首先在论坛中发帖的当事人辛艳华的内心想法，《山西黑砖窑案受害人赔偿成最后悬念》（2007年7月19日）报道了事件中受害民工赔偿的问题……传统媒体对事件的关注和报道，给公众一个完整的事件内幕真相。特别是《南方周末》7月12日的报道《山西黑砖窑风暴被她点燃》，对"山西黑砖窑"事件起到关键作用的辛艳华做了专业的采访，证实了网络上一些不准确的传言，比如发帖人并非失踪孩子的父母，"只是以受害者家属的身份发了一个帖子而已，没有亲身参与解救，也没有实地调查。""网帖所谓的孩子，是站在父母的角度而言，并不单指童工。"在证实传言和提供确切信息与客观事实方面，传统媒体的作用十分突出，从而保障了舆论监督的顺利进行。

由此可见，在对重大社会问题的舆论监督过程中，不仅要重视传统媒体，而且也要重视网络媒体，既发挥传统媒体和网络媒体各自的优势，又让两者及时互动，共同推进舆论监督的深入展开，形成更大的舆论合力，应当是信息时代舆论监督的必然选择。

二　异地监督与本地监督并重

从监督的地域范围来说，舆论监督主要有异地监督和本地监督两种形式。"异地监督"，或称"跨地区监督"，"指的是一个地区的新闻媒体对发生在外地的人和事的监督性报道"①。本地监督，顾名思义，指的是一个地区的新闻媒体对发生在本地的人和事的监督报道。由于种种原因，本地监督在我国新闻传播实践中存在着很大的难度。所谓"只打苍蝇，不打老虎"，"要打老虎，也只能打死老虎"等通俗说法，就是对本地监督难的形象概括。在本地舆论监督难以开展的情况下，异地媒体由于与当地党政部门没有直接的领导与被领导的关系，不受当地党政部门的干预，在新闻报道和舆论监督方面有更大的发挥空间，能冲破当地党政部门的管制，揭露问题，实行监督。同时，异地媒体的报道所造成的影响并不限于当地，往往在更大范围内形成强大的舆论压力，从而促进问题得到有效解决。于是，在我国新闻实践中出现了一个独特的现象：异地媒体的舆论监督风生水起，而本地媒体却往往集体失语，或者只"打死老虎"。

---

① 孙旭培：《当代中国新闻改革》，人民出版社 2004 年版，第 157 页。

在"山西黑砖窑"事件中，"异地监督"色彩十分明显。正是异地媒体最早揭露问题并对"黑砖窑"进行详细深入的报道。河南电视台都市频道的报道《罪恶的黑人之路》，河南大河论坛的帖子《罪恶的"黑人"之路！孩子被卖山西黑砖窑400位父亲泣血呼救》，都是在河南省内刊播的。"山西黑砖窑"引起全国关注后，北京媒体迅速跟进：《对话包工头：打手为躲检查藏身工人中》（《新京报》2007年6月19日），《黑砖窑事件查处矛头直指渎职》（《新京报》2007年6月20日），《黑砖窑案：改善当地行政失衡更重要》（《新京报》2007年7月18日）；广州媒体做了深入调查：《山西黑砖窑内幕：少年血泪铺黑工之路》（《南方周末》2007年6月14日），《山西洪洞黑砖窑身世调查》（《南方周末》2007年6月21日），《黑砖窑风暴中的山西官员》（《南方周末》2007年7月5日），《山西黑砖窑风暴被她点燃》（《南方周末》2007年7月12日），《山西黑砖窑案受害人赔偿成最后悬念》（《南方周末》2007年7月19日），《黑窑用工产生的根源》（《南都周刊》2007年6月22日），《黑窑奴工的最后一站》（《南都周刊》2007年7月23日）……异地媒体的一系列报道，形成了强大的舆论压力：促使有关部门采取一系列举措，包括山西对黑砖窑的全省清查、对被拐民工的解救行动和经济补偿、山西省省长的公开检讨和道歉、对黑砖窑主等犯罪嫌疑人的法律制裁、对"黑砖窑案"中渎职官员的严肃惩治……

与异地媒体对"黑砖窑"事件的高度关注和强势出击相比，本地媒体的报道则集中在对事件被披露出来后的处理上。《山西晚报》6月7日刊发是的山西洪洞县解救被拐民工的表扬稿，这是山西本地省级媒体对"黑砖窑"事件的首次提及。当然，早在5月28日，事件发生地洪洞的县电视台也作过报道，但没有引起各方的注意。① 本地媒体以后的跟踪报道，尽管对事件的定性有了根本的转变，但总体上保持了较为

---

① 马昌博：《"黑砖窑"风暴中的山西官员》，《南方周末》2007年7月5日。

官方的立场。譬如，对山西省开展专项整治行动的报道：《全省"打击黑砖窑主、解救被拐骗民工"专项行动领导组召开会议》（《山西日报》2007 年 6 月 18 日）；对山西其他地区用工情况的报道：《太原未发现非法用工现象》（山西新闻网—《山西晚报》2007 年 6 月 21 日），《晋城坚决取缔非法砖窑》（《山西日报》2007 年 6 月 22 日）；对山西省在"黑砖窑"事件中违纪问题的报道：《省纪委进一步部署查处"黑砖窑"违纪问题》（山西新闻网—《山西日报》2007 年 6 月 29 日）；对劳工合法权益进行保障的报道：《年底前，煤矿、非煤矿山企业劳动者全要享有工伤险》（《三晋都市报》2007 年 7 月 5 日）；对整个事件的反思文章：《让"黑"、"恶"制造的悲剧不再重演》（《山西日报》2007 年 7 月 17 日）；对案件处理结果的报道：《山西省又一批涉"黑砖窑"犯罪案件公开宣判》（山西晚报网，2007 年 8 月 2 日）……这些报道，都是立足于查处问题，立足于正面宣传，而对"黑砖窑"事件并未刨根问底，探明究竟，在舆论监督上明显乏力。

应当说，本地媒体对于重大社会问题的报道，立足于查处问题，立足于正面宣传，是长期以来形成的传统。在信息闭塞时代，这对当地的形象维护或许是有利的。然而，在信息开放时代，这种做法只能给人一种刻意回避问题、不敢正视问题的印象。山西省省长于幼军说得好："山西省各级党委、政府及有关部门在 5 月和 6 月初开展打击、解救行动的同时，特别是在国内外媒体广泛报道和批评这一事件时，没有及时给予回应，没有主动发布信息，没有向媒体提供事件的更多相关情况、政府正在采取的措施和事件处理的进展情况等真实准确信息，以至于一些传闻没有得到及时澄清，在国内外造成了不良影响。"[1] 现代危机公关处理的基本原则是，不仅要及时而妥善地处理危机问题，而且要及时提供真实而详细的信息。只有这样，才能取信于民。因此，在对重大社

---

[1] 欣闻：《黑砖窑事件：证实传言是媒体的基本责任》，《中国青年报》2007 年 7 月 19 日。

会问题的舆论监督上,我们也要与时俱进,更新观念,不仅要开展异地监督,而且要开展本地监督,让异地监督和本地监督有效结合,更好地促进问题的解决,取得理想的新闻传播效果。

三　媒体监督与群众监督并重

从本质上说,舆论监督是人民群众对国家事务和社会公共事务进行的监督。但是,"由于现代社会的复杂化和庞大化,作为分散存在的公众对监督的前提——信息获取存在较大难度,因而现代社会的舆论监督在很多情况下借助大众传媒,通过传媒形成关于某个问题的舆论,而大众传播媒介以其突出的传播优势正可承当此重任。所以,现实操作中大众传媒通常被视为舆论监督的主体。"① 于是,新闻媒体(或称大众传媒)被人们视为"舆论界",舆论监督也就变成了媒体监督,而且主要是指媒体的批评性报道。

这样一来,作为舆论监督本质主体的人民群众以及群众监督,往往被人们忽视甚至遗忘。然而,在现代的民主政治体制中,群众监督是人民行使当家作主权利,参与国家和社会事务管理的基本形式,是社会民主的本质体现。换言之,群众监督正是舆论监督本质的直接体现。因此,加强群众监督是做好舆论监督工作的应有之义。对重大社会问题的舆论监督,发挥媒体和群众的双重监督作用,必将促进舆论监督的有效实行。正如十五大报告指出的那样,"把党内监督、法律监督、群众监督结合起来,发挥舆论监督的作用"②。

在我国,媒体的舆论监督就其动力学机制而言,主要体现为以下三种途径:一是自上而下的监督。领导机关把他们发现的问题以及处理结

---

① 陈力丹、闫伊默:《论我国舆论监督的制度困境》,《南通大学学报》(社会科学版) 2007 年第 2 期。

② 南振中:《舆论监督是维护人民群众根本利益的重要途径》,《求是》2005 年第 12 期。

果在媒体上公布，借用社会舆论的力量去推行某项政策，并借此在全社会形成舆论。二是自下而上的监督。媒体把群众揭露问题的来信来电公开发表，引起社会的广泛关注，产生舆论监督效果。三是两者相结合的监督。新闻媒体根据中央精神和群众呼声进行的监督报道，既不是自上而下，也不是自下而上。① 在"山西黑砖窑"事件中，媒体监督主要体现为针对群众揭露的问题进行相对独立的报道与批评，如揭露山西黑砖窑黑幕的《罪恶的黑工之路》（河南电视台都市频道，2007 年 5 月 19 日），《山西黑砖窑内幕：少年血泪铺黑工之路》（《南方周末》2007 年 6 月 14 日），《山西洪洞黑砖窑身世调查》（《南方周末》2007 年 6 月 21 日）……也有新闻媒体对群众的来信来电的公开发表，如网友的第二篇帖子《寻子无果　400 位父亲再次联名》，也是 6 月 21 日通过媒体公开的。

传统上，群众监督的途径主要有两种。一是通过批评、建议和申诉控告、检举的方式，向有关国家机关揭发国家工作人员违反国家法律、法规和政纪，要求依法处理。二是信访形式，人民群众通过写信、访问等形式，向有关机关反映个人或集体意愿。早在 1998 年，湖南省石门县新关镇人大主席、省人大代表陈建教就与山西、河北等多个地方的黑砖窑展开较量，解救出 150 名被困的民工。2006 年，陈建教直接写信给温家宝总理，建议在全国范围内清查整顿黑砖厂违法用工问题。②

在互联网时代，群众监督又有了一种新的监督途径，这就是通过网络媒体乃至传统媒体来发布有关监督性的信息。"山西黑砖窑"事件就很典型地体现了这个特点。6 月 6 日，以"中原皮子"为网名的辛艳华在大河论坛发布《罪恶的"黑人"之路！孩子被卖山西黑砖窑 400 位

---

① 艾丰：《舆论监督十题》（上），《中国记者》1999 年第 9 期。
② 倪志刚、胡盛英：《陈建教：与"黑砖窑"的 9 年较量》，《老年人》2007 年第 10 期。

父亲泣血呼救》，率先揭露山西黑砖窑的内幕，引发了大范围的网民对事件的讨论。在此之前，她曾拨通省内以及中央的多家媒体的报料电话，但一无所获。① 可见，网络媒体的确为群众监督创造了新的途径。6 月底，辛艳华再一次以 400 位父亲的名义，写就第二封求助信在网络媒体上发布，引发新一轮的舆论热潮。

值得注意的是，群众监督这些年来没有受到应有的重视。在山西大大小小的"黑砖窑"中，当地群众对"黑砖窑"的默许和对被虐民工生命的漠视，令人触目惊心。从逻辑上说，假如当地群众对于"黑砖窑"具有清醒的认识，假如当地群众能够对"黑砖窑"自发地乃至自觉进行监督，"黑砖窑"问题就会及早曝光，及早解决，不至于造成如此严重的社会后果。因此，在今后的舆论监督工作中既重视媒体监督，又重视群众监督，并把两者有机地结合起来，产生更好的舆论监督效果，是我们必须认真研究的重要课题。

四　舆论监督与信息公开并重

舆论监督的本质是人民群众通过新闻媒体对国家事务和社会公共事务进行的监督，但在现实操作中却离不开党政部门的支持与配合。党政部门的支持与配合主要有两种：一是舆论监督得到具体的党政权力机构主要负责人的支持，鼓励媒体积极监督下属机关和工作人员。以 2003 年初山西省长治市市委书记吕日周支持传媒监督为代表。二是具体的地方立法机构制定舆论监督的法规，以支持媒体的监督。以广东省珠海市 1999 年在全国最早出台《珠海市新闻监督办法》为代表。② 这些具体有效的做法，是与改革开放以来党和政府对舆论监督工作的重视分不开的。从 1987 年开始，"舆论监督"连续四次出现在党的全国代表大会的

---

① 朱红军：《山西黑砖窑风暴被她点燃》，《南方周末》2007 年 7 月 12 日。
② 孙旭培、鲁碧英：《论推进舆论监督的三类经验》，《新闻大学》2003 年夏。

报告中：十三大报告指出，要"发挥舆论监督的作用，支持群众批评工作中的缺点错误"；十四大报告指出，要"重视传播媒介的舆论监督，逐步完善监督机制，使各级国家机关及其工作人员置于有效的监督之下"；十五大报告指出，要"把党内监督、法律监督、群众监督结合起来，发挥舆论监督的作用"；十六大报告强调，要"加强组织监督和民主监督，发挥舆论监督的作用"。[①]

"山西黑砖窑"事件被披露之后，中央和山西省党政部门高度重视。6月11日，全国总工会领导做出批示；6月13日、6月14日，中央领导胡锦涛、温家宝、吴官正先后做出重要批示，劳动保障部、公安部、全国总工会派出联合调查组到山西进行调查。6月15日，山西省有关部门开展"打击黑窑主　解救受害民工"专项行动。6月21日，第二篇帖子《寻子无果　400父亲再次联名》发布后，温家宝总理指示认真彻查，山西省省长于幼军要求山西省公安厅主动联系发帖者，进一步查证线索，解决问题。7月4日，临汾市中级人民法院对黑砖窑案件的违法犯罪嫌疑人进行了审理。7月16日，山西省纪委、监察委对案件中的失职渎职官员进行了处理。

与此同时，有关部门对新闻媒体的舆论监督也给予配合。在事件被披露和报道后，不仅没有限制媒体的采访和报道，而且配合媒体采访，主动召开新闻发布会将调查情况告知媒体和公众：6月17日，国家劳动社会保障部通报黑砖窑初步调查情况；6月18日，全国总工会就山西黑砖窑案举行新闻发布会，通报调查情况；6月22日，劳动和社会保障部、公安部、全国总工会联合工作组和山西省人民政府举行新闻通气会，通报对山西"黑砖窑"事件的初步调查处理情况。会上，山西省省长于幼军代表山西省政府向国务院和全省人民做检讨，并向受到伤害的农民工和家属道歉。同时表示，欢迎社会各界特别是新闻媒体对违

---

① 南振中：《舆论监督是维护人民群众根本利益的重要途径》，《求是》2005年第12期。

法违纪问题继续积极举报，做到"有报必查，查明必处，并将查明结果公布，接受媒体和社会监督。"

争取党政部门的支持与配合，可以说是我国舆论监督的一种现实选择。然而，仅仅有这样一种选择是远远不够的。建立起有效的信息公开制度，才是对重大社会问题开展舆论监督的长远之计。6 月 26 日，山西省省长于幼军在"全省进一步整治非法用工、打击'黑砖窑'专项行动及督查工作电视电话会议"上，对"黑砖窑"事件进行了深刻反思。他认为，黑砖窑事件的一个重要教训在于："没有敏锐把握网络、媒体的舆论动向，及时做出正确的回应"。这也道出了当下有关部门存在的问题，缺乏对"信息和舆论应有的敏感、恰当的处理和及时的反应"。著名社会学家孙立平指出，之所以出现于幼军省长所说的这种情况，其实是"能捂就捂的信息控制逻辑，'极个别现象'的信息解释逻辑，不危害稳定不反应的信息反应逻辑"。① 在"山西黑砖窑"事件中，对事件发展起到重要作用的帖子《400 位父亲泣血呼救：谁来救救我们的孩子?》，作者最初希望以跟帖留言的形式在新华网发布，但"因为涉及敏感内容，帖子被拒绝发布"，正是这种信息控制逻辑的直接体现。

不仅如此，在这次黑砖窑事件中，也有"黑砖窑在全国只是极少数现象"以及"只是打击漏掉的死角"等说法。事实上，只要有关某个事件或问题的信息是负面的，人们往往就拿这只是"个别现象"或者"不是个大问题"来搪塞，于是信息或事件的严重性被遮掩或过滤掉。如果不是河南家长集体赴山西寻子的群体行动，不是网络民意的汹涌，山西黑砖窑还可能作为"个别现象"而继续存在。由此可见，要真正有效地开展舆论监督，必须以信息公开为前提，为保障。

在当今这样一个信息发达的社会，捂住负面信息已经越来越难，因

---

① 孙立平:《信息是如何被屏蔽的》，http://www.chinaelections.org/NewsInfo.asp? NewsID=113264。

为互联网、手机等通信手段的发展，获取信息的渠道越来越多，也越来越便捷。面对重大社会问题，政府应该及时作出回应，建立畅通的信息传递机制和有效的信息反应机制，这是处理社会问题和社会矛盾所必需的制度建设。只有做到舆论监督与信息公开并重，才能更好地处理社会问题，化解社会矛盾，推进和谐社会的建构。

　　总之，对重大社会问题的舆论监督，从媒体方面来说，需要结合传统媒体和网络媒体的优势，需要异地媒体和本地媒体的共同关注；从监督的形式来说，离不开媒体监督，也离不开群众监督，以及其他监督形式的共同作用；从监督的保障来说，各级党政部门对舆论监督的重视和对信息公开的制度建设更是关键。

　　（原载《国际新闻界》2008 年第 2 期，与研究生刘薇合写）

试论"最牛钉子户"媒介事件的新闻传播学意义

在传播学研究中,"媒介事件"作为一个理论概念,大体上是对两种传播实践模式的概括:其一是社会现实中发生的真实事件经过媒介的聚焦、放大、删减、扭曲等媒介化处理,形成一个奇观化的媒介景象,即媒介奇观;其二是某些社会组织、政府机构、媒介单位乃至公众人物出于某种宣传需要,人为安排或导演某种事件在特定的时间、地点发生,引起媒介的关注与报道,从而形成一个媒介事件。①

2007年春发生在重庆的"最牛钉子户"事件,显然是前一种媒介事件模式的现实呈现。这个媒介事件已随"最牛钉子户"问题在4月初的妥善解决而偃旗息鼓。然而,在学术的意义上,"最牛钉子户"事件并不会立即退出人们的视线,因为它留给人们太多的思考空间,可以从不同的学术视域加以分析研究。本文拟就"最牛钉子户"作为媒介事件的新闻传播学意义谈谈笔者的认识。

自然,"最牛钉子户"的出现离不开《物权法》在2007年全国人大会议上高票通过并由国家主席胡锦涛3月16日签署这个重要的背景。从法制上说,"最牛钉子户"尤疑是一个拆迁户维护自身权益的典型个案。然而,"最牛钉子户"之所以成为"最牛钉子户",却又离不开新

---

① 刘自雄:《解析"媒介事件"的内涵》,《辽东学院学报》2005年第5期。

闻媒体的广泛关注。没有新闻媒体的关注和舆论支持,"最牛钉子户"根本不可能成为"最牛钉子户"。因此,"最牛钉子户"不仅是公民维护自身权益的典型事件,更是一个引起轰动的媒介事件。

对于"最牛钉子户"媒介事件,《新闻记者》2007 年第 5 期的一组文章已及时作了评论。不过,这组文章主要是分析有关新闻报道在方式方法上的成败得失,属于新闻报道技术或艺术层面的探讨,并未触及"最牛钉子户"媒介事件的新闻传播学意义。只有深刻把握"最牛钉子户"媒介事件的新闻传播学意义,才能真正理解"最牛钉子户"媒介事件的内在本质与时代价值。

按照符号学理论,一个事物的意义总是同一定的语境相联系。分析"最牛钉子户"媒介事件的新闻传播学意义,就要明确"最牛钉子户"媒介事件的现实语境。如果说当代中国的社会发展与历史变革构成了"最牛钉子户"媒介事件的宏观社会语境,那么,传播媒介自身系统的历史发展与我国新闻改革的不断推进就是"最牛钉子户"媒介事件的具体社会语境。当然,前者包含后者,后者不过是前者的有机组成部分。从这样的现实语境来看,"最牛钉子户"媒介事件的新闻传播学意义主要体现在以下几个方面。

其一,在传统媒体和网络媒体的积极互动中,网络媒体已成为推进我国信息公开与舆论开放的重要力量。

2007 年 2 月 26 日,"最牛钉子户"的照片率先出现在猫扑、天涯等网站:一片工地中央,有一栋孤零零的二层小楼,周边的土已被挖空,小楼犹如建在孤岛之上。从 3 月 8 日开始,传统媒体纷纷加以报道,并且说明信息来自网络。例如:"3 月初,网上各大论坛开始流传一个帖子,题目或者是《施工现场拍摄到的"骨灰级"钉子户》,或者是《史上最牛的钉子户》"(《南方都市报》2007 年 3 月 8 日),"充满戏剧性的这个场景最早出现在 3 月初的互联网上,并被好事者戏称为

'史上最牛钉子户'"（《新民周刊》2007 年 3 月 28 日）。在传统媒体报道开来以后，网络媒体也以直播的方式推出了自己的报道。4 月 2 日下午到晚上，从协议达成、事件当事人杨武撤出到拆完房屋这一段时间内，人民网、新华网重庆频道和华龙网两江论坛直播了拆迁过程，重庆九龙坡区政府网站"九龙之窗"也贴出了"孤岛拆迁开始"的现场照片。网络直播"最牛钉子户"拆迁过程的消息，随即被其他媒体纷纷转载。从网络媒体与传统媒体的互动来看，尽管"最牛钉子户"的报道由传统媒体唱主角，但网络媒体不仅提供了最初的新闻来源，而且扩散了传统媒体的有关报道，还进行了网络直播。这一典型个案表明：网络媒体在推进我国信息公开与舆论开放过程中起到了不可忽视的作用。

那么，网络媒体究竟是如何推进我国信息与舆论开放的呢？从理论上说，我国传统媒体与网络媒体的互动主要存在着两种基本方式：第一，议程从网络流向报纸等传统媒体，即网络上主要是 BBS 上所发表的观点、意见、建议为某些报纸所转载或重新包装后进行报道，而报纸的报道又重新引导 BBS 网友对议题的热烈讨论，并最终形成舆论的合力。第二，议程从报纸等传统媒体流向网络，即报纸率先报道某种焦点性新闻事件或事态，网友迅即在 BBS 上转贴报纸的新闻，并以有关新闻为由头开展进一步讨论，形成网络舆论，进而推动报纸等传统媒体纷纷加以报道，最终形成媒体舆论与网络舆论的共振。

按媒介间议题设置理论，网络媒体与传统媒体的这两种互动方式所产生的效果是不一样的：前者是"溢散效果"，即议程从边缘媒体到主流媒体而产生的舆论效应；后者是"共鸣效果"，即议程从主流媒体到边缘媒体而产生的舆论效应。一般地说，引起"共鸣"的议程往往是获得社会主流意识形态高度认同的议题，因而"共鸣效果"意味着主流意识形态在整个社会生活中的扩散；引起"溢散"的议程往往是主流意识形态认为"敏感"并且谨慎对待的问题，因而"溢散效果"意味着对主流意识形态的某种突破。可见，议程从网络媒体流向传统媒体所产生的"溢散效果"，对于当代中国的新闻传播与舆论实践具有十分重要的创新意义或革新意义——让传统媒体卷入敏感问题的报道，不仅扩大了新闻报道面，而且拓宽了传统媒体的言论空间，推动传统媒体更好地反映民心民意。① "最牛钉子户"媒介事件的形成与展开过程，就十分生动地说明了这样的道理。

其二，对敏感问题的新闻报道打破地域限制，有利于推进我国新闻媒体的舆论监督。

早在 1987 年，党的十三大报告就明确提出：要"提高领导机关的开放程度，重大情况让人民知道，重大事件要让人民讨论"；"要通过各种现代化的新闻和宣传工具，增加对政务和党务活动的报道，发挥舆论监督的作用"。然而，由于种种原因，舆论监督在新闻传播实践中存在着很大的难度。所谓"只打苍蝇，不打老虎"，"要打老虎，也只能打死老虎"等通俗说法，就是对舆论监督难的形象概括。令人欣慰的是，广大新闻工作者在困难面前并没有退缩，在实践中摸索出一条切实可行的途径，这就是"异地监督"，或称"跨地区监督"，即"一个地区的新闻媒体对发生在外地的人和事的监督性报道"②。实践证明，异地媒体由于与当地党政部门没有直接的领导与被领导的关系，不受当地党政部门的干预，在新闻报道和舆论监督方面有更大的发挥空间，能冲破当地党政部门的管制，揭露问题，实行监督。同时，异地媒体的报道所造成的影响并不限于当地，往往在更大范围内形成强大的舆论压力，从而促进问题得到有效解决。因此，"异地监督"是"既行之有效，又具有一定力度的"③ 舆论监督方式。

---

① 董天策、陈映：《试论传统媒体与网络媒体的议程互动》，《西南民族大学学报》（人文社会科学版）2006 年第 7 期。

② 孙旭培：《当代中国新闻改革》，人民出版社 2004 年版，第 157 页。

③ 孙旭培、鲁碧英：《论推进舆论监督的三类经验》，《新闻大学》2003 年夏。

"最牛钉子户"媒介事件又一次证明了"异地监督"的可行性与有效性。分析一下媒体对"最牛钉子户"的报道，就可以发现异地媒体大胆开放的报道与当地媒体谨慎从事的报道形成鲜明对比。且看重庆媒体报道的标题：《网上流传杨家坪"最牛拆迁房"将很快消失》（《重庆晚报》2007年3月20日），《强拆仍未执行　九龙坡通报杨家坪"孤岛"拆迁案》（华龙网、《重庆商报》2007年3月23日），《法学专家看旧城强拆案：不要造成对物权法的误读》（华龙网、《重庆日报》2007年3月24日），《王鸿举：妥善处理"钉子户"　绝不迁就漫天要价》（华龙网，2007年3月26日），《鹤兴路片区拆迁行为合法》（《重庆晚报》2007年3月27日），《钉子户接到10日最后通牒　强拆利于社会进步》（《重庆晨报》2007年4月1日），《鹤兴路片区工程有四大公益性》（《重庆日报》2007年4月2日）。所有这些报道都是比较单一的当地官方立场。

与此形成对照的是，异地媒体在报道"最牛钉子户"时往往采取一种多角度、多侧面的全方位报道，力求呈现事件的全貌，从而表现得大胆开放。广州媒体采写的《挺过大限！"最牛钉子户"是怎样练成的?》（《南方都市报》2007年3月23日），《"最牛钉子户"身世再调查》（《广州日报》2007年3月29日），《重庆"钉子户"事件内幕调查》（《南方周末》2007年3月29日）；上海媒体采写的《直面"钉子户"》（《新民周刊》2007年3月28日）；北京媒体采写的《拆迁时代的典型样本》（《中国青年报》2007年3月28日），《"钉子户"为何这样牛》（《中国新闻周刊》2007年4月2日），《重庆"最牛钉子户"事件，没有赢家的对峙》（《财经》2007年4月2日）……这些报道对强拆房屋的合法性、拆迁中政府的角色甚至我国的拆迁政策都作了深刻反思，带有鲜明的异地监督性质。

其三，实行信息开放，让媒体报道现实生活中的某些突出问题，有利于促成事态的妥善解决。

2002 年，就有论者充分肯定了"异地监督"："舆论监督的'异地操作'，是眼下一道亮丽的风景线。大凡恶性火灾、特大车祸、大桥坍塌、巨贪落网、走私猖獗、恶警勒索、数字'冒水'、'吹星'败露……除权威媒体居高临下的权威监督外，则大抵由甲地为乙地端出真相，乙地给甲地率先曝光。而当地呢，则一律噤若寒蝉，讳莫如深，像压根儿什么也不曾发生。瞧，广西南丹特大冒水事故及其背后的'黑洞'，是新华社记者冒死采访后给'捅'出来的；湖北房县假'百万养羊基地'，是中央电视台《焦点访谈》给'爆'出来的。其他诸如重庆綦江大桥的垮塌，山东'肥城数牛'的牛皮大谎，洛阳舞厅 300 多人烧死的惨剧，江西万载两次鞭炮大爆炸的惊闻，山西运城劳民伤财欺上瞒下的假喷灌事件，宁夏吴忠市王副市长车队导致 12 岁女孩落水并见死不救的恶剧……几乎都毫无例外地由异地媒体首先'捅'开。受众于是自发运用起'归纳法'认定，'异地监督'正是眼下'放之各地而皆准'的具有中国特色的舆论监督现象。"①

不过，"异地监督"在 2005 年却突然被主管部门加以限制。这年 5 月，中共中央办公厅下发《关于进一步加强和改进舆论监督工作的意见》，中宣部下发《加强和改进舆论监督工作的实施办法》。这两个文件指出，加强舆论监督的重点有五个方面：（1）违法违纪违规行为；（2）党和政府方针政策的落实；（3）党纪政纪的执行；（4）侵害群众利益的行为；（5）社会丑恶现象、不道德行为和社会风气。而"涉及军队和武警部队的，涉及国家安全、国家利益的，涉及民族宗教的，涉及征地、拆迁、移民，国有企业转型、军转干部安置以及重大群体性事件、敏感案件等"，文件要求一般不作公开批评报道。文件还规定，"地方性媒体都市类媒体不得跨地区进行监督采访报道，专业类媒体不

---

① 符号：《"异地监督"的妙用》，《今晚报》2002 年 6 月 14 日。

得跨行业进行监督采访报道"。广电总局 5 月 10 日下发《关于切实加强和改进广播电视舆论监督工作的要求的通知》，也明确规定"要严格把握跨地区舆论监督。各地广播电台、电视台不得跨地区进行舆论监督采访报道。"①

若按上述规定，发生在重庆的"最牛钉子户"作为"拆迁"问题，媒体都应当"不作公开批评报道"。然而，全国各级各地媒体不仅作了公开报道，而且并未受到任何禁止，这就事实上突破了 2005 年的有关规定。何以如此？应当说这是领导艺术与管理思路与时俱进的结果。从党和国家领导人的讲话中，我们已经能够领略到有关思路的重新调整。3 月中旬，温家宝总理在今年"两会"上回答中外记者问时说："社会主义民主与法制不是背离的。我说民主、法制、自由、人权、平等、博爱，这不是资本主义所特有的，这是整个世界在漫长的历史过程中共同形成的文明成果，也是人类共同追求的价值观。"② 具体到我国新闻改革中，民主、法制、自由等价值观主要就体现为党和政府让媒体积极而又理性地介入敏感问题的报道，发现问题，纠正失误，从而促使事件的妥善解决，而不是藏着掖着，限制媒体的介入和报道。"最牛钉子户"事件解决后不久，公安部发言人武和平 4 月 20 日在《中国青年报》上发表题为《让媒体说话，天塌不下来》的文章，阐述政府和媒体之间的良性互动关系，说明政府"只有和媒体建立一种和谐互动的良性关系，通过媒体多说早说主动说，才能最大限度地满足公众的知情权、参与权、表达权和监督权，才能推进民主法治社会的进程。"③ 稍早一些，在 2007 年 2 月上旬广东十届人大五次会议的分组讨论中，广东省人大

---

① 任贤良：《舆论监督的现状、问题与解决方法思考》，《中国记者》2005 年第 7 期。

② 《温家宝会见中外记者实况直播》，http://www.xinhuanet.com/zhibo/20070316b/wz.htm。

③ 武和平：《让媒体说话，天塌不下来》，http://news.163.com/07/0420/10/3CH1ADO0000121EP.html。

代表、省委宣传部副部长胡国华指出，"省委书记张德江说得好，要善待媒体、善用媒体、善管媒体。管理媒体不是管着他什么都不让报。"①所有这一切，都让我们看到党和政府对媒体采取了一种更加开放的姿态。

正是这种更加开放的姿态，正是各级各地党政部门对媒体采访报道"最牛钉子户"事件采取了相当宽松的政策，国内媒体特别是异地媒体才能放开手脚进行报道。因此，"最牛钉子户"事件的报道总体上呈现出全方位、多元化、反思性的特点，客观上呈现了当事方的利益诉求，主观上则凸显了各方均应采取法律途径解决问题的思路。譬如，对有关拆迁双方的权利和义务的报道：《重庆"钉子户"事件内幕调查》（《南方周末》2007 年 3 月 29 日）；对捍卫私有财产的关注：《最牛钉子户："用生命捍卫合法财产"》（南方报业网，《南方都市报》2007 年 3 月 22 日）；对现行法律和法规的批评：《最牛钉子户能否矫正失衡的法律》（《南方都市报》2007 年 3 月 22 日），《别让〈拆迁条例〉成司法改革的钉子户》（《新快报》2007 年 3 月 28 日）；对商业利益和政府行为的反思：《拆迁时代的典型样本》（《中国青年报》2007 年 3 月 28 日）；对合理安置和漫天要价问题的报道：《王鸿举：妥善处理"钉子户" 绝不迁就漫天要价》（华龙网，2007 年 3 月 26 日）；尤其是对《物权法》中"公共利益"的界定问题进行了讨论：《"公共利益"需要通过民主程序界定》（《北京青年报》2007 年 3 月 25 日），《"公共利益"到底是谁的利益?》（《现代快报》2007 年 3 月 30 日）；对整个事件解决表达出"公平博弈达成妥协才能利益最大化"观点的报道：《重庆"钉子户"事件内幕调查》（《南方周末》2007 年 3 月 29 日）；还有相关评论"最牛钉子户事件应尽快和解"（《北京青年报》2007 年 3 月 26 日）；"钉子户

---

① 王文琦：《从"媒体不是审计署"说起》，http://news.xinhuanet.com/comments/2007-02/12/content_5728244.htm。

事件出现拐点　务实妥协最为关键"（金羊网，2007 年 3 月 30 日）……
最后，"最牛钉子户"事件在各方协商下妥善解决。套用武和平的话
来说，让媒体说话，不仅天塌不下来，反而会让天更加晴空万里，阳
光明媚。

　　总之，在网络等新媒体高度发达的信息时代，在我国新闻改革不断
深化，特别是在我国民主与法制建设日益完善的今天，更大程度地实行
信息公开和舆论开放，有利于推进各种社会问题的顺利解决，这就是
"最牛钉子户"媒介事件的宝贵经验。

　　　　　　　　（原载《现代传播》2007 年第 4 期，与研究生刘薇合写）

试论公共事件报道中的媒体角色

——从番禺垃圾焚烧选址事件报道谈起

　　2009 年 1 月 26 日,《广州日报》报道广州将建垃圾焚烧发电厂,以破解垃圾处理难题;2 月, 政府官方网站和相关媒体相继披露该工程的地址及进展情况, 地址选在广州市番禺区。9 月, 番禺垃圾焚烧选址事件进入公众视野, 番禺业主论坛上出现大量反对垃圾焚烧意见, 受到广州部分媒体的关注;10 月, 番禺公众进一步采取集体上访等反对举措, 媒体积极跟进报道;11 月下旬, 新浪微博关于吕志毅涉嫌垃圾利益的消息更是惊起媒体的高度聚焦, 番禺垃圾焚烧选址事件演变成全国关注的公共事件。在公众的理性参与、政府的积极回应、媒体的广泛报道之下, 这起历时三个月的公共事件最终达成了政府与公众"双赢"的局面。这是一个值得从不同角度加以分析的案例, 本文拟结合该案例对公共事件报道中的媒体角色作一些学理层面的探讨。为方便论述, 仅以番禺垃圾焚烧选址事件报道中最有代表性的几家报纸《南方都市报》《广州日报》《番禺日报》, 作为分析的媒体样本。

一　公共事件报道中媒体角色的分化与冲突

　　"突发公共事件是指突然发生, 造成或者可能造成重大人员伤亡、财产损失、生态环境破坏和严重社会危害，危及公共安全的紧急事件。"①
这类事件往往包含着一定的危机，公众的目标也往往指向政府。作为政府
与公众之间沟通桥梁的媒体，担负着危机解决过程中的信息传播工作。公
共事件爆发后，媒体应当采取什么样的行为模式——即媒体如何把握自
身的角色，承担什么样的权利和义务，就变得十分重要。这是因为，媒体
的角色行为与表现，直接影响着公共事件的舆论走向与解决方式。有学者
提出，在公共事件处理过程中，新闻媒体应该是"准确信息的报道者"
"正确舆论的引导者""不当言行的监督者"和"公众利益的维护者"②。

　　问题在于，面对公共事件，任何一家媒体都很难同时担当这样的理
想角色，因为这些角色之间事实上存在着一定的矛盾与冲突。检视《南
方都市报》《广州日报》《番禺日报》几家报纸 2009 年 9 月至 12 月的
有关报道，就不难发现，在报道番禺垃圾焚烧选址事件的过程中，媒体
的角色出现了分化。大体上，番禺垃圾焚烧选址事件报道经历了三个时
期：从 9 月初至 10 月 23 日，为起源期；从 10 月 23 日至 11 月 22 日，
为扩大期（时间划分依据：10 月 23 日是公众组织上访日，11 月 23 日
爆发吕志毅涉及利益事件，具有代表意义）；从 11 月 23 日到 12 月底，
为解决期。在不同时期，《南方都市报》《广州日报》《番禺日报》的报
道数量与报道立场具有明显的区别，有关情况统计如下：

表 1　　　　番禺垃圾焚烧选址事件中媒体的报道数量与报道立场③

	报道阶段	报道数量	报道立场
《南方都市报》	起源期：9·24—10·23 扩大期：10·23—11·22 解决期：11·23—12·31	0 条 21 条（3 条评论） 29 条（17 条评论）	未见报道立场 公众立场、舆论监督 公众立场、舆论监督

---

①　新华网：《国家突发公共事件总体应急预案》，http://news.xinhuanet.com/politics/
200601/08/content_ 4024011.htm。
②　杨保军：《简论"突发公共事件"中的媒体角色》，《理论视野》2009 年第 7 期。
③　该表格数据通过采集 2009 年 9 月至 12 月广州三家报纸 86 条相关新闻报道所得。

	报道阶段	报道数量	报道立场
《广州日报》	起源期：9·24—10·23 扩大期：10·23—11·22 解决期：11·23—12·31	3 条 6 条 19 条	官方立场，支持垃圾焚烧 支持垃圾焚烧 中立
《番禺日报》	起源期：9·24—10·23 扩大期：10·23—11·22 解决期：11·23—12·31	0 条 4 条 4 条	未见报道立场 官方立场 官方立场

通过上述表格，我们可以清晰地看到报道番禺垃圾焚烧选址事件的几家代表性报纸实际上所承担的角色。

《番禺日报》：政府的新闻代言人。作为事件发生地的番禺区委机关报，《番禺日报》对事件的报道不仅数量最少，而且立场鲜明，事件扩大期的四篇报道典型地凸显出报纸与政府高度一致的立场："必须给垃圾找条'出路'"，"番禺生活垃圾焚烧发电厂环评工作有序进行"，"建垃圾焚烧发电厂是民心工程"，"依法推进垃圾焚烧发电项目"。①

《广州日报》：事件的谨慎报道者。《广州日报》是广州市委机关报，作为直接相关的机构，对事件的争议内容采取了边缘化的态度，最初两个时期，并未对事件作充分的报道（9条）；后期报道数量虽然增多，但态度谨慎，立场中立，对新闻事实的选择以反映危机解决的客观进展为主。

《南方都市报》：公众利益的维护者。作为广州地区的都市报，《南方都市报》是南方报业传媒集团的一张报纸，办报理念上相当明显地倾向于新闻专业主义。从10月23日参与报道后，《南方都市报》就发表了大量的报道和评论（50条），通过20条社论、个论（援引学者文

---

① 吴穹：《必须给垃圾找条出路》，《番禺日报》2009年10月30日A5版；高薇：《番禺生活垃圾焚烧发电厂环评工作有序进行》，《番禺日报》2009年10月31日A1版；丁山海：《建垃圾焚烧发电厂是民心工程》，《番禺日报》2009年11月5日A1版；丁山海、高薇：《依法推进垃圾焚烧发电项目》，《番禺日报》2009年11月23日A1版。

章），维持正义的立场；通过梳理网络上的情绪化语言，形成理性的公众舆论，并引用民间消息源（关于"派出所喝茶经过"新闻报道）来支持公众意见；通过舆论监督来推动事件的重大转折（首次揭露利益集团的借车行为）；援引政府消息来源，并与政府的决策机构产生互动，成为实现理性对话的平台。

社会学家罗伯特·K.默顿认为，由于个人在社会的不同群体中所处的地位不同，往往需要同时扮演若干角色；当这些角色对个人的期待发生矛盾、难以取得一致时，就会出现角色冲突。① 角色冲突通常有两种表现形式：角色间冲突和角色内冲突。角色内冲突是针对同一个角色产生的冲突；角色间冲突是针对两个或两个以上的角色而产生的冲突。②

在番禺垃圾焚烧选址事件报道中，媒体角色就存在着两种不同的冲突：（1）"党和政府喉舌"与"公众利益代表"这两种角色是不同的，《番禺日报》扮演的是政府喉舌的角色，《南方都市报》扮演的是公众利益代表的角色。（2）媒体自身职业角色与社会期望之间的角色冲突。媒体的职业角色要求它必须坚持新闻专业主义，而社会期望又要求媒体在社会系统中承担相应的义务与责任：政府期望媒体能维护社会稳定与和谐，特别是宣传政府的决策与行为；公众则期望媒体维护他们的利益，成为他们的代言人。《南方都市报》主要担当了公众代言人的角色，《番禺日报》主要是当地政府的喉舌，《广州日报》则介于政府喉舌与公众喉舌之间，部分地满足了公众的期待。

二　公共事件报道中媒体角色分化与冲突的内在机制

为什么在番禺垃圾焚烧选址事件报道中会出现这样的媒体角色分化，进而形成媒体角色之间的一些冲突？这是需要进一步分析的理论

---

① 汝信主编：《社会科学新辞典》，重庆出版社1988年版，第470页。
② 张艳莉、李向花：《关于角色冲突的研究概述》，《黑龙江史志》2009年第2期。

问题。

　　首先，相关主体之间的博弈与制衡，从根本上决定了媒体角色分化与冲突的必然性。一般地讲，公共事件一旦发生，政府、公众、媒体就成为其直接相关的主体，尽管这些相关主体无不希望妥善解决公共事件，但是，他们在解决公共事件的过程中却有各自的利益诉求与行为准则：政府期望公众理解、支持其决策与行政；公众期望政府更多地考虑公众利益；媒体既要满足公众的知情权，对公共事件展开报道，又要引导社会舆论朝健康的方向发展，还要维护公众利益，监督不当甚至错误行为；而政府与公众都会期待媒体尽可能站在自己的立场展开报道，从而符合自己的诉求。这样一来，在公共事件的发生与解决过程中，政府、公众、媒体之间势必形成一种博弈与制衡的关系。在公共事件的博弈与制衡过程中，一家媒体很难同时担当起存在着内在冲突的几种"理想角色"，即："准确信息的报道者，正确舆论的引导者，不当言行的监督者，公众利益的维护者"，而只能有所选择、有所偏重地担当起某些角色，从而使媒体在整体上产生角色的分化与冲突。

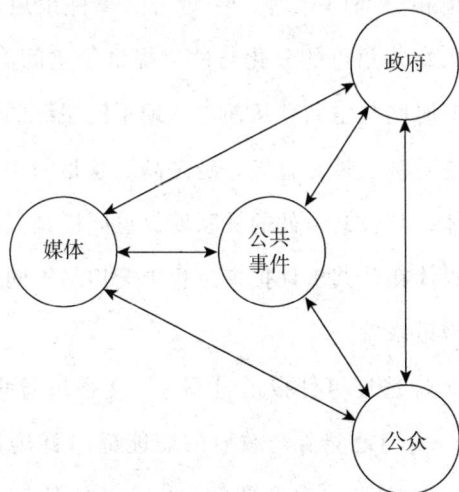

图1　公共事件报道过程中相关主体之间的

博弈与制衡

　　番禺垃圾焚烧选址事件爆发后，公众反对垃圾焚烧选址项目，政府期望顺利推进垃圾焚烧项目，媒体既要准确地报道事态进展，又要传达政府的声音，还要反映公众的愿望。对于媒体来说，这几个方面的使命存在着内在的矛盾，很难同时担当，只能有所侧重。于是，《番禺日报》作为当地政府的喉舌，满足了政府对媒体的角色期望；《南方都市报》主要从维护公共利益的立场出发，更多满足了公众对媒体的角色期望；《广州日报》在事件的起源期及扩大期，满足了政府的角色期望，在问题的解决过程中又成为事实的客观报道者，在满足政府与公众对媒体的角色期望方面达成了某种程度的转换与平衡。

　　其次，现行的媒体管理体制，为媒体角色的分化与冲突提供了可能性。有论者指出，"目前我国在大众传播领域的政府管理体制上，还处于纵向割裂，横向割据的态势。如广播电视，隶属国家广电总局；平面媒体，隶属于新闻出版总署，网络则是多头管理，隶属于国家文化部、信息产业部、公安部、新闻出版总署等多个部门；纵向上，按照行政级别来划分传播范围与传播层次，将媒体划分为中央级、省级、地市级等多个层级，由当地相应部门管理。"① 对公共事件报道来说，正是这样的媒体管理体制为媒体角色的分化与冲突提供了空间。任何公共事件，总是发生在特定的时间与空间，从而与当地不同层级的党委与政府形成不同的关联度，越是基层越是直接，越是高层越是间接。分属于不同层级管理部门的媒体，与公共事件的关联度，也同样是如此。这就从根本上决定了不同的媒体在公共事件报道过程中会担当不同的角色，形成不同的报道立场与报道宗旨。

　　在番禺垃圾焚烧选址事件报道过程中，《番禺日报》是事件发生地的党委机关报，由当地党委与政府的职能部门直接管理，首先要担当的角色自然是当地党委与政府的喉舌。《南方都市报》是南方报业

---

① 佚名：《我国传媒管理体制急需改革》，《新闻记者》2007 年第 10 期。

传媒集团的一张报纸，由广东省委宣传部与省政府新闻出版局管理，既不受番禺区委、区政府职能部门的管理，也不受广州市委、市政府职能部门的管理，因而可以拥有相对超脱的立场来报道这一事件，自然倾向于成为公众的代言人。《广州日报》是广州市委机关报，归广州市委、市政府职能部门管理，不受番禺区委、区政府职能部门管理，但番禺垃圾焚烧选址事件不仅是番禺区的事情，也是广州市的事情，因此，《广州日报》对番禺垃圾焚烧选址事件的报道立场介于《番禺日报》与《南方都市报》之间，力求平衡，主要是承担了事实报道者的角色。

最后，信息时代媒体发展的差异化竞争，强化了媒体角色分化与冲突的现实性。有学者指出，在新的传播竞争时代，传媒之间对外部资源共享程度日益提升，于是，对传播内容的竞争将由独家素材、独家资源、独家新闻的竞争转移至独家选择、独家制作、独家视角、独家观点等的竞争。[①] 也就是说，由于新媒体的传播速度非常迅速，对于同一新闻事件，事实性的素材具有很高的媒体共享度，不同的媒体在审视其他媒体的报道视角后，必然会选择与之不同的报道视角，才能避免"同质化竞争"。番禺垃圾焚烧选址事件中，由于番禺公众积极通过网络、手机等媒体渠道进行传播，社会公众对此早有所了解，9月份就有不少媒体对此进行报道，而《南方都市报》10月才介入报道，《广州日报》到12月报道数量才有所增加。出于市场竞争的需要，它们也会审视同期其他媒体的报道视角，再来选择自己的报道视角，这种报道视角的差异性不仅避免了媒体之间的同质化竞争，而且也就直接造成了媒体角色分化与冲突。

① 喻国明：《"渠道霸权"时代的终结——兼论未来传媒竞争的新趋势》，《当代传播》2004年第6期。

三　正确看待公共事件报道中媒体角色的分化与冲突

应当如何对待公共事件报道中媒体角色的分化与冲突呢？检视以往的研究成果，已有论者注意到"媒体在公众和政府间的角色冲突和失位，换言之，由于对媒体作为传达民意的角色和作为政府代言人的角色这两者之间关系的认识不清和处置失当，造成了许多不应有的混乱"，进而提出"媒体必须在公众与政府之间构筑一个畅通的信息交流平台"，达成"政府、媒体和公众三者关系的动态平衡"。当然，作者也意识到，"在社会影响面较宽的事件中，传媒如何取舍，是对媒体严峻的考验"[①]。这样一来，究竟应当如何达成"政府、媒体和公众三者关系的动态平衡"，这个问题并未解决。

我们认为，公共事件报道要达成"政府、媒体和公众三者关系的动态平衡"，首先就要在理论与实践上承认媒体角色的分化与冲突是客观存在。已有论者指出，"长期以来，我们认为媒介是危机传播的中介与信息渠道，是一个无差异化的介质，混淆了媒介身份与其承当角色的差别，导致其责任不清。"作者认为，"中国传媒市场必定是由国家传媒、商业传媒、公共传媒构成的互补与共生的和谐整体。"[②] 尽管中国媒体整体上是否已经完成了国家传媒、商业传媒、公共传媒三种媒体类型的建构还需要进一步探讨，但作者明确提出这几种不同的媒体类型，在理论上是很有见地的。经过三十多年的改革开放，不同类型的媒体正在成长，这是谁也不能否认的事实。如果承认不同类型的媒体正在成长，那么，就不能不承认当今的中国媒体已开始形成日益明确的角色定位与身份认同。上文分析表明，在公共事件报道中，媒体往往是

---

① 李庆林、于敏：《从桂林导游事件看媒体的角色冲突和调适》，《东南传播》2008 年第 1 期。

② 刘琴：《从媒介的身份识别看危机传播管理中传媒问责》，《东南传播》2008 年第 12 期。

根据这种角色定位与身份认同来确定自己的报道立场与报道宗旨。这就意味着，我们不可能指望每一种类型的媒体都去完成媒体的全部理想角色。

其次，应当在理论与实践上摒弃长期以来事实上奉行的强求一致的"舆论一律"观，倡导和实践一种既对立而又统一的"舆论合唱"观。"合唱"，原指若干人分几个声部共同演唱一首多声部的歌曲，目的在于通过不同的声部来共同演绎音乐作品中的思想情感，以激发听众的情感共鸣。在古希腊，人们在大酒神节上同声合唱酒神之歌，宣扬酒神的事迹。其后，这种酒神合唱中脱化出领唱人，领唱人又逐渐演变成有鲜明个性的人物，进而形成了古希腊戏剧。最早的古希腊悲剧只有"合唱团"[①] 的演唱，参与合唱团的公民，数量从 12 人到 50 人不等，有特定的性别、阶级、身份等限制，他们并不代表个体，而是用齐唱的方式形成一个群体，代言着父权等级社会的价值评判体系。[②] 因此，对于"舆论合唱"的内涵，我们可以这样理解：一方面，是指不同的媒体在公共事件报道中担负着不同的角色，从而具有各自的报道立场与报道宗旨，或从政府的立场出发进行舆论引导，或从公众的立场出发维护公众利益，或从社会道义出发开展舆论监督；另一方面，无论媒体如何确定自己的报道立场与报道宗旨，都必须遵循新闻传播的基本规律，成为一个"准确信息的报道者"，及时报道有关事态，满足公众的知情权，并且积极推进有关事态朝着良性的方向发展，从根本上维护社会的稳定与和谐。如果说前者是多声部，那么后者就是主旋律。主旋律是多声部的灵魂与统帅，多声部是差异的，但同时也是为主旋律服务的。只有这样，"舆论合唱"才能做到真正意义上的对立统一，才能达成真正意义上的

---

① ［日］竹内敏雄主编：《美学百科辞典》，刘晓路、何志明、林文军译，湖南人民出版社 1998 年版，第 453—454 页。

② 陈榕：《阿特伍德"帕涅罗帕记"中对古希腊合唱团传统的改写》，《当代外国文学》2006 年第 3 期。

社会和谐。

　　换言之，在公共事件报道中，我们应当允许不同类型的媒体之间具有一定的角色冲突，并且通过这种合理的角色冲突来达成总体理想角色的根本实现。在这方面，番禺垃圾焚烧选址事件报道，已经为我们提供了成功的案例。

（原载《国际新闻界》2010 年第 3 期，与博士生胡丹合写）

知情权与表达权对舆论监督的意义

2007 年春天以来，我国新闻媒体掀起了此前少有的舆论监督浪潮："重庆钉子户"，"厦门 PX 项目"，"无锡太湖蓝藻"，"山西黑奴工"，"陕西华南虎"……无不激起巨大的社会反响，推动有关问题的解决，令人刮目相看。

新闻界一向感叹舆论监督难，为什么如今能够突破某些条条框框的限制，大刀阔斧地开展舆论监督？原因自然多种多样，而党和国家有关舆论监督的新理念、新政策以及相应法规在十七大前后的出台，不能不说是重要原因。

2006 年 10 月，中共中央十六届六中全会《关于构建社会主义和谐社会若干重大问题的决定》首次提出："保障公民的知情权、参与权、表达权、监督权。"2007 年 3 月，温家宝总理在十届人大五次会议上所作的政府工作报告中重申："依法保障公民的知情权、参与权、表达权、监督权。"同年 10 月，党的十七大胜利召开，胡锦涛总书记在政治报告中庄严承诺："健全民主制度，丰富民主形式，拓宽民主渠道，依法实行民主选举、民主决策、民主管理、民主监督，保障人民的知情权、参与权、表达权、监督权。"党和国家的重要文件如此一再强调"保障人民的知情权、参与权、表达权、监督权"，而且"四权"并举，充分体现了党和国家推进政治体制改革、深化民主法制建设的决心与信心。

　　字面上，上述"四权"并没有明确讲到"舆论监督"。但是，"监督权"已包含了"舆论监督"的内容。我国《宪法》第27条规定："一切国家机关和国家工作人员必须依靠人民的支持，经常保持同人民的密切联系，倾听人民的意见和建议，接受人民的监督。"第41条规定：公民"对于任何国家机关和国家工作人员的违法失职行为，有向有关国家机关提出申诉、控告或者检举的权利"。这就意味着，公民监督权具有宪法依据。"从概念上看，公民监督权指公民监督国家机关及其工作人员的权利，包括批评权、建议权、申诉权、控告权、检举权以及运用舆论工具进行监督的权利。"① 而公民运用舆论工具进行监督，就是舆论监督。所以十七大报告讲到监督时很明确地讲到了舆论监督："落实党内监督条例，加强民主监督，发挥好舆论监督作用，增强监督合力和实效。"

　　早在1987年，党的十三大报告就明确提出："要通过各种现代化的新闻和宣传工具，增加对政务和党务活动的报道，发挥舆论监督的作用，支持群众批评工作中的缺点错误，反对官僚主义，同各种不正之风作斗争。"从此，"舆论监督"就成为此后历次党代会政治报告以及其他中央文件的一个重要内容。经过多年的建设，舆论监督已经与立法监督、司法监督、行政监督、党内监督和群众监督一起，构成了有中国特色社会主义的监督体系。

　　作为民主政治的产物，舆论监督是公民通过新闻媒体依法对国家机关、各政党和各社会团体、各企事业组织和个人活动的合法性、合理性进行的了解和评论，是实现言论自由权利的重要手段，是人民群众参政议政的一种形式，更是实现民主权利的有效手段。② 随着现代传媒业的

---

　　① 葛展宏：《浅析法治社会建构中公民监督权的完善》，《科技创业月刊》2006年第10期。

　　② 冯浩、米尔孜古丽·胡达拜尔迪：《舆论监督与社会主义民主建设》，《新疆大学学报》（哲学人文社会科学版）2005年第3期。

迅猛发展，舆论监督的作用日益突出。在许多国家，舆论监督已经成为一种跨地区、跨空间、无处不在的有效监督手段，成为反映社情民意的"晴雨表"，监控公共权力运作过程的"电子眼"，捍卫公共利益的"守望者"，预警社会腐败现象的"警报器"，对整个社会的良性运行发挥无可替代的重要作用。

然而，由于种种原因，当代中国的舆论监督总体上还处于比较艰难的境地。有人曾把舆论监督难概括为"四难"：一是采访难，二是取材难，三是获得有关部门和单位的支持难，四是解决问题难。[①]当然，千难万难，主要难在被监督者往往从地方和本位的利益出发，处处设置障碍，甚至殴打记者，非法拘禁记者。2008年初的"西丰事件"，就是一个典型案例。1月1日，法制日报社主办的《法人》杂志刊登了记者朱文娜采写的《辽宁西丰：一场官商较量》，报道西丰县商人赵俊萍遭遇的"短信诽谤"案，其中涉及西丰县委书记张志国。三天后，西丰公安局和政法委工作人员携带立案文书和拘传文书，到北京《法人》杂志编辑部，以涉嫌诽谤，要求拘传记者，令舆论一片哗然。

为什么我国的舆论监督一方面受到党和国家的高度重视，受到人民群众的喜爱和支持，一方面又困难重重、步履维艰呢？从根本上说，主要是缺乏相应的制度支持。新中国建立之初，中共中央曾决定："在一切公开的场合，在人民群众中，特别在报纸刊物上展开对于我们工作中的一切错误和缺点的批评与自我批评"[②]，并且领导我国新闻媒体在20世纪50年代初开展过有声有色的舆论监督。遗憾的是，这样的批评与自我批评并没有纳入法制化的轨道，也没有成为新闻媒体的内在需求。相反，长期以来奉行"正面宣传为主"的方针政策，不仅弱化了新闻

---

① 徐光春：《关于舆论监督的几点思考》，《光明日报》2000年1月4日B5版。
② 《中共中央关于在报纸刊物上展开批评与自我批评的决定》，《中国共产党新闻工作文件汇编》中卷，新华出版社1980年版，第5页。

媒体开展舆论监督的内在冲动，而且为不少人压制舆论监督提供了一个冠冕堂皇的理由。于是，"报喜不报忧"成了新闻宣传的一种"常态"，"捂盖子"成了不少人对付舆论监督的家常便饭。国务院新闻办副主任王国庆做客央视《新闻会客厅》时说，地方的新闻发言人有这样的说法：现在发生在一些地方的所谓不好的事情，90%都能"捂住"，只有10%倒霉的给披露出来了①。试想，90%都能"捂住"，这难道不正是最生动的注解吗？

我们知道，舆论监督是一个过程：首先是新闻媒体把被监督对象的情况传递给作为监督者的人民群众，人民群众从而对被监督对象的所作所为进行判断与评价，形成舆论，再通过新闻媒体传播出来，形成舆论压力，达到监督目的。由此可见，舆论监督要顺利进行，必须首先向公民全面、及时、客观地提供各种信息。只有公民知情，并且能够自由表达，才谈得上舆论监督。在民主法制的意义上，要有效开展舆论监督，必须保障公民的知情权与表达权。

知情权（The Right to Know）是由美国新闻记者肯特·库柏（Kent Cooper）1945 年首先提出的概念，本义是指民众享有通过新闻媒介了解政府工作情况的法定权利。20 世纪 50 年代以来，知情权逐渐被理解为一种广泛的社会权利和个人权利，即公民有了解社会活动的权利，包括对国家事务、社会事务和其他事务的了解。

就舆论监督而言，保障知情权是顺利开展舆论监督的前提，公民不知情，舆论监督就成为一句空话。但是，舆论监督仅有公民的知情又是远远不够的，因为舆论监督之所以能够发挥作用，正是因为"舆论"是一种无形的社会力量，而舆论的形成，则是公民自由表达的结果。厦门 PX 项目、山西黑奴工等重大问题的妥善处理，离不开公民的自由表

---

① 毕诗成：《保住采访权才有公民知情权、表达权》，http://hsb.hsw.cn/2007-11/07/content6656259.htm。

达。因此，保障公民的表达权，让公民自由地发表意见，提出批评，就成为舆论监督的内在要求。

所谓表达权，是指公民依法享有的以各种形式发表、传递自己的意见、主张、观点，参政议政，而不受他人或组织的非法干涉、限制以及侵犯的基本权利。① 在宪政意义上，表达权属于精神自由权范畴。因此，表达权也就是表达自由。其中，言论自由、出版自由是最重要的表达自由。我国《宪法》第 35 条规定："中华人民共和国公民有言论、出版、集会、结社、游行、示威的自由。"这是宪法关于表达自由的规定。

从权利内容和特点上看，知情权与表达权具有明显的差异：知情权本质上表现为公民对多种信息来源的诉求，而表达权本质上则表现为公民对自由表达意见的诉求。但是，两者又是相互依存，相互支持。当代政治学家罗伯特·达尔在《论民主》中精辟地指出，"多种信息来源"（即知情权）与"表达意见的自由"（即表达权）是民主政治的两项必要条件。② 事实上，知情权与表达权何尝又不是舆论监督的两项必要条件呢？对于舆论监督来说，知情权与表达权缺一不可。只有保障公民的知情权与表达权，才能为舆论监督提供法制化的制度保障。

尽管我国 1982 年宪法已从根本大法上确立了表达权，但保障的制度性供给及其有效性仍然不足。譬如，缺乏政治性重视，缺乏法律的刚性保障，整个社会也缺乏基本的表达权意识③。好在历史终究是要不断发展，不断前进的。1987 年，党的十三大报告明确提出："提高领导机关活动的开放程度，重大情况让人民知道，重大问题经人民讨论。"这是党的文件最早涉及知情权与表达权的内涵。可以这样说，党的十七大前后党和国家的几个重要文件一再强调保障公民的知情权、参与权、表

---

① 冯玉军：《让人说话天不会塌——解析"表达权"》，《人民日报》2008 年 1 月 30 日 B13 版。

② ［美］罗伯特·达尔：《论民主》，李柏光、林猛译，商务印书馆 1999 年版，第 93 页。

③ 萧瀚：《表达权是基本人权》，《南方周末》2007 年 10 月 25 日 E31 版。

达权、监督权，就是一种政治性重视。在中国特色社会主义法制建设过程中，这种政治性重视必将逐渐转化为法制性规范。

事实上，保障公民的知情权已经落实为信息公开制度的确立。经过数年努力，一部以"以公开为原则、以不公开为例外"为根本理念的《中华人民共和国政府信息公开条例》，2007 年 1 月 17 日经国务院第 165 次常务会议通过，并在 2007 年 4 月 5 日公布，于 2008 年 5 月 1 日起施行。全国人大常委会 2007 年 8 月 30 日通过的《中华人民共和国突发事件应对法》，从 2007 年 11 月 1 日起正式施行。

这部专门法律删除了 2006 年草案中对媒体报道的限制性规定，即："新闻媒体违反规定擅自发布有关突发事件处置工作的情况和事态发展的信息或者报道虚假情况，将由所在地履行统一领导职责的人民政府处以 5 万元以上 10 万元以下罚款。""突发事件的相关信息由该地人民政府统一发布，新闻媒体的相关报道也归其统一管理。"这一删除表明，最大限度地保证信息发布的畅通、透明和准确，已在法律上得到了充分确立。这样，舆论监督也就获得了一种法制化的制度保障。

2007 年 11 月 3 日，有记者在安徽省六安市采访，因涉及对当地政府一个职能部门的批评，市委宣传部一名领导横加阻拦，甚至辱骂、威胁记者。对此，新华社发表的一篇时评严正指出，"阻挠舆论监督是蔑视人民知情权"①。这一评论表明，保障知情权已成为开展舆论监督的法制依据。

在确立知情权、表达权以及监督权的过程中，舆论监督也受到党和国家的充分重视与大力提倡。1945 年 7 月，在回答民主人士黄炎培如何解决一个国家"其兴也勃焉，其亡也忽焉"的历史周期律问题时，毛泽东明确指出："我们已经找到新路，我们能跳出历史周期律。

---

① 新华时评：《阻挠舆论监督是蔑视人民知情权》，http：//news. xinhuanet. com/newscenter/200711/03/content7002629. htm。

这条新路就是民主。只有让人民来监督政府，政府才不敢松懈。只有人人起来负责，才不会人亡政息。"① 毛泽东"让人民来监督政府"的理念，令人怦然心动，不过这仅仅是一种"私下"谈话，而非正式文件。

令人鼓舞的是，温家宝总理在 2004 年的政府工作报告中引用毛泽东的话，首次在国家正式文件中指出："只有人民监督政府，政府才不会懈怠。"强调各级政府"要接受新闻舆论和社会公民监督"。2008 年 3 月 5 日，温家宝总理在政府工作报告中又进一步提出，"创造条件让人民更有效地监督政府。"毫无疑问，"让人民更有效地监督政府"并且"创造条件"加以推进，已经成为国家对舆论监督的基本价值取向。

我们欣喜地看到，温家宝总理在政府工作报告中的倡导，正在成为越来越多的地方领导人的自觉追求。海南省委书记卫留成曾感慨，"舆论监督和媒体曝光是促进我们解决老大难问题的一种契机。"② 2008 年 1 月，新一届云南省政府上任伊始，即推出两项"舆论监督新规"：一是将新闻媒体的舆论监督纳入对行政首长进行"问责"的依据之一；二是在新修订的《云南省人民政府工作规则》中，新增"省政府及各部门要接受新闻媒体的舆论监督"的规定③。尽管云南省政府如何落实这两项舆论监督新规还有待观察，但这种重视舆论监督的制度建设无疑是值得充分肯定的。4 月 15 日，被河北省人大常委会任命为省政府副省长、代理省长的胡春华接受记者采访时表示，"欢迎新闻界的朋友监督我，也欢迎广大人民群众监督我"。

---

① 黄炎培：《延安归来》，文史资料出版社 1982 年版，第 148 页。
② 《领导干部要学会在舆论监督中工作》，http：//news. xinhuanet. com/comments/200802/18/content7620912. htm。
③ 伍皓、伍晓阳：《"舆论监督新规"能否助推"透明政府"？》，http：//media. people. com. cn/GB/40606/6899484. html。

有理由相信，在知情权与表达权的制度保障下，舆论监督必将达到一个前所未有的广度与深度，也必将在当代中国的政治民主建设过程中发挥更大的促进作用！

[原载《西南民族大学学报》（人文社会科学版）2008 年第 8 期]

为珠海出台舆论监督《办法》叫好

　　随着改革开放的不断深化与民主法制建设的日益完善，新闻舆论监督在整个社会生活中愈来愈重要。对于它的重要性，朱镕基总理1998年视察中央电视台时曾用"舆论监督，群众喉舌，政府镜鉴，改革尖兵"四句话加以概括，充分体现了党和国家领导人对新闻舆论监督的高度重视。

　　1999年5月，珠海市率先出台地方性的新闻舆论监督试行办法。这个《办法》对新闻舆论监督的指导思想、总体目标、范围和内容、基本原则、社会要求、组织领导、检查和监督，都作出了十分明确的规定，具有很强的可操作性。这对于保障和规范当地的新闻舆论监督具有十分重要的实践意义，对于其他地方来说也具有十分重要的借鉴价值。

　　首先，《办法》为新闻舆论监督提供了地方行政法规保障。由于社会历史的原因，新闻舆论监督难是有目共睹的事实。在一些新闻管理部门、新闻单位领导、新闻记者中，对新闻舆论监督还存在着种种错误认识，如怕给政绩抹黑，怕添乱、怕捅娄子、怕惹新闻官司等，由此导致舆论监督非常薄弱，对腐败现象和不正之风打击不力的局面。因而，群众对一些媒体很有意见。有识之士已经深刻地认识到，舆论监督不仅与舆论导向相辅相成，而且本身就是一种舆论导向，是通过对社会运行中各种问题的曝光和批评来阐明"不应如此"进而伸张"应当如何"，保证社会的良性发展；与此同时，舆论监督把违法乱纪，损害党和人民群众利益的种种假丑恶揭示出来，反映人民群众的意见和呼声，是党和人民群众进行沟通的重要桥梁，有利于国家的长治久安。

《珠海市新闻舆论监督办法（试行）》的出台，就以行政法规的形式澄清了对新闻舆论监督的错误认识，肯定了新闻舆论监督的重要作用。这在《办法》第一条、第二条的全部条款中作了充分阐述。唯其如此，《办法》才将全市权力机关和各级领导干部在第三条第一款和第四款中明确纳入新闻舆论监督的范围，作为新闻舆论监督的内容；也才将包括全市权力机关和各级领导干部在内的各种舆论监督对象必须接受新闻舆论监督的社会要求在第五条中作出明确规定。特别是第五条第二款明确规定："批评性报道刊播前，各新闻传媒要确保事实确凿，但任何被批评对象不得要求审稿。"这就改变了以往的新闻纪律往往要求批评报道发表前先与被批评对象见面的做法，这是当代中国新闻史上前所未有的创新举措。所有这一切，对于形成重视和支持新闻舆论监督的氛围和环境，其重要意义是不言而喻的。

其次，《办法》为新闻舆论监督制定了地方行政法规规范。很显然，不重视、不支持乃至处处限制新闻舆论监督，新闻传媒就难以发挥对社会进行民主监督的重大作用，就难以促进两个文明建设。但是，如果缺乏必要的法律规范，新闻舆论监督就可能背离其宗旨。近年来，随着新闻市场竞争的加剧，一些新闻传媒在进行舆论监督时已渐渐显露出一些问题。或哗众取宠，进行批评报道时加以任意评说，有失客观公正；或介入过度，在司法程序进行中大肆渲染，影响依法办事；或为招揽读者，过多披露暴力、色情、犯罪等社会阴暗面，给人以片面印象；或出丁竞争的需要，新闻传媒之间对待某些社会热点问题各唱各调，甚至相互攻击。

为了约束和规范新闻宣传工作，《办法》第四条"新闻舆论监督的基本原则"所作出的六款规定，明确了舆论监督的态度、方式、着眼点、时机、分寸，特别是明确规定，新闻传媒和新闻工作者要依法行使舆论监督权利，同时自觉接受社会监督。这就意味着，新闻舆论监督本身也必须纳入法制化的轨道，按法制规范行事。这对于纠正当前批评报道中的某些无序状态，显然是十分及时的，也是十分必要的。

最后，《办法》为新闻舆论监督确立了科学的组织领导机制。我们是社会主义国家，新闻传媒是党和政府的喉舌，同时也是人民群众的喉舌，新闻舆论监督是人民群众通过新闻传媒对社会进行民主监督的重要形式，其根本宗旨是为人民服务，为社会主义服务，为党和政府的工作大局服务。进行舆论监督的批评报道是善意的批评，而不是恶意的批评；是建设性的批评，而不是破坏性的批评，更不是西方那种一味揭丑式的批评。因此，新闻舆论监督必须坚持党性原则，坚持实事求是，坚持群众观点，把握正确舆论导向，弘扬主旋律，弘扬社会正气。

怎样在实际工作中落实这些原则？《办法》第六条第一款明确规定："我市新闻舆论监督工作必须置于市委的领导下开展。"为此，珠海市成立了由市委、市政府领导挂帅，有关新闻管理部门和新闻单位参与的"珠海市新闻舆论监督协调和指导小组"，负责对全市新闻舆论监督的策划、组织、协调、指导、监督、检查等工作。第六条第二款、第三款和第七条全部条款对于"协调和指导小组"如何组织领导新闻舆论监督作了明确规定。这些规定，是符合党和国家的方针政策的，是符合中国国情的，也是符合当地实际的，体现出鲜明的中国特色。

总之，在国家尚未制定出一部系统完整的新闻法的情况下，各地根据自身实际情况先后出台一些像这个《办法》之类的新闻传播行政法规，在实践中探索完善，无疑是推动新闻舆论监督迈向法制化的重要举措。我们理所当然要为珠海率先出台的这个《办法》鼓与呼！

（原载《新闻知识》1999年第9期）

六

人文精神与价值导向

从海啸报道看媒体的人文关怀

2004 年 12 月 26 日，在印度洋发生的强地震引起的巨大海啸疯狂肆虐，席卷东南亚，造成举世震惊的灾难，新闻媒体无不及时跟踪报道。在这次国际性灾难报道中，以人为本，体现人文精神，凸显人文关怀的新闻理念得到广泛而充分的体现。这里仅以《广州日报》《羊城晚报》《南方都市报》三家报纸在 2004 年 12 月 27 日至 2005 年 1 月 3 日的有关报道为例，从标题、图片、内容三方面剖析媒体的人文关怀。

一 人文关怀

人文关怀是人文主义的核心内涵。阿伦·布洛克在《西方人文主义传统》一书中指出，人文主义的范畴与内涵随着时代、地域而不断发展，但始终坚持"两个核心"不变。这"两个核心"，一是人文主义以人和人的经验为关注对象；二是人文主义尊重人的尊严：因为每个人都是有尊严、有价值、有权利的，无论弱者、强者。①

自 20 世纪 90 年代以来，"人文关怀"逐渐进入我国大众传播的视野。新闻传播中的人文主义关怀，强调"以人为本"的理念，关注"人"本身，关注人的生存状态，倡导社会公正与平等，维护和尊重每一个人的权利和尊严，尤其是弱势群体的权益。

---

① 参见孙丽萍《人文关怀精神对大众传媒的影响和意义》，《新闻大学》2001 年夏。

在国际灾难性事件报道中，新闻传播尤其需要人文主义关怀。这是因为：首先，悲悯是人类在灾难性事件中彰显的基本情感。巨大的自然灾难往往具有出人意料的突发性与破坏性，给人们的生命、财产、家园、环境造成难以估量的伤害。"物伤其类"，人类在灾难性事件面前总会产生一种悲天悯人的情怀。哲人罗素曾说过：对于爱情的渴望，对于知识的渴求，对于全人类痛彻心扉的悲悯，是为人的三大精神支柱。对生命的悲悯，对人的关怀，使人文关怀成为灾难新闻报道的应有之义。灾难事件中，众多的受难者理应得到世人的关怀。新闻大师普利策说，正义、勇气、公理和悲悯，是我们尊奉的最高价值。因此，面对突如其来的巨大灾难，新闻工作者不仅应当关注那些受难者，而且应当体验灾难带给人们心灵上的创伤，用悲悯的情感去关注灾难与生命，充分体现媒体的人文关怀。

其次，整个人类是一个巨大的命运共同体。早在 20 世纪 60 年代，加拿大学者麦克卢汉基于传播技术的发展提出了"地球村"的概念。如今，人类已经进入了全球化时代，不仅仅是经济意义上的全球化，还要包括社会全球化。人类社会既是共同利益的结合，也是共同情感的结合。"地球村"的联系越来越密切，地球上任何一个角落发生的重大灾难，都会对其他地方产生直接或间接的影响、一国的灾难可能变成多国的灾难，甚至世界的灾难。在巨大的灾祸面前，人类具有共同的生存价值观和责任意识，从心灵深处萌发出对人类的灾难、对灾难受害者的爱心、善心、同情心、恻隐和怜悯之心。全人类是一荣俱荣、一损俱损的命运共同体，不分民族、国家地关怀灾区的受难者，就是关怀人类自己。

那么，灾难性事件报道究竟如何体现其人文关怀呢？

二　从标题上看

新闻标题是新闻内容的窗口，以最简洁的文字将新闻中最有价值的内容揭示给读者。读者正是通过浏览标题开始接触新闻的。对读者而言，标题是"第一吸引力"。新闻标题在读者理解力、想象力基础上产生的鲜明印象，比从广播电视中被动接受音响、画面，更能在深层次思考中加深对新闻事件的领悟。

在这个"厚题薄文"时代，标题的作用正在日益被强化，同时也在某种程度上成为传媒体现人文关怀的窗口。在灾难性事件的新闻报道中，更应把握好标题的分寸，标题要符合人类对待悲伤的共同准则。

在这次海啸灾难报道中，标题直接体现了媒体的人文关怀。《羊城晚报》12 月 28 日 A1 版标题《24000 人殁于大海啸》，其中，"24000"用了醒目的黄色，"人"字用了凝重的黑色，"殁于大海啸"用了肃穆的白色。尤其值得一提的是，一个"殁"字，规避了死亡等字眼，反映出拟题者的人文取向。《南方都市报》12 月 29 日 A23 版大标题为《推土机掘墓 数百人同眠》，以"同眠"告慰遇难者及其家属，避免加重人们的心理承受负担。《广州日报》12 月 30 日 A10 版标题为《斯国"海洋女王"遇难》，旁边是图片介绍，"海啸把整列火车掀出轨道，棕榈树横七竖八倒在'海洋女王'的'遗体'上"，标题将名为"海洋女王"的列车拟人化，以"遇难"和"遗体"报道，以人文关怀感受人们当时悲伤的情绪。

对于这次灾难，广州各报都做了相关专题报道，而作为专题的各个标题也让我们感受到了人文关怀的温暖。《广州日报》12 月 29 日 A9 版为《悲情儿童》，12 月 31 日 A13 版为《举世同哀》，2005 年 1 月 1 日三个专题《同呼吸》《共患难》《展未来》，2005 年 1 月 3 日 A10 版为《生命之光》，凝练的标题激活了人类共同的情感。

灾难发生在岁末年初，之后的哀悼报道在标题上也无不体现媒体的人文关怀。2005 年 1 月 1 日，《广州日报》A7 版为《新年披上海啸黑纱》，《南方都市报》A20 版有标题《希望渺茫也是希望》；2005 年 1 月

2 日,《羊城晚报》A2 版有《曼谷:繁华平静难掩伤悲》,《广州日报》A7 版有《纽约百年倒计时不只有欢乐》,适时适度地把握了人们寄托哀思的感情。

借助美好的事物和古语委婉地表达悲伤之情,也是人文关怀的体现。如《南方都市报》2005 年 1 月 2 日 A19 版的《风中烛光·玫瑰·悲伤》,《羊城晚报》2005 年 1 月 3 日 A1 版的《"启事"处处,"哭墙"密密》,标题将人性的光辉闪现于版面和读者的心间。

三 从图片上看

新闻图片是传播符号中的"感性符号"。图形符号的传播速度比文字符号的传播速度要快。同时,人们更容易接受图形符号所要传播的信息。在灾难性事件的新闻报道中,图片中的人文关怀内涵也是媒体情感的充分体现。

这次灾难报道,报纸上的照片大多采用一种独特的修辞手法——图像式的"文化委婉语"。在文化学领域,"文化委婉语是很常见的。对于某些事物,人们出于感情的原因或者其他什么原因,往往不直截了当地提到它们,而是换一种更为隐讳的说法"①。肆虐的海啸过后,出于人性的考虑,人们都不愿看到灾区面目全非、尸横遍野和灾民呼天抢地、痛苦万状的形象。此时,文化委婉语就充分运用到新闻照片中,以巧妙的角度、独特的对象、人文的视角委婉而又细致地将灾区及受灾人民的情况展现给读者。

在报道受灾情况时,媒体回避了灾难中的惨烈、残酷、血腥,将人文关怀融入图片。《羊城晚报》12 月 27 日 A2 版有一张马来西亚灾后图片,介绍为"海啸过后,把船留在了路中央",以"路中船"巧妙地表现了海啸之猛。12 月 28 日,《羊城晚报》以一幅题为"痛"的图片,

---

① 黄顺铭:《"历史照片"化为"新闻照片"的典范》,《新闻记者》2004 年第 12 期。

展现了一名男子掩面孤身坐在废墟上，令人顿感凄然。《广州日报》A9版图片介绍了一位收拾好行装准备离开泰国的西方游客，茫然看着大海和沙滩，昔日的旅游胜地如今已经变成一片废墟。《南方都市报》A8版图片展现了一尊站立在海啸过后的海滩上的木雕佛像，仿佛在为不幸的人们祈祷。

流离失所，劫后余生，人文关怀使媒体将照片锁定灾后的普通人群。《羊城晚报》12月29日A16版图片是一位刚满1岁的瑞典男孩，手里握着玩具小汽车，被救援人员抱着，他在海啸中与母亲失散，稚嫩的眼睛透出的茫然令人震撼。《广州日报》12月30日A13版是一对相拥低头而泣的男女，图片介绍为一位瑞典游客安慰他在海啸中失去亲人的泰国女友。《羊城晚报》2005年1月2日A2版图片是一群缺水缺食苦盼救援物资的灾区难民，冲击着读者的心灵。《广州日报》2005年1月3日A9版图片描述了一位印度儿童提着从救济机构分到的少量食物，在一片废墟中缓缓独行，令人心酸。

把人文关怀融入表述事实的图片，它们产生的情感冲击远比任何直接表现悲痛的文字都要强烈。媒体充分利用图片的表现元素拨动人们的心弦。《广州日报》12月31日A13版刊登了一幅印尼人在雅加达举行烛光哀悼会，悼念海啸死难者的图片。充斥整幅图片的是一位印尼妇女的头像，眼中泪光闪闪，左边是柔柔的烛光，目光微斜，仿佛瞥见不堪回首的灾难。《羊城晚报》2005年1月1日A4版题为"祈祷新年"的图片，描述了一名泰国男子在新年前夜为死难者祈祷默哀，双手合十，举着一只白色蜡烛，图片前景为白色雏菊。《南方都市报》2005年1月2日A19版的照片描述了一名小女孩正在一个为海啸遇难者举行的纪念仪式上点亮几排白色的蜡烛。媒体通过对悼念者的图片报道，展现了灾难无情人有情，以情动人，彰显人文关怀。

媒体还将人文关怀寄托于景物，自然而然地融入图片。2005年1

月 1 日，《羊城晚报》A4 版刊登图片"伦敦街头新年灯光设计成烛光哀悼死者"，《广州日报》A7 版图片则显示"法国香榭丽舍大街的路灯杆用黑纱点缀，以悼念那些在地震和海啸中遇难的人"，烛光和黑纱传神地表现了人们的情感，可以引发受众的一系列情感体验。

四　从内容上看

"以人为本"的新闻理念，要求媒体不仅仅带领公众关注事件本身，更要关注灾难中人的命运，关注灾难性事件中体现出的人性美。在这次海啸的灾难性报道中，媒体并没有停留在报道悲剧本身，迅速将关注的目光转向受灾人民的生活、灾后威胁、国际救援等，以深切的人文关怀去追求新闻。

突如其来的天灾发生在 2004 年 12 月 26 日。《广州日报》12 月 27 日 A4 版开辟专题《紧急拯救》，以"我应急救援小组整装待发"为题重点介绍了中国、欧盟、德国、俄罗斯、法国、日本等国的救援准备；12 月 28 日，《羊城晚报》开辟栏目"关注我同胞遇险情况"，公布中国外交部的查询热线以及中国公民在海啸中受灾情况；《广州日报》报道了"大灾可能引发瘟疫"，"全球携手支援灾区"；12 月 30 日，《羊城晚报》A14 版报道了"全球捐款捐物非常踊跃"，《广州日报》描述了"受灾国向游客伸出援手"；12 月 31 日，《羊城晚报》撰题"紧急救援印度洋地区灾民"，报道广东省红十字会和广州市红十字会呼吁献爱心救助灾民，公布捐款账号；《南方都市报》A22 版设专题《各方援助》，报道"中国将大幅增加援助"。2005 年 1 月 1 日，《广州日报》的目光投向了"芬兰人排长队捐款，意大利人发短信赈灾"，1 月 3 日，又浓墨重彩地报道了"广东医生救援前线显身手"。

灾难中的弱势群体大多集中在妇女、儿童和老人等身上，对这些生命个体的关注，常唤起人们感情上的共鸣和同情，深深打动读者。《广州日报》12 月 29 日 A9 版为《悲情儿童》专题，以触目惊心的标题"逾 1/3 遇难者是儿童"，报道了各地海啸中的儿童遇难情况，"年少力弱的孩子成了 26 日海啸的最大受害群体，未成年人在许多地方受害者中几乎占了一半"，读罢，对遇难儿童的痛惜之情油然而生。

"人"是有能动性的，深入发掘灾难事件中所蕴含的更新鲜、更美好的主题，体现人在灾难面前的积极主动性，弘扬灾难中的人间真情，也是媒体人文关怀的最好注解。《南方都市报》12 月 29 日报道了"智勇：海啸过去鞋未湿"，《广州日报》12 月 30 日报道了"手机定位救出71 命"，《南方都市报》12 月 31 日讲述了"巨蛇引路，妇女勇救双胞胎"，《广州日报》2005 年 1 月 3 日报道了"10 岁英国女孩智救数百游客"。

"全世界的眼光都在注视你们，无论贵贱无论老幼不分肤色不限职业，各个地方都有人在为你们的灾难捐款，都有人在想着为你们'做点什么'，在这个新年里，你们并不孤独。"《羊城晚报》2005 年 1 月 1 日时评版"有感而发"的《新年好！海啸幸存者》一文，向来自世界各地坚强或者幸运的幸存者发出了新年的问候。《羊城晚报》特派记者在2005 年 1 月 3 日也报道："免费的饮水，免费的饭，免费的衣服，免费的日用品，免费的乘车，甚至免费的机票——一切都是免费的。为帮助受灾的普吉，悲伤的人们竭尽所能。这是全世界人民共同的悲伤。"这字里行间的人文关怀使新闻报道得到升华，闪耀着人性的光辉。

（原载《新闻知识》2005 年第 2 期，与研究生孟盈合写）

记者的使命,人性的光辉

——读《超越新闻:2008 抗震救灾中的广州传媒》*

灾难总是不幸的,然而灾难又总是以人类社会的巨大进步作为补偿。2008 年 5 月 12 日,汶川地区发生 8.0 级特大地震,我国媒体迅速出击,及时、透明、全面、立体地报道地震所造成的巨大伤亡与严重损失,报道党和国家领导人立即奔赴灾区指挥抗震救灾,报道党和政府的各种抗震救灾举措,报道灾区人民和全国军民抗震救灾的英雄事迹,报道一方有难八方支援的骨肉同胞情怀……从而全面刷新了我国的灾难新闻报道模式(或曰危机传播模式),昭示着中国新闻传播事业的历史性进步。

抗震救灾结束以后,广大新闻工作者和新闻传播学者纷纷研讨汶川地震新闻报道的进步,深入探索灾难新闻报道的规律,取得了不少有价值的成果。美中不足的是,这些成果往往见事不见人,很少研究那些报道抗震救灾的新闻工作者。我一直期盼能够有全面反映抗震救灾中新闻工作者所作所为与精神风貌的成果问世。在汶川地震周年祭到来之际,终于读到《超越新闻:2008 抗震救灾中的广州传媒》这部报告文学作品,深受感动。

---

　* 中共广州市委宣传部、广州市文学艺术界联合会编:《超越新闻:2008 抗震救灾中的广州传媒》,广州出版社 2008 年版。

　　在一般人的印象中，汶川地震新闻报道做得最好的媒体，当数中央电视台和四川电视台。老实说，抗震救灾期间，我本人接触得最多的媒体也是央视和川台，那是因为电视直播具有与事件同步、现场感强等得天独厚的优势，加上央视最有权威性，川台最有接近性，自然成为首选媒体。

　　然而，央视与川台的抗震救灾报道受到追捧，并不意味着其他媒体的抗震救灾报道做得不好。5 月 20 日，中宣部新闻局第 196 期《新闻阅评》刊出《汶川大地震检验媒体快速反应能力　广州日报第一时间发出多条独家新闻》的文章，对《广州日报》的地震报道给予高度评价："5 月 13 日，《广州日报》用近 5 个版突出报道四川汶川大地震的情况。除悉数刊发新华社播发的大地震发生后胡锦涛总书记立即作出重要指示、温家宝总理当天飞抵灾区指挥救灾、各路救援人员迅速赶往灾区等重要新闻外，还在第一时间刊发多条本报记者的独家新闻，反应之快，信息之多，令人惊奇。"由此可见，抗震救灾一开始，广州传媒就做得相当出色。

　　那么，广州传媒在抗震救灾中究竟有什么样的突出作为，广州新闻工作者在抗震救灾中究竟有什么样的精神风貌呢？这正是《超越新闻：2008 抗震救灾中的广州传媒》一书所要回答的问题。2009 年 9 月，中共广州市委宣传部、广州市文学艺术界联合会组织一批写作精英，深入采访 50 多位经历汶川地震的一线记者，将他们的亲身经历及其口述的抗震救灾见闻，以纪实文学的形式加工创作，历时数月，才完成这部书稿的写作与出版。书稿以纪实的笔触，把读者带回抗震救灾的日日夜夜，让读者跟记者一道去面对抗震救灾的一个个场景，去感受传媒的巨大能量与记者的职业精神，去思考生命的价值与人性的光辉，总之是在全方位、立体化地呈现广州传媒报道汶川地震的过程中去领悟"超越新闻"的精神内涵。

从传媒的角度看，《超越新闻：2008抗震救灾中的广州传媒》着重表现了两个方面的开拓创新。首先是新闻理念与报道组织策略的开拓创新。传统上，地震之类的新闻属于"负面新闻"，要尽可能按照统一的口径发布。因此，汶川地震发生后，受灾地区有关部门起先根据上头指示不准"地方媒体记者进入灾区采访"。然而，《中华人民共和国政府信息公开条例》已于2008年5月1日正式实施，广州媒体记者为何不能进入灾区采访呢？显然，这需要解放思想，更新观念。不过，在现实的社会条件下，新闻理念的创新还需要报道组织策略的巧妙配合，才能转化为有效的行动。广州市委常委、宣传部部长王晓玲本着"非常事件，非常决断，非常对策"的应变机制，决定筛选一批优秀记者以救援者和记者的双重身份出现在救灾现场。事实证明，正是凭借这样一种敢于创新的领导智慧，广州媒体老总才能及时作出"先声夺人"的报道部署，广州新闻记者才能顺理成章地奔赴灾区，广州传媒才能从一开始就表现出色。

其次是新闻业务的开拓创新。这体现在三个方面：第一，广州传媒大大地拓展了新闻工作的内涵：媒体纷纷开通川粤两地寻亲热线，推出"义务寻亲"栏目；记者及时报道受灾民众的寻亲信息，甚至在采访过程中帮助受灾民众寻找亲人；媒体及时组织赈灾义演与赈灾直播，动员社会力量捐赠救灾物品；媒体及时呼吁关注受灾民众的心理健康，记者甚至直接参与受灾民众的心理治疗。所有这些，无不体现出广州传媒对受灾民众的人道关怀。第二，广州传媒在报道内容上深入挖掘灾难背后的人性光辉，努力表现传媒对受灾民众的人性关怀，极力唤醒人类的良知与道德。因此，报道"母亲不行了，我含泪救学生"的普通教师，报道"只要娃娃活着，我生死无所谓"的被救母亲，报道被掩埋废墟76小时而相互激励终于获救的两位女士，报道"记者亲历灾区帐篷下的吃喝拉撒"，报道"失学学生渴望复学"，无不彰显"以人为本"的精神。第三，广州传媒在传播方式与新闻形式上大力创新。譬如，广州电视台新闻部为了有效而及时地传输电视节目，在映秀镇建立了卫星上行站为中央电视台提供服务；譬如，5 月 19 日，全国哀悼首日，《广州日报》头版刊出一篇用文言写成的《汶川祭》，古朴，凝重，回肠荡气；譬如，地震初期，《南方都市报》率先把彩色报头改为黑白报头，后来国内所有彩色报纸在全国哀悼日都采用黑色报头；5 月 20 日，《南方日报》头版全版黑底，所有文字和照片都反白放在黑底上，肃穆沉重，有力地表现了主题。

从新闻工作者的角度看，记者不畏艰险挺进灾区的崇高职业精神与精湛业务能力，是《超越新闻：2008 抗震救灾中的广州传媒》所着重表现的内容。你看，刚回四川遂宁老家休假照顾病重母亲的陆勇，在地震发生当天就赶到都江堰发出了华南地区记者采写的第一篇现场报道；地震发生当天还在成都采访的吴波赶到都江堰聚源中学，成为第一个冲进灾难现场救人的记者；全国媒体中最早出现在北川县城的记者是广州的林洪浩、周祚，最早报道北川封城消息的记者是广州的曾端、黄成；陈穗华的独家报道《四川旅游灾区 3 年内全部恢复》率先在《广州日报》刊出，新浪、新华等多家权威网站纷纷转载；而记者经历的种种艰险与危难，通过对李栋、李海鹏、巢晓、张悦、何有贵、张小磊、南香红等各位记者经历的回溯得以再现，让读者与记者一道去感受"生死体验"。

经历了生死体验而又出色完成报道任务的广州媒体记者，不仅获得了业务的提升，而且受到了精神的洗礼与人格的锻炼。这是《超越新闻：2008 抗震救灾中的广州传媒》所要展现的记者的精神世界。书稿撰写者将其概括为四个方面：一、怯者勇："生命很脆弱，也很顽强。人生就要不抛弃，不放弃。"二、浮者沉："人生其实是一件很快乐的事，看透死亡就应该积极地生活。"三、暗者明："灾难让我们的心灵变得清澈、单纯、平和、慈善。"四、薄者敦："生命只有一次，我们要让它体现大爱的精神和力量。"应当说，这些来自记者真切体验的心灵感悟与情操磨砺，是一笔十分宝贵的精神财富，值得包括记者在内的所有人认真吸取。

不应忽略的是，《超越新闻：2008 抗震救灾中的广州传媒》在叙述记者报道抗震救灾的过程中，还对抗震救灾中的某些问题作了侧面揭示。譬如，读《记者李海鹏的回溯》一节，可以读到"解放军和武警战士缺乏专业救援培训，也没有专业器械"的感叹，读到"救出来人后因医疗队跟不上，伤者就那么躺在街上逐渐死去"的现实，读到不法之徒"趁火打劫""洗劫商店""偷抢东西"的丑恶行径；……还可以读到相当精辟的见解，如武警某部参谋认为："这次救灾的主要经验教训，一是指挥协调，救援不仅要有人数，还要有效率；二是修路为先，先让大型机器进入；三是重视专业性，救援质量可以提高；四是空军作用应该发挥得更多更大。"所有这些按传统观念看起来比较"负面"的东西，其实让抗震救灾的过程显得更加真实，更加丰厚，也更能让人深入地反思抗震救灾的经验教训。

出于论述的需要，本文把《超越新闻：2008 抗震救灾中的广州传媒》所表现的内容作了解剖式的分析，这种分析很可能伤害了作品本身的完整性。应当说，《超越新闻：2008 抗震救灾中的广州传媒》是一部善于谋篇布局、结构完整的纪实作品。首章"地动仪的现代链接"从我国的地震历史着墨，切入汶川地震的爆发；然后写广州传媒负责人的决策与部署，写记者抢占新闻制高点的创举，写记者挺进灾区的生死体验，写记者见证各种抗震救灾场景的经历，写赈灾直播对新闻工作的拓展，写新闻报道体现的人性关爱，写摄影记者的镜头捕捉与定格；接下来总结广州传媒灾难报道的突破；最后写记者的人生感悟。这样一种结构与布局，不愧是对广州传媒报道抗震救灾全过程的完整再现，显示出纪实文学构思的艺术性。

　　如果说完整的艺术构思为《超越新闻：2008 抗震救灾中的广州传媒》确定了一个有效的写作框架，那么精选典型材料，着重场景描写与细节刻画，则是本书写作的一大特色。譬如，第五章"数字不是游戏"所写的，全是作家在采访记者时"所撷到的一处处见闻，一个个片段，一幕幕场景，一点点感受"，但正是"这些碎片和丝絮，反映了广州媒体人所经历的一次次亲眼看见与险象环生，蕴含着任何巨大的数字难以表达的生死体验"。应当说，所有章节都有这样的典型场景与细节。譬如，作品开头写汶川地震降临，就写了甘肃天水一位地质工程师观察到"地震云"，写了秘鲁游客约翰·达卡尔用 DV 记录最初遭遇地震的情景，写了在电影《疯狂的石头》中扮演"谢小盟"的彭波的亲身经历。唯其如此，《超越新闻：2008 抗震救灾中的广州传媒》才成为一部有血有肉、亲切感人的纪实作品。

　　除了典型场景与细节，本书还调动多种艺术手段来强化表现力。譬如融记叙、描写、议论、抒情为一体，譬如在场景描写与细节刻画中擅长运用白描的手法，譬如表达强烈情感时往往使用排比句式，等等。限于篇幅，就不具体展开了。

[原载《暨南学报》（哲学社会科学版）2009 年第 4 期]

试析"男体盛"报道中女性的
性别认同与建构

2005 年 6 月，重庆女性杂志《新女性》为了批判"女体盛"而策划了一次"男体盛"，美其名曰行为艺术，目的是反讽大男子主义，却引发了媒体关于女权主义的争论。9 月，央视《社会记录》栏目播出的一期节目对这次"男体盛"事件进行了报道与分析。一时间，"男体盛"成为网络、平面和电视等各类媒体报道和评论的关键词之一，男性和女性的地位问题再次呈现在公众的视野中，从而将女权主义的讨论提上了桌面。"男体盛"是否能如策划者所愿对"女体盛"作出批判，重构女性的性别认同呢？本文试从社会心理学的角度谈一点自己的看法。

一 社会性别和"情境中的社会性别"模式

女权主义的一个核心概念是社会性别理论，即女人并非天生的，而是后天被塑造的。从社会心理学来看，性别不过是一个容器，不同的社会制度将不同的社会意义灌输其中，性别成为定义社会成员社会关系、社会权利和权力、社会地位、社会行为的指标，它不仅根据社会期望规范个体的性别角色行为，也确立个体的性别全体归属。①

---

① 转引自孟宪范主编《转型社会中的中国妇女》，中国社会科学出版社 2004 年版，第151 页。

那么性别是如何被塑造的呢？在环境塑造个体心理问题上，社会心理学家达成了两点共识：（1）个体行为受到来自环境的强烈影响，尤其是受到来自社会环境的强烈影响。（2）个体总是主动地建构和解释其所处的社会环境。① 由此可见，人们需要通过性别身份认同来确认自己的性别属性，建立与同类的心理联系及社会联系，以性别角色进入社会生活；同时，当人们面对这一分类系统，又会作出自己的性别意义解释和性别行为建构。

在性别差异的研究中，社会心理学有一个行之有效的研究模式——"情境中的社会性别"模式，强调性别的动力变化和性别存在跟活动的社会场域具有重要的相关性。这一模式的假设是：性别行为是高度被环境影响的和变动的，可以分解为以下的三个互动因素：（1）个体（自我、被知觉者）：具有自我概念和对情境的活动目的；（2）另一个个体（他人、知觉者）：具有性别信念系统和预期的人；（3）情境：可以是性别因素凸显或隐匿。② 我们可以用这一模式分析在"男体盛"事件报道中，在特殊的媒介情境里，女性对自我性别身份的认同过程。我们试将女性性别身份认同的过程，纳入这一社会心理学的分析框架进行分析。

二 女性眼中的自我

在某种意义上，"男体盛"活动被推到镁光灯下聚焦，就是参与策划并最终对"男体盛"大快朵颐的六位女性的行为结果。这六位女性，其中四位是《新女性》的编辑，另两位是提供场地的餐厅女老板和某影楼的女经理。她们参加这次活动的目的并不一致，从中也反映出女性不同的自我认同。

---

① 参见 Ross, L. & Nisbertt, R. E., *The person and situation：Perspective of social psychology*, New York：McCrawHill, 1991。
② 参见 Deaux, K., & Major, B., "Putting gender into context：An interactive model of gender related behavior", *Psychological Review*, 1987, pp. 94, 369－389。

一类是有自觉的性别意识和强烈的女性身份认同，对"男体盛"活动的目的十分明确——即所谓批判"女体盛"，发出属于女性自己的声音。编辑曾杨："当时给我的感觉就是说有一种男女平等，那种复仇快感。"编辑王丹璐："如果我们这个策划做出来，很多女性看到，……会不会觉得有一种很解气的，很扬眉吐气的感觉。其实作为媒体来说，我们的初衷除了有批判之外，还是让这个事情引起更多人的关注。"影楼经理罗焱："我觉得至少我们发出了自己的声音。"

一类是性别意识模糊，参与活动属于例行公事。美编郑晓霞："其实我当时我真的没有多大的感觉，我觉得就是一种工作，我要把这个工作完成。"

一类是与女性主义划清界限，认同传统的社会女性形象，温顺无攻击性；参与活动并非主动自愿。餐厅老板陈心意说："我不是个女权主义者，在享用'男体盛'时并没有扬眉吐气的快感。"编辑曾珍："心里有一点点不是特别情愿，因为之前就有朋友挤兑过我，你以后会被骂死，你以后上街都不用上街，你用一块布把你遮住。"

三　女性认同的"他者"

在女性进行自我身份认同的过程中，必然要通过"他者"来进行认同。这就像我们在行动之前，经常会考虑别人会怎么看自己一样。这里的"他者"，指具有性别信念系统和预期的另一个体。

性别信念系统包括性别刻板印象、性别角色态度和自我性别认同表征。[①] 这一信念系统是一个知觉的过滤器，个体正是透过它知觉他人；这一信念系统还反过来影响行动者，包括男性与女性、个体与群体。

在"男体盛"活动中，总策划王继是一个关键人物，他扮演了一

---

① 参见 Deaux, K., & Lafrance, M., "Gender", In D. T. Gilert, S. T. Fiske, & G. Lindzey, (eds) *The Handbooks of Social Psychology*, The McCraw-Hill Co. Inc, 1998, pp. 788 - 827.

个参与女性进行自我认同的重要"他者"。他是《新女性》杂志唯一的一位男性，又是杂志的总编辑，站在女性的立场上策划了这场以牙还牙批判"女体盛"的"男体盛"。用他的话来说，"我们反对把人作为一种器皿，特别反对把女人作为一种器皿，来作为进食，作为一种消费，我们很反对，我们很讨厌这个事情。""男人觉得'男体盛'太刺激他了，他去吃'女体盛'的时候他会有联想，就达到效果了，这就是矫枉过正，由此及彼。""我们是一种批判的态度做一做艺术行为。"他领导下的《新女性》提出的口号是"独立的，性格的，非常的"。

如果这个策划的初衷的确如此，那么，王继在这次事件策划中所持的性别观念基本上是反传统的，不赞同社会已经对女性形成的一些刻板印象如温顺、逆来顺受，而是提倡"独立、性格、非常"这些被划分在男性特质当中的性别特质。参与活动的几位女性，正是在王继这类女性观的基础上，基本认同了自己参与"男体盛"活动的女性批判身份。

然而，女性的身份认同过程并非仅仅来源于某一个体，而是对多个个体进行类别化处理的过程。即，参与"男体盛"活动的女性，同时还受到周围其他个体的性别信念系统的影响。正如编辑曾珍说，她的朋友提醒她不要去参加那个活动，因为人家只会说看那几个女的去吃"男体盛"，不成体统。在这里，她的朋友就作为另一个个体参与了她的自我身份认同过程，并且用他的一套性别信念系统影响了她对自己女性身份的建构。

四　"男体盛"事件的媒介情境

一般地说，情境包括：（1）以他人或社会再现的那些不断复制和强化着社会性别的制度，以及与之相应的性别信念系统；（2）特殊的行为发生的具体情境。① 情境中的社会行动者一方面被社会性别信念限

---

① 转引自孟宪范主编《转型社会中的中国妇女》，中国社会科学出版社 2004 年版，第 160 页。

制,一方面又参与着这些信念的保存和重新建构。在"男体盛"事件中,媒体就是一个特殊的"情境",一方面承载着社会性别价值信念系统,一方面作为具体情境也在重构这些信念。

从时间上来看,"男体盛"引起舆论关注首先是在网络,即6月15日网易将此话题作为新闻辩论会的主题,吸引了网民的众多眼球和口水;其次是电视,即央视《社会记录》9月底播出的《女性杂志为批判女体盛以牙还牙策划男体盛宴》节目,再次将焦点对准"男体盛"的策划参与者;最后是各大报纸网站蜂拥而至的争相评论。媒体的评论背后隐藏着媒体固有的性别信念系统。

(一)网民争论使性别刻板印象初现端倪

6月15日网易新闻辩论会里,网民对"男体盛"一片批驳之声:

——"真是恶心。"

——"完全是变态行为。这就是人类吃饱喝足之后的变态行为。"

——"什么东西,简直道德败坏!!"

两性关系在网络上到了剑拔弩张的地步。"男体盛"在网上的如此遭遇,可以透视出社会对女性的刻板印象。女性如果不具备较强的社会亲和动机以及与此相关的一些特征,即女性特质,做出去吃"男体盛"这种具有攻击性的行为,很难得到社会宽容,至少不受社会赞许。在网民进行评论的过程中,同时也加强了这种性别刻板印象的建构。

(二)央视报道隐匿性别凸显人性观点

在网上争论不可开交的时候,央视《社会记录》栏目站出来给了个说法。这一节目避开了尖锐敏感的性别关系角度,从人性的角度来看"男体盛"事件。主持人阿丘隐晦地批判了"男体盛"的策划参与者以牙还牙,挑起两性对立和冲突,呼吁站在人性的高度,提倡对人的尊重。"不管是男人还是女人,大家都是人;不管是男人还是女人,大家都不应该被当作装菜的盘子。因为盘子没有性别,没有人格,更无尊严可说。……男人也好，女人也罢，起点都是'人'不是？都得先回到'人'的立场上不是？这人啊，总不能自个贬低自个、糟蹋自个吧？"

　　节目中的专家评论，有的对"男体盛"采取了大而化之的态度，"我觉得是一个小事情，……你必须要得到平等的话，用这种方式（男体盛）你就去做，可是我觉得没有必要。"（李文语，央视9月23日《社会记录》）有的不反对也不提倡"男体盛"，"你不能笼统地讲这个事本身对不对，……为了让那些人换一个角度，你要给他一些压力。让他在另外一个角度看问题。我觉得这个活动是能达到这个效果的。当然我也同样认为他不一定合适。"（张智勇语，央视9月23日《社会记录》）有的跨过性别关系，将男性与女性统一从人性的角度来分析："实际上批判女体盛，不能狭隘地站在男性和女性（对立）的这样一个角度，实际上应该是男性和女性站到一起来，反对这样一种把人不当作人的做法，……一种不太好的倾向，就是把这个事件放在一个这个冲突，男性女性冲突这种框架中来理解，……把男性跟女性对立起来。"（刘海龙语，央视9月23日《社会记录》）

　　节目有意识地隐匿了性别关系，缓和了性别冲突。但另一方面也体现了央视所持的传统的性别信念系统，认为女性不应该为了谋取权力和地位而主动与男性产生冲突。

　　（三）报纸网站评论重新审视性别关系

　　央视关于"男体盛"的报道，引起了媒体的众说纷纭。然而，媒体的批判矛头却是一致朝向吃"男体盛"的女权主义者。有劝解式的批评，如《"男体盛"以不道德对抗不道德有失理性》一文，提倡"进行理性的反思与看待，则是值得称道的以直报怨"；更多的是狂轰滥炸式的骂文，《"男体盛"，别恶心我们好吗？》《男体盛扬眉吐气还是沆瀣一气》《男体盛VS女体盛：为女性挽颜面？》这些文章将参与"男体盛"的女性骂得体无完肤，完全不顾这"男体盛"乃是"女体盛"的产物。

　　对事情的因果进行比较理智地分析的,是《中国青年报》的评论文章《"男体盛"是女权无奈的病态反抗》:"与其说女编辑们是在'吃',不如说她们在举行一场仪式,一场讨伐男权的宣战式的仪式。自然,这是一种病态的反抗,……为什么女权会作这种病态的反抗?……是男性伤害女性尊严于先,女性才会采取这种极端的方式来反抗。而这种男性对女性的伤害,自男权社会建立以来,绵延千年不绝,至今我们仍然没有解决这一问题。换句话说,女性以'男体盛'这种方式抗议男权社会的压迫,固然不对,但整个社会尤其是社会男性群体,首先应作自我检讨。"①

　　这些评论,无论是批驳还是反思,都更为全面和深刻地体现了社会和媒体的性别信念系统。正如上文所分析的,在男女两性关系中,"因为女性无法和强大的社会文化劣根性做正面对抗,无力扭转这种男权任意伤害女性的基本格局,只能剑走偏锋以牙还牙。"②

　　"男体盛"事件中的媒体,反映出一个男性话语权力占主导地位的媒介环境,除了《中国青年报》的那篇要求男性自省的评论,听到的都是男性的话语。在这一情境下,女性想要重构媒体及社会的性别信念系统极其困难。女性的问题,不仅需要女性自身的努力,同时也需要掌握话语权力的男性的共同努力。

五　结语

　　"男体盛"呈现的女性,是在特殊的媒介情境中通过"他者"重新进行自我身份认同的女性。然而由于种种原因,参与"男体盛"的女性试图重构女性的性别认同的初衷不仅没有实现,反而处处受挫,节节败退。一是由于中国女性缺少像西方那样的女性争取权利和地位的斗争

---

① 转引自《"男体盛"是女权无奈的病态反抗》,《中国青年报》2005 年 9 月 29 日。
② 同上。

过程，女性缺乏自身是受压迫的性别的强烈的自我意识；二是社会文化凭借媒介所释放出的对性别刻板印象的强大规范力量，"男体盛"中的女权试图反抗男权的思想统治，最终无功而返。当然，女性主义采取像"男体盛"这样一种所谓"以牙还牙"的激进方式是否可取，本身就是一个值得深入反思的问题。

（原载《新闻界》2005年第6期，与研究生刘琛合写）

央视公益节目《等着我》的
情感叙事解析

　　《等着我》是中央电视台综合频道 2014 年 4 月 5 日正式播出的寻人节目，曾前后三次入驻央视一套周日黄金档，收视率常常超过 2%。作为一档大型公益寻人节目，《等着我》借助国家力量，携手公安部、中华全国妇女联合会、"宝贝回家"公益打拐组织等部门，共同帮助寻人者实现团圆梦。官网数据显示，自开播以来，该节目依托融媒体平台，共帮助 1100 个家庭、1 万人找到了失散的亲人，并无偿帮助求助者 6000 余名，寻人成功率达到 60%。①

　　作为一档以"讲故事"为主要表现形式的电视节目，《等着我》的突出特色是在呈现寻人故事的过程中善于使用情感叙事。节目开播以来，除了常规节目，曾先后三次推出黄金档特别节目，时间分别为 2015 年 5 月 24 日至 2015 年 7 月 19 日、2016 年 4 月 3 日至 2016 年 6 月 21 日、2017 年 4 月 9 日至 2017 年 7 月 9 日。这三季黄金档特别节目总共包含 29 期节目，囊括 119 个寻人故事，具有代表性和典型性。笔者选取这三季黄金档特别节目作为分析样本，从叙事学视角出发，探究情感叙事在《等着我》节目的独特运用。

---

　　① 胡建礼：《〈等着我〉：真心助人 真实感人》，光明日报，http://epaper.gmw.cn/gmrb/html/2017-05/09/nw.D110000gmrb_20170509_3-12.htm，2017 年 5 月 9 日。

一　情感叙事的社会语境：渴望真实的情感体验

　　情感是人性的重要组成部分，是人类存在的基本规定和本质力量。[①]
学界对情感产生过程的探讨，往往聚焦于生理结构、心理、意识与无意
识、社会行动等层面，并从本体论、认识论和实践论等多个角度加以研
究。情感是人类必不可少的一种精神力量，既是人类的本质，也是一种
社会事实，对人类的社会行为具有重要的影响。美国著名社会心理学家
马斯洛在"需要层次论"中指出，人类在内心深处潜藏着不同的需要，
这些需要将会对人类的行为提供动力支撑。他将人类的需要划分为五个
层次，由低到高分别是生理需要、安全需要、归属与爱的需要、自尊需
要以及自我实现需要。[②]　其中，"归属与爱的需要"以及"自尊需要"
"自我实现需要"，无不包含人类对情感的需求。

　　马斯洛认为，只有当低层次的需要得到满足，人类才会对高层次
的需要产生迫切需求。随着物质生活的极大满足，生理需求与安全需
求逐渐让位于情感需求，这同当前的媒介生态环境不谋而合。近年
来，诉诸心理与情感需求的影视作品层出不穷，例如婚恋交友类电视
节目、情感调解类电视节目等，颇受广大群众欢迎。这正是"物质日
渐丰富而精神渐趋失落的时代背景之下社会文化心理的表征"[③]。由于
此类节目将自身定义为"生活服务类节目"，刚推出市场的时候赢得
了比较高的收视率。随着节目的持续播出以及同类节目的涌现，一系
列的问题逐渐暴露出来。譬如嘉宾身份造假、婚恋观与价值观扭曲、
故意炒作和过分煽情、主持人引导不力、节目话题低俗等。究其原

---

　　① 郭景萍：《试析作为"主观社会现实"的情感——一种社会学的新阐释》，《社会科学
研究》2007 年第 3 期。
　　② ［美］亚伯拉罕·马斯洛：《动机与人格》，许金声译，中国人民大学出版社 2012 年
版，第 243 页。
　　③ 苗元华：《消费主义时代中影视艺术情感叙事的审美缺失与价值实现》，《文艺评论》
2012 年第 5 期。

因，同大众文化的消费主义倾向密不可分。在消费主义影响下，文化产品不再以生产作为中心，逐渐向以消费为中心转变。在商业利益和资本增值的驱动下，经过商业化手段精心包装的文化产品，也"不再注重由传统印刷文化提供的审美静观体验，而是满足大众当下的即时体验与反应"①。

作为大众文化的典型代表，电视不断提供感官刺激，使观众模糊了生活现实同虚拟现实之间的界限，沉醉于虚拟现实提供的情感体验。这与美国社会学家梅兹托维克提出的"后情感社会"不谋而合。在后情感社会中，情感并非不复存在，而是逐渐沦为商品社会消费的客体，呈现出浮夸、肤浅的特征。譬如标榜"真实"的电视真人秀节目，在"看"与"被看"的共谋关系中就潜伏着消费主义的商品文化逻辑。②此时的"真实"便成为"虚构的真实"。本应由内而发的情感沦为消费的对象之后，观众的个体欲望得到短暂的替代性满足，然而内心深处对真实情感的渴求却依然难以找到宣泄的出口。

在此背景下，如何最大限度地摆脱"虚构的真实"，为大众提供持久的情感体验，无疑是电视创作者面临的挑战。基于此，《等着我》节目以构建全媒体寻人平台为目标，以"公益寻人"为核心，邀请有寻人诉求的普通老百姓面对镜头讲述一个又一个真实的故事，以情感叙事的方式传递最真实的情感。所谓"情感叙事"，是指创作者在叙事的过程中讲述具有生命体验的内容，有意识地关注并真实地展现个体命运的一种叙事方式，③ 具有明显的人文关怀和审美特征，其目的在于为受众提供真实的审美情感，让人回归精神家园。

---

① 苗元华：《消费主义时代中影视艺术情感叙事的审美缺失与价值实现》，《文艺评论》2012 年第 5 期。
② 朱凌飞：《视觉文化、媒体景观与后情感社会的人类学反思》，《现代传播》2017 年第 5 期。
③ 郭劲峰：《感动观众：个体生命体验的公众分享——纪录片的情感叙事策略研究》，《北京电影学院学报》2013 年第 5 期。

二　情感类型：悲喜交加的多元情感体验

在对 119 个叙事文本进行统计和归类之后，笔者发现，《等着我》节目在叙事过程中所突出表达的是亲情、恩情、友情、爱情和师生情（详见图 1 和图 2）。这五种情感是人类社会中不可缺少的重要情感类型。《等着我》在叙述寻人故事的过程中，通过对上述情感的传达，既营造出悲伤氛围，又穿插了喜悦之情。在满足受众多元情感体验的同时，传递着追求真善美的价值观。

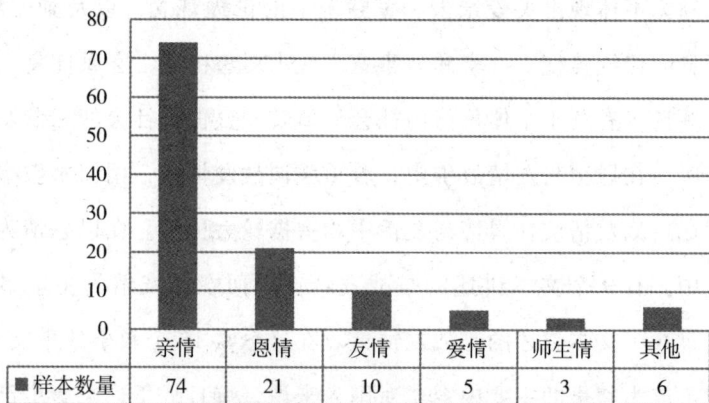

	亲情	恩情	友情	爱情	师生情	其他
样本数量	74	21	10	5	3	6

图 1　《等着我》节目叙事故事的情感分析柱状图

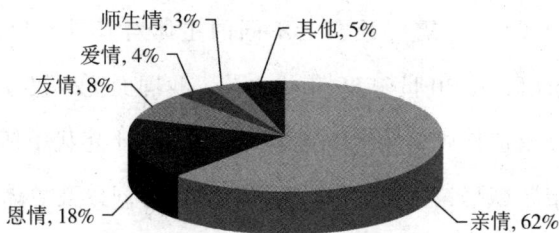

图 2　《等着我》节目叙事故事的情感分析饼状图

首先，节目强调对亲情的呼唤。在 119 个故事样本中，强调亲情的样本共 74 个，占比 62%，远远超过其他情感所占据的比重。可见，亲情是《等着我》节目最为重视的情感。节目对亲情故事的倾向性，透露出"家文化"在我国社会中的影响。从原始社会出现的氏族部落，到儒家"修身、齐家、治国、平天下"的社会理想，以血缘关系为纽带的家是社会最基本的单位，家庭伦理本位的价值观因此成为中国传统文化的重要内涵。《等着我》节目在叙述寻亲故事的时候，将求助者在寻亲过程中的坚持、勇敢、善良等品质加以着力表现。"智障哥哥只身坐车未归　全家人倾家荡产寻人""儿子上学期间被拐　母亲独自一人苦寻二十年""电视《失孤》原型郭刚堂　十八年骑行万里寻子"……这些标题无不体现出关爱亲人、家庭至上的伦理观念，以及勤劳勇敢、自强不息的传统美德。"家和万事兴"，对家庭和睦、家风优良、传统美德的颂扬，有利于个体价值向社会价值转变，促进社会的和谐发展。

其次，在恩情与友情故事中，着重强调战友情谊，用情感叙事抒写集体记忆。战友情谊在恩情与友情中均占据较大比重。在以恩情为主叙事文本中，有9个文本讲述的是战友情谊；而在以友情为主叙事文本中，则有6个文本叙述的是战友情谊。在这总共15个叙事故事文本中，抗日战争成为叙事的主要内容。对国人来说，抗日战争这段历史已经固化为中华儿女共同的集体记忆。节目通过呈现抗战老兵当年浴血奋战、保卫国家的故事，使抗日战争这一集体记忆得到反复强化。集体记忆具有自然衰退的属性[1]，需要社会上不同的主体对其进行反复塑造和建构。有学者指出，在20世纪80年代之前，我国的抗战叙事以"胜利叙事"为主，突出抗日战争最终胜利的结果。而九十年代中期，中国人民的"受难叙事"跃居第一位。[2] 可见，时代的不同以及主体的差异，都会对集体记忆的建构产生影响。

---

[1]　殷冬水：《记忆与权力：民族自省的政治逻辑——东北沦陷史陈列馆抗战国家叙事的个案研究》，《社会科学战线》2015年第7期。
[2]　贺建平、洪晓彬：《创伤叙事与集体记忆的建构——以纪录片〈重庆大轰炸〉为例》，《中国广播电视学刊》2014年第5期。

　　《等着我》节目主要是从情感叙事的角度展开对抗日战争这一集体记忆的抒写。在 2015 年 5 月 24 日播出的节目中，通过 86 岁抗战老兵的回忆，突出了战友之间在艰苦的作战环境下相互帮助、共渡难关的珍贵感情。在老兵的叙述中，战争的暴力记忆、受暴者的苦难记忆以及中国人民的反抗记忆，均有不同程度的体现，但占据主导地位的无疑是战友情谊，以及牺牲自己成全他人的救命恩情。节目通过情感叙事，在强化集体记忆、提升自我反省意识的同时，用情感黏合个体之间、个体与社会以及与个体同国家之间的关系，为社会的和谐提供重要的精神力量。

　　最后，爱情与师生情成为悲伤氛围中的一抹亮色。作为人类生活的一种主要情感，爱情本应该是单纯的。然而，在消费主义盛行的现代社会，爱情被人为地标注了价格，逐渐演变为奢侈品。在都市情感类电视真人秀节目中，男女嘉宾在互相选择的过程中谈论最多的是房产和豪车，爱情观已然被物质所扭曲，社会主流价值也因此受到冲击和异化。① 在《等着我》中，节目在叙述爱情故事时，没有运用电影以及电视剧中的狗血桥段，也没有真人秀节目中的夸张表演和对物质条件的刻意强调，而是引导求助者在最放松的状态下讲述其对爱情的向往和憧憬，叙述最真实的情感。既有年轻人寻找一见钟情的萍水相逢者，也有年长者寻找时隔三四十年的初恋对象。不论是年轻人还是年长者的爱情故事，勇敢地追求幸福成为节目突出的一个重要内容。每个人都有追求幸福的权利，这恰恰是节目所要传达的价值观。

　　以师生情为主的故事数量最少，却是赢得现场观众笑声最多的故事类型。在 5 月 1 日播出的第一个故事"花甲四姐妹携手寻找崇拜多年的'男神'"中，主持人和现场观众发出笑声的次数在所有故事中最多、

---

　　① 项仲平、杜海琼：《电视相亲节目低俗化现象的反思与服务化的品质追求》，《电视研究》2010 年第 9 期。

最集中。节目用中景和近景镜头记录笑容，进一步强化了现场的欢乐氛围，并将这种欢快的情绪传递给电视观众。这同上述其他三种故事营造的悲伤氛围形成了鲜明的对比。在亲情、恩情以及友情的叙事中，求助者在叙述过程中传达出来的常常是命运多舛、时运不济之际的坚强。尽管节目宗旨是对自强不息、顽强拼搏的颂扬，但是在求助者的叙述过程中，流泪却成为最常见的场景。如果节目一味营造悲伤氛围，难免会让观众产生审美疲劳。爱情与师生情所营造的欢乐气氛，则为节目添加了一抹明丽的色彩，使节目传达的情感更加丰富多彩。

三　叙事模式：母题与主题的巧妙搭配

（一）叙事母题："寻找"母题与两种寻找历程

对叙事故事文本的分析，自然离不开对"母题"与"主题"的探讨。二者是民俗学家以及文学家主要运用的分析工具。所谓"母题"，是指"人类过去不断重复，今后还会继续重复的精神现象"①，是不可分割的最小叙述单元。

为了更好地分析节目的母题，笔者将《等着我》三季黄金档节目包含的 119 个故事样本的叙事模式总结为以下五类：（1）儿时因为被拐卖/被遗弃/被送养/其他原因同亲人走失，长大后寻找亲人；（2）子女或亲属因为被拐卖/被遗弃/被送养/其他原因同家人失去联系，家人多年来坚持寻亲；（3）养子女因为被拐卖/被遗弃/被送养/其他原因同亲人失去联系，养父母代子寻亲；（4）曾经同被寻者萍水相逢，为了报恩或追寻爱情而寻找被寻者；（5）多年前作出承诺，根据承诺的内容寻找当事人。在这几类叙事模式中，始终包含着一个共同的、反复出现的母题——"寻找"。

---

① ［美］乌尔利希·韦斯坦因：《比较文学与文学理论》，刘象愚译，辽宁人民出版社 1987 年版，第 138 页。

"寻找"母题同人类的生存密切相关,"生生不息的人类每天所从事、所求索的一切就现实目的来讲,无非是一种免于陷入困境的努力,从终极意义而言,无不具有源于追寻的生命冲动。"① 从词性上来看,"寻找"是一个动词,代表一个动作,因此必然存在动作的发出者和动作的承受者。通常,在叙事文本中,"寻找"动作的发出者具有显性特征,易被受众识别;"寻找"动作的承受者则兼具显性和隐形特征,在显而易见的寻找对象背后往往隐藏着具有深层意义的寻找客体,而后者正是创作者透过"寻找"这一具有隐喻意味的动作所传达出的文化价值。

《等着我》节目呈现出显性与隐形两种寻找历程。第一种"寻找"是现实层面的显性寻找。在节目中,具有寻人诉求的是来自社会各界的普通老百姓。由于个人力量微弱,寻找被寻者的目标难以凭借个人的努力而实现。因此,以搭建"公益寻人平台"为目标的《等着我》节目,便成为老百姓的求助对象。在收到求助者的寻人委托之后,《等着我》节目组迅速成立寻人团,并根据求助者提供的线索展开对被寻者的寻找。此时,寻人团便成了寻找的主体,被寻者是客体。

然而,在《等着我》第一季黄金档节目中,节目并没有将寻人团寻人的具体过程在节目中加以呈现,而是通过核心事件——"开启希望之门"的设置,将求助者的寻人诉求以及寻人结果进行串联,详见图3。

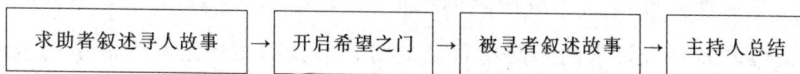

求助者叙述寻人故事 → 开启希望之门 → 被寻者叙述故事 → 主持人总结

图3 《等着我》第一季的叙事结构图

尽管"开启希望之门"这一充满仪式化的环节可以有效设置悬念、激发观众对寻人结果的期待,但是节目在寻人故事叙述完毕后就直接跳

---

① 杨经建:《寻找与皈依:论20世纪中国文学的追寻母题》,《文艺评论》2007年第5期。

转到"开门"和公布寻人结果的环节,导致观众在感动之余常常产生这样一个疑问:被寻者究竟是怎样被节目组找到的?毕竟大部分求助者为节目组提供的寻人信息非常有限,例如一块胎记、几封书信、模糊的时间等。基于此,不少观众质疑寻人故事的真实性,甚至认为《等着我》是一档虚假节目。

为了解除观众的疑问,从第二季节目开始,节目组增设了全新的叙事环节——"寻人团在行动",即在求助者讲述完寻人故事后,节目组会在录制现场的大屏幕上播放寻人团团长舒冬带领寻人团志愿者寻找被寻者的视频,详见图4。在"寻人团在行动"视频中,节目组用摄像机将寻人团志愿者成员如何根据有限的线索按图索骥并最终找到被寻者的真实过程记录下来,然后通过后期剪辑,将视频压缩为一分钟左右的VCR。随着寻人视频在节目录制现场的播放,观众的质疑得到了解决,节目的真实性也得以充分彰显。

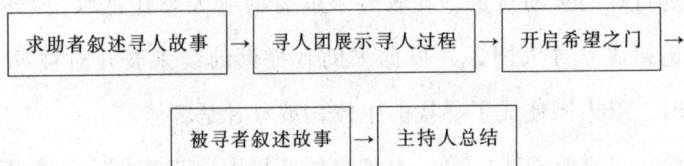

```
┌──────────────┐   ┌──────────────┐   ┌──────────────┐
│求助者叙述寻人故事│→ │寻人团展示寻人过程│→ │ 开启希望之门 │→
└──────────────┘   └──────────────┘   └──────────────┘

┌──────────────┐   ┌──────────────┐
│被寻者叙述故事│ → │ 主持人总结 │
└──────────────┘   └──────────────┘
```

图4   《等着我》第二季与第三季的叙事结构图

第二种"寻找"是精神层面的隐形寻找,主要体现为求助者面对镜头诉说其寻人诉求的心路历程。此时,寻找的主体是寻人故事的叙述者,即求助者,而寻找的客体表面上看是被寻者,但从深层意义上来看,寻找的客体其实是自我身份以及自我价值。正如哲学家苏格拉底曾经向全人类提出的三大哲学性追问那样,对"我是谁""我从哪里来""我要到哪里去"的追问,从本质上来看就是对自我身份、自我价值的探寻。

首先,求助者对"自我身份"的寻找主要体现在亲情故事中。在求助者寻找家庭温暖、渴望亲人团圆的背后，隐藏着一种"寻根"诉求、一种对精神家园的追寻。《等着我》在2015年5月24日中播出的第三个寻人故事中，来自台湾的女儿时隔三十余年远赴大陆，寻找从未谋面的亲生父亲。这种执着寻找，不仅体现出台湾女儿对家人团聚的迫切渴望，同时又暗指台湾游子同祖国大陆之间无法割舍的同胞之情。寻根的意义因此而得到展现。其次，求助者对"自我价值"的寻找主要体现在其他情感故事中。年过八旬的老人为了遵守承诺而寻找当年的老战友，来自巴基斯坦的友人寻找当年为母亲治病的中国医生，害羞女孩寻找火车上的邻座男孩，等等。在这些故事中，我们不仅看到了世间最美好、最浓郁的情感，同时也看到了求助者在寻找被寻者过程中获得的精神蜕变，从害羞到勇敢，从弱小到强大。正是在转变过程中，求助者的自我价值也得到了实现。

（二）叙事主题：重视家庭和睦，提升个人修养

值得注意的是，在叙事故事中，同一个母题可以服务于不同的主题，表达出不同的观点和倾向。母题同主题既有联系又有区别。一方面，母题是在艺术作品当中"重复出现的主题成分"，是"同主题相关的某种特别的情景或观点"[1]，具有重复性。而主题则指的是叙事作品中"深刻而又融贯统一的观点"[2]。另一方面，二者的不同之处在于母题是具体的叙事单位，具有客观性和具象性的特征，而主题由于融注并揭示了创作者的主观性倾向和观点[3]，因而是抽象概念，需要经过读者的提炼才能够得到。《等着我》节目在运用情感叙事表现"寻找"母题的同时，呈现了多元化的叙事主题，详见图5。

通过观察和分析，笔者发现《等着我》节目的八个主题可以划分

---

① 张靖：《"母题"新观》，《中国社会科学院文学研究所学刊》2011年第1期。

② ［美］克林斯·布鲁克斯：《小说鉴赏》，主万等译，中国青年出版社1986年版，第358页。

③ 王立：《中国文学中的主题与母题》，《浙江学刊》2000年第4期。

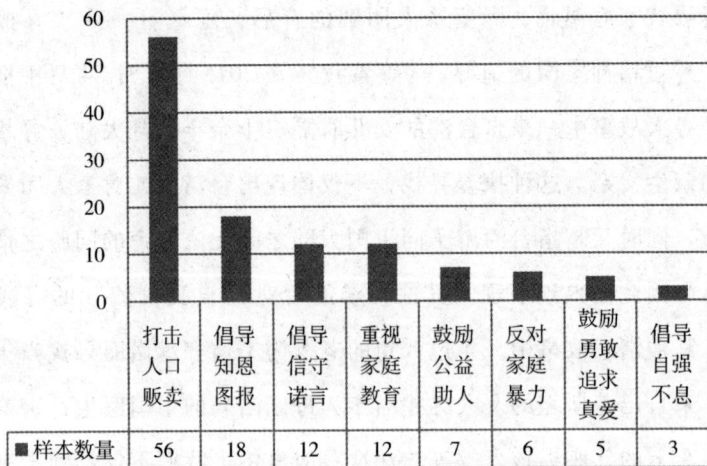

	打击人口贩卖	倡导知恩图报	倡导信守诺言	重视家庭教育	鼓励公益助人	反对家庭暴力	鼓励勇敢追求真爱	倡导自强不息
■样本数量	56	18	12	12	7	6	5	3

图5　《等着我》三季黄金档节目各主题故事数量柱状图

为两大类型,即"重视家庭和睦"与"提升个人修养"。二者分别同中国民族传统美德中的家庭美德以及个人品德相对应,体现出节目组对传统美德的重视和对构建和谐社会的追求。

第一类主题包括"打击人口贩卖""重视家庭教育"以及"反对家庭暴力"这三个主题。从数量上来看,上述三个主题的叙事文本为74个,同前文所述的亲情叙事数量保持一致。由此可见,人口贩卖、家庭教育缺失以及家庭暴力,是《等着我》节目叙事故事中导致求助者与被寻者失联的三大主要因素。其中,以"打击人口贩卖"为主题的叙事故事共计56个,在所有主题中位居第一。这一主题占据如此大的比重,同当前政府部门大力打击拐卖人口的理念和行动具有一定的契合度。从2009年公安部"全国公安机关查找被拐卖/失踪儿童DNA数据库"的建立,到2011年社科院"随手拍解救乞讨儿童"行动的发起,从2015年民政部"全国打拐解救儿童寻亲公告平台"的打造,再到2016年末公安部"儿童失踪信息紧急发布平台"二期的上线,我国政府部门在打击人口拐卖方面正在不断努力。《等着我》节目在叙事故事的选择中将寻找被拐亲人作为"重视家庭和睦"主题下的重头戏,一方面向观众展示了政府在打击人口拐卖方面所取得的成果，鼓励全民为公益打拐事业贡献力量；另一方面意在强调人口拐卖的危害，敦促人们增强安全意识。

节目组通过展示家庭暴力、家庭教育缺失对家庭完整带来的危害性，提醒电视观众要妥善处理代际矛盾。这两类主题故事主要展现的内容是：曾经有暴力倾向或忽视子女教育的父母，前来寻找离家出走多年的子女。节目在呈现叙事故事时，往往提前揭晓寻人结果，并将求助者叙述寻人诉求的演播厅设置为"第一现场"，将被寻者接受采访的空间环境设置为"第二现场"。通过交叉蒙太奇剪辑，将求助者在第一现场的叙述同被寻者在第二现场的叙述交叉组合，凸显父母与子女之间的矛盾和冲突。在2015年6月21日播出的《母亲苦寻儿子一夜白头》节目中，母亲一直强调自己非常尊重孩子，而离家出走的儿子却认为父母给予自己的学习压力过大，且父母同自己的关系如同"上下级"，缺乏交流。这种父母同子女之间产生的误会以及观念的差异，正是代际矛盾产生的根源。节目组在呈现这类故事时，通过对双方误会的展示，强调在家庭教育以及代际矛盾处理的过程中，换位思考和有效沟通具有重要意义，期望对节目的受众起到教育和引导效果。

《等着我》节目的第二类主题则包括"倡导知恩图报""倡导信守诺言""鼓励公益助人""鼓励勇敢追求真爱"以及"倡导自强不息"。在这五个故事主题中，节目组通过挖掘寻人故事中主人公身上的闪光点，表达对知恩图报、信守承诺、乐于助人、无私奉献、勤劳勇敢、自强不息等中华民族传统美德的赞扬。

通过对这两类叙事主题的分析可以发现，二者分别同儒家强调的"修身、齐家、治国、平天下"中的"齐家"与"修身"相对应。在儒家看来，"修身"是后三者的起点，只有个人品德修养得到提升之后，才能做到"齐家"，并在此基础上实现更大的抱负。近年来，我国经济社会发展速度迅猛，在物质生活水平得到提升的同时，精神文化层次提升的步伐却没能同前者保持一致。当"扶不扶摔倒老人"这一话题居然能引起全国上下热烈讨论的时候，我们更应该意识到建立正确的价值观、提升国人道德素养水平的重要性。作为大众传播媒介之一的电视媒体，必须勇于承担社会责任，积极地引领社会主流价值观，引导受众对自身道德修养水平展开思考。曾义务为失学女孩传道解惑的108位大学生老师，公益帮助太行山严熹烈士遗骨魂归故里的历史爱好者，因父亲无故离开而只身扛起整个家的四岁小女孩，等等。通过对这些寻人故事的呈现，节目为受众树立了一个个平凡又伟大的榜样，引导人们在感动之余，从中华民族传统美德中汲取养分，提升自身的道德品质。

四　叙事策略：彰显"真善美"的价值观念

拥有一个好的故事文本固然重要，而如何"讲故事"以及怎样"讲好"故事却是制胜的法宝。在情感叙事中，《等着我》节目一方面利用多重叙事视角，通过多元观点的碰撞为观众提供理性评述，强调积极的价值取向；另一方面，反复强调节目的公益性质，唤醒人们对"真善美"的向往，引导受众积极投身公益事业，充分彰显了节目的社会价值。

（一）多元观点碰撞，用理性评述强调积极向善

作为《等着我》节目的主要叙述者，求助者在叙述寻人故事的时候，不可避免地会将自己的主观情绪融入其中。受到内聚焦叙事视角的限制，求助者往往无法看清故事的全貌。在这种情况下，如果任由求助者从片面、单一的视角叙述故事，一方面会导致节目陷入煽情的泥淖，另一方面还会使节目的价值取向发生偏差。为了解决这一问题，《等着我》节目组邀请著名播音主持人赵忠祥、资深媒体人兼专栏作家张春蔚、公安部刑侦局打拐办主任陈世渠、"宝贝回家寻子网"创办者张宝艳，以及著名歌唱艺术家郁钧剑等，作为寻人助力团嘉宾成员，由他们

从外聚焦叙事视角对寻人故事展开客观、理性的评述。

以 2016 年 4 月 3 日播出的《执着 25 年的真相　父母为何遗弃我》寻人故事为例：求助者在叙述寻找亲生父母的原因时，反复强调自己对亲生父母当年"遗弃"自己的"痛恨"。此时，寻人助力团嘉宾成员陈世渠适时插入提问，根据求助者当年被"遗弃"的年龄推断出求助者儿时被拐卖的可能性比较大。接下来，嘉宾张春蔚和郁钧剑分别从子女和父母的角度对求助者的故事进行点评，将求助者对父母的"恨"解读为对父母的"思念"。嘉宾多元观点的表达和碰撞，将节目的感情基调从悲观转为积极，在强调积极向善的同时，使节目的价值取向回归正轨。

（二）引导受众投身公益，将情绪价值转化为社会价值

对于大众传媒来说，教化功能是其最主要功能之一。一档优秀的电视节目不仅要为观众提供优质的节目内容，更要能够引起观众对自我价值的反思，进而对其社会实践活动的开展起到积极的推动作用。

《等着我》节目成立之初就将"大型公益寻人节目"作为自己的节目定位，并在叙事的过程中通过主持词的设计和节目环节的安排来突出节目投身公益的决心。首先，为了表明该节目的公益性质，主持人舒冬在每期节目的开场白中反复强调寻人的无偿性。其次，由于求助者提供的寻人线索十分有限，且寻人的工作量又比较大，因此单靠节目组自身的努力，无法帮助求助者实现寻人的愿望。《等着我》节目总导演杨新刚曾表示，他希望借由《等着我》节目的播放吸引观众加入寻人平台，主动成为寻人团志愿者。[①] 节目从第二季开始增设的"寻人团在行动"环节则实现了这一心愿。在寻人视频中，寻人主体除了主持人舒冬和公安干警之外，更多的来自民间志愿者。这些志愿者会为了一个细小的线索而驱车千里，也会为了一个不起眼的消息而跋山涉水。观众在观看寻

---

① 宋心蕊、燕帅：《〈等着我〉寻人团从"一周寻一人"到"一天寻一人"》，人民网，http：//media.people.com.cn/GB/n1/2016/0406/c40606 - 28252675.html，2016 年 4 月 6 日。

人视频的时候,不仅能够看到寻人的真实过程,更能够感受到寻人的艰辛和志愿者心甘情愿的付出。在志愿者身体力行的感召之下,许多观众感动于志愿者团队热心公益、甘于奉献的精神,主动报名加入寻人团,积极投身公益事业,并自发形成了"等着我吧"志愿团队。在这一过程中,观众将从节目中获得的情感价值转化为宝贵的社会价值,用实际行动践行"真善美"的价值观。

五　结语

中国不仅历史悠久,传统深厚,而且生机勃勃,在民族复兴、国家强盛的征程中焕发出无限的活力。电视节目制作在践行文化自信的道路上,理应从博大精深的中国优秀传统文化中寻找灵感来源,并在新的社会语境中找到其合适的位置。《等着我》正是这样一档立足当今中国现实而又植根于中国文化精神的创新节目。自2014年开播以来已历时四年,表现出强劲的生命力,主要原因就在于节目在情感叙事的过程中,通过提供具有人文关怀的审美情感,准确地抓住了社会大众渴望真情实感的心理需求,并从中挖掘出诚实守信的道德修养、勤劳勇敢的进取态度、扶危济困的公德意识、自强不息的奋斗精神。这些积淀在中国优秀传统文化中的精神追求,不仅是把个体联系在一起的"黏合剂",而且在完善精神家园的同时,驱使个体在内在情感力量的感召下主动成为"真善美"的传播者,化情感价值为社会价值。

(原载《当代传播》2018年第3期,与研究生窦心悦合写)

真实故事与精神家园：电视寻人类节目的叙事分析

2014 年春，深圳卫视、中央电视台先后推出各自的寻人类电视节目《你有一封信》《等着我》；2015 年底，安徽卫视又推出《我要找到你》。这几档寻人类电视节目不仅获得了高收视，而且赢得了良好的口碑，取得了较好的社会效益。作为公益类电视节目的一种类型，寻人类电视节目借助媒体的力量帮助寻人者找寻失散的故人，通过公共性与话题性、公益性与艺术性的叙事，着力表现寻人者与被寻者之间的情感故事，帮助人们解决内心深处的情感需求，传递社会核心价值。寻人类电视节目的突出表现，不仅来源于对真实故事的关注，而且与寻人类电视节目独特的叙事方式与手段有关。

近年来，学界对寻人类电视节目的题材选择、艺术特色、成功经验、价值功能和节目形态都进行了比较详细的阐述，但研究主要局限于个案的阐释，对寻人类电视节目的叙事技巧少有概括性的分析。本文以《我要找到你》《你有一封信》《等着我》等寻人类电视节目为研究对象，以普遍性的视角，深入剖析寻人类电视节目叙述者的讲述、情节的编织、段落的组合及寻找的隐喻，分析寻人类电视节目如何通过"寻找"母题来反映社会现实问题，透视社会，观照现实。

一 讲故事的人：情感叙事的叙述者

寻人类电视节目的核心在于讲述寻人故事，叙述者是关键的分析要素。按照叙事学理论，影像的生产者并非寻人类电视节目的创造者，而是在制作节目时采用特定立场、观点、态度在影像中表现出来的"第二自我"——隐含作者。"隐含作者"由韦恩·布斯（Wayne Cayson Booth）在《小说修辞学》一书中提出，强调对文本外作者的关注而非对文本自身的内在批评。① 也就是说，布斯认为叙事文本的生产者是隐含作者，隐含作者既在文本之中，又在文本之外，实质上是写作状态的作者。对于隐含作者，申丹认为西方叙事学的研究存在两方面的误解，一方面过分关注"隐含"的隐喻，另一方面过分关注作者自身。从布斯的原意来说，隐含作者是在写作状态中的作者而非日常状态中的作者，只有写作状态的"第二自我"才是叙事学可分析的人格。② 简单来说，故事叙述中的叙述者自身无法发送信息，发送信息的是叙述者背后的写作者，叙述者仅仅是传达叙述信息的中间环节。③ 因此，要分析寻人类电视节目的内在价值，应对隐含作者进行分析，从寻人节目的影像文本中剖析隐含作者的意图。

寻人类电视节目是以"寻人"为主线的节目，核心是讲述转型时期普通个体的真实故事，通过对个体生存状态的呈现，挖掘节目中真实流露的情感，体现节目的人文关怀。节目不仅重视真实情感的叙事，表现转型时期小人物的喜怒哀乐和悲欢离合，而且以极具媒体责任与人文关怀的手法表现转型时期的热点问题与普通个体的日常生活状态，观照现实，重塑精神家园。由此可见，寻人类电视节目的隐含作者希望通过

---

① ［美］韦恩·布斯：《小说修辞学》，华明、胡晓苏、周宪译，北京联合出版社 2017年版，第 79—80 页。

② 申丹：《叙事、文体与潜文本：重读英美经典短篇小说》，北京大学出版社 2018 年版，第 38—47 页。

③ 赵毅衡：《当说者被说的时候：比较叙述学导论》，四川文艺出版社 2013 年版，第6—7 页。

对小人物故事的讲述，从个体叙事的角度来找寻中华文化的精神并以此重构中华文化的精神内涵。但是，隐含作者在影像文本中不能发声，需要通过叙述者来完成叙述行为，下面将以三家电视台播出的三档寻人类电视节目（详见表1）为例来做具体分析。

表1　　　　　　　　　　三家电视台播出的寻人类电视节目

节目名称	首播时间	播出频道	节目形式
《你有一封信》	2014年 3月6日	深圳卫视	主持人引入故事—寻人者讲述故事—邮差送信—被寻者打开信封—被寻者讲述故事—主持人总结
《等着我》	2014年 4月5日	中央电视台综合频道	主持人引入故事—寻人者讲述故事—（寻人过程）[注]—开启希望之门—被寻者讲述故事—主持人总结
《我要找到你》	2015年 12月7日	安徽卫视	主持人引入故事—寻人者讲述故事—开启大门—被寻者讲述故事

　　注：因被质疑真实性，《等着我》从2016年第二季开始在希望的大门环节之后加入寻人过程。

　　在寻人类电视节目中，叙述者为影像中的"发声者"，主持人、当事人、解说词及专家都属于叙述者。隐含作者借叙述者之口传达自己的意图。其中，解说词在节目中起到点缀的作用，作为语言上的重要道具推动情节的发展。主持人则主要起到统领节目的关键作用，包括引入故事、串场、与其余人员（当事人、专家学者）进行交流和总结内容等，主持人通过语言的表述控制电视节目的整体节奏与故事的呈现，清晰地表明隐含作者所要呈现的价值观，主持人与解说词的相互配合，形成了寻人类电视节目的仪式化建构。线索与故事的细节则由当事人——寻人者与被寻者进行自我叙述。这种自我叙述属于内视角叙事，寻人者由自己的经历讲述寻人故事。寻人者并不知晓是否能完成寻找的过程，也不能预知故事的整体走向。

　　与此相对，主持人与解说词则包含着全知的上帝视角。威廉姆·尼尔斯（William Nears）认为，全知视角包括四种类型：无所不能的全知

（Omnipotence）、通晓古今的全知（Omnitemporality）、无处不在的全知（Omnipresence）与通晓心灵的全知（Telepathy）。① 解说词的全知主要表现在参与故事的整体进程，根据节目需要，交代故事发生的背景、场景和因果。主持人则带有通晓心灵的意味，不仅是与寻人者进行对话的角色，而且在故事引入与总结部分，主持人能对当事人内心的情感进行升华与总结，提炼寻人故事的情感内涵。

总的说来，在寻人类电视节目中，寻人者与被寻者两个内视角叙事是整个节目的核心，寻人者讲述自身真实的情感，从当事人的角度将坎坷曲折的寻人故事娓娓道来，他/她的情绪和表现，或哭泣或悲愤，真切地表现寻人者在寻找过程中所经受的痛苦与煎熬。影像生产者在娱乐节目众多的背景下选择以公益节目的姿态，从小人物叙事的角度表现普通个体的日常生活图景，以真实的故事来倡导精神层面的真善美，以电视媒体的影响力号召观众参与到寻人过程中，从而使节目与社会建立起真实的联系。

二　故事的情节编织：情感叙事的建构

寻人类电视节目取得成功的主要原因在于小人物叙事的真实与深刻，通过电视叙事手法讲述寻人者寻人的故事，以真情实感来打动观众，展现世间各种美好的情感。节目组摒弃苦情的情节设置，采用自我讲述与悬念设置的手法，表现真挚的情感，用温情的故事打动人。寻人类电视节目具有高度同一性的叙事模式，通过巧妙的手段编织情节来陈述故事，以真情动人，而非刻意营造煽情气氛。

海登·怀特（Hayden White）认为，故事要具有形式上的连贯性，有赖于情节编织，只有将提供的材料编织起来，才能形成叙事。② 寻人

---

① ［美］威廉姆·尼尔斯：《无神论者的全知：论简·奥斯丁的"不犯错误的叙事者"》，载唐伟胜主编《叙事中国版》第二辑，暨南大学出版社 2010 年版，第 120—128 页。

② Hayden White, *The Value of Narrativity in the Representation of Reality in Narrative*, University of Chicago press, 1981, p. 19.

类电视节目的创作过程便是情节编织的过程，体现为将不同个体的陈述
与碎片化的寻人情节编织成故事，在深层结构方面组接不同的故事，形
成内在结构的统一性。

　　节目的核心命题是描述真实的生活，寻找并塑造失落的精神家园，
通过对转型时期热点问题的表述，立足于传统文化精神与时代经验，以
寻找为切口，再现生活中的真实情感。寻人类电视节目所叙述的文本通
过对亲情、爱情、友情及师生情、战友情等真挚情感的表现，为观众讲
述小人物的寻找故事。根据表1，可以将寻人类电视节目的叙事模式分
为以下几个阶段（见图1）。

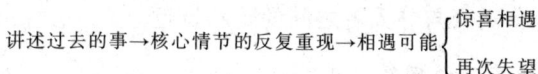

$$讲述过去的事\rightarrow核心情节的反复重现\rightarrow相遇可能\begin{cases}惊喜相遇\\再次失望\end{cases}$$

图1　寻人类电视节目的流程

（一）讲述过去的事

　　寻人类电视节目通常将故事讲述、悬念设置及情感表达等各种因素
由寻人者、主持人和解说词等多位叙述者合作完成，虽然存在多位叙述
者，但寻人者仍然是主要叙述者，由其讲述自身的故事，寻人者置身事件
之中，以故事中主角的身份去讲述寻人故事产生的原因与寻找的过程。

　　寻人者自我讲述的过程，主要使用传统电视谈话节目的形式进行，
由主持人与寻人者形成的二元结构进行故事的讲述，两者在谈话过程中
处于平等交流的状态，这不仅给寻人者一种安全感，而且也让寻人者更
有倾诉的欲望，"在亲密的对话情境中，说话人事先就选好接受者，并
会小心仔细让后者听个明白。"[①] 节目从主持人与寻人者的对话过程中
呈现寻人故事的起因与经过，在这个交流过程中，主持人主要起到引导

---

　　① ［美］约翰·杜翰姆·彼得斯：《对空言说：传播的观念史》，邓建国译，上海译文出
版社2017年版，第53页。

与控制谈话节奏的作用，主要叙述者是寻人者。节目实际上为寻人者提供了一个倾诉的平台，完整地呈现寻人者在倾诉中的语言、神情及情绪、心态的变化，这种交流的方式实际是单项的撒播：通过寻人者与主持人的对话呈现出依托于寻人者回忆的真实故事，寻人者在讲述自我的故事，观众在听故事，观众真实地感受到寻人者讲故事时的情感起伏，获得特殊的体验式情感。寻人者所讲述的生活困境、情感纠纷与普通个体在转型时期所遭遇的困惑、迷茫、焦虑、压抑不乏相似之处，于是达成观众与寻人者的情感共鸣。讲述者获得了倾诉情感故事的平台，实际上也是与观众进行情感交流的过程，亲历者的讲述弥合了寻人者与观众之间的界限，将观众与寻人者之间的距离拉近。

(二) 核心情节的反复重现

寻人者在完成自我讲述后，节目并未直接进入高潮，而是通过寻人者与主持人或专家学者的对话来反复重现核心情节，对寻人的核心细节进行反复确认。叙事重复（Narrative Repetition）旨在强调核心情节，增强叙事效果。[①] 以《你有一封信》为例，节目开场便以解说词搭配画面陈述故事核心细节，由寻人者讲述自身寻人故事，再由主持人与寻人者进行对话确认核心事件，接着，由"邮差"去"送信"并寻找收信人，被寻者接收信件时再次确认核心情节，最后在被寻者讲述、主持人总结的过程中再一次重复核心情节。在整个节目流程中，核心情节被重复了六次，其叙事效果被大大强化，最后一次重复则标志着故事的结束。寻人类电视节目通过对寻人者背后情感故事的着力刻画，来反映社会的热点问题，从"寻人"层面拓展出深刻的社会意义。

这些核心事件也正是社会转型时期的突出问题，寻人类电视节目特别关注以下几个问题：其一，拐卖儿童类故事的叙述。寻人类电视节目

---

① ［挪威］雅各布·卢特：《小说与电影中的叙事》，徐强、申丹译，北京大学出版社2011年版，第64页。

《我要找到你》共有14期内容，其中有8期节目讲述与拐卖儿童有关的寻人故事。儿童被拐卖酿成了很多家庭的悲剧，孩子的丢失导致了很多家庭的毁灭。拐卖孩子作为社会的痛点，需要电视节目的重视与突出，节目组着力描绘拐卖儿童的故事，便是希望借助电视媒体的力量，整治拐卖儿童的事件，为这些家庭提供精神层面的抚慰。其二，美好爱情的叙述。《你有一封信》节目中，一位年近古稀的老人执着寻找自己的爱人，希望能再次向对方表明自己的爱意，自己虽年老，但爱意不变。爱情故事自身带有跌宕起伏的色彩，不仅具有较强的吸引力，而且使节目的叙事更具故事性与情节性。其三，对约定故事的叙事具有强烈的情节化特征。如通过对"毕业后约定再聚首""三十年前的约定，我们骑车去西藏""首届研究生支教团约定二十年后再聚首"等约定故事的叙事，寻人类电视节目将叙事类型扩展，讲述同学、友人、陌生人之间的故事。寻人类电视节目"寻找"的不再是物质意义上的躯体，更是普通人日常交往的朴实情感，这些故事贴近观众的日常生活，唤起现代化快节奏生活中人们最质朴的情感。

（三）相遇可能——悬念样式

在整个叙事过程中，"相遇可能"是叙事的高潮部分，是揭开故事悬念的重要部分，节目通过之前的寻人叙事已经设置了悬念，接下来便是悬念的揭开与高潮。故事走向圆满还是仍留遗憾，都在这个部分呈现，而这个部分也是连接寻人者与被寻者两个故事主线人物的重要情节，支配着叙事的主要进程。在《等着我》中，这个"可能"由"希望的大门"来揭晓。与此类似，《我要找到你》屏幕的打开，也是"门"的隐喻。而在《你有一封信》节目中，这个过程由屏幕中"信封的展开"来完成。三档寻人类电视节目都将"相遇可能"这一环节的叙事给予仪式化的表达，庄严而神圣。《等着我》中"希望的大门"与《你有一封信》中"信封的展开"是整个叙事手法中最重要的元素，之后的情节是否得以展开，铺垫的悬念能否揭开，都有赖于"希望的大门"的打开。由此，寻人类电视节目叙事可以分为两部分，前面部分是设置悬念，通过"是否能找到那个人"的疑问设置故事悬念，而"希望的大门"便是要揭开之前所设置的悬念，若不能找到被寻者，那么故事则由此结束，如果能找到人，节目便进行被寻者的自述。

寻人类电视节目叙述故事的主线是寻人者的个体经历，通过对寻人者过去经历的描绘，深入挖掘个体的情感体验与命运转折，进而描绘亲人离散的悲情故事，讲述爱人分别的感人情节，刻画出时代背景下个体与友人别离的思念、与战友的生死情谊及师生之间动人的故事，这种真实的故事与真挚的情感是这个时代较稀缺的精神慰藉。随着现代化生活压力的增大，生存的焦虑与精神生活的物化使得越来越多的人们困于生活的表象，传统社会赖以生存的精神家园与质朴的情感愈来愈消失殆尽。寻人类电视节目从普通人的真实情感出发，以寻人者的自述来呈现错综复杂的寻人故事，节目并未消费求助者的悲情经历，以煽情的方式赚取观众眼泪，而是以真人真事唤醒现代生活中稀缺的朴实情感，为求助者提供寻人帮助与精神慰藉，引发观众深度的讨论与思考，传递共同的人文关怀与精神价值。

三 段落的组合：情感叙事的系列故事

寻人类电视节目采用巧妙的叙事手法，将寻人故事与情感抚慰相结合，通过相似的叙事元素与创作手法，将系列节目连贯起来，倡导人世间的真善美。每一期节目选取不同的寻人主题，表现个体的喜怒哀乐，但随着各期节目的不断进行，自然形成该档节目的整体，引发观众不断对"寻找"进行深层次的思索。肖恩·奥沙利文（Sean O'Sullivan）认为，系列电视节目具有段落性，段落性是一种表达能力，即通过选择、部署和进行段落结合来制造意义的能力。在电视系列节目中，一期电视节目仅仅是整个电视系列节目的一个组成部分，因此影像生产者在一期电视节目的段落安排中，为了形成整体，必定创造出一种形式上的相互作用，尽管每期之间的寻人故事是不同的，但由于形式与内容上的相似性与相互补充，多期电视节目形成一个叙事整体，不仅在寻人故事的讲述方面具有连贯性，而且让节目的理念在各部分中具有一致性。肖恩·奥沙利文认为，电视系列节目存在六个关键要素：重述（iteration）、多样性（multiplicity）、惯性（momentum）、世界构造（worldbuilding）、人（personnel）、设计（design）。①

　　第一，奥沙利文所说的重述是指电视系列节目中反复出现的是叙事的核心，凭借这些叙事元素组成系列电视节目各部分的搭配与衔接。对于寻人类电视节目而言，其叙事的核心是寻找失散的人，因此，虽然侧重点有所不同，但此类节目都具有相似的叙事模式，即讲述失散的故事→相遇的可能→再相见或并未找到，见图1。寻人类电视节目多采用此种叙事模式，对"相遇的可能"这一环节，各节目都使用可辨别的、具有仪式化的叙事方式。《等着我》在改版后，依然继续沿用"希望的大门"这一揭开悬念的模式，而《你有一封信》则在节目中使用信件作为贯穿整个节目的物件。在《我要找到你》节目中，主持人每次开场都使用同一句开场白"有爱有奇迹，我要找到你"，通过主持人语言的"召唤"拉开寻人故事的序幕。相似的叙事模式、标准化的开场白与结束语，风格统一的舞台与音乐设置等要素，使得不同的寻人故事、期与期、季与季之间组合成一个整体，并且具有仪式化的作用。当同样的音乐响起，聚焦特殊物件，寻人叙事的最大悬念揭开：找到被寻者的圆满结局或者并未找到的残酷现实，这种叙事手法不仅让节目更具张力，而且受众也在重复的、熟悉的节目模式中可以寻找到舒畅、稳定的

---

① ［美］肖恩·奥沙利文：《系列叙事六要素》，载谭君强《叙事学研究：回顾与发展》，上海外国语教育出版社2017年版，第67—77页。

秩序感和情趣,① 音乐、场景与话语的重复,唤醒观众对寻人过程的仪式化见证。

第二,多样性是指系列叙事并不倾向于讲述同一故事,这种对多样化的追求不仅是故事场景方面,而且是故事类型方面。与《等着我》《你有一封信》的故事类型的多样性相比,《我要找到你》将视线主要聚焦于失子家庭的寻亲故事,虽然故事类型具有同一性,但在其 14 期节目中并非叙事模式相同的寻亲故事,而是存在着被抛弃后寻亲、被拐卖后寻亲、被抱走后寻亲、寻孩夫妇帮助其他孩子找到父母、为救孩子打击黑砖窑等不同情形的失子家庭故事;即使是同一类型的故事,节目也选取了不同的讲述者,如在被拐卖后寻找亲人的故事中,节目组便选取了子女寻找与父母寻找两类。通过对不同情形拐卖事件的叙述,打击拐卖的节目理念与叙事主题得以凸显。可见,节目聚焦拐卖儿童的叙事题材,为避免类似家庭悲剧的再次发生做出努力,这种叙事手法也是"隐含作者"意识的体现。

第三,惯性是指系列电视节目中各集之间的关系,故事片通常在每一集的结尾创造必要的悬念或将主要人物置于某种危险之中。对于寻人类电视节目而言,关注现实生活,传播正能量是寻人类电视节目最突出的特点,不仅追求故事性与节目收视率,而且重视节目传递的社会价值与人文色彩,帮助需要帮助的求助者,强调积极向善的价值观。

第四,世界构造是指系列电视节目通过不同的故事构造出一个完整的世界。寻人类电视节目以寻找作为窥探真实世界的切口,从寻人故事这一切口探寻转型时期社会的发展,不同年龄段的人拥有不同的生活体验,寻人的背景和缘由也各有不同。在节目中,爱情和恩情故事主要集中于老年群体,老年人往往想念青年时的美好故事,或执着于年轻时候的爱恋,或想念最初一起奋斗的人,希望"有生之年能再见对方一面";

---

① ［英］大卫·麦克奎恩:《理解电视》,苗棣译,华夏出版社 2003 年版,第 72—73 页。

而寻亲故事主要集中于青年人与中年人，青年人的寻亲故事在于幼年离散，想念亲人或埋怨被抛弃，而中年人的寻亲故事则主要是意外与孩子分离，骨肉亲情的不舍让他们坚持要找到丢失的孩子。在这些故事的叙述中，整个社会关于寻找的风貌与轮廓也便显现出来，这也是寻人类电视节目打动人心之处，每个故事都是普通人真实的故事，这些人就生活在观众身边。

　　第五，人物的选取也是电视系列节目必不可少的连贯要素。在寻人类电视节目中，需要有三种人物——寻人者、主持人与被寻者。前两者必须在电视节目中"现身"，而被寻者是否"现身"，还是仅仅存在于他人的叙述之中，取决于寻人者能否找到分离的人。寻人者与被寻者是节目的核心人物，如果缺失，寻人叙事便无法进行。为了体现寻人者的性格与特点，节目使用现场自我讲述的方式呈现，用记录的方式表现现场，不仅有利于展现寻人故事的张力与戏剧性，而且使节目更真实、更丰满。主持人则是根据电视节目的需要对叙事进行整体把握的关键人物。为了增加叙事的多样性与丰富性，寻人类电视节目还增添了帮助寻找的人与倾听故事的人两种人物，前者主要包括寻人团等，不仅在节目效果上提升可信度，而且对于在现实中能找到被寻者提供较大帮助。《等着你》中的寻人团，《我要找到你》中的寻人过程，《你有一封信》中的"邮差送信"，虽然存在叙事的建构与加工处理，但是节目组与热心人士都在实实在在地帮助寻人者找寻离散的人，节目的公益性质与号召社会向善、参与寻人过程，无不体现出影像生产者开办节目的初衷。《等着我》节目建构了比较系统的寻人平台，由志愿者和公安部、民政部等相关部门组成强大的寻人团，为寻找被寻者提供坚实的后盾，因此节目的社会效益也更显著。现场倾听故事的是参与节目的专家，主要是对寻人故事做出评价与总结，审视寻人者的内心，为当事人提供情感帮助，通过多角度的陈述，呈现社会转型时期普通人生活的悲欢喜乐，营造出一种真善美的正能量。

　　第六，叙事策略与设计是电视系列节目六要素中与影像生产者最密切的，前五个要素主要关注叙事文本层面的建构，而这个要素关注系列叙事的设计与构建本身，包括节目的整体流程、形式、镜头的组接与后期编辑等，影像生产者所想要传达的内容都包含在"设计"元素中。《等着我》《我要找到你》《你有一封信》等节目，就是以现实层面的关照为核心讲述发生在中国大地的真实故事，从打击拐卖到纪念"二战"，从寻找母亲到寻访故友，寻人类节目通过讲述真实故事，使观众切身感受到当下语境中的人文温情。

四　故事的隐喻：寻找母题与精神家园重建

　　近年来的电视节目趋于娱乐化，严肃和具有社会效应的电视节目显得不足，寻人类电视节目的发展便是对过度娱乐化的反思，通过寻人这一切口，对现实问题进行深入思考，构建出独具特色的叙事模式。而寻找是人类文化发展的母题，寻找作为一种隐喻，是社会问题与现实缺陷的表征。

（一）寻找自我

　　母题是构成故事的基本单元，寻找不仅是人类永恒的母题，而且是人类行动的初衷，其目的是寻找精神家园与梦想，是人类限于困境中的努力。寻找具有追寻生命意义的冲动，是人类对于自身存在的本质与生命价值的自觉意识与精神追寻。[1] 寻找母题蕴含着人类所具有的复杂情感，这种情感推动着人类物质与精神活动的探寻，一种源于人的内在欲望——追求自我精神完善的驱动力，促使人类找寻精神家园。这里的家园具有双重含义，一是寻人者追寻的物质意义上的故乡与家园，二是精神层面上的美好家园，不仅代表过去的美好时光，而且是理想归宿，毕

---

　　① 杨经建：《寻找与皈依：论 20 世纪中国文学的追寻母题》，《文艺评论》2007 年第 5 期。

生追求。① 当代人类自我反思的终极问题便是精神家园的困顿,意义的消解与精神的匮乏使得人类意识到,当今时代的问题并不能通过对物的追寻而获得解答。对于一个民族而言,精神家园是传统文化与时代精神相结合的民族精神血脉。当个体遭遇现实生活的种种困惑与不幸时,精神家园能带领人们走向"归家的路"。

2017 年 11 月 7 日,《等着我》节目叙述一位母亲带病寻子,她拼凑了一张 30 年前的全家福。当年,由于儿子被拐,丈夫病亡,寻人者背负"灾星"的谣言,迷失了自我。如今,她希望能通过节目寻回儿子,找回幸福的家庭,以证明自己不是"灾星"。她的寻子之路,不仅是在寻找儿子,而且是在寻找自我,寻找难以割舍的情感记忆。这位寻人者的苦难是生存之痛,节目选取这个故事,便是要呈现弱势群体的生存困境,以寻人者的自我救赎寓示"归家"。在寻人过程中,这位母亲经历了精神蜕变,从迷失自我到寻找自我,寻人的圆满结局也意味着她证明了自己,找寻到了自我的身份。寻人类节目中,寻人者的自述不仅是讲述故事的过程,而且是建构自我身份的一种形式,在自我讲述与寻人过程中,寻人者找到真正的自己,回答了"我是谁""我从哪里来""我到哪里去"的人生命题,寻找到家园感、认同感与归属感。

(二) 寻找个体的生存境遇

寻人类电视节目中的主人公往往是社会生活中的普通人甚至边缘人物,他们的生活是有缺陷的,他们努力寻找,但收获甚微。寻找的过程,也是寻人者确认自我生存状态的过程,寻人者不仅在寻找走失的亲人,而且在寻找失去的亲情,寻找血脉相连的精神纽带。寻访战友的老人所寻找的,不仅是失散多年的战友,而且包括逝去的峥嵘岁月与往昔情谊;寻找初恋的高龄老者,不仅是为了获知对方的近况,而且是追寻

---

① 赵京华:《寻找精神家园:周作人文化思想与审美追求》,中国人民大学出版社 1989 年版,第 19 页。

甜蜜回忆的一种表现。寻人类电视节目的寻找,不仅是寻找物质实体的人,而且是寻找精神层面的"魂",寻找叙述者的个体生活状态,寻找精神家园,通过对寻找故事的叙述实现精神家园的重建。

寻人故事中饱含扣人心弦的情节与打动人心的情感,那些隐匿于生活中的真实情感,在寻人故事中流露出来。寻人类电视节目关注普通个体的生命状态与情感状态,寻人者身上所真实流露出的坚持不懈、努力追寻等美好品德得到传播,这种基于现实层面的叙事使节目最大程度地贴近生活,透视社会。

在寻人者寻找过程的背后,隐含着作者的意图,寻人类电视节目制作的初衷在于弘扬社会正能量,节目不仅在关注个体的生活,而且在抚慰转型社会中人们焦虑的情感,关照人们的心灵。寻人类电视节目的生产者关注现代社会中的普通个体,特别是弱势群体,从个体的自我讲述表现社会问题,以负责任的态度关注现实生活中存在的热点问题,抨击拐卖儿童,倡导社会关注老兵,传递真善美的价值观。寻人类节目关怀现实,面对生命中意义困惑、价值消解和信仰退却等问题,以真实故事关怀普通个体,以疗伤的姿态给予人希望,从而让人获得"家园感",心灵找到皈依之所。

（三）寻找历史责任感,建构"国家记忆"

节目所要寻的不仅是作为历史见证者的个体,而且是中华民族的国家记忆与集体认同。随着社会的发展,过往的历史痕迹渐渐消退,在某种价值观扭曲的作用下,一些人开始遗忘历史。寻人类节目以"寻找"为切口,寻找逝去的记忆,寻找历史的悲痛,寻回观众的历史责任感,寻回民族精神之魂。譬如,《等着我》在描述普通人抗争命运故事的同时,讲述国家命运与个体记忆交织的历史大叙事,唤起观众对远去历史的集体记忆,凝聚中华儿女的民族认同感。

《等着我》节目组制作了关于抗日战争、解放战争、抗美援朝、对越自卫反击战等重要历史节点的感人故事，寻访历史事件的亲历者，由亲历者讲述历史大叙事下不为人知的细节，将观众带回到历史场景之中，感受尘封许久的历史记忆，唤起情感共鸣。在 2015 年抗战胜利 70 周年之际，《等着我》播出了多期以抗战为主题的节目，其中一期讲述 94 岁抗战老兵寻找日军投降仪式中的战友，通过老兵的讲述翔实地描绘出 1945 年 9 月 9 日日军投降时的场景，重现了中国历史上最重要的历史时刻——日军投降，将观众带入战争岁月的时空。老兵希望自己与战友作为抗日战争的亲历者，能将历史传承给后人。节目组寻访到几位亲历日军投降仪式的战友，通过 3 位老兵的讲述，强化了中华民族关于抗战的集体记忆，重现了战争岁月的历史情境，高扬了爱国主义精神，表现出对祖国兴旺发达的愿景，为社会发展提供精神支柱，以期实现思想文化的自觉与生命精神的唤醒。

寻人类电视节目是情感类电视节目的一种类型，其内容包含了社会转型时期的现实问题与人生困境，节目通过对生活中真实故事的呈现，为观众描绘出现实世界的图景和生存的意义。精神家园不仅寓示着精神的归属、认同和安宁，而且是精神力量的凝聚、心灵的皈依和情感的寄托。对于个体而言，精神家园的找寻是为了获得生命意义的答案与生存根基；对于民族群体而言，关怀现实是在哺育自身成长的家园中获得凝聚个体生命与思想文化的观念体系。

五　结语

当今中国正处于社会转型的变革时期，文化层面受消费主义的影响，呈现出追求感官满足的肤浅状态，在此情况下，重构精神家园尤为重要。寻人类电视节目以寻找为切口，讲述现实生活中的寻人故事，展现普通个体的日常生活与现实问题，为寻人者提供实际帮助与精神慰藉，用温情的故事打动人，呈现世间各种美好的情感，对于弘扬传统文化,重建精神家园,具有十分重要的文化建设意义。

寻人类电视节目通过挖掘个体生命故事,表现转型时期普通个体的生存状态,建构求真、向善、塑美的人文价值理念,弘扬真实故事中坚守承诺、敢于担当、勤劳善良的美好品德,通过真实的故事让观众洞见人性的美好,用影像书写温暖人心的中国故事,呼唤大众珍惜亲情、重视友情、关注生活中的真挚情感,为建设美好生活与精神家园而不断追求。

(原载《现代传播》2019 年第 2 期,题为"人·故事与隐喻:寻人类电视节目的叙事分析",与研究生杨龙梦珏合写)

七

媒体发展与业务创新

新闻报道的多方面突破

——我国媒体 2003 年内容创新的历史回顾

2003 年，我国媒体始终坚持用"三个代表"这一马克思主义思想来统领新闻宣传，认真落实"贴近实际、贴近生活、贴近群众"的宣传方针，充分体现"以人为本、以民为本"的执政理念，在不少方面取得了突破性进展，谱写出新闻报道的新篇章，值得认真研究总结。

一　会议报道改革力度空前

长期以来，会议报道一直是困扰新闻界的一大难题。过去，会议报道注重规格和模式，不大讲究传播艺术。各种会议报道充斥新闻传媒，并放在重要位置，但传播效果并不理想，甚至引起受众的反感。近年来，许多媒体在改进会议报道上作了不少尝试，如从会议中抓出一两个重点问题，捕捉新的信息，会议稿件尽量缩短篇幅，将长篇会议新闻分解成若干短篇板块等，但依然难逃会议报道的平庸窠臼。会议报道的内容仍然过多，与会人员的名单一长串，而有价值的新闻信息却不多，仍然有很大的改革空间。

2003 年 3 月，全国人大十届一次会议和全国政协十届一次会议在北京召开。会议期间，关于对中央领导同志活动和会议新闻的报道工作，胡锦涛等领导人"提出了明确具体的要求，甚至规定了文字报道的字数和电视播报的时长。"各省迅速贯彻中央指示，明确"会议报道不以出席领导职务的高低为新闻价值的取向","减少会议和领导同志活动报道","严格控制字数和时间","鼓励记者深入采访,善于从会议和领导讲话中挖掘新闻"。新闻报道从内容到形式明显改观,受到群众好评。

2003年3月28日,胡锦涛总书记主持召开中央政治局会议,研究进一步改进会议和领导同志活动新闻报道等工作。这次中共中央政治局会议讨论了《关于进一步改进会议和领导同志活动新闻报道的意见》。会议指出,进一步改进会议和领导同志活动的新闻报道,对全面贯彻"三个代表"重要思想和十六大精神,促进和带动全党同志特别是各级领导干部进一步改进思想作风、工作作风和领导作风,密切党同人民群众的联系,具有十分重要的意义。各级党委要高度重视这项工作,并把它作为一件大事抓实抓好。中央和国家机关要带头,各级领导机关和领导干部要严格自律,自觉支持新闻媒体改进报道工作。

这次会议之后,全国各省、(直辖)市、(自治)区以及各地市级党政机关纷纷响应,根据中央的指示精神,结合本地实际制定了改进会议和领导同志活动新闻报道的方案,掀起了前所未有的会议报道改革浪潮。各省市区大力减少会议和领导同志活动报道,将重要版面、黄金时段让位给群众和基层,使新闻报道更加贴近实际、贴近生活,受到了群众的赞扬。

在这次会议新闻报道改革过程中,全国媒体有不少新的探索与突破。随着会议新闻的减少与报道篇幅的压缩,一些新的报道方式与方法被创造出来。如对党委、人大、政府、政协多位领导参加的会议或活动,只综合编发一条消息,不分别发稿;对出席会议、活动的领导同志名单,能省略则尽量省略;对领导同志在会议上的讲话,综合在消息中,不另专门编发;以标题新闻形式报道领导同志的活动;对政府工作报告进行深入浅出的解读分析;深入采访,在会议的新闻中发现真正有新闻价值的内容加以报道……所有这些，都是前所未有的突破。

二　"负面新闻"报道及时

所谓"负面新闻"，是一个习惯说法，语义比较含混，在时事政治的范畴里往往是指对社会稳定产生影响的新闻，比如关于灾情、疫情、腐败、职务犯罪的报道。

从新闻传播的规律与社会的长治久安来看，"负面新闻"并非产生负面作用的新闻，相反，只要报道得当，往往具有正面作用。早在1959年6月20日，毛泽东看了新华社关于广东水灾的内部参考材料后就曾批示："广东大雨，要如实公开报道。全国灾情，照样公开报道，唤起人民奋力抗争。一点也不要隐瞒。"但是，长期以来，我国的新闻传播始终在"报喜不报忧"和"内紧外松"的习惯模式中运行。所谓"报喜不报忧"，就是不报道"阴暗面"或对自己不利的信息，意在"不报"；而"内紧外松"则是组织或系统内部对某些情况高度重视或严加防范，但并不将有关情况提供给社会公众，意在"少报"。按照"报喜不报忧"和"内紧外松"的习惯模式，媒体对于"负面新闻"自然是能够不报就不报，万不得已，也要尽量少报。

2003年前所未有的"非典"疫情使我国媒体建立起公开而且及时报道"负面新闻"的传播机制。非典疫情首先在广东暴发。2002年11月16日，佛山市人民医院接诊一例特殊的肺炎患者，后被认定为首例"非典"病人。春节前夕，广州出现非典病例。2月6日，非典型肺炎进入发病高峰，广东全省发现病例218起，当日增加45例，大大超过此前单日新增病例。2月11日，广州市人民政府和广东省卫生厅召开新闻发布会，首次披露广东感染"非典"患者305例，死亡5例。从此，非典型肺炎成为广东媒体纷纷报道的重大新闻。这是对"报喜不报忧"和"内紧外松"的习惯模式的最早冲击。但是，2月中旬以后，关于非典的报道在一段时间内又迅速"淡化"下来。

2003 年 4 月 20 日，是一个转折性的日子。当天下午，国务院新闻办公室就非典问题举行新闻发布会。中央电视台当晚播出了实况录像和新华社发布的消息，全国人民都知道了中央的重大决定：公开疫情，任何单位和个人都不得瞒报、缓报。4 月 20 日以后，卫生部门及时准确地通报疫情，不仅为政府决策提供了依据，也使广大民众尽可能充分地了解信息，做好预防。事实证明，"让公众知情"的举措，并没有引起社会不稳定或恐慌，而是为早日切断传染病源发挥了重要作用。与此同时，非典型肺炎在 4 月 20 日以后被列入《传染病防治法》法定传染病进行管理。这样一来，有关医疗机构、政府部门报告疫情具有法律责任，隐瞒不报则属违法，将追究法律责任。这就从法制上确立了疫情危机的信息公开制度。

应当说，确立公开疫情的信息传播机制，在中国新闻传播史上是一个重大转折，这个转折不仅对非典防治具有重要的意义，而且对我国的政治、经济、文化建设具有深远的影响。温家宝总理 5 月 4 日视察清华大学和中国农业大学时说，要发扬伟大的"五四"精神，依靠科学和民主战胜本世纪中华民族遭遇的第一场大灾难。温家宝总理在论及抗击非典时将科学与民主相提并论，意味深长，应当高度重视。科学抗击非典广为人知，但没有民主就没有信息公开，没有信息公开就没有科学决策。在一个开放的、快速变化的信息社会，政府遇到问题如果总是先"内部消化"，将政府与公众隔离开来，必然导致决策失误。可见，信息公开与公众知情在温家宝总理的讲话中已被提升到政治民主和科学决策的高度而得到了充分肯定。

实践证明，"负面新闻"的信息公开与及时报道，增大了信息透明度，保障了公众知情权，有利于防止谣言的传播，有利于增强媒体的公信力，有利于保障社会的良性运行。2003 年 5 月 2 日，新华社发布消息，编号361的中国常规动力潜艇在山东省内长山以东领海进行训练时，因机械故障失事，艇上70名官兵不幸全部遇难。国际军事专家指出，这是中国自1949年以来首次公开重大潜艇事故。这是在公开非典疫情之后的又一次公开灾难信息的惊人之举。

从此以后，对于灾难性新闻，媒体都给予了及时报道。例如，5月13日，安徽淮北芦岭瓦斯爆炸，86人死亡；8月11日，山西大同杏儿沟瓦斯爆炸，42人死亡；11月14日，江西丰城建新煤矿瓦斯爆炸，49人死亡；12月23日，重庆市开县一处矿井在起钻作业中发生天然气"井喷"，造成233人死亡，灾害波及4个乡，4万多名灾民被紧急疏散，方圆5公里内形成了一个"无人区"。对这些重大的灾难性事件，不回避、不掩盖，客观报道，正确引导舆论，与以往相比具有很大进步，显示出媒体对灾难性新闻的理性和成熟。

三　国外战争报道全面跟踪

2003年3月20日，伊拉克战争爆发，新华社早于世界其他通讯社10秒钟发出伊战消息。此后，我国的传媒在报道这场战争中展开竞争。由于中央电视台的三个频道（1、4、9）和一些地方电视台连续几十天直播这场战争，无论在时效性上还是在现场性上，电视都在各种媒体中独领风骚，仅央视4频道的直播收视率在前三天就猛增了近28倍。报纸也不甘示弱，在全面跟踪报道伊拉克战争新闻竞争中有上佳表现。伊拉克战争爆发之后，《人民日报》以及各地报纸关于伊拉克战事的报道一度占据绝对版面，而且一直跟踪报道，及时、准确、客观。报纸在报道伊拉克战争过程中的最大特色，是以专题、专刊、特刊的形式聚焦战争，解析战争。在战争爆发前夕的3月19日，《解放日报》就决定增加伊拉克局势的报道版面，20日推出了2个国际版和4个版的"伊拉克战争特别报道"特刊，取得伊拉克战争报道的先发效应。3月21日，全国各地报纸纷纷推出专刊、特刊，对伊拉克战争进行专业而冷静的军事与时局分析。

除了以专题、专刊、特刊的形式聚焦战争而外，报纸对于伊拉克战争的报道还有两点值得注意：首先，战前预测报道准确。解放日报报业集团和广州日报报业集团都向海湾派遣了特派记者，即时发回第一手前线报道。3月19日，《解放日报》6版刊登题为《战争可能在明晨爆发》的报道，提前一天准确预测了开战时间。其次，推出号外拼抢时效。在新闻竞争激烈的广州，各主要报纸在正常出报之外，都刊发号外：《南方日报》《广州日报》抢发了12个版的号外，《南方都市报》的号外达到16个版，《信息时报》更多到40个版。

对于当代战争，早在1991年《人民日报》就曾全面报道过海湾战争。在海湾战争1991年1月17日爆发的前11天，即1991年1月6日，《人民日报》就开始在国际版上开辟专栏《海湾局势最新动态》，及时、全方位地报道战争态势，直到1991年3月1日。每天所占的版面不少于1/4版，大部分时候是1/3版，局势紧张时，不少于1/2版，有时甚至占据整个国际版（共2版）80%的版面。但是，伊拉克战争报道比海湾战争报道有了明显的实质性的进步，这主要体现在电视直播战争，其次体现在各级各类媒体全方位地跟踪报道伊拉克战争。

在中国新闻传播史上，全面跟踪报道伊拉克战争，具有十分重要的意义。首先，尊重民众知情权与新闻价值规律，受到前所未有的重视。伊拉克战争是对国际关系与格局乃至对整个人类社会的历史进程产生重大影响的历史事件，举世关注，新闻价值十分重大。战争伊始，我国媒体就全方位跟踪，真正参与到重大国际事件的报道过程之中，让人民群众及时知道战争动态。其次，凸显了新闻专业主义理念，显示出客观性法则在新闻报道的重要意义。对于伊拉克战争，我国媒体始终从第三方的立场出发进行报道，以人文情怀和人道主义的立场对这场战争进行解读，在新闻处理上显得客观公正，大大提高了中国新闻在国际传播的地位。再次，推动媒体展开全面的新闻竞争，激发了媒体对新闻报道方式的创新。在伊拉克战争报道中，谁想占有、开发更多的新闻资源都不容易。因此，一些新闻理念、报道方式也随之刷新。各传统媒体除了打断正常播出，抢发战争新闻外，还采用了飞字幕、插播、电话连线、号外、战争沙盘、图表、专题化的战争新闻手册等传播手段，不断传递最新战况。

四　关注弱势群体成为议题

社会弱势群体，是一个用来分析现代社会经济利益和社会权利分配不公平、社会结构不协调不合理的概念，指社会地位较为卑微、较少机会获得社会资源、需要借助外在力量支持的社会群体。在我国，社会弱势群体主要包括生理性弱势人群、贫困农牧民、城市边缘人群体、失业下岗人员、天灾人祸中的困难者等。

我国媒体关注弱者由来已久。在中国新闻奖获奖作品中，就有许多佳作是报道各种社会弱者的，如《上学》（1996，摄影报道）、《盲人切飘海》（1997）、《黑户刘婷婷》（1998）、《56 名女工状告工厂搜身权》（2000）、《南丹 7·17 事故初探》（2001）、《关注农民工讨回打工钱》（2002）。但是，新闻媒体全面关注弱势群体，不能不说是从 2003 年开始的。2003 年 1 月 3 日，中国社会科学院发布《中国社会蓝皮书》：到 2002 年 11 月，外出务工的农村流动人口已经超过 9000 万。按照"十五"规划，到 2005 年，还有大约 4000 万农村剩余劳动力转向城镇非农产业。2003 年 1 月，国务院发布《关于为农村流动人口提供服务》的通知，要求各级政府树立服务型政府新概念，为农民工服务。2003 年 1 月，中央农村工作会议召开以后，中国的农民工政策发生了重大变化，国务院出台了《做好农民进城务工就业管理和服务工作》的通知。

据测算，目前全国共有包括残疾人、农村贫困户、灾民、城市低保对象、城市流浪乞讨人员和城乡失业者等社会弱势群体人口 2.8 亿左右，其中大多数在农村。因此，2003 年关于弱势群体的报道，涉及面最广、涉及人数最多的，当数对农民工工资问题的报道。

2003 年初，新华社推出"关注民工工资"系列报道，自 1 月 12 日始，至 28 日止，共发稿 42 条，引起各方重视。1 月 26 日，《人民日报》在《读者来信》版推出《9000 万农民工值得我们关注》专版，集中宣传党和政府对农民工的政策和态度，反映农民工现状和遭受的不公正待遇，还介绍了一些地方解决这一问题的做法和经验。重头稿《建筑业农民工状况扫描》，披露了全国建筑行业拖欠农民工工资的严重情形。专版见报后，不少农民工打来电话倾诉心声，感谢党中央机关报替他们说话。10 月 24 日，重庆农妇熊德明在回家的路上，遇见当时正在当地考察的温家宝总理，她鼓起勇气向总理说了句"实话"：现在的农民收入主要靠打工……她丈夫 2240 元打工的工钱已经被拖欠了一年，影响孩子交学费。温总理当即答应为她要回被拖欠的工钱。当晚 11 时，熊德明一家就拿到了 2240 元工钱。随行的记者将此事写成《总理为农民追工钱》的报道，新华社播发后，海内外近 300 家媒体在显著版面或重要时段刊播，全国几乎家喻户晓。各地纷纷出台措施，解决农民工工资拖欠问题。

为农民工追讨工钱的报道，《人民日报》、新华社等权威媒体从年头做到年尾，刊出的稿件数以百计。每一家主流新闻媒体，都刊发了农民工工资问题的报道，为农民工呼吁呐喊。与此同时，有关强拆民房、强征土地、农民负担、进城农民遭遇社会歧视、不公平待遇、子女入学难等各种各样的问题，也得到全方位、多角度的报道，使人们真切体会到了党和政府为什么一而再，再而三地提出解决"三农"问题的初衷。

报纸等媒体对弱势群体的关注，是贴近生活、贴近实践、贴近群众的生动体现，是对"三个代表""立党为公""执政为民"思想的新闻诠释，同时，也充分体现了媒体承担起社会正义与社会良知代言人的角色，这在中国新闻传播史上是值得大书特书的。

五　注重新闻言论，时评异军突起

新闻言论向来被称作媒体的"灵魂"和"旗帜"，在舆论传播过程中具有不可替代的作用。每当需要进行社会动员或舆论表达的时候，言论总是成为最为强劲的时代音符。2003 年，新闻言论受到高度重视，新闻时评更是异军突起，谱写出中国报纸值得格外关注的一个乐章。

首先，注重发挥言论在舆论导向中的重要作用。例如，《天津日报》始终突出党报的言论优势，提出办一张有声音、有立场、有灵魂的新闻纸。2003 年，《天津日报》刊发一版言论 100 多篇，理直气壮、深入浅出、通俗易懂地讲大道理，营造了良好、和谐、奋进的舆论氛围。可以说，言论已真正成为《天津日报》强化舆论力量的旗帜和重磅武器，每逢大事，总有言论开路，并且形成系列。为了加强言论建设，南方日报社在 2003 年 1 月成立了评论委员会，并在一版显著位置开辟"南方观察"专栏，进一步发挥《南方日报》在舆论引导上的优势。为了给读者提供出色的观点和思维方式，《解放日报》先后推出"观点"版和"专家视点"专栏，以新的版式、新的作者、新的内容吸引读者，起到了传播思想、表达观点、沟通意见的作用。

其次，时评异军突起，形成公民言论空间。时评是时事评论的略称，是以议论时事为内容的评论。1998 年 11 月，《中国青年报》在"冰点新闻"版上推出一个全新的评论专栏——"冰点时评"，对新闻事件作出清晰的理性判断，并且融入民主和法治的精神，每周见报三次，拉开了近年时评热潮的序幕。2002 年 3 月 4 日，《南方都市报》开风气之先,在全国首辟时评版,从而引爆了一场全国性的时评热潮。继《南方都市报》之后,《南方日报》办有每周三期的时评版,《羊城晚报》推出了"七日时评";南京的《现代快报》和《江南时报》每日辟有时评版,《金陵晚报》一周两期;成都的《成都晚报》和《天府早报》每周两期时评版;郑州的《郑州晚报》和《大河报》也有每日时评;杭州的《每日商报》和《青年时报》辟有每周五期的时评版。2003年4月2日,《南方都市报》正式扩版,与国际惯例接轨,在"社评版"之外增设"来论版",把时评推向了新的历史高度。

2003年报纸时评的创新之处,突出表现在时评的版面化、规模化。在这方面,《南方都市报》是一个典型代表,从2002年3月4日开始就天天推出时评版,连续不断,到2003年4月2日后更将时评版扩充为两个版,由"社评"及对页的"来论"组成,其规模化经营引领潮流。《南方日报》2002年8月全新改版后推出的"观点"专版,每周三次出版,《羊城晚报》2003年9月将原来的"七日时评"改为"时评",并将原来的半版改为整版,也都体现出评论版面化、规模化的特色。与此同时,言论空间的开放性与多元化也在时评中得到突出体现。从栏目设置来看,《广州日报》有"多棱镜""观点对对碰",《南方日报》有"你说我说",《羊城晚报》和《南方都市报》有"观点碰撞",《南方周末》有"众议"。《深圳商报》在C叠开辟的"谈话空间"专版,以近期热点话题的简短概括作为背景,主要刊登读者来论,并提供"你说我说"近期话题,更是典型地体现了言论空间的开放性与多元化。

在时评热潮中,涌现出不少优秀的时评栏目。如《文汇报》的"文汇时评"栏目,在坚持新闻导向的同时,紧紧抓住新闻热点,对各种社会现象和社会思潮及时进行褒贬评论,立足发表一流专家学者撰写的各种观点新颖、材料翔实、分析独到的评论,开风气之先,代表了社

会的良知，先后多次受到中宣部、市委宣传部的表扬，2003 年被授予
"中国新闻名专栏"称号。

［原载《西南民族大学学报》（人文社会科学版）2005 年第 2 期，
与研究生胡丹、刘达、彭泰权合写］

广州报业的区域性异地扩张

2003 年 11 月 11 日，南方日报报业集团与光明日报报业集团联合主办的《新京报》正式创刊，不仅开创了中国跨地域办报的先河，而且开创了中央媒体与地方媒体联合创办新报的先例，成为当代中国报业发展史上的一个焦点，在出刊前后受到舆论界的高度关注。从广州报业发展的角度看，《新京报》的创办无疑是广州报业异地扩张的得意之作。

如果在更加宽泛的意义上来谈论报业的异地扩张，那么在《新京报》模式之外，事实上还有一种模式，这就是报业从中心城市向周边城市的辐射，也可以说是区域性的异地扩张模式。早在 90 年代中后期，《华西都市报》总编辑席文举就提出了报纸发展的"区域组合城市"战略，并且身体力行，将成都、重庆两大中心城市及其周边城市特别是成都的周边城市作为《华西都市报》的报业市场。后来随着重庆在 1997年成为直辖市，《华西都市报》不得不淡出重庆市场，但其"区域组合城市"的报纸发展战略在四川省内从一开始就取得了极大的成功，使该报在同以成都市为主要市场的《成都商报》的竞争中立于不败之地。

因此，报业的区域性异地扩张，同样是值得业界和学界关注的前沿课题。本文拟对广州报业的区域性异地扩张作一全面的描述和探讨。

一 区域性异地扩张的态势

就广州报业而言，随着竞争的加剧，三大报业集团在《新京报》

模式产生之前，已纷纷向周边城市拓展。早在 1996 年，《广州日报》就开始做珠江三角洲新闻版，率先把触角伸向珠三角地区。① 1999 年，《南方都市报》进入深圳，专辟一叠"深圳生活杂志"。当年初，《南方都市报》在深圳只有几千份，半年后达到 4 万份的销量，一跃成为深圳报业市场中外来报刊发行量最大的报纸。于是，广州报纸竞相追随，纷纷在异地扩张。《广州日报》在深圳的采编力量曾一度高达 30 多人，《新快报》也在深圳布下重兵，《羊城晚报》则先后推出粤东版等。② 在 2001 年 5 月发生"南都被禁发事件"之后，广州报业的异地扩张步伐有所收敛。然而，随着广州报业在中心城市的角逐日趋激烈，争夺周边市场已成为必然的选择。于是，创办直接面向周边市场的周刊或名为"杂志"的专门版面，又在 2002 年悄然兴起，并在 2003 年达到高潮。2003 年 12 月，《南方日报》珠三角新闻中心成立。至此，广州的三大报业集团全都建立了面向珠三角的新闻中心或部门，专门负责异地报纸版面的运作与经营。

南方日报报业集团的《南方日报》珠三角新闻中心下设广州、深圳、佛山、东莞、珠海、惠州、中山、江门、肇庆 9 个工作室，并从 2003 年 12 月开始每天以 C 叠 8 个版面报道这些地区的新闻。除广州新闻为 2 个版、深圳新闻为 1—2 个版以外，其他地区新闻的版数比较机动。《南方都市报》则以地方杂志的形式异地办报，先后创办了深圳、佛山、东莞、珠海、惠州、中山 6 份杂志。其中，《深圳杂志》每天出版，《东莞杂志》每周出版两次，其余地区的杂志均等同于"周刊"，每周只出版一次。

羊城晚报报业集团的《羊城晚报》2002 年在佛山和东莞创办地方

---

① 参见刘勇《媒体中国》，四川人民出版社 2000 年版，第 123 页；孙燕君《报业中国》，中国三峡出版社 2002 年版，第 13 页。

② 喻乐、朱学东：《集团化苦旅》，《传媒》2003 年第 9 期。

版，分别称为《佛山一周》和《东莞一周》，后者目前一周出版两期。《新快报》2002年至2003年上半年在深圳、东莞、佛山三地办报，没有统一的命名规则。佛山版名为《今日佛山》，逢周二、周五出版，深圳版以《深圳周刊》冠名，东莞版则包括《财富东莞》和《汽车东莞》两部分。

广州日报报业集团的《广州日报》2000年以来陆续创办《深圳杂志》《江门杂志》《佛山杂志》，但先后因故停办。2002年8月，《广州日报》创办《东莞杂志》，每周三期，2003年5月改版，仍每周三期；2003年8月8日复办《佛山杂志》，8大版，周五出版。《信息时报》在佛山和东莞办有《新佛山》《新东莞》两份地方版，每周出版一次。

为清楚起见，现将广州的三大报业集团向珠三角扩张的态势列表如下（详见表1）：

表1　　　　　　　　广州三大报团向珠三角扩张情况简表

报团	报纸	版别	形式	创办时间	出版周期	版面数
南方日报报业集团	南方日报	深圳	珠三角新闻中心管辖，不单独成叠在异地发行，一周内各地方新闻以轮替方式刊发；广州新闻2版	2003.11	每天	对开1—2版
		佛山			不定	不定
		东莞			不定	不定
		珠海			不定	不定
		惠州			不定	不定
		中山			不定	不定
		江门			不定	不定
		肇庆			不定	不定
	南方都市报	深圳	《深圳杂志》	2000.03.01	每天	四开16版
		佛山	《佛山杂志》	2003.03.06	周五	四开16版
		东莞	《东莞杂志》	2003.04.15	周二、周五	四开16版
		珠海	《珠海杂志》	2003.03	周三	四开16版
		惠州	《惠州杂志》	2004.03.25	周四	四开16版
		中山	《中山杂志》	2004.02	周四	四开16版

续表

报团	报纸	版别	形式	创办时间	出版周期	版面数
羊城晚报报业集团	羊城晚报	佛山	《佛山一周》	2002.11	周五	对开 8 版
		东莞	《东莞一周》	2002 年 3—4 月	周三、周五	对开 8 版
	新快报	深圳	《汽车深圳》	2000 年底至 2001 年初	周三	对开 8 版
			《财富深圳》		周五	
		佛山	《今日佛山》	2003 年初	周二、周五	对开 8 版
		东莞	《财富东莞》	2002.09.28	周三、周五	对开 8 版
			《汽车东莞》	2003.06.11		
广州日报报业集团	广州日报	佛山	《佛山杂志》	2003.08.08	周三、周五	对开 8 版
		东莞	《东莞杂志》	2002.08	周二、周三、周五	周二、周五对开 8 版 周三对开 12 版
	信息时报	佛山	《新佛山》	2003.04.11	周五	四开 16 版
		东莞	《新东莞》	2003.04.17（官方定 27）	周四	四开 16 版

由此可见，每家报业集团均有两张报纸在同一个地区出版，使珠三角地区成为广州三大报业集团鏖战的新市场。所谓"开疆拓土，服务珠三角"的扩张方式，已成为广州报业竞争的重要战略。

二　区域性异地扩张的动因

从报业经济的角度看，广州报业的区域性异地扩张显然是为了追求更大的办报效益，特别是经济效益。不难发现，庞大的广告收益驱动着报业集团创办珠三角地方版，这也决定了报纸的内容和形式，包括栏目的设置和版数等。

从各报的栏目设置看，除新闻版外，针对广告客户的版面很多，财经、楼市、车市、3C（电脑、家电、通信）、旅游、医疗、教育等版面，都是各报地方版经营的重点，唯恐落在他人之后。例如，《信息时报》的佛山版是四开 16 版，版面有综合新闻、佛山焦点、佛山事件、佛山话题、特别报道、人物、旅游（1—2 个版）、3C（1—2 个版）、汽车（2个版）、地产（2个版）、佛山影像（摄影报道）、健康（非常规版面）。《新快报》的《今日佛山》周二、周五出8版，其中时政新闻4版，专版4版，分别是汽车2版、夜生活（消费类）2版（周二出）、教育2版面、楼市2版（周五出）。《南方都市报》的《东莞杂志》也有地产、汽车、消费等常规版面。

另一方面，每当广告投放增多之时，地方版报纸就会打破常规出版方式，或增加期数，或扩充版面，或加大印数，以便让报纸地方版与广告更有效地互动。例如，《羊城晚报》的《佛山一周》，通常是周五出8版，有特别策划时可以一个月出8—9期，版面最多达20版。这是在某个领域特别热门时采取的配合措施，譬如4月至5月，楼市和汽车销售高峰期，就会推出关于这方面的专题策划。

三　区域性异地扩张的成效

尽管三大报业集团各报创办地方版是为了吸引当地的广告投放，但这必须以拥有相当规模的读者群为前提。为了吸引读者，各报都十分注重新闻报道。比如，《广州日报》的东莞版对开8版，以策划专题为主，有一些固定的栏目：星期二为"必读新闻"（相当于《广州日报》的"实用新闻"），星期三为"谋财东莞"（财经类新闻），星期五有"看透七日"（一周新闻点评，评论类）。《南方都市报》的新闻大体上有《新闻事件》《民生新闻》《巡城一周》《民间》等，又因各地情况不同而有差异。《新快报》的《今日佛山》时政新闻有4版，和其他的专版一样多。《南方日报》C叠下的各城市新闻就更多了，目前基本上整个版面都只有新闻，很少看到有夹杂刊登广告的情况。

这些地方版的出现，不但打破原来各地报纸对报业市场的垄断，让当地读者拥有更多的读报选择，而且这些地方版更倾向于把目光投向一些当地报纸未加重视的新闻报道领域，譬如民生和民意等，从而使报纸更加贴近社会,比较有效地填补了当地新闻报道的一些空白,成为舆论监督的重要力量。与此同时,这些水平相对较高的报纸地方版,也引起了当地报纸办报理念和办报手段的变化,有利于推动当地新闻事业的进步。

在取得良好社会效益的同时,三大报业集团各报地方版也在一定程度上拉动了报纸在当地的销售量,从而获得了比创办地方版之前更大的广告收益。由于难以取得各报发行地方版前后的报纸发行量或广告额数据,这里只能以一些记者的说法作为印证。譬如,《新快报》佛山站记者称,《今日佛山》创办后,"明显感觉到报纸好卖了"。《广州日报》的《佛山杂志》一名记者说,创办和发行《佛山杂志》以后,增长得最明显的不是《广州日报》在佛山的销售量,反而是广告额。《南方都市报》人士说,东莞、佛山两地区域广告由无到有,实现历史性零的突破,而且收入可观。

此外,民营资本已经深度介入某些报纸的地方版。在访谈中有一个很特殊的例子。《新快报》佛山记者站已经完全承包给当地的一位企业家,由他负责经营和管理,自负盈亏。也有把广告业务交给当地广告公司代理的例子,如《广州日报》东莞版的广告就交给了当地的先驱广告有限公司全面代理。但广告代理并未成为常规操作方式,《广州日报》佛山版依然是广州派人去承接广告。

四　区域性异地扩张的问题

作为一种新生事物,广州报业的区域性异地扩张也存在着不容忽视的问题。正视和研究这些问题,对于有效推动中国报业的异地扩张或许是更有意义和价值的。归纳起来,这些问题主题主要表现在以下几个方面。

首先是体制性障碍。《南方日报》某地方工作室的一名记者说:"《南方日报》2002 年 8 月改版后，新闻选择上出现了和以往不同的特点，开始刊登一些很枝节、细微的新闻。尤其是我们这些地方版很多时候会关注市井消息，这引起了当地领导的警惕。"《广州日报》某地方站的一名记者说:"最大的困难在于当地政府的不合作态度。他们会不通知采访事宜，有一些甚至直斥我们是非法出版物。恶劣的新闻环境导致采访困难。"《信息时报》某地方站的一名记者也说:"在一次采访中，当地政府新闻办的领导斥责我们是非法出版物，拒绝透露情况。他说，《信息时报》在广州当然不是，但来到这里就一定是（非法的）。"正是由于新闻采访困难，加上人力、物力、财力的制约，能够像《南方都市报》深圳新闻版那样做得有声有色的报纸地方版并不多见，不少地方版只能采取一周出版一次，好一些的地方版也就二三次。

其次是广告经营困难。2003 年 5 月 22 日，《南方都市报》发表题为《深圳报业集团制裁本报广告客户》的报道，称市场有传言表明:"（企业）向南方都市报投放广告即被该集团（深圳报业集团）列入'黑名单'进行制裁并以'批评报道'相威胁'。"此事最终在深圳报业集团的沉默中偃旗息鼓。① 但是，这不代表广告就很容易到手。《信息时报》佛山站的一名记者说:"拉广告时还是有种种困难。譬如去顺德拉广告，投放者会认为《顺德报》覆盖的市场已经足够了，不需要再在《信息时报》上投。"

再次是资源整合不到位。广州报业的异地版与当地报业存在着竞争，各报业集团之间存在着竞争，这是不争的事实。但是，在各报业集团内部，主报和子报之间尽管也存在着一定程度的竞争，但总体上应当是合作大于竞争。然而，《广州日报》东莞站的一名记者说:"我们和《信息时报》东莞站是两套人马，各有各做，不合作，除非记者个人在私下交流。"《信息时报》佛山站的一名记者也说:"我们跟《广州日

---

① 喻乐、朱学东:《集团化苦旅》,《传媒》2003 年第 9 期。

报》也不怎么合作，还要吩咐注意保密。"《羊城晚报》和《新快报》的地方站记者也表达了相似的看法。即使有一定程度的合作，也大都限于私人联络。《南方都市报》东莞站一名记者的话比较有代表性："在这里和《南方日报》合作，大都是记者私下跑同条线的私人感情。但在广州那边如果有新闻，都是可以看到，可以引用的，因为是资源共享的。"

最后是人才队伍还不够成熟。各报地方版记者站一般拥有 20 人左右规模的采编力量，这些记者编辑主要有三个来源：一是各报从广州本部抽调的有经验的记者；二是各报地方版在当地招聘的熟悉地方市场或有相关工作经验的人士；三是从高校招聘的应届毕业生，还是新闻新手。从理论上说，这样的人员结构完全可以担当起地方版的采编重任。但在实践上，除个别报纸的地方版采编队伍比较成熟外，各报地方版的采编人员要在总体上走向成熟，还需要在实践中磨合锻炼。

（原载《新闻界》2004 年第 2 期，与研究生刘俊、谢影月合写）

广东报业发展的人文审思

——在第七届世界传媒经济学术会议*上的演讲

  进入新时期以来，广东报业获得了前所未有的发展，在全国处于领先地位，这不仅是有目共睹的事实，而且也获得了业界与学界的广泛认同。

  为什么广东报业能够取得如此骄人的成就？就我所知，论者涉及这个问题，往往是从经济角度对广东报业的发展态势或经营管理作些分析。的确，处于改革开放前沿阵地的广东经济为广东报业的发展提供了强有力的支撑。改革开放二十多年来，广东已发展成为经济大省与经济强省，2006 年广东 GDP 占到全国 GDP 的十分之一左右。就广告收入来讲，广东报业的广告收入大概占据全国报业广告总收入五分之一到四分之一之间的份额。这样一种发展态势，自然会使人们都把目光聚焦到报业经济上，从经济的角度来审视广东报业的发展。

  从经济角度来研究广东报业的发展诚然是十分重要的。但是，如果仅限于此，又是远远不够的。我们知道，包括报业在内的整个传媒业都是内容产业。"内容产业"（contentindustry）是 1995 年西方七国信息会议率先提出的概念，1996 年欧盟《信息社会 2000 计划》进一步明确其内涵，包括制造、开发、包装和销售信息产品及其服务的行业。内容产

---

 * 第七届世界传媒经济学术会议于 2006 年 5 月 15—19 日在北京举行。

业的根本特性与运作之道就在于："内容为王。"这就意味着，报业经济的发展离不开报业内容产品的开拓创新。而报业内容产品的开拓创新，又离不开文化尤其是人文环境的培育与滋养。因此，从文化或人文环境的角度来审视与思考广东报业的发展，我们或许可以得出新颖而有价值的见解。

到 2006 年为止，广东报业在新时期的发展大体上可以分为三个阶段，也可以说是迈上了三个台阶：从改革开放之初的 1978 年到 1986 年，各类型各层次的报纸相继复刊或创办，这是第一个阶段或台阶；从 1987 年到 1995 年，体制改革、版面改革、发行改革和经营改革等相继展开，广东报业由此获得新的发展空间，上了第二个台阶；从 1996 年开始，广州日报报业集团、南方日报报业集团、羊城晚报报业集团、深圳特区报业集团的相继成立，使广东报业进入集约化、规模化经营阶段，广东报业在市场经济中愈益强大。[①]

值得注意的是，广东报业的发展过程也是广东报业的竞争过程。从竞争角度看，广东报业的竞争主要集中在广州地区。总体上，从改革开放初期到 90 年代前期，广州报业是《羊城晚报》独领风骚；从 90 年代中期开始，《广州日报》崛起，在传媒经济的意义上成为广州报业市场的新霸主；从 90 年代末期开始特别是进入 21 世纪以来，南方日报集团成为广州报业中综合实力最强的报业集团[②]。

在广东报业的发展过程与市场竞争中，广东报业创造了许多全国第一，成为全国新闻改革的一个重要领跑者。我们不妨略举几例。

——率先开展新闻批评。谈到新时期的新闻批评，我们都知道渤海沉船事件发生后的新闻批评十分典型。不过要注意，渤海沉船事件发生在 1979 年 11 月，公开的新闻批评则是在 1980 年 7 月。早在 1978 年 11

---

① 李子彪：《广东报业的现状与发展》，《新闻战线》2000 年第 2 期。
② 董天策：《新闻传播学论稿》，福建人民出版社 2004 年版，第 259—260 页。

月 8 日,《南方日报》就刊登了一篇批评稿——《麦子灿同志给习仲勋同志的信》。麦子灿是中共惠州地委农村办的干部,他在信中直言不讳地批评当时的中共广东省委第二书记习仲勋"爱听汇报,爱听漂亮话,喜欢夸夸其谈"。习仲勋同志闻过则喜,表示这个批评很好,要改进工作,并回信加以鼓励。① 麦子灿的批评信和习仲勋接受批评的信同时见报,这在省级机关报当中是前所未有的,在全国新闻界引起强烈的反响。

——率先开辟个人署名评论专栏。1980 年,《羊城晚报》复刊,副总编辑许实与总编辑吴有恒商议,认为晚报的评论不宜走日报的老路子,应具有晚报的特色,于是在《羊城晚报》头版开辟个人署名评论专栏——《街谈巷议》,许实同志以"微音"为笔名撰写评论。《街谈巷议》以其辛辣锐利,短小精悍,褒扬与贬斥都痛快淋漓而著称,成为当代中国报纸的名专栏。在中国新闻界,80 年代有"北林放,南微音"之说,可见这个专栏评论的成功。

——率先开辟时评版。2002 年 3 月 4 日,《南方都市报》在全国首辟时评版,天天连续推出,引爆了广州报纸的时评热潮,也加速了国内报纸的时评浪潮。值得注意的是,《南方都市报》开辟时评版,不仅实现了时评版的规模化经营,而且把评论和新闻报道分开编排,这在国内报纸的编排方式上又是一个创举,充分体现出现代报纸的编辑理念。

——率先报道小平南方谈话。1992 年新春,邓小平到南方视察。在新华社没有发通稿的情况下,《深圳特区报》以评论(即"猴年新春八评")的方式,把邓小平南方谈话的要点和精神作了及时而中肯的宣传。这样,既没有违反中共中央对邓小平南方谈话"暂不作公开报道"的宣传纪律,又在第一时间传达了邓小平南方谈话的主要精神,因而被

① 蔡铭泽主编:《新时期广东报业发展研究》,福建人民出版社 2006 年版,第 111 页。

包括《人民日报》在内的海内外报刊广泛转载。① 等中央作出要宣传小平南方谈话精神的决定之后，《深圳特区报》又适时推出通讯《东方风来满眼春——邓小平在深圳纪实》，具体报道了邓小平南方谈话的过程，成为当代中国新闻史上不朽的通讯名篇。《深圳特区报》也在报道邓小平南方谈话的过程中迅速崛起。

　　——率先报道"孙志刚案"。2003 年 3 月 17 日晚上，任职于广州某公司的湖北青年孙志刚在前往网吧的路上，因缺少暂住证而被强行收容，在一家收容所受到工作人员以及其他收容人员的野蛮殴打，3 月 20 日死于非命。4 月 25 日，《南方都市报》率先报道"孙志刚案"，并在当天推出社评：《谁为一个公民的非正常死亡负责？》，追问"孙志刚该不该被收容"以及"即使孙志刚属于收容对象，谁有权力对他实施暴力"等问题，并振聋发聩地将批判的锋芒直指收容制度。此后，在法学界人士的公开呼吁下，在全国媒体的集体声援下，"孙志刚案"不仅得到及时审判，而且最终促使国务院废止了实施 20 多年的《城市流浪乞讨人员收容遣送办法》，制定并施行《城市生活无着的流浪乞讨人员救助管理办法》，把收容所改成救助站，促进了中国法治的进步。

　　除了新闻传播内容上的这些开拓创新，广东报业在经营管理上也有不少开拓创新。其一，率先扩版。1987 年，《广州日报》在全国地方报纸中率先扩版，从原来的对开 4 版扩为对开 8 版，不仅轰动一时，而且触发了全国报纸的扩版热潮。其二，率先改革领导体制。1994 年 2 月，中共广东省委决定，《羊城晚报》试行领导体制改革，实行社长领导下的总编辑、总经理负责制，突出地提高了分管经营管理工作的总经理的地位，确立了我国报社在市场经济条件下运作的基本领导架构。其三，率先组建报业集团。1996 年 1 月，新闻出版署批准广州日报社组建报业集团。5 月，

---

　　① 王初文：《从"八评"看商品经济条件下新闻评论改革》，《岭南新闻探索》1992 年第 2 期。

广州日报报业集团正式挂牌运行,从此拉开了我国报业集团化运作的序幕。其四,率先实现异地办报。南方报业集团与光明日报报业集团共同出资创办的《新京报》,于 2003 年 11 月 11 日在北京创刊,开创了中国跨地域办报的先河,开创了中央媒体与地方媒体联合创立新报纸的先例。

为什么广东报业在发展过程中能够在诸多方面进行开拓创新?它的创新精神又是从哪里来的?据个人初步观察,这不能不归结到文化问题。正是广东特有的文化培育了不断开拓创新的广东报业。

首先是生生不息的岭南文化,它是广东报业发展的文化底蕴。关于岭南文化的内涵与特点,已有很多讨论,人们对岭南文化内在规定性的认识多种多样。譬如,有人说岭南文化的特质是求实、求新、求活、求变①;有人认为岭南文化的内在品质是重商务实,开拓进取、开放兼容②。应当说,务实求新、开拓进取的岭南文化精神在新时期表现得尤其突出,这大概是与改革开放的历史进程相合拍的缘故。这样一种文化精神,正是广东报业发展的文化底蕴。广东报业的发展,处处体现着一种开拓创新的岭南文化精神。《广州日报》从 80 年代后期的扩版到 90 年代前期的一系列改革,在都市报诞生前夕已变革为一张包含了机关报与后来的都市报两种报纸内涵的"都市日报",这比《北京日报》2001 年底重新定位为"首都都市机关报"③ 事实上要早很多年。《南方都市报》在其发展过程中更是明确地提出了"改变使人进步"的口号,并且身体力行,不断改变自己,不断探索新路,终于在不长的时间里成长为一份日益具有影响力的"新主流媒体"。

其次是自由开放的香港文化,它是广东报业发展的重要参照。在地理上,广东毗邻港澳,深受港澳文化特别是香港文化的影响。香港,曾

---

① 华苕:《岭南近代文化特点研讨会综述》,《广东社会科学》1991 年第 5 期。

② 管华:《摒弃人文弱势建设文化大省——析岭南文化缺憾》,《广东行政学院学报》2005年第 6 期。

③ 张立伟:《机关报与都市报的对接及发展趋势》,《中国记者》2002 年第 4 期。

一度被内地视为文化沙漠,何来文化之有?事实上,如果不是将文化局限于高雅文化或精英文化的范畴,我们就会发现这种说法本身是极其片面的。一方面,香港有十分发达的大众文化产业,这难道不是文化吗?另一方面,香港的社会民主和思想自由远比国内宽松,其传媒享有比较充分的新闻自由与言论自由,这更是一种不能忽视的思想文化。广东毗邻香港,同属粤语文化圈,所以在文化气质上,广东与香港具有内在的亲和力。香港文化的民主与自由的理念,对内地的新闻自由、言论自由提供了一种参照和支持。加上香港媒体率先进入广东,长期以来处于香港传媒直接影响下的广东媒体也就很自然地获得了一种比较开明的新闻理念与传媒运作模式。

再次是开明的政策与政治,它是广东报业发展的精神动力。所谓开明的政策与政治,首先是指党中央在十一届三中全会以来确立了改革开放的政策,并且在1979年把广东确定为全国综合改革试验区,目的是利用广东毗邻港澳以及海外华侨众多的优势,在引进外资和外国先进的科技与管理经验方面,起到"窗口"作用,并且坚定不移地支持广东的改革试验。用邓小平的话来说,就是希望广东"要杀出一条血路"①。在这样的大政方针之下,新时期以来的广东政治治理一向比较开明。譬如,在谢非主持广东省委工作期间,《南方日报》的头版头条可以上批评稿,这在国内机关报中是难得一见的。90年代前期的《南方周末》因一篇报道出了问题(来稿作者写了假报道,编辑未核实)而面临停刊的局面,谢非等省委领导认真了解情况后,让《南方周末》在报纸头版登了长篇检讨后继续出报,体现出一种既坚持原则又开明处理的政治风范②。在广东,不仅是地方领导人比较开明,而且报业的经营管理

---

① 王全国:《我亲耳听到邓小平说:杀出一条血路来!》,新华网广东频道,http://www.gd. xinhuanet. com/zhuanlan/tbx/2006 – 02/23/content_ 6304658. htm。

② 赖海晏:《一个老记者记忆中的谢非》,汕尾市民政局网站,http://www. swmz. gov. cn/centre/index. php? modules = show&id =6907。

者也比较开明。南方报业集团旗下的《南方周末》《南方都市报》等报纸，在其开拓创新的过程中难免出现一些冒失或失误，集团负责人在省委领导下既坚持原则，决不姑息应该处理的问题，又始终鼓励和支持部下的开拓进取精神。《南方周末》的批评报道与舆论监督，之所以能够取得远比内地报纸更为辉煌的成就，显然是与这种开明的政策与政治分不开的。

［原载《西南民族大学学报》（人文社会科学版）2007 年第 1 期］

广东电视的影响力何在？

作为改革开放前沿阵地的广东，报业十分发达，而广播电视相对弱势。近年来，人们开始反思"为什么广东的电视节目在全国没有影响力"？应当说，这是一个值得认真分析、深入探讨的问题。

在行为科学尤其是领导艺术中，所谓"影响力"通常是指一个人在与他人交往中影响和改变他人心理和行为的能力。显然，这样的界定与本文所要讨论的影响力不够吻合。广义地说，凡是一个人或一个机构或一个品牌具有影响他人行为的能力，就是影响力。作为一个抽象的概念，影响力就像重力，你无法直接看到，却可以随时随地感觉到它的存在。当一个人或一个机构或一个品牌经常被人提起，其影响力就彰显出来。因此，影响力是一种引导人们自觉自愿地做你想要做的事情的能力，是一种软实力。

那么，广东电视究竟有没有影响力呢？不好笼统回答，因为影响力的范围有大有小，层面也有所不同。据报道，2004 年 1 月 18 日正式挂牌成立的南方广播影视传媒集团，经过三年来的体制改革和机制创新，已经彻底改变了广东广电市场上境内媒体与境外媒体的竞争格局。2006 年，境外电视收视份额从 1999 年的 72.5%下降到 35%，境内电视的收视市场份额由 1999 年的 27.5%上升到 65%，打破了境外电视 20 多年来对广州地区收视市场的垄断。① 据世界品牌实验室编制的 2006 年《中国 500 最

---

① 《打破境外电视 20 年垄断　南方广播影视传媒集团成立三周年》，http：//www. southcn. com/news/gdnews/sd/200701190012. htm。

具价值品牌》排行榜，广东电视台以 37.5 亿元人民币的品牌价值，位列中央电视台、凤凰卫视、北京电视台和江苏省广播电视集团之后，在电视传媒品牌中位列第五名。① 这个收视率与品牌价值排名表明，广东电视已获得了广大电视观众的认可，具有某种程度的影响力。

问题在于，这里的收视率是南方广播影视集团的总体收视率，若就单一电视台或电视频道的收视率而论，广东电视的收视率远不够理想。加上品牌价值排行榜标示的品牌价值仅仅是一种人为估算，未必准确。所以广东电视的影响力究竟如何，还有待分析。就单一频道的收视率而言，在 2006 年及其前后（即包括 2005 年、2007 年、2008 年），广东电视在全国的排名在 20 名以后，是相当靠后的。收视率反映的是观众对一个电视频道或电视节目的喜爱与认同。在观众可以收看数十个频道节目的当今时代，只有那些令人耳目一新或深深地打动观众的节目，才能吸引观众，留住观众。因此，收视率事实上反映了电视节目的创新程度与个性魅力。收视率排名靠后，不仅反映出观众的喜爱与认同程度较低，而且反映出电视节目的创新程度与个性魅力也乏善可陈。如此看来，说广东电视在全国范围内缺乏影响力，应当是一个比较符合实际的判断。

作为一种内容产业，电视在日益激烈的市场竞争中，归根结底是要靠生产与播出同广大观众需要相契合而又具有创新意义和个性魅力的节目来赢得观众、占领市场。因此，电视的影响力尽管是由多种因素构成的，但电视节目是否满足观众需要，是否具有创新意义，是否具有个性魅力，却始终是最为主要的因素。由于中国电视始终是一个不断改革、不断发展的行业，这些因素综合在一起，其实都可以归结电视创新的问题。在当今中国电视发展史上，只要在这几个方面进行创新，就能形成

---

① 《广东电视台品牌价值名列全排行第五》，http：//ent. 163. com/06/0628/17/2KNL02
CE00031GVS. html。

独特的影响力。譬如，中央电视台的《新闻联播》《东方时空》《焦点访谈》《实话实说》《艺术人生》《梦想中国》，凤凰卫视的《锵锵三人行》《时事开讲》《有报天天读》《世纪大讲堂》，湖南卫视的《快乐大本营》《超级女声》，上海东方卫视的《第一财经》，江苏电视台城市频道的《南京零距离》，重庆卫视的《雾都夜话》，安徽卫视的"电视剧频道"，都具有十分突出的创新意义或显著特色，从而在全国产生了公认的影响力。

因此，电视节目要有全国性影响力，就意味着电视节目要有鲜明的创新性与独特的个性风格，要能够引领电视节目的发展方向，要具有广泛的示范性与辐射力。广东电视办出过在全国响当当的栏目或频道吗？早在1981年元旦，沐浴在改革春风中的广东电视台开办"综合性的杂志式文艺节目"《万紫千红》，内容包括歌唱、舞蹈、电视小品、对社会的评论和各地的人文风情介绍，以及游戏等娱乐性节目。这是全国第一个电视综艺节目，开综艺节目栏目化之先河，很快引起其他电视台的效仿。上海电视台曾专门派人到《万紫千红》的录制现场观摩，于1984年推出同类型综艺节目《大世界》。① 如果说广东电视台的《万紫千红》是80年代中国电视娱乐节目的"开创者"，那么广州电视台1988年创办且历时20年的"美在花城广告新星大赛"，可以说是我国90年代以来具有一定知名度的电视综艺选秀节目。不过，从总体上看，广东电视节目并没有开创出独领风骚的电视节目，自然缺乏全国性影响力。因此，曾经有人开玩笑："广东的电视节目影响力，和毗邻的湖南的经济实力和影响力相当；而湖南电视的影响力，和广东的经济实力相当。"② 这自然是幽默，却也道出了广东电视影响力有限或贫乏的实情。

---

① 陈丹苗：《国内最早综艺节目〈万紫千红〉》，http：//bbs. szu. edu. cn/wForum/board-con. php？bid = 159&id = 592&ftype = 3。

② 赵民：《为什么广东的电视节目在全国没有影响力？》，http：//blog. sina. com. cn/s/blog_4760d1e001008xi3. html。

　　为什么广东电视的影响力未能随着广东经济实力的不断增强而相应地提升呢？业界人士给出的解释往往是这样：广东电视的媒介生态环境十分复杂，竞争压力超乎国内其他任何省份。其一，广东毗邻香港，同属粤语文化圈，广东民众可以毫无障碍地收看香港电视，广东电视面临同香港电视的竞争；其二，中央电视台和国内各省、直辖市卫星电视台覆盖广东全省，广东电视面临同国内各电视台的竞争；其三，广东报业十分发达，分流了广东电视的观众与广告市场，使广东电视面临巨大的竞争压力；其四，2001 年以来，广东又成为外国电视在我国落地的唯一内地省份，广东电视面临同国外电视的直接竞争。因此，广东电视要脱颖而出，自然十分困难。

　　应当说，这样的解释道出了广东电视进入新世纪以来所面临的媒介生态环境。然而，把媒介生态环境说成是广东电视缺乏全国影响力的原因，却是难以成立的。对于当代中国传媒业来说，竞争是个好东西，正是竞争使我国传媒业不断发展壮大。这在报业发展中尤其明显，先后经历过激烈报业竞争的北京、广州、成都、南京等地，都是报业最为发达的地方。对电视行业来说，广东电视与香港电视展开的电视剧竞争就是一个极具说服力的例子。

　　1983 年，国内开始引进港台电视剧。珠江三角洲大部分地区鱼骨天线林立，人们对香港电视剧趋之若鹜。1986 年，广东电视台购买香港无线台制作的长篇电视连续剧《流氓大亨》，收视率竟高达 76%。为了抗衡香港通俗电视剧的长驱直入，广东电视在 80 年代后期到 90 年代创作了一系列具有岭南文化特色而又反映广东历史与现实的优秀电视剧：《商界》《家庭》《外来妹》《公关小姐》《情满珠江》《农民的儿子》《英雄无悔》《和平年代》《姐妹》《一个叫许淑贤的人》《小巷情活》《泥腿子大亨》《深圳人》《风生水起》等。这些电视剧一问世，就在当地、在全省甚至在全国引起轰动，有的甚至在一段时期独领风骚。

譬如，《公关小姐》1987 年在广东电视台播出，收视率高达 90% 以上，随后在"飞天奖"和"金鹰奖"评比中金榜题名。《情满珠江》1994 年在中央电视台一套黄金时间播出，立即轰动全国，囊括当年"飞天奖""金鹰奖"和"五个一工程奖"三大奖。1997 年推出的《和平年代》，被认为是代表广东也代表全国电视剧创作新水平的力作，是军事题材电视剧的扛鼎之作，受到高度评价。① 正是在与香港电视的通俗剧的竞争过程中，广东电视剧走出了一条具有岭南特色的电视剧之路，成就辉煌。

当然，广东电视剧的辉煌成就也表明，如果不限于电视节目，把电视剧也纳入考察的视野，那么，广东电视在 90 年代是具有全国影响力的。正如有评论指出的那样："从 1994 年起，《情满珠江》《农民的儿子》《英雄无悔》《和平年代》则连续 4 年获国家级最高大奖，并创下中央电视台黄金时间段收视率的最高纪录，轰动全国，震动视坛，从而使广东电视剧与京沪电视剧成三足鼎立之势，令国人刮目相看。"②

回到本文的论题，究竟是什么原因导致广东电视除电视剧产生全国影响之外而在总体上缺乏全国影响力呢？赵民认为，原因在于"广东全省上下所有电视台在广东落地的香港电视节目中插播广告，轻松获取高收入，压缩了自己原创节目的空间"。③ 黄守洲分析了三个方面的原因："其一，目前广东电视媒体缺少有影响力的媒体人物加盟，未能形成'名人效应'。……其二，对原创品牌节目的投入支持有限，这无论是人才、资金，还是政策。……其三，某些主宰媒体发展的'掌门人'的思维方式相对落后。……媒体市场意识比较差（更谈不上超前），专

① 张木桂：《广东电视风雨十八年》，《粤海风》1997 年第 1 期；张静民、朱剑飞：《生存目标的自我超越——世纪转折时期广东电视文化的建设与发展》，《现代传播》1999 年第 2 期。
② 张木桂：《当代岭南文化特征的生动体现——从文化层次看广东电视剧》，《当代电影》1998 年第 4 期。
③ 赵民：《为什么广东的电视节目在全国没有影响力？》，http://blog.sina.com.cn/s/blog_4760d1e001008xi3.html。

业市场媒体经营意识都相对比较薄弱。"① 这些分析有一定的道理，但也存在一些问题。比如在香港电视频道插播广告的，其实仅仅是广东有线电视台（后来改组为南方电视台），并非"广东全省上下所有电视台"。可见，插播广告即使对广东电视产生了某种程度的消极影响，也是一种局部性影响，并非全局性影响，更不是唯一原因。

在我看来，广东电视节目总体上缺乏全国影响力的主要原因，首先是主观能动性发挥不够。广东电视界是思想解放还是思想保守，是胸怀远大还是目光短浅，是深谋远虑还是只顾当前，是开拓进取还是得过且过，必将对广东电视的发展产生极其重要的影响。由于得改革开放风气之先，广东电视节目应当说办得不错，加上广东经济发达，广告市场份额巨大，广东电视的市场回报率较其他省市相对要高一些，经济效益自然不错。国家广电总局2007年2月15日公布的《2006年全国各地方卫星电视台综合竞争力排名》显示，广东卫视位居第六，相当靠前。而广东卫视同年的收视率排名相当靠后，连前二十名都未进入，之所以能在综合竞争力排名中居于前茅，一个重要原因即在于综合竞争力排名的依据是收视率、广告效应等综合性指标，"广告效应"显然大大地"提升"了广东卫视的综合竞争力排名。由此可见，只要节目办得"不错"，广东电视的经济回报就可能"相当丰厚"。这样一来，"小富即安"的思想自然就占了上风，缺乏追求卓越的理想，缺乏奋力创新的激情，难以突破自己，超越自己，自然难以产生大手笔，难以产生顶呱呱的电视节目。又由于主观能动性发挥不够，"小富即安"，广东电视未能充分形成不断创新的"企业文化"与运作机制，从而导致经营管理出现诸如"对原创品牌节目的投入支持有限""缺乏准确定位""缺少有影响力的媒体人物加盟""（内部管理）挣不开'关系'的那层网"等种种问

---

① 黄守洲:《其实你不懂广东电视媒体》，http://www.xici.net/b6775/d68198660.htm。

题①，这也是导致广东电视节目缺乏全国性影响力的重要原因。

令人欣喜的是，进入 21 世纪以来，随着国内电视竞争的加剧，特别是随着外国电视在广东的落地，加上新媒体对传统媒体的挑战，可能还有广东报业强劲发展的刺激，广东电视蕴藏着的活力又逐渐释放出来，创办了一系列颇受人们喜爱的电视剧目与电视节目。譬如，广东电视台珠江频道 2000 年 10 月开播的《外来媳妇本地郎》，以浓郁的生活气息和广东特色征服了广大电视观众，在 2006 年元宵已突破 1000 集，成为国内同类电视剧集数最长、播出时间最久、收视率最高、广告效益最好的一部电视连续剧，成为珠江频道的一块金字招牌。又如，广东卫视 2004 年 7 月全新改版，结合广东省外来人口有二千万的独特地理条件和背景，推出了以讲述在改革开放浪潮中奋斗在广东的"新客家人"故事的大型人物纪实栏目——《人在他乡》，以纪录片的形式呈现人物的生存状态、命运走向、思想情感以及人生价值观，具有深厚的人文内涵，开播以来深受广大观众欢迎。据央视—索福瑞的调查数据，在 2007 年 1—5 月所有省级卫视专题类节目的收视排行榜中，《人在他乡》排名第一，成为广东卫视的重要品牌栏目。再如，广州电视台新闻频道 2004 年改版后的《新闻日日睇》，凭借主持人陈扬个性化点评风格的民生新闻报道而成为珠三角地区最受欢迎的粤语新闻节目，陈扬也成为具有全国影响的时评节目主持人。

由此可见，只要解放思想，正视不足，勇于进取，敢于创新，把地方文化特色与主流文化精神有机地结合起来，积极探索具有岭南特色的电视之道，广东电视就一定能够重振雄风，重铸辉煌！

（原载《中国广播电视学刊》2009 年第 4 期）

---

① 常慈众生：《再弹广东电视台"七宗最"》，http://blog.ifeng.com/article/1375164.html。

改革彰显活力，经验开启未来
——论传媒集团化改革的"牡丹江模式"

在当代中国传媒的改革进程中，牡丹江新闻传媒集团以其大胆独特的改革创新而备受关注。在中国电视艺术家协会党组副书记、秘书长王锋博士的带领下，在《南方电视学刊》的组织下，全国传媒学界数十名专家学者先后于 2004 年、2010 年、2012 年三次赴牡丹江考察调研。笔者有幸参加新近的这次考察，深受震撼。在中央十七届六中全会号召大力发展社会主义文化事业和文化产业的今天，牡丹江传媒的改革创举与实践经验，具有很强的现实意义与借鉴价值。

一　牡丹江传媒改革：首创之功，艰苦卓绝

中国传媒集团化改革有一个显著特点，基本上是分门别类地组建传媒集团，譬如报业集团、出版集团、发行集团、广电集团、电影集团，而综合性传媒集团则很少产生，迄今只有牡丹江新闻传媒集团、佛山传媒集团、成都传媒集团。这三家综合性传媒集团的组建，分别是在 2004 年、2005 年、2006 年三个年份。同其他传媒集团一样，这三家综合性传媒集团也都是传媒改革的产物。但是，如果深入分析，就会发现其具体的组建背景与动力机制，其实存在着很大的差异。

佛山传媒集团与成都传媒集团的组建，主要来自行政力量的推动。

具体来说，这两家传媒集团的组建动因又有所不同。佛山传媒集团主要是佛山行政区划调整与国家报刊治理所直接促成。2002年底，佛山市行政区划调整，顺德、南海、三水、高明四个县级市划归佛山，新佛山市成为广东第三大城市。服务于"大佛山"战略发展的需要，原来分散的传媒局面必须改变。与此同时，中央关于治理整顿党政部门报刊散乱的19号文件在2003年7月发布实施，县市和城市区不再办报刊，已办的要停办，个别影响大、有一定规模的县市报，可由省级党报或地市级党报有偿兼并，或改办为地市级党报的县市版。因应于"大佛山"战略发展的需要与县市报刊的治理整顿，佛山日报传媒集团于2003年底成立也就顺理成章。在此基础上，佛山市又从文化产业改革的角度出发，让佛山日报传媒集团进一步整合文化、广电、新闻出版和网络资源，在2005年初组建佛山传媒集团。而成都传媒集团的组建，主要是文化体制改革与文化产业发展的改革举措。早2002年9月，经中宣部同意和新闻出版总署批准，成都日报报业集团挂牌成立。2006年11月，成都市委宣布成都日报报业集团与成都广播电视台合并，组建成都传媒集团。市委领导在讲话中强调，成都传媒集团的成立是顺应时代要求和发展需要，着眼于推动成都市文化体制改革、文化产业发展而采取的一个重要举措。

正是由于佛山传媒集团与成都传媒集团的组建动因不同，也由于自身条件与社会环境有所差异，两个集团成立后呈现出不同的发展态势。成都作为省级都会，人文荟萃，文化资源丰厚，成都传媒集团拥有当地最强势的媒体，集团的产业集群、资本运作又相当先进，而且是副省级城市的媒体集团，再加上省市领导的大力支持，集团成立后自然风生水起，势头强劲，媒体融合达到了相当高的水平。集团董事长何冰2011年表示："集团将以融合发展为主题，以推进战略转型为主线，坚持做精做强传统产品，大力实施资本运作，快速推进产业扩张。力争到

2015 年，将集团培育为年产值 70 亿元，资产规模达 200 亿元，以全媒体深度融合为特色，在国内位居前列的大型骨干综合传媒集团。"① 佛山传媒集团诞生在经济发达的珠三角地区，良好的经济环境为集团的成功运作与蓬勃发展提供了强大的经济支持；但是，佛山传媒集团是地市级媒体集团，并不在省级中心城市，自然也就不可能像成都传媒集团那样获得各种充足的资源。且由于行政区划的原因，佛山市区、顺德、南海等地并不是一个高度中心化的城市整体，"大佛山"的消费群体、媒体的受众市场与媒体广告比较分散，文化资源又远逊于中心城市广州，这势必让佛山传媒集团的发展面临较大的挑战，需要付出更多的智慧才能取得圆满成功。

作为最早成立的综合性传媒集团，牡丹江新闻传媒集团的改革路径既不同于佛山传媒集团，也不同于成都传媒集团。可以毫无夸张地说，其首创之功，最为艰苦卓绝。

广电行业的集团化改革开始于 1999 年。这一年，先是无锡广电集团在 6 月宣告成立，随后便是牡丹江广播电视集团在 9 月宣告成立。牡丹江广播电视集团不同于无锡广电集团的地方在于，成立伊始就进行体制、机制的全面改革：集团就作为国有独资企业，在工商局按企业法人登记注册，集团成为法人实体和市场竞争主体②，这是全国第一个传媒产业集团。到 2002 年底，所有人员，从董事长、总经理到记者、编辑、司机，一律由公务员、事业编制转为企业编制③，成为率先在全国实施政企分开的传媒产业集团。2004 年 5 月，牡丹江市委决定将 2000 年成立却已资不抵债、难以维系的牡丹江报业集团与牡丹江广电集团合并，

---

①　苟德培、侯利强：《探索渐深入 融媒生长效——成都传媒集团媒介融合的新探索》，《传媒》2011 年第 11 期。

②　杨驰原：《牡丹江新闻传媒集团体制改革调查报告》，《传媒》2005 年第 3 期。

③　郭本正：《立向潮头旗更高——牡丹江新闻传媒集团改革重组的名与实》，《新闻传播》2005 年第 2 期。

组建牡丹江新闻传媒集团①。由此，牡丹江新闻传媒集团成为全国第一个区域内跨媒体重组的综合性传媒集团。几年之内，牡丹江传媒连续创造了组建产业集团、实现政企分开、跨媒体重组三个全国第一的佳绩。而且，所有这些改革都是在国家政策并不十分明晰的情况下所进行的独自探索。改革之艰难，压力之巨大，可想而知！功夫不负有心人。2006年，经中央文化体制改革领导小组和黑龙江省委批准，牡丹江新闻传媒集团被确定为黑龙江省唯一地市级文化体制改革试点单位。舆论认为，"牡丹江模式"领文化体制改革风气之先②，可以说是实至而名归。

二　牡丹江传媒经验：遵循规律，敢于突破

诚如有研究者所说的那样，"经过三十年的改革历练，对于媒体来说已经不是改不改的问题，而是怎么改的问题。"③的确，"怎么改"让中国传媒业十分纠结。从改革实践来看，有两个显著特点。一个是"增量改革"。所谓增量改革，就是在原有制度层面的规定基本不变或原有传媒业态的存量基本不变的前提下，传媒业通过新增的量及其创新的机制来对应、服务、平衡与社会发展的需要，从而在整体上改善传媒产业结构，使存量与增量组合在一起，最大限度地与中国社会实际相适应。譬如，机关报创办都市报，电台电视台创办专业频道，就是增量改革。另一个是"边缘突破"。边缘突破有多重内涵，可以理解为"边缘媒体"率先改革，逐渐成长为新的主流媒体，譬如报纸行业中的都市报崛起，广电行业中的专业频道涌现，就是典型例子；也可以理解为"地方媒体"率先改革，获得良好发展，从而促进

①　杨驰原：《牡丹江新闻传媒集团体制改革调查报告》，《传媒》2005年第3期。
②　孙昊："牡丹江模式"领文化体制改革风气之先》，《黑龙江日报》2011年11月28日。
③　郑亚楠：《地市级媒体转企改制研究——以牡丹江新闻传媒集团为例》，博士学位论文，复旦大学，2011年，第5页。

中央媒体的改革，广电行业的"电视湘军"就是一个典型；也可以理解为传媒业的改革率先从比较边远的地区开始，再激发政治中心所在地的高级别传媒业进行改革。事实上，这三重内涵很可能是交织在一起的。

以地域和媒体级别而论，牡丹江传媒的改革显然是"边缘突破"。在全国范围来说，总体上相对容易，所以在市委、市政府的大力支持下，牡丹江传媒改革就在东北边陲风风火火地开展起来，形成别具一格的"牡丹江模式"。若论其改革过程，却并非"增量改革"，而是"存量改革"，并且是"换汤"又"换药"的"存量改革"。难能可贵的是，集团的改革形成了与传媒发展规律和市场要求相适应的新型运作模式，走出了一条改革促发展的成功道路。截至 2011 年，集团产业经营收入由改革前的 3000 万元增加到 3.1 亿元，增长 9.3 倍，纳税突破 1660 万元，比改革前的 135 万元增长 11.3 倍。新闻宣传质量大幅提高，广播电视收听收视率和报纸发行量稳中有升，有 9 件作品先后获得中国新闻奖，1 件作品获"五个一"工程奖。这在东北一个只有 260 万人口的地级市，的确是个了不起的创造！同时也表明：牡丹江传媒的市场化、产业化、集团化、公司化，不仅带来良好的经济效益，而且带来明显的社会效益。

牡丹江传媒为什么敢于突破条条框框的限制，大刀阔斧地进行改革创新？集团董事长张宝才在 1999 年的一次讲话中就做出明确的回答："广播电视面临的矛盾主要表现为：政事不分，削弱了广播电视参与经济和社会生活的主动精神和内在动力；设置散乱，影响了广播电视系统优势和整体功能的发挥；内部实行行政机关式管理，难以适应市场方式开发利用社会资源。这次改革不是对原有体制的一般性调整，更不是细枝末节的修修补补，而是一场深刻的革命。有可能对摸索和形成广播电视在当今传媒战略重组中的地位和作用产生积极影响。这次改革的核心是面向市场，走向市场，塑造广播电视市场主体，实现由行政事业型向产业经营型转变。"①

正是由于看准了传媒业的现实问题，遵循了传媒发展的客观规律，牡丹江传媒改革才敢于冲锋陷阵，并且取得圆满成功。媒体报道认为，"牡丹江新闻传媒集团改革之所以成功，是因为他们按照市场化方向运行，符合当前文化产业改革要求。为此，要不断完善、探索文化产业的改革与创新之路，用现代企业制度对文化资源进行整合，将文化产业做成经济发展的支柱产业。"② "在处理体制改革、机制调整、产业扩张，还有管导向和促产业发展等关系方面都成效显著，在非新闻类传媒产业的市场化运作上也走在了全省的前列，这些都是我省传媒业改革创新中的亮点，为全省传媒业的发展和改革，为文化产业的发展做出有益探索、闯出新路。"③ 王锋博士说得好，牡丹江新闻传媒集团的改革实践，"为地市这一级如何发展区域性的传媒事业创造了一条路子，带有首创性和模式效应，很有可能成为全国地市级改革的一个范式"④。

正如有学者所说，我国"新闻体制的演进出现了两条主线：一方面，媒介当事人在遵守内部规则的前提下自主行动，通过当事人的互动和当事人与规则的互动形成一种自发的'合作的扩展秩序'，在此可以说是媒介市场秩序；另一方面，政府权力部门为了自身利益，通过政治行为实施外部规则，形成一种外生制度的外生秩序。具体到新闻业，就是报纸遵循各项规章制度形成的人为秩序。我们的新闻体制改革实际上是内部规则与外部规则、市场秩序与外生秩序的不断冲突与调整的演进

① 张宝才：《面向新世纪，在改革中再创广播电视发展新优势——在牡丹江市广播电视局党员大会上的讲话》，周鸿铎主编：《牡丹江新闻传媒集团发展报告》，社会科学文献出版社2006年版，第278页。

② 郝建华：《加强文化阵地建设　促进文化事业和文化产业新发展》，《黑龙江日报》2005年9月24日。

③ 罗敏、宇航：《全面深入推进文化体制改革　努力提升发展的文化软实力》，《牡丹江日报》2008年4月25日。

④ 杨驰原：《牡丹江新闻传媒集团体制改革调查报告》，《传媒》2005年第3期。

过程"①。"牡丹江模式"的改革路径自然也不例外,但是在内部规则与外部规则、市场秩序与外生秩序的冲突与调整过程中,内部规则与市场秩序的建构始终占据主导地位,这充分彰显了牡丹江传媒人锐意改革、勇于开拓、敢于突破的担当与智慧。

三　牡丹江传媒发展:开拓创新,永无止境

2009 年 7 月中旬,黑龙江省委宣传文化工作第二督察组到牡丹江视察,省委常委、宣传部部长充分肯定了牡丹江传媒的发展:"牡丹江新闻传媒集团通过这些年来的先行改革,整合了域内的广播、电视、报纸、网络和印刷出版,同时,内部机制改革和制播分离也都做得比较好,牡丹江新闻传媒集团改革经验受到了国家有关方面的重视和肯定,下一步要发挥其放大作用,带动市级文化体制改革再上新台阶。"② 现在,牡丹江传媒已制定"十二五"发展战略,正在摩拳擦掌,准备大展身手,令人鼓舞。不过,问题的关键还在于:牡丹江传媒究竟应当如何深化改革,开拓创新,再创辉煌?笔者以为,以下几个方面或许是目前可以做而且应当做的工作:

首先,推进国有控股企业的股份制改革,吸纳社会资本来壮大自身实力。

由于地域经济发展水平和牡丹江传媒发展资源的限制,牡丹江新闻传媒集团的传媒实力与经济实力仍然相当有限。集团融资渠道单一,主要依靠内部资金积累,这势必导致资金不足甚至紧缺,难以有跨越式发展。集团作为产业化、公司化的企业实体,完全可以在内外产权明晰的前提下,通过推进国有控股的股份制改革,从国有独资的企业发展成为

---

① 吴高福、唐海江:《路径意识与新闻体制改革的演进论》,《湖南大学学报》2003 年第1 期。

② 马桂敏:《省委宣传文化工作第二督查组来我市视察》,《牡丹江日报》2009 年 7 月15 日。

投资主体多元化的现代公司企业，多渠道融资，吸纳社会资本，壮大自身实力。早在1999年，成都商报社下属公司博瑞投资有限公司通过收购"四川电器"，并更名为"博瑞传播"而借壳上市，成为当年的"报业第一股"。如今，"博瑞投资集团"已成为成都传媒集团的龙头企业。此外，《华商报》《财经杂志》凭借业外资本的注入来发展自身，南方日报传媒集团与上海复兴实业集团按股份制合作的方式创办《21世纪经济报道》，等等，都是成功的先例。

第二，进一步明确集团的业务拓展战略，把新媒体、文化创意产业作为业务拓展的核心产业，有效开拓集团的发展空间。

随着互联网媒体、移动数字媒体、手机媒体、IPTV等新媒体的兴起，文化创意产业作为包括广播影视、动漫、音像、视觉艺术、表演艺术、工艺与设计、雕塑、环境艺术、广告装潢、服装设计、软件和计算机服务等方面的新兴产业群体，迎来前所未有的历史性发展机遇。《国家"十二五"时期文化改革发展规划纲要》对传媒进军文化创意产业从政策上给予积极支持。牡丹江传媒应当顺势而为，加大对新媒体、文化创意产业的投入力度，凭借自身公信力及多渠道传播等优势，以内容"创意"为核心发展力，对现有资源进行创造提升，从而带动牡丹江传媒的整体发展。

第三，必须尽快实施传媒内容生产的品牌化战略，培育几个具有良好社会影响和经济效益的传媒品牌，已成为集团发展在内容生产方面的当务之急。

成都传媒集团在做强做大《成都商报》、博瑞传播等品牌的同时，在影视剧制作方面，"作为投资方和出品方之一，联合中影集团、英皇集团和紫禁城影业共同拍摄制作了电影《赤壁》，以及《张居正》《龙的传人》《一品天下》等影视剧"[①]。2009年8月，佛山传媒集团参与

---

① 杨状振：《成都传媒集团改革观察》，《新闻导刊》2009年第5期。

投资的电影《叶问2:宗师传奇》开机,佛山珠江传媒集团股份有限公司独家投资策划和组织的中国首部人文圣哲剧《孔子》盛大开拍。[①] 成都和佛山两家传媒集团的这种影视剧投资和生产策略,无疑会带来良好的新闻报道效应与品牌传播效应,从而大大提升传媒集团的品牌。牡丹江传媒可以借鉴这种做法,一方面立足区域特点,努力培育自己的传媒品牌;另一方面以更加开阔的视野,努力制作或联合投资具有品牌效应的影视、动漫等艺术产品,使两者相互促进,相得益彰。

第四,吸纳优秀的传媒人才,构建适应发展需要的人才队伍,为集团的发展与开拓提供队伍保障与智力支持。

无论传统媒体,还是新媒体,抑或文化创意产业,都是高智力投入的产业,没有强大的人才队伍做后盾,再好的规划,再好的谋略,再好的理想,都难以变成现实。尽管牡丹江传媒在改革与发展过程中已造就一支优秀的人才队伍,但从发展的需要来看,还需要特别富有创造性的人才,需要在传媒产业纵横驰骋乃至叱咤风云的人物。同样是地市级媒体的东莞日报社,几年前高薪引进谭军波等数名传媒业界高手,改版《东莞日报》,创办《东莞时报》,大大地拓展了东莞日报社的发展空间,使东莞报业异军突起。牡丹江传媒也可借鉴这种做法,引进一批富有创造能力与开拓精神的人才,同时做好现有人才的培训提高,进一步完善人才使用的激励与约束机制,最大程度地发挥人才的聪明才智,把牡丹江传媒的发展推向一个新的历史台阶。

(原载《南方电视学刊》2012 年第 1 期,与研究生罗小玲合写)

---

① 王亚亮、郑梓锐、严瑾、吴岚岚:《5 年改革催生小城大媒体——佛山传媒集团凭敢为天下先的勇气不断创新发展结出累累硕果》,《佛山日报》2009 年 8 月。

时代使命与话语平台

——为《同舟共进》三百期而作

2013 年 6 月适逢《同舟共进》第 300 期。在汉语世界，"三百"是很有文化意蕴的数字。相传孔子整理上古诗歌，删定"三百五篇"，后世遂以"诗三百"或"三百篇"指称我国第一部诗歌总集《诗》，即汉儒奉为经典的《诗经》。后世编辑某一朝代诗歌选集，亦往往以"三百"命名，譬如《唐诗三百首》《宋词三百首》《元曲三百首》等。自1988 年创刊以来，《同舟共进》已出版 300 期，可喜可贺！

如何表达个人的祝贺之情？与其空洞地抒情议论，不如从个人与刊物的交道谈起。说实话，由于《同舟共进》自办发行，加上个人工作繁忙，很长时间我都没有注意到这本刊物。2007 年初夏，一个偶然的机会，碰见在该刊当编辑的一位学生，要我看看这本杂志，并说如果可能，编辑部要请我当审读员，写写刊评。随后，我收到编辑部寄来的刊物，从此与《同舟共进》结下不解之缘。

记得读完 2007 年第 7、8 两期，大为兴奋，立即写了一篇《初读〈同舟共进〉》，直言不讳地谈了最初的阅读感受："读完《同舟共进》今年第 7、8 两期，不禁为之惊讶——广东有如此好的思想文化期刊！敢于针对社会现实发言，有思想见地，有文化内涵，不仅为政协的参政议政提供了言论平台，而且有力地推进了我国公共领域的建构。"从那以后，我就成为《同舟共进》的忠实读者之一。每期刊物新鲜出炉，编辑部总是第一时间送给我，我也总是挤出时间及时阅读，写下点评文字。屈指算来，当《同舟共进》特邀审读员累计已有七年整，读了80多期刊物，写了70多篇刊评。之所以坚持下来，除了编辑部的信任，个人乐意做这件事，主要是因为《同舟共进》值得读，值得认真读，精彩的内容更是可圈可点！

《同舟共进》创办20年之后，赢得"中国新锐媒体"的称号。2009年，国内十多家知名媒体和部分高校发起主办"首届中国新锐媒体评论大奖"，《同舟共进》与《南方周末》《东方早报》、新浪网、红网一起荣获"中国新锐媒体·年度媒体奖"。组委会的颁奖词说：

> 这是一份鲜为大众所知的刊物，却在中国知识分子心中树立起了不可动摇的言论旗帜。
>
> 《同舟共进》坚持理想，特立独行，对中国转型期的诸多重大问题，进行了持续的论说，特点最为鲜明，立场最为清晰。
>
> 2009年，《同舟共进》以大量锐利的评论文章，开掘历史、聚焦现实，继续"在别人停止思维的地方延续思维"。

个人认为，颁奖词对《同舟共进》的评价既实事求是，又恰如其分。杂志能获"新锐媒体"殊荣乃实至名归。从栏目设置上看，《同舟共进》包括时政言论、人文历史、社会文化三大板块，每个板块都有自己的特色。

总编辑王家声认为，政协本来就是言论平台和民意渠道，就是建言献策、协商监督的场所，特别需要和而不同，耳听八方。作为政协刊物，《同舟共进》在进净言、讲真话、讲实话方面，应比其他刊物有更高的要求，应比别人做得更好。2006年以来，在办好"议政论坛""委员在线""前沿观察"等参政议政栏目的同时,《同舟共进》重拳出击,每期推出一个"专题策划",抓住理论问题、时政热点、文史文化、社会民生、周年纪念等几个切入点,精心选择具有现实意义的重要题目,尽力组织权威专家与充满活力的学术新锐撰写文章,力求做出深度、力度和独特角度,做出可读性,不断拓展时政言论的话语空间与思想内涵,让读者获得耳目一新的阅读快意与思想启迪。

对于人文历史板块,王家声总编辑也有独到见解。他认为,开掘历史,还原历史,存史资政,鉴往知来,是《同舟共进》的办刊宗旨之一,也与思想理论探索紧密相关,还是刊物"可读性、吸引力"的重要保证。因为相当部分读者尤其是阅历颇深的中老年读者,对"历史揭秘""历史真相"极感兴趣。更为重要的是,近现代以来,历史的沉没和扭曲实在太多,对政界、学界、文坛、艺坛的一些人和事,尽力做些还原真相的工作,具有十分重要的认识价值与现实意义。为此,《同舟共进》精心组织和编辑各类文史文章,让人读史而明智。至于社会文化板块,则是《同舟共进》的辅助性栏目,可以谈些轻松有趣的文化话题,抒写别有会心的个人见解,让人以小见大,从中领悟深刻的思想真谛。尤其值得注意的是,《同舟共进》的"文化"其实都蕴含"政治"意味,譬如"舟边絮语"的杂文随笔,那些谈天说地、漫话古今、比较中外的杂谈,深层次的意蕴大都与"政治"密切相关。

因此,《同舟共进》的三大板块虽各有侧重,却又具有内在的统一性,这就是:以时事政治为焦点,以人文历史为底蕴,以思想认识为灵魂,三者相互配合,相得益彰。时政言论聚焦现实,不仅对现实问题进行理性分析,而且为解决现实问题建言献策。至于人文历史与社会文化,侧重选取在当今时代具有借鉴意义与启迪价值的历史事件、历史人物、历史问题、文化现象等加以探讨,阐发作者的独到见解,引发读者的理性思考与情感共鸣。

进一步说，无论是时事政治评论，还是人文历史探讨，抑或社会文化感悟，《同舟共进》始终本着实事求是的精神，摆事实、讲道理，追求真善美，鞭挞假丑恶，弘扬科学精神，批判错误观念，关注民生疾苦，促进改革开放，不断开拓人们的思想文化空间，提升人们的思想认识水平。著名传记作家、文史学者李辉说得好，"思想在这里碰撞、交锋，从而摈弃教条与僵化；历史在这里钩沉、甄别，从而不再空洞或扭曲。幸好有这类的报刊与人们同在，作者与读者才不至于寂寞无奈"。

毫无疑问，《同舟共进》是敢于担当时代使命、敢于讲真话、善于讲真话的时政文化期刊；是有识之士探讨时政问题、发掘历史真相、传播真知灼见、表达独立思考的话语平台；是在改革开放进程中诞生而又为推进改革开放事业积极建言献策的时代鼓点！随改革开放的风雨前行，与思想解放的步伐同进，这就是《同舟共进》的精神写照。因此，它能说出人们"心中所有而口中所无"的话，能"在别人停止思维的地方延续思维"，致力于"为改革开放立言，为思想解放写真"，为委员和读者提供新的思想资源。

《同舟共进》何以能够达到这样的境界？原因自然是多方面的，但主要还是编辑部奋力追求、开拓进取的结果。《同舟共进》一再公开宣示："以开掘历史、聚焦现实、贴近社会、关注民生为立刊宗旨和编辑方针，坚持内容的思想性、可读性和风格的新颖、独特、敏锐、泼辣。"这十分清楚地阐明了《同舟共进》的精神追求。

不用说，秉持上述理念来办刊，显然无法回避现实的热点、难点，也难免触及敏感问题。然而，《同舟共进》敢于突破传统编辑思路的桎梏，敢于挑战自我，以极大的勇气坚持刊物的"思想性、思辨性、批判性、探索性"，在保证安全办刊的前提下，把能讲的实话、真话说足说透，把能进的诤言和盘托出，而又决不去踩红线，更不违背底线，显示出把握有度、游刃有余的精神气度，具有勇于探索而又不盲目冒险的办刊智慧。

当然，在实际的操作过程中，编辑部同仁并没有这么轻松，往往是劳心费神，苦心经营。总编辑王家声多次和我谈起办刊过程中的难处，遇到敏感问题，碰上犀利的稿件，既要保证作者的真知灼见，又要把稿件处理妥当。这种情况下，不仅要和作者充分沟通，反复修改，有时还要亲自操刀加以润色。其中甘苦，大概只有亲历者才会有真切的体会。

然而，王家声总编辑却不以为苦，反以为乐。王总说，在他多年媒体生涯中，工作之余的乐趣全都与工作有关。晚上或看书刊，或查阅资料，或修改稿件，长期乐此不疲，通常都要工作到十一二点，有时要熬到一两点钟。在我的印象中，王总讲到这一情况，他那清瘦而矍铄的面容上总是浮出会心的微笑，我理解那是王总的成就感与幸福感。如果没有"天下兴亡，匹夫有责"的入世精神，没有对社会发展、国家强盛、民族复兴的真情大爱，没有对历史真相、人间真理的执着追求，没有把办好刊物作为人生事业的坚定志趣，怎能如此淡定自如，心满意足！

值得称道的是，在王家声总编辑的带领下，《同舟共进》精干高效的编辑团队总是以办刊事业为重，兢兢业业，任劳任怨，为不断提升刊物的质量和影响而辛勤耕耘。我相信，在政协广东省委员会的正确领导下，《同舟共进》的编辑团队一定能不断开拓创新，以 300 期作为新的起点，为广大读者奉献更加精彩的篇章，创造《同舟共进》的崭新辉煌！

（原载《同舟共济》2013 年第 6 期）

八

媒介伦理与传播法规

富士康起诉记者事件的多维反思

轰动一时的富士康科技集团下属企业鸿富锦精密工业（深圳）有限公司起诉《第一财经日报》两位记者一案，在当代中国新闻侵权诉讼案件史上十分罕见：从 2006 年 8 月 28 日新闻媒体广泛报道富士康状告记者侵害其名誉权并向记者索赔 3000 万元开始，到 8 月 30 日富士康将诉讼索赔由 3000 万元巨额改为象征性的 1 元，再到 9 月 3 日富士康撤诉，双方发表和解的联合声明，真是一波三折，起伏跌宕，极富戏剧性。有评论认为，"其悬念度和跌宕度倒不像是一场新闻侵权官司，而像是事先精心导演的一幕精彩戏剧，全然出乎人们的正常思维和判断"[①]。

在法律的意义上，双方由兵戎相见到化干戈为玉帛，或许是两全其美的结局。然而，这一诉讼案件以及围绕此案而形成的舆论关注，蕴含了太多令人深思的问题，不能不认真反思。如何反思？富士康起诉记者事件牵涉到方方面面，可以从不同的层面与角度展开讨论。

一　富士康为何起诉记者？

2006 年 6 月 14 日，英国《星期日邮报》发表了一篇题为 "ipod"

[①] 陈庆贵：《富士康案结束，交代与反思不应结束》，红网，http://hlj.rednet.cn/c/2006/09/05/975828.htm。

之城的报道，披露 ipod 的代工厂即富士康工厂员工的工作状况。6 月 15
日，《第一财经日报》刊登《富士康员工：机器罚你站 12 小时》一文，
在国内率先报道富士康"血汗工厂"问题，引发富士康劳工门事件。
虽然富士康母公司台湾鸿海集团于 6 月 19 日做出回应，称《第一财经
日报》的报道不实，有关报道却引起众多媒体的关注。《第一财经日
报》相继刊登《富士康离职员工：底薪很低福利很好》《富士康工厂再
调查：员工收入主要靠加班》等文章，其他媒体及各大网站也都有相关
报道。

7 月 10 日，富士康以《第一财经日报》记者王佑和编委翁宝"侵
犯名誉权"为由向法院提起诉讼，分别要求王佑和翁宝各自赔偿 2000
万元、1000 万元，并向法院提出财产保全，查封、冻结两位记者的财
产。这是中国大陆状告媒体记者索赔金额最大的名誉侵权案，也是首例
越过报社直接起诉记者并查封记者私有财产的案件。1993 年《最高人
民法院关于审理名誉权案件若干问题的解答》指出，"作者与新闻出版
单位为隶属关系，作品系作者履行职务所形成的，只列单位为被告。"
按此规定，富士康显然应该起诉报社而不是起诉记者。但是，富士康却
只起诉记者而不起诉媒体，这又是为什么呢？

从整个事件的来龙去脉看，富士康最初面临的危机是媒体对其"血
汗工厂"的披露。当英国《星期日邮报》首次报道之后，苹果公司随
即介入，对富士康工厂是否违反相关规定、员工是否存在超时加班进行
调查。事实上，之后国内媒体所针对的焦点也是集中在"血汗工厂"
上面。因此，如何应对这场危机，就成为富士康面临的公关挑战。

分析起来，富士康起诉记者个人的直接目的是威慑记者。《中华人
民共和国民事诉讼法》规定：人民法院对有偿还能力的企业法人，一般
不得采取查封、冻结的保全措施。起诉记者而绕开报社，也就绕过这一
规定。对于记者个人来说，3000 万元的索赔也确实是一个天文数字。

难怪在媒体的有关报道中,两位记者都坦陈面临巨大的压力,翁宝更在博客中声称这是他近 10 年媒体职业生涯最艰难的时刻。这不就收到了"杀一儆百"的威慑之效吗?与此同时,起诉记者个人又是为了转移人们的视线,让人们的注意力集中新闻官司上。的确,在事件的发展过程中,舆论界的矛头所向,正是新闻自由遭践踏、舆论监督面临资本打压、对舆论监督的法律保障等问题,而富士康"血汗工厂"的问题倒是被晾在一边。

不过,尽管富士康的预谋得到某种程度的实现,但在另一种意义上又失算了。因为践踏新闻自由、打压舆论监督的结果其实是错上加错,只能使自己被舆论界所围剿,处于更加被动的境地。企业要赚钱,是天经地义的,但必须以合法为前提。面对媒体的批评报道,富士康不认真检讨,反而凭借其强大的资本力量进行一场恶意起诉,只能使自己的形象受到严重损害。可以这样说,正是在强大的社会舆论压力下,富士康才一步一步地退让,直到最终撤诉。

二 《第一财经日报》的批评报道是否准确客观?

既然富士康理亏,为什么《第一财经日报》不像众多支持者所期望的那样反诉富士康而要与之和解呢?该报总编辑秦朔事后在《为什么是和解,还有歉意》一文中直言不讳:"我在前几天接受采访时说过,我们有支持报道的确定证据,有信心胜诉。可是,即使法院判我们赢了(从司法角度赢了),我的内心是否也赢了?对《第一财经日报》这张把受尊敬和可信赖视为核心价值的报纸来说,我的内心要赢,一定要在新闻品质上赢得无懈可击。而在这一点上,正如我在接受新华社记者采访时说过的,我们报道的最后段落显得夸张,确有瑕疵。"秦朔的这番解释,的确实事求是,推心置腹,相当坦诚。

在新闻工作中,舆论监督主要是通过批评性的调查性报道体现出来的。调查性报道如果没有把握好分寸,很容易引发媒体与报道对象之间的官司。从新闻业务层面来看,如果能够写好调查性报道,降低新闻官司的发生概率,也是新闻工作者进行舆论监督时自我保护的一种方式。而《第一财经日报》对富士康的有关报道,显然存在着很多需要改进的地方。

首先调查数据并不科学。从数据来源上看,缺少权威部门或权威人士的发言。在 2006 年 6 月 15 日发表的《富士康员工:机器罚你站 12 小时》一文中,记者主要从如下这些人员获得资料,一是化名为"陈峰"的工作人员,对他的所看、所闻、所感都作了描述;二是富士康外联部的贺小姐;三是所谓的"大多数职员",采访对象的指向十分模糊,所得的资料也就无从查证。在逻辑推理上,存在着以偏概全的倾向。文中并未出现科学的调查统计数据,而仅仅从一些工作人员的状况,将之推广至工厂大多数员工,其合理性就成为一个问题。

其次是调查性报道存在煽情化的倾向。从行文上看,情绪化的表达比较明显。如文章开头将"招进来 1000 人,500 人身体本来都有病"这句话凸显出来,而在文章的结尾,又引用"干得比驴累,吃得比猪差,起得比鸡早,下班比小姐晚,装得比孙子乖,看上去比谁都好,五年后比谁都老。"同时对"陈峰"所见所闻的叙述也是极尽煽情手法。

调查性报道必须真实而客观,上述两个问题的存在却大大降低了这种真实性与客观性。真实性、客观性的丧失,往往会引起媒体与报道对象之间的新闻纠纷。当然,作为新闻报道,调查性报道不可能做到像专业调查统计部门那样权威和严密,而且需要一些故事性的材料来增强可读性。但是如果仅仅有煽情性的表述,而不结合科学的统计数据进行分析,调查性报道本身的真实性与客观性就有待商榷了。

三　本案件折射出哪些法制问题?

作为一桩新闻官司,富士康起诉记者事件不仅反映出诉讼双方存在的问题，而且也折射出不少法制问题。

首先是新闻舆论监督的司法保障问题。我国自 1983 年出现第一起"新闻官司"以来，新闻侵权的官司时有发生，而且不少时候新闻界都处于被动挨打的境地。我国《宪法》对于言论自由、舆论监督的权利有明确规定，如《宪法》第三十五条明确规定，中华人民共和国公民有言论、出版、集会、结社、游行、示威的自由；第四十一条规定了公民对国家机关及其工作人员的批评权和建议权。但是，这仅仅是一个原则规定，在操作层面，尚缺乏具体的法律条文，更谈不上专门的新闻法。唯其如此，富士康才可能心怀恶意地起诉讼《第一财经日报》的两位记者。

其次是法院的立案程序与立案功利问题。尽管深圳市中级人民法院表示立案在程序上完全没有问题，但法院按索赔金额的一定比例来收取费用的规定，仍然引起很大争议。据报道，法院受理富士康的诉讼之后，富士康已经向法院交清了两单案件的诉讼费，分别为 11 万元和 6 万余元。法院在此次事件中急于立案，扮演的角色似乎不仅仅是一个裁判方，而且也是利益方。在资本的诱惑下，司法公正的天平是否会向企业倾斜，而不是对言论自由的保护，这就成为人们不能不质疑的问题。

再次是劳动监管的法制问题。富士康起诉记者事件所涉及的劳工超时加班问题，在媒体曝光的前后，政府有关职能部门都没有进行调查。随着报道的深入，才暴露出鸿富锦公司尚未成立工会。直到 2006 年 9 月 1 日，深圳市有关部门才把鸿富锦公司列入"必须在今年组建工会"的企业名单。为什么政府职能部门长久处于这种"行政不作为"的状态，这显然是值得追问的。有论者认为，这"并非偶然的疏忽或懒惰，而是利益逻辑的必然结果。从大的环境来说，低廉的劳动力成本正是中国经济的竞争优势，有主流经济学家早就说了，提高工人的工资会削弱我们的优势，关注劳工状态正好符合国外企业和劳工组织的利益"①。

---

① 长平：《富士康案中可疑的第三方力量》，《南方都市报》2006 年 8 月 30 日。

问题在于，如果政府职能部门就这样妥协于经济发展的眼前利益，被损害的只能是劳工的合法权益。

四 舆论界如何建构理性的公共空间？

围绕着富士康起诉记者事件，国内媒体给予了最及时最充分的报道与评论，形成一个巨大的舆论场。因此，还有一个值得反思的问题就是舆论界如何建构理性的公共空间。

按照哈贝马斯的定义，"公共空间"是指"允许市民自由发表和交流意见，以形成共识和公众舆论的地方。它向公众开放，所有社会成员都享有平等的权利和机会，在这块地方自由讨论有关公共利益的任何事物。大众传媒是这一领域的主要论坛。"① 在成熟的公共空间里，公众对公共事务的讨论是理性的。

在富士康起诉记者事件中，主流媒体所建构的公共空间是比较理性的。但是，也还存在着不尽如人意的地方。譬如，有些言论显得仓促，也比较情绪化。从媒体讨论的议题来看，主要涉及新闻自由和新闻法规、劳工权益和血汗工厂这两个大的方面，对有关新闻报道的真实性以及有关讨论的理性化等问题并未加以检讨。从态度倾向上来看，从开始到结束大体上是"一面倒"。事件初起，态度是对媒体的全面支持，对富士康的一致谴责，而在双方和解之后，言论开始发展为对双方的共同谴责。特别是在网络上，言论的非理性更加明显。在翁宝的博客里，很多网民表示要通过自愿捐款给记者以及抵制富士康产品的方式来支持记者。到最后，谩骂记者的声音却越来越多。在笔者看来，这种态度的绝对化转变是非理性的，所表达的支持记者的方式也是盲目的。

公共空间的非理性氛围，表明公众理性思辨的素质尚待提高，但仅仅将其归因于公众素养也有失偏颇。其中一个很重要的原因是，整个事

① 肖小穗：《传媒批评——揭开公开中立的面纱》，黑龙江人民出版社 2002 年版，第 79 页。

件的真相并不明晰，我们无法得知富士康到底是不是血汗工厂、《第一财经日报》的报道究竟有哪些地方失实。没有弄清楚事实基础，就急于发表言论，很大程度上只能是妄加猜测。只有建立在信息透明、真相清楚的前提下，理性的讨论才有意义。

（原载《岭南新闻探索》2006 年第 5 期，原题"富士康事件的多维反思"，与研究生施海平合写）

名人是否该为不实代言广告负责？
——从名人代言风波谈起

作为商业宣传克敌制胜的一种利器，名人代言广告在我国已发展成为热潮，其中不免存在着某些泡沫成分和非理性行为。广告主所关心的是如何让名人与产品相得益彰，规避代言人与产品错位的风险。过去广告界对名人代言的研究，也多集中在如何达成广告效果的层面上。毫无疑问，这是一个从广告主立场出发的视角。随着消费者的成熟与行业的逐渐规范化，泥沙俱下、问题不少的名人代言广告，正面临着一系列值得关注的问题。

一 从 SK—Ⅱ 代言风波谈起

"我希望刘嘉玲在'3·15'之际就 SK—Ⅱ 虚假广告致歉，此外，刘嘉玲还要承担法律责任！"据《东方早报》3 月 14 日报道，在 2005 年初闹得沸沸扬扬的 SK—Ⅱ 含有害物质的事件中，原告江西消费者吕萍的代理人唐伟表示，他已准备材料追加香港女影星刘嘉玲为被告。①一场"清算"名人代言的口水大战，正由媒体向公众迅速蔓延开来。

广告代言人也被列为不实广告的被告，在国内产品质量纠纷案中并

---

① 《东方早报》:《SK—Ⅱ消费者欲加诉刘嘉玲》，http: //news. sina. comen/ c/2005 – 03 – 14/09095355434s. shtml。

不常见。不过，名人代言的不实广告却不在少数：邀来多位名人如林忆莲、王小丫、徐帆等著名女性做宣传的某美容胶囊，已因疗效虚假被有关部门查处；未婚的解小东却为某医院做治疗不孕不育的广告；坦言在上学时就是"英盲"的羽泉组合，被邀请做英语读物代言人；只有独生女儿的濮存昕，在广告中言之凿凿地称自己的儿子就喝盖中盖……上述若干不实广告的纠纷案例恰好说明，广告主极为借重消费者对名人的信赖来提升广告效果，与此同时，名人也因身陷其中而遭遇危机；当代言的产品广告出现夸大或不实，这些名人便成为公众首当其冲的质疑对象，因为消费者正是看在他们的"面子"上才掏钱买东西的。

名人是否该对代言不实广告负责？从前面所举的例子来看，上述所有名人并无一例受到有关部门惩处。据法律界的意见，目前法律并未明确界定名人在代言广告中要承担的相关责任。我国《广告法》第三十八条规定："社会团体或者其他组织在虚假广告中向消费者推荐商品或者服务，使消费者的合法权益受到损害的，应当依法承担连带责任。"很明显，相关法律在追究不实广告的责任时，是以生产销售厂家和广告制作者为责任主体，而对参与违法广告的名人是否应当承当法律责任却只字未提。

产品广告不实，让消费者吃亏上当，而代言人却赚取高额代言费，让公众及媒体开始关注。代言人与所代言的广告之间是什么样的关系？代言人是否该对不实代言负连带责任？这是值得探讨的问题。

二　名人代言的传播机制

按人们的直观印象，在广告传播过程中，代言人和消费者是信源和信宿的关系——代言人陈述，消费者聆听；在广告效果发生的过程中，代言人和消费者分属影响的施者与受者的角色——代言人鼓动，消费者响应。

　　许多实验研究证实了信源吸引力在刺激人们产生正面反应时的效果。美国广告教授格瑞罗德·泰利斯（Gerard Tellis）认为，信源达成吸引效果是由三个主要因素决定的：熟悉度、好感度和相似度。① 名人作为广告的代言人，在这三个要素上具有先天优势：熟悉度是指受众对信源的了解也即信源先前的展露程度决定的，演员、歌手、球员在公共场合曝光率越高，受众就对他们越熟悉；好感度是指受众对信源的认可度，大部分由其外在形象及行为决定，如演员刘若英、黄磊等出现在签名售书现场时，场面格外火爆；相似度指的是信源和信宿之间的关联程度，可以是年龄，也可以是心理上的相似和接近，如青少年就很买周杰伦为动感地带代言的账。

　　从心理学上说，信源吸引力在传播过程中会形成某些特殊的心理效应，从而达成说服效果。

　　首先是晕轮效应。心理学的研究表明，人们对事物的看法并不一定是完整的、理智的。在相当多的情况下，人们只看事物的局部，并把这个局部的看法推及整个事物。这种个人主观推断的泛化、扩张，结果就是形成晕轮效应，也叫作光环效应。晕轮效应是名人代言对广告效果的最大贡献——广告在名人和产品之间建立联系，名人本身所具有的知名度和美誉度，使消费者原本中性的品牌态度转向积极的品牌联想，无疑将对产品销售起到积极的带动作用。

　　其次是移情效应。移情效应是指把对某一种特定对象的情感迁移到与该对象相关的人或事物的一种心理现象。在不同领域取得非凡成就的名人，对普通民众拥有强大的情感沟通能力，广告主常常利用这种情感上的效应来冲淡受众的防范心理，并激发购买欲望。当移情效应发生时，受众的理性暂时退场，听任名人符号所具有的美学功能对他们进行"催眠"，这是为什么名人代言的广告往往拥有惊人影响力的原因。

---

① 温华：《广告代言人现象的社会心理透视》，《江汉大学学报》2002 年第 3 期。

再次是示范效应。诺贝尔经济学奖获得者加利·伯克尔曾在代表作《口味的经济学分析》中谈到示范效应，他指出，是否理性取决于生活的方式，因此不可能存在一个其行动对于每个人来说都是理性的行动集。说得通俗点，就是消费者对某些商品的需求，取决于其他消费者对这些商品的需求，简称"消费的示范效应"。当示范效应跟名人的晕轮及移情效应结合到一起，往往会在消费者中引发"跟风"购买行为。

因此，从某种意义上说，名人是所代言广告的重要参与者，是广告效果的关键促成者。

三　廓清广告代言人实质

如果对问题进行理性的分析，就会发现代言人并不是广告传播中的真正信源。对信源的不同解读，正是在名人代言纠纷发生时，消费者的追究目标与法律责任的实际认定无法一致的原因。

代言人是一个比较宽泛的概念，通常是指为企业或组织的营利性或公益性目标而进行信息传播服务的特殊人员。代言人可以存在于商业领域，也可以出现在政府活动中。就营销领域而言，代言人则分为企业代言人、品牌代言人和产品代言人，平常所说的广告代言人就是对这三种代言人的通称。依知名度的不同，代言人可分为普通广告模特儿和具有一定知名度的公众人物，也即名人。

所谓"代"，就是受人委托替人办事。代言人在广告中进行言语陈述或以行为表现来支持广告宣传或广告声明，所陈述的信息内容都是由广告主决定并提供的，只是名人因其特殊的社会影响力，往往在广告传播中被消费者认为是信源。正是这样一种似是而非的信源—信宿的关系，让身任代言人的名人在广告不实纠纷中成为人们质疑的目标。实际上，名人在广告传播中的角色与低知名度的普通代言人一样，是广告的吹鼓手。广告的真正信源是广告主，代言人只不过是广告传播过程中用来提升传播效果的一种手段。这是为什么我国现行的法律在追究不实广告的法律责任时仅以生产销售厂家和广告制作者为主体的原因。

不过,名人代言人仍不同于普通广告模特儿,他们拥有的公信力、专业性、权威性,对于广告的传播效果意义重大,非一般广告模特儿可比。名人为某产品或服务代言,不仅可以使相关产品或服务借助其知名度而迅速被消费者所认知,且能通过移情效应及示范效应令消费者对产品产生认可,并有效促成购买行为。这也正是广告主不惜重金请来名人代言的原因。

从理论上说,名人拿着不菲的代言报酬,他们就应该对等承担相应的义务与责任。名人使用自己的社会影响力为广告代言,实际上已经与产品形成共生、共谋的关系。作为广告的"重要参与人"和广告效果的关键促成者,代言人目前虽然没有和广告主、广告经营者、广告发布者一并纳入广告法规、消费法规的管理条款中,但是当产品质量纠纷发生时,身为代言人的名人却免不了道义上的连带责任——承受公众及媒体的挞伐,形象受损者不乏其人。

四 界定代言人的连带责任

随着广告代言潮的汹涌,消费者的维权意识也在逐渐觉醒。尽管名人纷纷辩称:得到政府许可生产的商品出了问题,应责厂商宣传不实或政府监督不力,怎能怪罪代言人?然而从商业伦理上分析,厂商之所以找特定名人代言,无非要借重其形象魅力,促使消费者对商品产生信任。既然名人是具有号召力与影响力的公众人物,自然不能一方面靠着知名度牟利,一方面又逃避作为独立民事主体所应承担的相应责任。

以我国目前的法律,要处罚代言人并无确切的法律条款可依。只有在代言构成诈欺,或者明知内容不实却作虚伪宣传,导致消费者利益受损,代言人才可能受到民事或刑事追究。从代言人的立场说,产品既然获得政府主管机关许可生产，若出现问题，为何不是相关政府部门负责，却要代言人承担连带责任？且大多数名人并非专业人士，要他们事前确认产品成分、功效或影响，是强人所难，也不符合公平原则。

不容否认的是，具有社会影响力的名人的确是广告效果的关键促成者。如要令他们的权利与责任对等，不妨要求他们在缔约前承担合理的审查义务，如确认厂商、产品甚至广告是否均有政府核准文件。这种形式上的确认，执行应该不难，也符合契约的诚信原则；一旦出事，代言人也能自保。因此，对广告代言人课以相应的责任，是符合公平原则的。

关于代言人责任界定问题，可以借鉴一些发达国家的做法，尽快在这方面完善和补充《广告法》。在一些欧美发达国家，名人代言都被视为"证言广告"和"明示担保"，一旦广告不实，消费者可以据此担保索赔；美国则要求做广告的名人必须是产品的直接受益者和使用者，如果查出不实，就要处以重罚。[1] 而台湾"公平会"也在最近初步达成共识，准备修法对不实代言人开罚。[2]

五　余论：媒介教育之重要性凸显

名人代言风波频生，同时也凸显出我国的媒介教育亟待大众化。很多广告代言纠纷的发生，一方面固然因为名人滥用其公信力，另一方面也因为消费者的媒介素养有所欠缺，对名人所提供的信息无条件地全盘接受。

开展大众化的媒介教育，是提高每一个公民媒介素养的有效方式。它帮助人们在五花八门的信息海洋中，拥有自主而理性地处理信息的能力。具备良好的媒介素养，会让民众对广告传播的相关知识有所了解，

---

[1]　余丰慧：《名人代言广告更要负责任》，原载《市场报》，转引自人民网，http：//www.people.com.cn/GB/paper53/13217/1185521.html。

[2]　《2004年台湾传播广告圈发生了什么大事之Top 6》，台湾《动脑》杂志2005年2月号。

如广告的特征、属性、功能等，而不会对名人代言的广告信息毫无戒备之心。

　　因此，要解决名人代言广告中存在的问题，不仅要靠名人加强自律和社会管理机构完善相关的法规，同时也要重视对公众的媒介教育，提高人们对广告信息的辨识与利用能力。

　　　　　　　　（原载《新闻知识》2005 年第 6 期，与研究生黄晓赟合写）

"新闻敲诈"的治理之道

近年来,"新闻敲诈"现象日益突出,严重损害新闻队伍的形象,侵蚀新闻媒体的公信力,已引起社会各界特别是主管部门的高度重视,正在大力整治。

2012年4月,国家新闻出版总署、全国"扫黄打非"工作小组办公室、中央纪委驻国家新闻出版总署纪检组联合印发《关于开展打击"新闻敲诈"治理有偿新闻专项行动的通知》,决定自2012年5月15日至8月15日在全国开展打击"新闻敲诈"、治理有偿新闻的专项行动。2014年3月,中宣部等9部门联合印发《中共中央宣传部等关于深入开展打击新闻敲诈和假新闻专项行动的通知》,决定在全国范围内开展打击"新闻敲诈"和假新闻专项行动。

面对日益严重的"新闻敲诈"现象,不仅要开展打击专项行动,而且要探索制度化的治理之道,积极建构治理"新闻敲诈"的制度规范。为此,本文试对"新闻敲诈"问题及其治理做一些学理上的探讨。

一 "新闻敲诈"的产生过程

什么是"新闻敲诈"?给出一个描述性的定义并不难。大体上,"新闻敲诈"就是新闻从业人员为获取非法利益,对被报道对象进行要挟、勒索的行为。① 在这里，新闻从业人员可能是媒体的记者，也可能是媒体的经营人员，当然还可能有冒充记者的不法之徒；被报道对象通常是企事业单位，也可能是个人；而要挟、勒索的手段与方式，通常是发现被报道对象的问题，以批评报道或舆论监督之名，向对方收取"封口费"。

历史地看，"新闻敲诈"的产生有一个发展过程。主管部门发出的两个专项行动通知，或将"打击新闻敲诈"与"治理有偿新闻"并列，或将"打击新闻敲诈"与"打击假新闻"并列，表明"新闻敲诈"同"有偿新闻"或假新闻高度相关。事实上，"新闻敲诈"正是从"有偿新闻"发展而来的。

早在1985年，国家工商行政管理局、广播电视部、文化部《关于报纸、书刊、电台、电视台经营、刊播广告的有关问题的通知》就规定，"严禁新闻收费和以新闻名义招揽各种形式的广告"。1990年，国家工商行政管理局和国家新闻出版总署发布《关于报社、期刊社和出版社刊登经营广告的几项规定》，明确要求"严禁刊登有偿新闻"。可见，"有偿新闻"正是媒体在市场化、产业化过程中产生的怪胎。

从"有偿新闻"到"新闻敲诈"大体经历了三个阶段。20世纪80年代末，一些记者通过"正面宣传"获得物资或现金回报的现象较为普遍，形成了一种介乎新闻报道与广告推销之间的"广告新闻"或"新闻广告"（后来称为"软文"）；进入20世纪90年代，记者出席新闻发布会拿"红包"与"车马费"盛行起来；进入2000年以后，"有偿不闻"与"新闻敲诈"浮出水面。②

2001年9月，《中国改革》杂志社河南工作站站长刘宁因敲诈勒索

---

① 靖鸣、李文一:《"新闻敲诈"的产生根源及其治理途径》,《新闻与写作》2014年第5期。
② 罗昌平:《拆解"新闻寻租链"》,《南方传媒研究》第16辑,南方日报出版社2009年版。

罪、诈骗罪被判刑 2 年 6 个月，并处罚金 2 万元。2002 年 6 月，山西繁
峙矿难发生，当地负责人和矿主为隐瞒真相，给前来采访的媒体记者发
送现金和金元宝，新华社山西分社、《山西经济日报》《山西法制报》
《山西的生活晨报》等多名记者受贿，令新闻界震惊。

从上述两个案例开始，"有偿不闻"与"新闻敲诈"就不断出现，
成为近十多年来困扰我国新闻界的毒瘤。

二　"新闻敲诈"的本质是"新闻寻租"

从实际情况看，"有偿不闻"与"新闻敲诈"可能分别出现，也可
能相互交织。在法律上，两者的法律后果是不一样的。"有偿不闻"触
犯的是受贿罪，"新闻敲诈"触犯的是敲诈勒索罪。这是必须加以清楚
区分的。然而，迄今为止，在一些宣传和学术研究中却存在不加区分的
情形。

2008 年 7 月，河北蔚县李家洼煤矿发生爆炸，矿主隐瞒真相，有 8
家媒体的 10 名工作人员收受"封口费"，其中 9 人被判刑，1 人被主管
机关纪检部门作出处理。如中国产经新闻报社记者任志明和王月新以犯
受贿罪分别被判处有期徒刑 12 年、10 年。这样一个典型的受贿案，有
的论者却将其作为"新闻敲诈"的一个"典型案例"来探讨①，明显是
张冠李戴，与司法判决完全不符。

即便国家新闻出版广电总局 2014 年 3 月公布的 8 起典型"新闻敲
诈"案件，也并没在公布的案件中将"非法受贿"与"新闻敲诈"完
全区分。公布的案件中写得很清楚：《中国特产报》及其记者、《中国
经济时报》及其记者、《西部时报》及其记者、《证券时报》记者罗平
华，是牟取非法利益，涉嫌敲诈勒索；而《今日早报》记者金侃群、
《都市快报》记者朱卫、《杭州日报》记者杨剑，都是以非法受贿罪被

---

① 邓涛、肖峰：《新闻法学视阈下的"新闻敲诈"》，《现代视听》2013 年第 7 期。

判决。同时，《企业党建参考报》及其记者违规采访、乱设机构，本来属于媒体经营管理的问题，也列入"新闻敲诈"的典型案例，显然是不妥当的。①

　　将"非法受贿"与"新闻敲诈"混淆在一起，一方面反映了我们认识不到位、判定不准确的主观问题，也折射出"新闻敲诈"与"有偿新闻""有偿不闻"等现象往往相互交织的客观实际。为作进一步分析，有必要引入"新闻寻租"的概念。所谓寻租，简单说即权钱交易，是指凭借政府权力保护或支持而进行的寻求财富转移的活动。"新闻寻租"就是个别媒体及其记者利用新闻报道与舆论监督的权力牟取不正当利益的行为。"有偿新闻""有偿不闻""新闻敲诈"都可以归入"新闻寻租"的行列。

　　如果说"有偿不闻""新闻敲诈"的内涵比较清楚，那么"有偿新闻"的边界则相当模糊。笔者曾梳理出13种形态②，其实远未穷形尽相。其中值得注意的是，"有偿新闻"从少数新闻从业人员隐蔽的个人行为，逐渐演变为某些新闻单位整体或部门的集体行为，有的甚至成为一种公开的、被纳入计划的、有组织的"项目"。③

　　在笔者看来，这样一种权力寻租行为如果进一步恶性发展，便是两个方向，一是"有偿不闻"，二是"新闻敲诈"。当工商企业等社会组织出现某种危机，尤其是像矿难这样人命关天的危机发生时，企业主为了隐瞒真相，通常就用金钱来摆平媒体，收买记者，"有偿不闻"在一些缺乏职业良知的记者那里就成为现实。而当有的企业暴露出的某些漏洞不那么急迫，有关线索被某些不良记者获取后，他们便搞起了"新闻

---

　　① 《新闻出版广电总局公布8起典型新闻敲诈案件》，新华网，http://news.xinhuanet.com/legal/2014-03/31/c_126336305.htm。

　　② 董天策：《关于"传播交叉领域"的研究——对新闻、公关、广告之互动的思考》，《新闻与传播研究》2009年第1期。

　　③ 张新庆：《有偿新闻现象与新闻法制建设》，《新闻战线》2000年第3期。

敲诈"。2003 年初,鄂东晚报社内部达成以曝光当事方丑闻的方式强拉广告的默契,上下通力配合,形成了一条从该报社领导到记者再到受要挟单位的"媒体腐败食物链"。①

因此,尽管"有偿不闻"与"新闻敲诈"性质有别,却如同一个镍币的两面,都是权力寻租之恶。只是在作恶的程度与深度上,"新闻敲诈"比"有偿不闻"更进一步,是一种主观动机更强的罪恶。

三　形成"新闻敲诈"的社会机制

理性地看,"新闻敲诈"之所以能够得逞,不仅与某些媒体及其记者的职业道德有关,而且与某些企业同媒体及其记者的利益交换有关,还与有关方面对"新闻敲诈"的治理方式有关。换言之,"新闻敲诈"之所以时有发生,是因为存在其滋生的土壤。

从"新闻敲诈"者角度看,"新闻敲诈"是某些媒体记者在市场经济条件下职业道德的滑落乃至堕落的结果。在市场经济条件下,有些人"一切向钱看"。在一些人的灵魂深处,"靠山吃山,靠水吃水",认为这是一种生存智慧。于是,当某些媒体部门及其记者在市场竞争的经济压力之下,或是个别新闻从业人员为了捞取非法的经济利益,进行"新闻敲诈"也就成为一种选择。2006 年初,中国工业报社河南记者站常务副站长陈金良,以报道河南光山县建设局存在问题相威胁,索要现金 2 万元,被法院判处其有期徒刑 1 年,缓刑 2 年。同年 11 月,中华工商时报社浙江记者站原站长、浙江新闻中心原主任孟怀虎因敲诈勒索罪被法院判处有期徒刑 7 年,并追缴 2001 年至 2003 年间勒索的 63 万元。

从被"新闻敲诈"者角度看,"新闻敲诈"之所以得以实现,是由于某些组织机构及其当事人的实际工作存在问题,但又不愿被曝光、被

---

① 刘溜、胡玲:《媒体腐败食物链调查:一份晚报的新闻勒索路线图》,http://news.sina. com. cn/o/2004 – 11 – 24/09264330443s. shtml。

揭短揭丑。于是,"花钱买平安",尽可能满足"新闻敲诈"者的经济利益,就成为被敲诈者的观念与心态。正是这种观念和心理,给那些"新闻敲诈"者提供了生存的空间。前述 2003 年鄂东晚报社记者以曝光当事方丑闻的方式强拉广告,当中国青年报记者去采访那些被敲诈的学校时,当事方都采取息事宁人的态度。即使当地教育局负责人,也同样回避问题。湖北省浠水县教育局副局长南金辉说:"实行一费制后学校收费环境不是很好,可能有个别记者利用学校害怕曝光的心理敲诈,不过我个人没有接到学校的举报。"①

从对"新闻敲诈"的治理方式看,对某些"新闻敲诈"行为存在执法不严、打击不力的情况,致使新闻敲诈者的违法成本很低,并没有从根本上遏制住"新闻敲诈"行为。一方面,由于不少"新闻敲诈"都是私下交易,缺少证据,加之被敲诈者往往不愿揭丑,这给查处带来很大难度;另一方面,有的即使查到了,有的也没有追究法律责任。在上述 2003 年鄂东晚报社记者以曝光当事方丑闻的方式强拉广告的案例中,2004 年 11 月下旬,在《中国新闻周刊》发表《一份晚报的新闻勒索食物链》报道之后,鄂东晚报社将主要负责人免职并开除,承诺加强新闻从业人员的思想政治教育和职业道德教育,备受关注的鄂东晚报社"新闻敲诈"行为就此了结,并未追究其法律责任。

正是由于上述几个方面的原因,使某些不法之徒假冒记者甚至以假媒体从业者来进行"新闻敲诈"。加上网络媒体的发展为"新闻敲诈"提供了更方便的作案工具,假记者、假报刊、假网站加剧了最近几年"新闻敲诈"的严峻态势。从某种意义上说,网络"新闻敲诈"已成为"新闻敲诈"的重灾区。2014 年 4 月,全国"扫黄打非"办公室和中国记协向社会公布 14 起网络"新闻敲诈"和编造传播假新闻的典型案

---

① 刘万永:《一份地方报纸的新闻敲诈路线图》,《中国青年报》2004 年 12 月 15 日"冰点特稿"第 525 期。

例。这些案件包括：山西忻州寇某某假冒"西部廉政监督网"记者实施敲诈勒索；2014年1月高某等5人开设"中国廉政网""中国县域网"两个非法网站，冒充记者诈骗上访民众；2013年8月江苏徐州仲某等4人私设"今日焦点网"，在全国各地进行敲诈勒索。①

四 "新闻敲诈"的治理对策

"新闻敲诈"的社会机制，如同生物界的食物链一样，是一个有机的整体，一环扣一环。因此，对"新闻敲诈"的治理，不能单从某个方面着手，而必须进行综合治理，且必须找到切实有效的治理路径。

2014年3月31日，国家新闻出版广电总局公布自2013年至2014年3月查处的8起典型"新闻敲诈"案件。新闻报刊司负责人李军表示，将继续加大对"新闻敲诈"案件的查处力度，限期挂牌督办一批重点案件，关停一批违规新闻单位，撤销一批违规记者站，吊销一批违规人员新闻记者证。同时，将建立健全"新闻敲诈"案件"双移送"机制，及时将查办案件中发现的违法犯罪线索和违纪问题移送司法机关、纪检监察机关处理。②

应当说，新闻报刊司负责人的这个表示显示出近年来打击"新闻敲诈"已开始利用多种治理手段，从而改变了过去治理"有偿新闻"主要靠职业道德倡导与说教的方式。20世纪90年代，主管部门先后多次要求禁止"有偿新闻"，如：1993年中宣部和国家新闻出版总署发出《关于加强新闻队伍职业道德建设禁止"有偿新闻"的通知》，1994年中宣部发出《关于坚持不懈地抓好新闻队伍职业道德建设的通知》，1996年中宣部提出制止"有偿新闻"的6条措施，1997年中宣部会同

---

① 《全国"扫黄打非"办和中国记协公布14起网络新闻敲诈和编造传播假新闻典型案例》，http：// http：//news. xinhuanet. com/newmedia/2014－04/03/c_ 126349734. htm。

② 《新闻出版广电总局公布8起典型新闻敲诈案件》，新华网，http：//news. xinhuanet. com/legal/2014－03/31/c_ 126336305. htm。

广电部、新闻出版总署、中国记协联合发布《关于禁止有偿新闻的若干规定》共 10 条。然而，由于"有偿新闻"的边界则相当模糊、难以清晰界定等客观现实，再加上行业治理的路径相对单一，因此在一定时间内并没真正杜绝"有偿新闻"和"新闻敲诈"等违规违法行为。

那么，综合治理"新闻敲诈"究竟有哪些具体路径呢？把当前查处"新闻敲诈"专项行动所采取的对策概括起来，大体是三个方面：首先，加强思想教育与职业道德教育，这是必须坚持的传统；其次，加强行业管理，加大行政处罚力度，充分发挥主管部门的约束作用；再次，加强法律处置，依法刑事处罚，这就是要建立健全"新闻敲诈"案件"双移送"机制，充分发挥法律的治理作用。

除此之外，还必须加强两个方面的工作：第一，要改善和加强舆论监督，及时曝光各行各业工作上的疏漏，促使各行各业及时完善自身的缺陷，不断提升管理水平；第二，要加强对"新闻敲诈"案件的报道宣传，提升人们的媒介素养，强化人们辨别、应对"新闻敲诈"的能力。

对"新闻敲诈"的治理将是长期坚持的一项重要工作，相信在社会各界共同努力的基础上，不断提高新闻从业人员的法律意识与职业道德，不断加强依法依规惩处违法违规行为的力度，终将还新闻行业一片晴朗的天空。

（原载《新闻与写作》2014 年第 6 期）

探寻"新闻寻租"腐败链的破解之道

从"新闻敲诈"案的水落石出到对"新闻寻租"话题的广泛热议，传媒业又一次引发关注。2013 年 10 月，陈永洲案发；2014 年 6 月、7 月间，央视财经频道郭振玺、芮成钢等多人被检方带走调查；2014 年 9 月，21 世纪网"新闻敲诈"案发。不管哪一个案件，案情都十分复杂，其中许多情况并未全部披露。面对新媒体的挑战，这两年传统媒体正在艰难转型，此时发生的上述案件，确实不利于媒体转型工作，再不正视这一残酷的现实，再不探寻"新闻寻租"腐败链的破解之道，传媒业将更加举步维艰。

一 恶性互动关系："新闻寻租"腐败链的内因

反复研究上述这几个案件的有关报道，不难发现，尽管案情各异，却也呈现出某种共同性：这就是传媒、公关、企业之间存在着一种以"新闻寻租"为内核的恶性互动关系。这一点，恰恰是以往研究"新闻寻租"腐败链的文章涉及不多甚至是有所忽略的。

对陈永洲案的判决表明，陈永洲等人实施针对中联重科的负面报道，其实是受每日经济新闻报社华南新闻中心副总监朱宗文的指使，朱宗文以差旅费、稿酬等名义向陈永洲等人支付资金。至今仍然在逃的朱宗文，其动机和资金来源，以及背后的力量，尚不得而知。①

---

① 《陈永洲案关键人物仍在逃》，财新网，http://china.caixin.com/2014 – 10 – 18/100740064. html，2014 年 10 月 18 日。

　　郭振玺在央视工作 22 年，执掌财经频道后手握红榜"中国经济年度人物评选"和黑榜"3·15 晚会"，既打又拉的手段使其"权倾"中国企业界。同时，郭振玺建有多家公关公司充当新闻寻租的"白手套"，个人大肆敛财多达亿元。① 芮成钢不仅参与公关界的活动，而且参与创办北京帕格索斯公关顾问有限公司，他的部分高端访谈对象，包括外国国家元首和高官，以及上多少分钟央视都由公关公司明码标价。在 21 世纪网"新闻敲诈"案中，涉案人员包括 21 世纪报系总编辑沈颢、21 世纪网总裁刘冬和相关管理、采编、经营人员，还有上海润言、深圳鑫麒麟两家公关公司负责人。不言而喻，在这起案件中，公关公司充当了"新闻敲诈"的中介机构。因此，公关公司与传媒机构同时涉案。②

　　笔者曾撰文指出，"新闻敲诈"的本质是"新闻寻租"③。"寻租"概念由美国经济学家克鲁格 1974 年在《寻租集团的政治经济学》一书提出，并将其界定为利用资源通过政治特权构成对他人的损害大于租金获得者收益的行为。所谓"新闻寻租"，就是指新闻界或新闻从业人员利用新闻宣传和舆论监督的权力，转移财富分配，为团体或个人谋求不正当利益，获得、索取好处的一种行业腐败行为，同时也是对其他社会利益造成损失的一种非生产性寻利活动。④ "新闻寻租"的形式多种多样，有偿新闻、有偿不闻、新闻敲诈，都是其典型表现。

二　三管齐下：破解"新闻寻租"腐败链的良方

　　问题的关键在于，究竟应当如何破解"新闻寻租"的腐败链呢？

---

① 《郭振玺曾 8 年内捞 20 亿　落马或与李东生案有关》，人民网，http://politics. people. com. cn/n/2014/0617/c1001－25161266. html，2014 年 6 月 17 日。
② 《舆情解读：游走在虚实之间的芮成钢》，人民网，http://ah. people. cn/n/2014/0714/c358266－21664333. html，2014 年 7 月 14 日。
③ 董天策：《"新闻敲诈"的治理之道》，《新闻与写作》2014 年第 6 期。
④ 王博：《"新闻寻租"何以成为"常规行为"——从制度经济学视角解读新闻寻租》，《兰州学刊》2008 年第 12 期。

从传媒、公关、企业之间的互动关系出发，笔者以为要破解"新闻寻租"的腐败链，需要依法治理、产业规制、价值重建三管齐下。

（一）依法治理是最具威慑力的有效方式

从 2012 年国家新闻出版总署等三部门联合印发《关于开展打击"新闻敲诈"治理有偿新闻专项行动的通知》，决定自 5 月 15 日至 8 月 15 日在全国开展为期 3 个月的打击"新闻敲诈"、治理有偿新闻的专项行动，到 2014 年 3 月，中宣部等 9 部门联合印发《关于深入开展打击新闻敲诈和假新闻专项行动的通知》，决定在全国范围内开展打击新闻敲诈和假新闻专项行动，可以看出国家已对"新闻寻租"进行大力治理。这两个专项行动表明，国家对传媒业界的违法行为已经从过去单纯依靠职业道德的倡导与说教转向依法治理。

从陈永洲到央视的郭振玺、芮成钢，再到 21 世纪网涉嫌新闻敲诈，一连串违法事件所产生的冲击波足以让整个传媒业警醒。当陈永洲案在 2013 年 10 月引起广泛争议之时，不少人还认为这只是地方媒体个别记者面对生存压力的铤而走险，传媒业主流还是好的。可是，当央视财经频道的总监与主持人，面对诱惑不能自持自律之时，不能不令人震惊"新闻寻租"的严重性。当 21 世纪网"新闻敲诈"案发，沈颢由"新闻圣徒"变成"新闻囚徒"之时，更是让人感到"新闻寻租"正在毁坏整个传媒业的新闻理想与价值伦理。面对这样一种严峻的态势，依法治理"新闻寻租"的腐败链，可以说是当前最具威慑力的有效方式。

（二）加强产业规制建设，可以筑就防范的制度之墙

法律是不可逾越的底线，依法治理"新闻寻租"腐败链，是一种事后追惩制度。如果着眼于"新闻寻租"腐败链的防范，就不能不加强产业规制建设，筑就防范"新闻寻租"腐败链的制度之墙。

过去一段时间，面对有偿新闻等"新闻寻租"行为，传媒界也曾倡导新闻采编与广告经营两分开，实践中却收效甚微。何以如此？美国

经济学家布坎南认为,"寻租"产生的条件是存在限制市场进入或市场竞争的制度或政策,而这往往与政府干预的特权有关。① 从这个角度看,我国传媒业"事业单位,企业化管理"的混合体制,在市场化发展进程中虽然发挥了重要作用,却也为"新闻寻租"提供了"钻空子"的制度空间。面对"新闻寻租"的严峻现实,《财经》杂志原副主编罗昌平说,"在倡导道德自律的同时,不妨以更为坚定和勇毅的决心去推动制度的改革。"② 党的十八届三中全会首次明确,市场对资源配置起决定性作用。从这样的精神出发,推进传媒业的体制改革,加强传媒业的规制建设,已成为治理"新闻寻租"腐败链的时代课题。

与此同时,建立健全公关行业的制度规范,也是防范"新闻寻租"腐败链的产业规制建设中极其重要的一环。当代中国的公关业,除了少数大的公关公司步入正轨以外,不少中小规模的公关公司为了生存,"剑走偏锋"的操作手法反倒成为他们实践中的选择,其结果,或者沦为企业不正当竞争的工具,用来抹黑竞争对手;或者拿人钱财,替人消灾,近几年的网络"黑公关"就是典型;或者充当"新闻寻租"的中介,并从中非法牟取私利。在上述"新闻寻租"的腐败链中,都有公关机构与一些记者或媒体的非正当合谋。因此,要破解"新闻寻租"的腐败链,必须对公关行业进行切实有效的治理,规范公关机构的业务操作,促进公关业的健康发展。

产业规制一方面要划清新闻、公关、广告的外部边界,另一方面要确定各行各业内部的操作规则,从而对"应做什么""不应做什么"形成清晰的规章制度,从制度上防范"新闻寻租"腐败链的滋生。

(三) 价值重建是构筑"新闻寻租"腐败链防火墙的内生动力

规章制度要人自觉地遵守与践行,价值重建是必不可少的。只有当

---

① 梁君、顾江:《新闻寻租的博弈分析》,《当代传播》2009 年第 5 期。
② 罗昌平:《拆解"新闻寻租链"》,《南方传媒研究》第 16 辑,南方日报出版社 2009 年版。

传媒业形成正确的价值伦理，新闻从业者才能从内心深处自觉地构筑"新闻寻租"腐败链的防火墙。

陈永洲案发生后，胡舒立曾发表《新闻寻租不可恕》一文，直陈"中国的'新闻寻租'并不是个人操守有亏的偶然发作，而是存在于相当一部分新闻机构和媒体人的顽疾。"文中阐明"新闻媒体使命重大，无论现实有多艰难，'新闻寻租'绝不可恕。"① 此文发表后立即引来反对的言论。为此，胡舒立再写《〈新闻寻租不可恕〉之后》，重申"媒体有多重要，媒体腐败就有多可恶。""记者或所在媒体放弃基本职业标准，为数十万元及至千百万元私利，一意摧毁年收入在数百亿元的企业，这显然不能算是小恶。"②

当下对于新闻理想、媒介伦理，传媒界乃至整个社会重视不够，而且价值混乱。沈颢从"新闻圣徒"到"新闻囚徒"的蜕变，更是集中体现了这种价值混乱的严重程度与沉重代价。因此，传媒业的价值重建已经迫在眉睫，再也不能拖延了。

（原载《新闻与写作》2014 年第 12 期）

---

① 胡舒立：《新闻寻租不可恕》，http：//opinion. caixin. com/2013 – 11 –04/100598818. html。
② 《胡舒立再评陈永洲事件：这显然不能算是小恶》，http：//www. guancha. cn/Media/2013_ 11_ 10_ 184605. shtml。

关于平衡保护二次创作和著作权的思考

——从电影解说短视频博主谷阿莫被告侵权案谈起

随着新媒体技术日新月异的发展，网络短视频逐渐成为近年来炙手可热的网红产品。因创作"×分钟带你看完××作品"的电影解说短视频而爆红的谷阿莫，就是众多短视频博主中的佼佼者。然而，2017 年 4 月，三家影视公司（又水整合、得利影视、KKTV）控告谷阿莫侵犯他们的著作权。谷阿莫被起诉消息传开，舆论一片哗然。由于种种原因，台湾当局法院迟迟没有作出判决，更平添了公众热议，也引起了海峡两岸文艺界、法学界的高度关注和广泛讨论。该案争论的焦点在于，谷阿莫的电影解说短视频制作及发布到底是涉嫌侵犯著作权，还是进行二次创作的合理使用？这一案件的发生，自然给法学界和文艺界提出了一个亟待回答的严肃问题：如何在保护著作权与保护二次创作之间求得平衡？

一　著作权保护纷争—谷阿莫的行为是合理使用还是构成侵权

谷阿莫凭借电影解说短视频获得成功，也因此摊上官司。此案中关于是否侵权这个焦点，双方争持不下。从谷阿莫创作、发表短视频的过程来看，他有侵权嫌疑，但从谷阿莫的创作手段来看，他的"×分钟带你看××电影"系列短视频又属于滑稽模仿（"戏仿"）范畴，而滑稽模仿是表达自由的一种方式，受合理使用制度的保护。在法律的意义上，谷阿莫的行为是否构成侵权，有待有权管辖的台湾当局法院最终作出裁决。不过，其中蕴含的学理问题，却是可以探讨的。

（一）从中国大陆和台湾地区现行著作权法律制度来看，谷阿莫的行为确有侵权嫌疑

谷阿莫是一个知名视频博主，从 2015 年开始制作电影解说短视频，通过剪辑电影作品的某些镜头或画面，并配上简明扼要而又不失幽默的语言，将数小时的电影作品浓缩成几分钟的解说视频。犀利的吐槽解说风格和一口台湾腔普通话，使谷阿莫迅速蹿红，成为网络上极具代表性的短视频博主。他在微博上拥有 878 万粉丝，YouTube 的个人频道订阅量超过百万，仅仅在"bilibili"（B 站）视频平台，谷阿莫发布的电影解说短视频播放量就高达 3.1 亿次。"妖艳贱货""科科""大魔王""好单纯不做作"等曾经一度占据微博热评的网络热词，都源于谷阿莫的解说视频。2017 年，KKTV、电影发行公司"又水整合"以及得利影视公司陆续起诉谷阿莫，声称谷阿莫对其公司购买了版权的电影《STANDBYME 哆啦 A 梦》《哆啦 A 梦宇宙英雄记》《脑浆炸裂少女》《近距离恋爱》《模仿游戏》及韩剧《W 两个世界》等 6 部作品进行剪辑，制作成视频并上传网络，侵犯其著作权。客观而论，无论是依据台湾地区还是中国大陆现行的著作权法律制度，谷阿莫创作和发布的短视频，某种程度上具有侵权的嫌疑。

1. 涉嫌利用盗版视频资源进行二次创作，损害了著作权人的合法权益

为了追求话题热度，吸引观众，谷阿莫屡次将还在影院公开放映的电影作品进行剪辑，然后将短视频上传到相关平台。电影《唐人街探案》2015 年 12 月 31 日上映，2016 年 1 月 8 日谷阿莫就发布了该电影的解说短视频；电影《金刚：骷髅岛》2016 年 3 月 9 日在台湾地区上映，4 月 13 日，谷阿莫就发布了该电影的解说短视频；美国电影《荒野猎人》2016 年 3 月 18 日在中国大陆上映，3 月 29 日谷阿莫就据此制

作出了电影短视频;惊悚剧情电影《鲨滩》2016年9月9日在中国大陆上映,不到半个月,谷阿莫就在各大平台上发布了其解说短视频。令人惊愕的是,这些还在热播期的影视作品,制片方并未正式在网络上发布,谷阿莫是凭借何种手段、采取什么方式获得该相关视频的资源,进行他所谓的二次创作呢?

影视作品画面片段的合法取得,是二次创作者应当坚守的最基本的法律底线。谷阿莫被控告侵权一案,对他极为不利的一个证据是,他在没有取得制片方合法授权的情况下,擅自获取受著作权保护的电影及影视剧资源,进行二次创作并在网络平台公开发布。谷阿莫在回应被控告的视频里,他对涉嫌通过非法手段获取盗版视频资源进行二次创作一事只字不提。台湾大学法学院教授李茂生在 Facebook 上一针见血地指出,谷阿莫辩解那么多,却完全回避这一核心问题。2017年7月27日,谷阿莫首次以被告身份出庭,庭外被诸多记者询问关于"影片来源"问题,他也是掉头走人,不作任何正面回应。只要谷阿莫通过非法手段下载盗版视频并进行传播,且牟取商业利益,依据中国大陆和中国台湾现行相关法律,他就构成侵犯著作权的法律事实。

2. 利用著作权人的影视素材进行二次创作,牟取巨额商业利益

本案中,谷阿莫通过不正当手段获取市场热播影视作品的部分素材进行所谓二次创作,牟取了大量经济利益,这也是对他不利的一个重要因素。首先是他与国外视频网站 Youtube 签了约,这也就意味着,谷阿莫所发布视频的点击量与他的自身收益是直接挂钩的。据台湾三立新闻网刊登的数据,谷阿莫以年收入1413万元成为台湾 YouTube 收入冠军。除了直接与视频平台方分成,谷阿莫经常在解说视频中加入广告并以此获利。在电视剧《老九门》的解说短视频中,就提及"此影片由喜欢帮你预防上火的金冠加多宝协助制作播出";在电视剧《漂亮的李慧珍》的解说短视频中,反复提到微鲸电视,为其做宣传广告。在使用未

经授权的视频资源中直接插入广告盈利，这是在利用别人创作的成果牟利。此外，谷阿莫还利用自己的网红身份进行创业，生产台湾凤梨酥进行售卖，并在大部分自己的短视频中巧妙地提到自己的凤梨酥品牌，这也是他涉嫌侵犯他人著作权的一个重要证据。

（二）从创作手段的视角来看，谷阿莫的行为具备滑稽模仿、二次创作的属性

针对三家公司的诉讼，谷阿莫在 YouTube 网站上发布了一段解释视频作为回应，辩称自己的短视频符合著作权使用规范，是合理的二次创作，并表示自己今后还将继续坚持二次创作，呼吁当局相关部门不应为了保护著作权而扼杀新的创作。

所谓二次创作，是指以受到著作权保护的畅销书、电影、连续剧、动画、电动游戏中的人物和情节等作为蓝本，进行文字、图像、影像的第二次衍生创作。2005 年，备受争议的视频作品《一个馒头引发的血案》就是以电影《无极》为蓝本进行的"二次创作"。当时《无极》的导演陈凯歌声称要起诉《一个馒头引发的血案》的导演胡戈，这场风波最后以胡戈的道歉作为结局。客观而论，无论胡戈还是谷阿莫，他们通过二次创作，剪辑解说影视作品，表达自己的观点，以达到一种搞笑、讽刺、娱乐的效果，从创作手段上来看，这属于一种滑稽模仿（"戏仿"）。而滑稽模仿是表达自由的一种形式，在此意义上，其行为是受合理使用制度保护的。[①]

"滑稽模仿"一词源于英文 Parody，是一种以"讽刺""批评""戏谑"等为目的，模仿引用一些已具备一定影响力的作品进行改编创作的艺术形式。在日本和中国台湾地区，滑稽模仿被称作 KUSO，即恶搞和

---

① 梁志文：《作品不是禁忌——评〈一个馒头引发的血案〉引发的著作权纠纷》，《比较法研究》2007 年第 1 期。

搞笑的代名词。① 谷阿莫的电影解说短视频，表面上是通过剪辑原作的镜头画面，用简短的语言将原作品的剧情内容介绍给观众，但在其解说过程中，他通过精心截取部分画面加上解说音轨，实质上赋予了自己剪辑的短视频不同于原作品的价值观。在每段作品的结尾，谷阿莫都会简要总结自己对原作品的评价和看法，且大多是消极的。"介绍电影"只是外衣，"评论原作品"才是谷阿莫二次创作的实质。在此意义上，谷阿莫的剪辑具备滑稽模仿的特征和属性。

　　滑稽模仿因其独特的创作手法决定了创作者必须通过模仿，引用原作品中的某些内容，甚至可能涉及核心部分，以此使得受众在观看由滑稽模仿而创作的新作品时，能迅速回想起原作品。如果在滑稽模仿时，对原作品的使用较少，就无法让受众联想到原作品，也就不可能实现批判、讽刺的目的，自然不能构成滑稽模仿了。在谷阿莫解说日本电影《哥哥太爱我了怎么办》的短视频中，就使用了男主角从很高的天桥上跳下来去阻止男配角和女主角亲吻的镜头画面，并配上解说音轨"躲在附近天桥上的男主角，立刻从天桥上跳下来，这是下天桥的正确方式，走楼梯的人都是蠢蛋"，指明电影细节的漏洞，人怎么可以从很高的天桥上跳下并毫发无伤，以此讽刺电影剧情狗血不合乎常理。显然，谷阿莫对原作品镜头画面的使用，是他进行讽刺、批评、评论的前提，从这个角度来看，其行为又是为著作权法所允许的。

二　著作权与表达自由的界限——"合理使用"的界定

　　滑稽模仿作为一种源远流长的艺术创作形式，近年来日益受到二次创作者的青睐。然而，在判定一个通过滑稽模仿创作的新作品是否合法之时，就会涉及著作权法中非常敏感而复杂的问题：著作权保护和表达自由间的合理界限是什么？具体到谷阿莫被告一案，谷阿莫在抗辩视频

---

① 宋焕玲：《滑稽模仿的版权保护》，硕士学位论文，暨南大学，2010年，第2页。

中提到自己的二次创作应该受到合理使用制度的保护，那么合理使用的具体标准、底线是什么，我们应该如何界定？

"表达自由和著作权保护作为当代立宪精神的具体体现，将两者协调与统一起来的著作权制度主要就是合理使用制度。"[①] 合理使用最早出现在 1841 年美国的一则判例中。著作权领域中的合理使用，是指"在特定的条件下，法律允许他人自由使用著作权而不必征得著作权人的同意，也不必向著作权人支付报酬的情形。"[②] 合理使用制度是现代各国著作权立法的通例，是一种对著作权权能限制的法律制度，也是表达自由这一宪法权利在著作权中得以实现的重要保障。[③] 在著作权中，对著作权利人的保护有垄断的意味，著作权利人拥有许多独占权利，如改编权、作品完整权等，这在一定程度上也阻碍了作品的传播，给受众的使用和表达带来诸多限制。而合理使用制度的目的就在于打破限制，在保护权利人的著作权和限制其著作权之间寻求平衡，既要保护著作权利人的合法权益，又要保护使用者的合理使用行为，消除作品创作者和使用者之间的冲突，以推动社会科学、文化事业的繁荣发展。

合理使用的目的决定了社会公众对著作权作品的使用应当是有限度的，以免在使用中对著作权利人的权益造成损害。合理使用制度的核心内容在于合理性的判断标准，即合理使用应该如何认定。随着数字网络技术的发展，合理使用的认定变得更加复杂。关于合理使用制度的传统判断标准，各国在其法律中有不同的解读。国际上公认，一种行为是否属于合理使用主要有"三步检验标准"和"四要素检测法"。"三步检验标准"最早出现在 1886 年的《伯尔尼公约》，其具体内涵是指，必

---

① 梁志文：《作品不是禁忌——评〈一个馒头引发的血案〉引发的著作权纠纷》，《比较法研究》2007 年第 1 期。
② 吴汉东：《著作权合理使用制度研究》，中国政法大学出版社 2005 年版，第 1 页。
③ 杨通梅：《表达自由与著作权合理使用制度的宪法性问题研究》，硕士学位论文，清华大学，2015 年，第 6 页。

须在特定情况下不得与作品正常利用相冲突，不得不合理地损害权利人的合法权益。[①] "四要素检测法"出自美国《1976 年版权法》，这一判定标准从四个层面对合理使用做了认定，分别是使用的目的、受版权保护的性质、使用数量与作品整体的对比、具体的使用对著作权作品价值的影响。

在"四要素检测法"中，使用的目的这一要素着重分析作品的使用是否出于商业目的，是否会对原作品造成竞争等。在谷阿莫被告侵权一案中，谷阿莫通过滑稽模仿的手段进行二次创作，虽然他创作的短视频发布在网络上，免费供观众观看，没有直接从创作中获利，但通过后续的视频点击量分成和广告推广，谷阿莫获取了商业利益，就此而言，这对谷阿莫是不利的。值得注意的是，对原作品的使用是否形成盈利，并非认定合理使用的关键性因素，这只是衡量标准之一。受版权保护作品的性质这一检测要素是指，被合理使用的作品应当为已发表状态。原则上，未发表的作品不能构成合理使用。对于不同性质的作品，将会采取不同的判断标准来认定其是否构成合理使用。使用数量与作品整体的对比这一要素，一般是指只有对原作品非核心部分的少量引用才能够算作合理使用，也就是说，引用复制的比重越高，内容越核心、越重要，就越有可能构成对原作品的替代，不利于被认定为合理使用。谷阿莫通过二次创作形成的短视频，几乎全部画面都来自原作品，其中不乏对原作品重要画面的剪辑，但从数量上看，短视频时长有限，谷阿莫的引用仅仅占据原作品整体内容的极少比重，观众观看其短视频，并不能完全替代观看原作品，因此，谷阿莫的短视频并不会完全导致市场替代。

对著作权作品价值的影响是指对原作品的使用必然会对其产生一定影响，一般着重考虑使用行为对著作权人的经济利益所造成的影响。美

---

① 张曼：《论 TRIPS 协议中"三步检验法"存废之争和解决途径》，《暨南学报》（哲学社会科学版）2016 年第 11 期。

国版权学者认为，第四项标准实质上是最核心的。无论使用者的目的是否为了盈利，被使用的作品为何性质，使用程度如何，"只要影响了被使用之版权作品的潜在市场，这种使用就是不合理的。"① 在谷阿莫一案中，原告方控告谷阿莫未经许可，擅自将其公司的影视作品进行剪辑解说，给影视作品的后续放映和售卖造成了不可估量的负面影响，致使其经济利益受到巨大损害。从这个角度来看，谷阿莫明显处于劣势。

我国现行《著作权法》第四节权力的限制第 22 条列举了属于合理使用的 12 种具体行为——为个人学习、研究或欣赏；为介绍、评论或说明某一问题；为报道时事新闻而再现或引用；媒体刊登或播放其他媒体已发表的时事性文章；媒体刊登或播放在公共集会上的讲话；为课堂教学或科学研究；为执行公务而使用；为图书馆等为陈列、保存版本需要而使用；为免费表演；复制陈列在室外的作品；将作品翻译成少数民族文字；改成盲文。② 《著作权法》提到，符合以上情况，可以不经著作权人许可，不向其支付报酬，但不得侵犯著作权人的其他权利。我国台湾地区的法律也对合理使用作了概述性阐述，《台湾著作权法》第 52 条规定："为报道、评论、教学、研究或其他正当目的之必要，在合理范围以内，得引用已公开发表之著作。"③ 谷阿莫的二次创作，可以归结为介绍或评论，但涉及引用数量，海峡两岸现行的著作权法律制度中都缺乏一个可操作性的具体标准，自然也给当前著作权纠纷案件审判实践带来了困惑。

综上所述，这些既有的判定标准为我们认定合理使用行为提供了参考和借鉴，但它也存在明显的瑕疵——个别重要的概念如"滑稽模仿"

---

① 吴汉东：《知识产权法》，北京大学出版社 2014 年版，第 86 页。
② 参见《中华人民共和国著作权法》第 22 条。
③ 参见《台湾著作权法》第 52 条。

"二次创作"没有作出明确的法律界定;著作权法严重滞后于当前网络技术的发展现实;著作权法及实施细则中部分条文可操作性不强,难以为司法实践提供基本的依据和遵循。

三　应当完善我国现行著作权法合理使用制度

著作权的限制是著作权制度中的重要组成部分,直接关系到著作权人、作品的使用者和社会公众三者之间的利益。[①] 当前,随着网络数字技术的飞速发展,作为平衡表达自由和著作权保护的我国现行著作权限制中的"合理使用"面临着诸多挑战,修订完善合理使用制度使其更好地指导司法实践的呼声日益强烈,及时修订完善现行合理使用制度已经提上议事日程。

修订完善我国现行著作权法中的合理使用制度是一个巨大的系统工程,既要大胆推进,又要尊重客观规律,按规律办事。事前必须搞好顶层设计,制订详尽周密的规划,组织好科学论证。一方面,要充分借鉴国外著作权法中合理使用制度的精华和有用元素,做到洋为中用;另一方面,要深入搞好调查研究,广泛听取社会各界意见,充分尊重和体现中国国情,既要对现行著作权法律制度中明显缺失的滑稽模仿、二次创作等概念作出明确的法律界定,也要以著作权法的实施细则、司法解释形式对如何具体适用法律条文加以明确规定。

在修订完善合理使用制度的时候,必须高度重视对著作权和基于表达自由基础上的二次创作行为加以平衡保护。在著作权纠纷层出不穷的今天,需要对在互联网环境下出现的新问题、新矛盾进行具体分析,尽快完善互联网环境下的著作权合理使用制度,既要保护著作权利人的合法权益,又不挫伤二次创作者的创作积极性。只有通过修订、完善现行著作权法律制度实现两者利益的平衡,才能实现既保护著作权人合

---

① 吴汉东:《知识产权法》,北京大学出版社 2014 年版,第 83 页。

法权益，又尊重表达自由，鼓励支持源于原作品合理使用基础上的二次创作行为，营造尊重劳动、尊重创造的良好社会氛围，才能催生出更多更好的文化精品，不断丰富和满足新时代人民日益增长的精神文化需求。

（原载《出版发行研究》2018 年第 10 期，与研究生邵铄岚合写）

开启网络空间信息治理的法治时代

　　2016 年 11 月 7 日，第十二届全国人民代表大会常务委员会第二十四次会议通过《中华人民共和国网络安全法》（以下简称《网络安全法》）；12 月 27 日，经中央网络安全和信息化领导小组批准，国家互联网信息办公室发布《国家网络空间安全战略》。这两个文件的颁布，不仅开启了网络空间安全保护的法治时代，而且开启了网络空间信息治理的法治时代。

　　《网络安全法》是 2015 年 7 月 1 日颁布施行的《国家安全法》在网络空间的具体化。《国家安全法》第二章第二十五条已明确规定："国家建设网络与信息安全保障体系，提升网络与信息安全保护能力，加强网络和信息技术的创新研究和开发应用，实现网络和信息核心技术、关键基础设施和重要领域信息系统及数据的安全可控；加强网络管理，防范、制止和依法惩治网络攻击、网络入侵、网络窃密、散布违法有害信息等网络违法犯罪行为，维护国家网络空间主权、安全和发展利益。"因此，《网络安全法》是落实总体国家安全观的专门法律，对于推进网络法治具有十分重要的意义。

　　按《网络安全法》附则的界定，"网络，是指由计算机或者其他信息终端及相关设备组成的按照一定的规则和程序对信息进行收集、存储、传输、交换、处理的系统。"此前，国际电信联盟已对网络的定义作了比较具体的界定："由包括计算机、计算机系统、网络及其软件支持、计算机数据、内容数据、流量数据以及用户在内的所有要素或部分要素组成的物理或非物理领域。"结合这两个定义，可以更好地理解网络其实包含四个不同的层面：基础层是互联网的关键基础设施；基础层之上是互联网中间平台，即网络运营者；中间平台之上是互联网用户；用户之上是互联网信息。

因此，《网络安全法》不仅要保护网络物理领域的通信设备安全，也要保护网络非物理领域的信息安全。《网络安全法》附则的界定十分清楚："网络安全，是指通过采取必要措施，防范对网络的攻击、侵入、干扰、破坏和非法使用以及意外事故，使网络处于稳定可靠运行的状态，以及保障网络数据的完整性、保密性、可用性的能力。"在这里，"保障网络数据的完整性、保密性、可用性的能力"说的就是网络信息安全。

《网络安全法》将网络信息安全单列出来作为第四章，包括第四十条至第五十一条，共十一条，对网络运营者、用户个人、监管部门及其工作人员等行为主体在网络空间的行为做出了明确的法律规定，明确了任何个人或组织在网络空间的禁止性条款。譬如，网络运营者对用户信息或个人信息的保密与保护，收集、使用原则的禁止性规定，对用户发布的信息的管理，建立网络信息安全投诉、举报制度等。又如，任何个人和组织应当对其使用网络的行为负责，不得窃取或者以其他非法方式获取个人信息，不得非法出售或者非法向他人提供个人信息，不得设置恶意程序，不得含有法律、行政法规禁止发布或者传输的信息。这些规定与条款明确了不同行为主体在网络空间的法律责任，为依法保护网络信息安全提供了法律依据。

事实上，保护网络信息安全并不限于《网络安全法》第四章，第一章总则第十二条、第十三条已经明确了对公民、法人和其他组织在网络空间的权利保护、法律禁止和依法惩治。权利保护是"国家保护公民、法人和其他组织依法使用网络的权利，促进网络接入普及，提升网络服务水平，为社会提供安全、便利的网络服务，保障网络信息依法有序自由流动"。法律禁止是任何个人和组织"不得危害网络安全，不得利用网络从事危害国家安全、荣誉和利益，煽动颠覆国家政权、推翻社会主义制度，煽动分裂国家、破坏国家统一，宣扬恐怖主义、极端主义，宣扬民族仇恨、民族歧视，传播暴力、淫秽色情信息，编造、传播虚假信息扰乱经济秩序和社会秩序，以及侵害他人名誉、隐私、知识产权和其他合法权益等活动"。违反这些规定，必须依法惩治，而且将"依法惩治利用网络从事危害未成年人身心健康的活动"作为专门条款在第十三条单独列出，体现了国家对保护未成年人健康成长的高度重视。

由于网络信息安全涉及的是"内容数据""流量数据"，是"网络数据的完整性、保密性、可用性"等问题，无论是在理论上还是在实践上，都相当复杂。从根本上说，主要是保障表达自由与进行合理规制之间的平衡。从《网络安全法》的架构上看，基本上是国家授权性条款和企业、公民的义务性条款，仅第十二条提到"国家保护公民、法人和其他组织依法使用网络的权利"，对公民在网络空间的权利很少涉及。譬如，《宪法》第二章"公民的基本权利和义务"规定，言论自由和出版自由（第三十五条），公民的批评、建议、申诉、控告或者检举权（第四十一条），科学研究、文学艺术创作和其他文化活动的自由（第四十七条），这些公民的基本权利保障，在《网络安全法》中尚未得到充分体现。

令人欣喜的是，随后颁布的《国家网络空间安全战略》对此做出了明确的阐述，充分肯定了网络已成为"社会治理的新平台"，"成为保障公民知情权、参与权、表达权、监督权的重要途径"，建设网络强国的战略目标是"推进网络空间和平、安全、开放、合作、有序"。其中，"有序"意味着："公众在网络空间的知情权、参与权、表达权、监督权等合法权益得到充分保障，网络空间个人隐私获得有效保护，人权受到充分尊重。网络空间的国内和国际法律体系、标准规范逐步建立，网络空间实现依法有效治理，网络环境诚信、文明、健康，信息自由流动与维护国家安全、公共利益实现有机统一。"

从实现"信息自由流动与维护国家安全、公共利益实现有机统一"的战略目标出发，网络空间信息治理就具有双重使命：一方面加强"互联网内容管制"，保障网络信息安全；另一方面又要促进"信息自由流动"，逐步全面落实《宪法》所赋予公民的基本权利和义务。为此，在《网络安全法》的实施过程中，进一步完善有关法律条款，使目前侧重网络安全管理的《网络安全法》更加全面和科学；或者在条件成熟时再制定一部专门的"个人信息保护法"，重点保护公民个人的信息安全，从而使"网络安全法"和"个人信息保护法"各有分工，并行不悖。

当然，法律的实施与完善，离不开网络空间信息治理的有效推进。习近平总书记2016年4月19日在网络安全和信息化工作座谈会上的重要讲话指出，"依法加强网络空间治理，加强网络内容建设，做强网上正面宣传，培育积极健康、向上向善的网络文化，用社会主义核心价值观和人类优秀文明成果滋养人心、滋养社会，做到正能量充沛、主旋律高昂，为广大网民特别是青少年营造一个风清气正的网络空间。"并且强调，"网络安全为人民，网络安全靠人民，维护网络安全是全社会共同责任，需要政府、企业、社会组织、广大网民共同参与，共筑网络安全防线"。只有全社会共同参与，网络空间信息治理才能取得最圆满的成效。

（原载《电子政务》2017年第2期）

九

新闻评奖与作品得失

媒体融合发展与中国新闻奖评选的创新

《新闻战线》编辑约稿，要我结合参加评奖的体验，谈谈媒体融合背景下中国新闻奖的改进或创新，我爽快地答应了。因为参加了两次评奖，有不少体验、不少感想，借此机会与新闻界同仁分享一下，本身就很有意义，如果能够为中国新闻奖的改进奉献一点有价值的建言，更是不胜荣幸。

一 评选在不断改进

说到改进，2014 年第十四届中国新闻奖就有两个重要的尝试。一个是增加作品报送渠道，即增加中国社科院新闻与传播研究所、北京大学新闻与传播学院等 11 家新闻教研机构作为试点报送单位，向中国记协推荐、报送作品；同时，新闻工作者还可自荐作品。获奖作品中，有 12 件是由新闻教研机构报送的。此外，还有 4 件自荐作品获奖。另一个是增加作品审核工作。

这两项改进，都是听取新闻界意见后做出的新举措。2013 年，中国社科院新闻与传播研究所所长唐绪军参加中国新闻奖评奖后，撰文对评奖中存在的问题作了相当坦率的批评，并提出四点改进意见。其中包括开辟新的报送渠道，增设一道文本审核环节。[①] 这两项建议为中国记

① 唐绪军:《中国新闻奖也须"走转改"——改革中国新闻奖评选机制建言》,《新闻战线》2013 年第 11 期。

协所采纳。由此可见，中国记协特别是记协评奖办公室从善如流，积极推进评奖工作的改进。对此，我是有深切体会的。

2012年，我作为中国新闻奖、长江韬奋奖评委参加评奖。在长江韬奋奖评审会上，我发言建议，今后长江韬奋奖的参评人选都应制作一个两三分钟的业务成就演示PPT，或者制作一个两三分钟的业务成就音视频短片在评议大会上统一播放。为了充分把握、准确判断长江韬奋奖参评人选的业务成就，还应增加分组讨论环节，让评委充分发表意见。2014年我参加评奖，发现这个建议已被采纳。

事实上，中国新闻奖评选一直在不断改进和完善。譬如，2006年第十六届中国新闻奖评选，把网络新闻作品纳入评选范围，同时将两年举办一次的"新闻名专栏"评选并入其中；2010年第二十届又增设国际传播类奖[①]。2009年第十九届中国新闻奖评选的一个重要创新举措，是建立新闻教研机构的评委专家库，每次从中随机抽选十几位专家学者担任评委。唯其如此，我才有机会参与评选。

然而，新闻界特别是学界对中国新闻奖评选的满意度仍然没有预期的那样好。问题到底出在哪儿呢？第二十一届中国新闻奖评委、四川大学文化产业研究中心主任蔡尚伟教授认为存在三个方面的问题：评委组成有违"公正"的嫌疑，一些优秀作品无缘参评有碍"公平"，获奖作品缺乏"影响力"，新闻的"经典性""示范性"不足。[②] 前述唐绪军所长的文章归纳为五个方面：作品选送渠道太过单一，评选标准重事件轻文本，评选过程重形式轻内容，评委人数太多导致相互掣肘而又责任不清，有规不依，有章不循。[③]

---

① 李存厚：《从中国新闻奖获奖作品及存在问题看评奖规则的新变化》，《新闻爱好者》2012年第15期。

② 蔡尚伟、冯结兰：《制度设计视角下的中国新闻奖——兼论中国新闻评奖制度的改进》，《现代传播》2012年第2期。

③ 唐绪军：《中国新闻奖也须"走转改"——改革中国新闻奖评选机制建言》，《新闻战线》2013年第11期。

两位专家提出的问题，在今年的评奖中，有的得到解决，有的得到改善，有的仍然存在。那么，在当前媒体融合发展的背景下，中国新闻奖评选应当如何进一步改进和完善呢？

二　全面把握评选指导思想

中国新闻奖被定义为"全国综合性年度优秀新闻作品最高奖"，是在中央新闻单位、各省市自治区以及报纸、广播、电视类评选的基础上产生的中国新闻最高奖。[①] 中国记协 2014 年 1 月印发的《中国新闻奖、长江韬奋奖评选办法》，明确中国新闻奖的宗旨是"检阅我国新闻工作年度业绩"，评选总标准有七条，第一条要求"贯彻团结稳定鼓劲、正面宣传为主的方针，坚持正确舆论导向，落实'三贴近'要求"。七条总标准中，没有"坚持正确舆论监督"的表述。结果，批评报道往往被视为"负面报道"，不仅报送的作品少，胜出的机会更少。

2012 年，广东南方电视台报送的电视消息《女童接连被碾，路人漠然而过》，率先独家报道 2011 年 10 月初发生在佛山南海的"小悦悦"事件，聚焦"被撞两岁女在被撞的 7 分钟时间内，18 个路人从旁经过，却无一伸以援手"这一新闻点，轰动全国，引发舆论反思，呼吁全社会"传递温暖，拒绝冷漠"。应当说，这篇报道的社会效果是非常好的。小组评议，建议评为电视消息一等奖。然而，评委集体审看时却发生了争议，否定的意见认为，没有重点表现陈贤妹的正面形象，使作品失去了正面宣传的强烈效果，渲染社会的冷酷、血腥，舆论导向有问题。

在我看来，这件作品确有不足，比如因没有突出陈贤妹而不周全，

---

① 阮观荣：《中国新闻奖评选办法的诞生——创建中国新闻奖系列史料之二》，《青年记者》2008 年第 10 期。

解说词不够严谨，但责之以舆论导向有问题，实在是对"坚持正确舆论导向"的片面理解。其实，"正面消息可以从正面鼓舞气，激励人们；负面消息可以从反面惩恶锄奸，教育人民。"① 事实上，改革开放以来，恰恰是在坚持正确舆论导向的同时，不断聚焦各种社会问题，正确开展舆论监督，新闻工作才取得长足进步。然而，中国新闻奖评选对坚持正确舆论监督的作品评选太少，以至于评奖的改进跟不上业界进步，这不能不说是一种颇为尴尬的局面。

因此，全面把握中国新闻奖的指导思想，不仅要贯彻"正面宣传为主的方针，坚持正确舆论导向"，而且要落实"坚持正确舆论监督"，对评选的有关标准应修改为"坚持正确舆论导向和正确舆论监督"这样比较全面的表述。

三　适当创新奖项类别

奖项设立，包括两个方面的问题：一是设什么奖项，二是设立多少奖项。中国新闻奖的奖项设立是从媒体形态到新闻体裁或节目形态来确定奖项类别的。先是按报纸通讯社、广播电视两类媒体的不同体裁来设立奖项，后来增加了综合项目，网络媒体壮大以后，又将网络作品独立出来，现在共计 29 个具体类别，评奖数额控制在 300 个以内。

对于获奖数额，有学者认为 300 个太多了，应当大幅度减少一二三等奖的数量，控制在 100 个以内，另外 200 个归入"优秀作品奖"。理由是，能够在全国新闻界成为标杆，成为榜样，起到示范引领作用的优秀作品只能是少数。② 从道理上讲，或许如此。但真要这样做，则很难行得通。1991 年首届《"中国新闻奖"的评选办法》规定，坚持少而精

---

① 朱清河：《美国负面新闻报道的社会价值及其启示——以近年来普利策新闻奖评奖为例》，《郑州大学学报》（哲学社会科学版）2003 年第 6 期。

② 唐绪军：《中国新闻奖也须"走转改"——改革中国新闻奖评选机制建言》，《新闻战线》2013 年第 11 期。

的原则，一等奖 20 个，二等奖 50 个，三等奖 80 个，总共 150 个。① 经过二十多年，奖项数额逐渐扩容到 300 个，再要大幅度减少数量，恐怕大家都难以接受。

我认为，比较可行的改进应当是在保持现有评奖规模的基础上优化奖项结构。可以考虑从 300 个奖项中拿出一定的名额（比如 10 个）来设立新的奖项类别。这个新的奖项类别，可以参考国外的模式，并根据中国新闻界的实际加以创新。譬如，可考虑设立"年度新闻奖"，具体分为公共服务奖、突发新闻奖、典型报道奖、调查报道奖、解释性报道奖、批评报道奖、领导活动报道奖、主题宣传奖、会议报道奖、环境报道奖等。这新的奖项类别设立后，不再设"特别奖"。

"年度新闻奖"每个奖项类别只评一个，新闻体裁或节目形态不限，着重从作品的表现力、冲击力、创新性等内在品质来衡量，从题材内容、报道创新、文本精美、社会影响等各方面加以评估。作为"试验区"，这一类奖项应采取全新的理念与标准。在政治正确的大前提下，以新闻作品的质量、水平、创新为准绳，面向全国新闻界所有媒体，不分报纸、杂志、广电、网络、通讯社，无论中央媒体还是省级媒体抑或地市级媒体，都可以自由参评，不搞名额分配与平衡，完全以水平论英雄，可以是一家新闻单位也可以是几家新闻单位合作去角逐，只要有实力，甚至一家新闻单位可以同时获得两个甚至多个奖项。这样，不仅可以评选出真正具有创新性、典范性、影响力的标杆性作品，而且可以激活新闻界的业务竞争，激励大家去创造有竞争力的作品。

四　进一步优化评委构成

无论什么奖项，都要有评委。最近几届，中国新闻奖的评委一般控

---

① 阮观荣：《中国新闻奖评选办法的诞生——创建中国新闻奖系列史料之二》，《青年记者》2008 年第 10 期。

制在90人以内。从我两次参加评奖的观感来说，大多数评委都认真负责，兢兢业业。但是，由于中国新闻奖、长江韬奋奖的影响越来越大，各新闻单位、各地方及申报者越来越重视，加上这些年社会风气不太好，评委会三令五申评奖纪律，但仍然存在请托、拉票的现象。2010年，一位著名报人参加评奖后曾对我说，现在风气不好，请托之风太甚，评奖的公正性受到严重影响。对此，我2012年参加评奖时有切身感受，也深感忧虑。好在2014年再次参加评奖，发现这种不良风气已经得到相当程度的遏制。

目前的评委人数及其构成是否存在某些问题呢？应当说，80多人的评委人数，可谓阵容强大，方方面面的因素都考虑到了。然而，其中的问题也是不容回避的。其一，大多数评委都是新闻单位负责人、一线新闻工作者，各省、直辖市、自治区记协负责人，难以摆脱"利益关系"，势必造成评委为本单位、为本省、直辖市、自治区争取奖项的情况①，导致相互打招呼、相互请托的不良风气；其二，"由于研读讨论作品的时间严重不够，意见不易统一，无记名投票时评委们就必然各行其是，票数也就很难集中。"② 甚至某些评委出于私心或哥们儿义气，故意贬低或抬高某些作品，从而使评奖在正正规规的操作中失去严肃性与公正性。

从完善评奖机制的角度讲，进一步优化中国新闻奖的评委构成势在必行。首先要做减法，减少业界评委，基本做法是：除中国记协负责人外，中央各新闻单位，一家出一个评委；各行业协会，也是一家出一个评委；各省市区各出一个评委，由记协负责人与一线新闻工作者轮流担任，比如某省的评委今年是省记协负责人，明年则是一线新闻工作者，

① 蔡尚伟、冯结兰：《制度设计视角下的中国新闻奖——兼论中国新闻评奖制度的改进》，《现代传播》2012年第2期。
② 唐绪军：《中国新闻奖也须"走转改"——改革中国新闻奖评选机制建言》，《新闻战线》2013年第11期。

这样，每年省市区的评委，记协负责人与一线新闻工作者各占一半。其次是要做加法，增加新闻教研机构的专家学者，由现在的 13 人左右增加到 20 人左右。这样一减一增，不仅可以使评委总数有所减少，使其规模控制在 60—70 人；更重要的是，评委结构将得到较大程度的优化，与参评奖项没有直接利益关系的专家学者占到 1/3 左右，就会成为保障客观公正性的重要权重。

五　完善评奖标准与操作细节

在理念创新、奖项调整、评委优化之后，还要改进的评奖工作，就是评奖标准与操作细节。

评奖标准涉及方方面面，这里只谈形式上的标准。好些年来，中国新闻奖评选的总标准对文字类作品字数和广电类作品时长，都有具体而明确的规定。早有专家指出，"新闻评奖的字数限制是特殊年代的特殊产物，在特定时期曾起过积极有效的作用。"随着传媒业的发展，"文章长短已不是一种阻挠新闻进步的障碍"。① 作品篇幅的长短，本应服从于内容的需要，当长则长，当短则短。在网络媒体发展迅猛、媒体融合已成趋势的背景下，没必要对作品的篇幅字数规定得太死。

改进的办法，可考虑取消字数或时长的限制，给记者编辑自由发挥的空间；如果一时难以做到，则建议将字数的硬性限定改为弹性要求，个别作品即使超长，只要内容精彩，也可以参评。至于能否得奖，则由评委来评判和决定。建议中国记协对作品的字数或时长进行全面修订，做出一个实事求是的弹性规定来。当然，如前所述，如设立"年度新闻奖"，则应完全没有字数或时长的限制。

在评奖操作细节方面，也有可以改进的地方。譬如，为了更好地发挥评奖的导向作用，同时促进评委认真负责，评委会应给上文所说的

---

① 范以锦：《新闻奖评奖的字数限制还有多少意义》，《今传媒》2007 年第 7 期。

"年度新闻奖"和一等奖获奖作品撰写获奖词,充分发挥其褒奖与引导作用。获奖词应在投票表决前由负责推荐的小组先行拟出,随同候选作品目录一起印发全体评委,投票表决后再集体修订,审议通过。

由于长江韬奋奖是和中国新闻奖在一起评选的,这里也顺便说说长江韬奋奖评选操作方式的改进。从 2014 年开始,长江韬奋奖申报人提交介绍个人事迹的音视频短片,时长两分半钟,审看后感觉稍长了一点,似可再压缩,以便减少评委集体看片的时间,提高评选效率。

(原载《新闻战线》2014 年第 11 期)

强化新闻特性,提高宣传水平
——1999 年四川年度电视新闻奖评审观感

2000 年春,应四川省广播电视厅、广播电视学会的邀请,参加了一年一度的四川广播电视新闻奖评选会,观看了四川省各电视台送评的 1999 年电视新闻节目,深为四川电视新闻的长足进步而欢欣鼓舞。我以为,这种进步突出地表现在:(一)题材广泛,内容丰富,不仅多角度多侧面地反映了我国 1999 年的大事喜事,而且全方位地反映了四川这一年各条战线的新情况,新发展,新风貌;(二)导向正确,思想深刻,既弘扬时代的主旋律,又鞭挞社会的假丑恶;(三)相互竞争,全面进步,省、市、地、县各级电视台都涌现出一批优秀新闻节目。

不过,欣喜之余,也发现部分作品还存在着一些不尽如人意的地方。如果说优秀的电视新闻节目是思想(或曰导向)特性、新闻特性、电视特性的完美结合,那么,一些作品对新闻特性和电视特性,尤其是新闻特性还把握得不那么好。因此,今后的电视新闻工作应当进一步强化新闻特性,从而提高宣传水平。

首先,要重视新闻由头。谁都知道,新闻姓"新",事实的新鲜是其内在要求。一般地讲,事件性新闻所报道的事实都很新鲜,不需要刻意去寻找什么新闻由头,而非事件性新闻所报道的事实则不那么新鲜,就需要高度重视新闻由头。不然,新闻报道就会显得不新鲜,不鲜活。如长消息《抬头看市场,"老愚公"赚钱啦》,开头一句是"十年来,吴国涛埋头开荒，走的是一条种粮养猪的老路子"，稍后解说词又重复说"二十年来，吴国涛投入二十多万元资金……"，同期声还有"通过二十多年来的艰苦奋斗"这样的话语，仿佛从盘古开天地说起，毫无新鲜感。存在同样问题的还有短消息《王老师退休办广播》、长消息《火红的山村图书室》等作品。之所以出现这种情况，关键在于缺乏新闻由头。对于这种缺乏新闻由头的非事件性新闻，记者应该怎么办呢？梁衡在《没有新闻的角落》一书中讲过他的一次经历，采访到一个教师扎根乡村数十年，事迹感人，想报道又苦无由头，他就游说县长授予那位教师"优秀教师"称号，产生了新闻由头，然后再作报道。我想，梁衡的做法对于那种非事件性新闻的报道来说，如何使其具有新闻性，是有启发意义的。

其次，要注重立意新颖。新闻工作中经常碰到类似或同类的题材，即使发生的时间是新的，也因为年复一年地发生而给人以似曾相识的感觉。这就要求记者要善于在类似或同类题材中有新的发现。这种新的发现主要是发现类似或同类题材所蕴含的"新意"。比如，长消息《二滩：宏伟的工程，务实的精神》是一篇竣工庆典报道，很容易写得一般化。庆典又极其简单，二滩公司只在自己的一个普通会议室举行了简短的总结大会，似乎没什么好报道的，但正是这一点与那种动不动就剪彩庆功的做法形成了鲜明的对比，这本身就是很好的新闻，作者并不满足于作一般性报道，联想到并运用了1993年二滩水电工程承包商提前截流，使按预定时间赶到的记者全部扑空的背景，升华出工程建设者在完成这一宏伟工程中的务实精神，让人感到一股扑面而来的清新。与此相反，《彝家有了高速路》写108国道凉山高速公路安宁至黄联关段建成通车，本是很好的题材，作者却只是一般地报道通车情况，而且采访领导占了很大的篇幅，显得没有什么新意。如果把立意放在这条高速路的通车对于彝族人民所带来的意义上，并着重从采访彝族人民的感受来加以强化，那将是很优秀的新闻报道。

　　再次，要选好新的切入点。切入点既同新闻主题、报道立意有关，又同新闻的时效性有关。这里着重从时效角度来谈。有的报道事实新，立意也新，但给人的感觉却是不够新，原因何在？在于没有从最新的当前事实切入，而是从大的背景讲起。例如，《新华书店的"尴尬"》在讲了全国大城市的新华书店或关闭或迁移的背景之后，才说到巴中地区新华书店的大厅被隔成了几家商店门市出租给别人，门口竟游荡着三三两两分发广告传单的男男女女。这是一篇新闻评论，像这样由远及近地展开论述也没有什么不妥，但是如果从男男女女在新华书店门口分发广告传单这个场面切入，不是更有现实性，更有针对性，更有新闻性吗？消息写作中的倒金字塔结构强调按新闻价值大小来排列新闻事实，把最新鲜、最重要、最有吸引力的事实放在前面，这对于一切新闻传播都是具有指导意义的。再拿拍得不错的长消息《父子兵祖国情》来说，如果不是平铺直叙地从退伍老兵唐勤为了让儿子安心训练，参加国庆阅兵，一直不把自己身患晚期骨癌的消息告诉儿子讲起，而是从儿子唐正荣因为在国庆庆典中表现突出荣立三等功、入党，却急忙赶回家看望弥留之际的父亲着墨，不是更能突出主题，更能强化新闻性吗？

　　对于电视新闻而言，不仅要注意上述几点，而且要善于选择和抓拍第一现场情景，避免新闻现场的人为导演，否则会造成对新闻性的伤害。新闻专题《家乐国庆五十年——我家的国庆晚会》本是一个反映新中国成立五十周年大庆的好题材，但人为导演痕迹太重，几乎每一场面都让人感到是摄制者的精心安排，拍得完全不像新闻专题。要知道，作为新闻，电视新闻必须遵循新闻的基本规律，这就是第一要真实，第二要客观，而人为导演的场面会使真实性、客观性丧失殆尽。即使拍得相当不错的长消息《刘德生三爷子的追求》，一开始就拍刘德生的大儿子用手机与客户洽谈生意，也显得过于巧合，而且谈话时脸上的笑容也不自然,露出人为导演的痕迹。其实,生活是那样丰富多彩,第一现场包含着许许多多的细节,只要记者勤于深入,善于观察,精于选择,是不难捕捉到活生生的现场画面的。事实上,大凡优秀的电视新闻作品都善于选择现实生活中活生生的场景来表现报道内容。像这次参评的《夫妻种田打擂台,带动乡亲用科技》《目击——深井救儿童》《一滩溺水油留下的空白》《母亲不再属于贫困》《一位小消费者的投诉》《形同虚设的车检》等一批优秀作品,没有一篇不是以真实、客观的现场画面给人以鲜活的印象,强烈的震撼。因此,创新的事实选择,对于强化新闻性具有不可忽视的作用。

除了从内容上强化电视新闻的特性,在形式上也要注意电视新闻的特性,特别是电视新闻的体裁特性。应当承认,这次参评的有些作品对于电视新闻的体裁还掌握得不够熟练,主要表现在两个方面:其一,对新闻体裁的运用有欠妥当。例如,《机制不同,模样就不同》,用短消息来报道国有企业与民营企业两种不同的机制所形成的不同模样,限于篇幅,给人的印象就不怎么清晰,如果用新闻专题来表现,效果恐怕要好得多。其二,对新闻体裁特点的掌握有欠准确。如《分兵出击——中国二重改革调查》作为调查性系列报道本是相当不错的,却以新闻评论参评。坦率地说,这篇作品与其说是新闻评论,不如说是深度报道。因为作品中虽然有分析,有评说,但基本上是分析性评述,而缺乏鲜明的观点,深刻的论断,使作品的评论力度受到很大的限制。何况副标题中本来就有"调查"字样。应当看到,虽然深度报道与新闻评论在一定程度上难以截然分开,但区别还是明显的。如果说深度报道着重在报道新闻事实的基础上分析其前因后果,揭示其发展趋势,那么新闻评论则要在报道新闻事实和分析新闻事实的基础上论断其是非得失,表明评论者的态度立场,展示出思想的光芒。换言之,深度报道是报道和分析二者的有机结合,而新闻评论则是报道、分析和论说三者的有机结合。只有充分注重新闻体裁的特点，才能从形式上保障电视新闻的新闻特性充分显示出来。

　　总而言之，强化新闻特性，对于电视新闻具有深刻的现实意义，它可以提高电视新闻的制作水平，增强电视新闻的吸引力，强化电视新闻的传播效果。我们的电视新闻工作者应当给予高度重视，以便推出更多的电视新闻佳作，更好地为社会主义精神文明建设服务。

（原载《新闻界》2000 年第 4 期）

喜看 2007 年广东报纸新闻的新进步

在 2007 年度广东新闻奖评选中，报纸系统共有近 300 件作品获奖。这个数字，可以说反映了广东报界在消息、通讯、评论、系列报道、专栏、版面、新闻标题、总编辑好稿、论文，以及网络评论、网络专题、专网络栏、网页设计等各个方面所取得的成绩与进步。

总体上，广东报界 2007 年度的获奖作品具有两个突出的特点：一是在消息、通讯、评论、系列报道等几种主要新闻形式中，消息、连续报道走强；二是地市报进步明显，尤其是消息和通讯进步较快，有消息、通讯以及版面、总编好稿获得一等奖。

从思想内容与表现形式来看，获奖作品呈现出的鲜明特色，主要有以下几个方面。

其一，坚持正确的舆论导向，既弘扬时代的主旋律，又敢于开展舆论监督，批评不良的社会风气。评论一等奖作品《量变转为质变的标志——论广东人均 GDP 超 3000 美元的意义》（《南方日报》2007 年 1 月 24 日），抓住 2006 年广东人均 GDP 突破 3000 美元这一新闻点大做文章，既肯定"广东迈入了初步现代化的门槛"，又强调广东"面临着转换经济社会发展模式的艰巨任务"，可谓高瞻远瞩，冷静理性，提升了评论的高度，引起更多的思考。获特别奖的评论《广东亟需再来一次思想大解放》（《南方日报》2007 年 12 月 26 日），以社论的形式及时传递、阐释了汪洋书记 2007 年 12 月 25 日在中共广东省委十届二次全会上重要讲话的精神，吹响了南粤大地继续解放思想的号角，体现出高度的政治责任感与时代使命感。这样的评论，可谓弘扬时代主旋律的力作。通讯一等奖作品《贤孝媳妇谱写新时代人间孝道》（《深圳特区报》2007 年 7 月 2 日），《两河南老乡断桥边舍身拦车》（《广州日报》2007年 6 月 20 日），讴歌孝顺、友爱、互助等传统美德，有利于形成淳朴高尚的社会风气，也从一个侧面弘扬了时代的主旋律。与此同时，广东报纸也敢于开展舆论监督，揭露和批评社会上的一些不良现象。消息一等奖作品《局长为母风光大葬"轰动"甲子镇》（《南方日报》2007 年 11月 18 日）敢于针砭时弊，在深入调查的基础上报道了某局长"风光"葬母、收受礼金的事件，言简意赅，具有很强的警示性。《新光快速还等什么？》（《羊城晚报》2007 年 1 月 17 日）反映新光快速竣工半年，"已具备通车能力"却"成为人们散步遛狗的好去处"，提出对社会公共资源浪费问题的思考，促使问题得以及时解决，显示出舆论监督的力量。

其二，坚持"三贴近"原则，做足民生新闻。就报道内容而言，民生新闻关注的是与百姓生活密切相联系的医疗卫生、工作就业、住房条件、居住环境等问题，由于这些问题与百姓的利益息息相关，最受群众重视，也最能体现"贴近实际、贴近生活、贴近群众"的新闻宣传方针。唯其如此，民生新闻已成为所有新闻媒体近年来重点出击的领域。广东报纸今年的获奖新闻作品中，有不少民生新闻作品获奖。消息一等奖作品《珠海全国率先启动全民医保》（《珠海特区报》2007 年 12月 6 日），通讯一等奖作品《"好医生"在社区里"长大"》（《珠海特区报》2007 年 12 月 24 日），消息二等奖作品《免费义务教育 佛山城乡同步》（《佛山日报》2007 年 9 月 4 日）、《田园村农民"按揭"建房昨日入伙》（《湛江日报》2007 年 2 月 5 日）、《广东主攻农村最迫切的民生问题》(《人民日报》2007 年 2 月 26 日)等,都是反映贴近群众、造福于民的民生新闻作品。获特别奖的作品《最牛钉子户是怎么炼成的》(《南方都市报》2007 年 3 月 23 日)则把相当敏感的民生新闻做出政法意义,体现出大民生的报道思路。除了单篇的民生新闻报道,不少报社开设专栏,明确打出"民生"牌,以"民生"为专栏命名。今年获奖的"民生"专栏就有《惠州日报》的《民生在线》,《汕头特区报》的《今日视点》,《中山商报》的《记者寻街》,《湛江日报》的《民生短信》,《韶关日报》的《民生档案》等一批专栏。这些专栏不但内容上突出民生主题,而且注重运用百姓易于接受的形式,加强与读者的互动。比如《广州日报》的《来信倾诉》栏目,通过读者来信的方式,获得群众关心的第一手选题,并且深入进行调查,得出结论,提供建议,不但反映了民生问题,而且也促成了民生问题的解决。

其三,关注重大题材与焦点事件,把系列报道做深做透。2007 年是香港回归十周年,《广州日报》推出的《香港回归 10 周年系列高端访谈》,一共做了 24 篇人物专访,既有董建华、曾荫权、唐英年等港府官员,也有金庸、汪明荃等文化娱乐界人士,既有鲁平、周南、姜恩柱等中方谈判代表,更有彭定康、卫奕信等前港督,基本涵盖了香港回归全过程的所有重要代表性人物,体现了"香港回归 10 周年非常成功"的重大主题。党的十七大召开,是党的历史上又一次极其重要的会议。《南方都市报》的"十七大系列报道"以专题策划为主,以大型政论报道为特色,以权威高端的报道风格为诉求,推出了一系列重头报道:《五年新政》专栏、《国是开讲》专栏、《前进!进!》号外、《国是论衡》特刊、《历史新起点北京论坛》高端座谈会,加上党的十七大会议现场报道,从 9 月 17 日开始到 10 月 29 日,共投入 120 个版,彰显出该报"社会责任承担者、公民意识启蒙者"的报道思想,别具一格,启人心智。同时,系列报道也十分关注社会现实问题。《新快报》2007

年 3 月 28 日首发的《麦当劳肯德基涉嫌违规用工》系列报道，揭露了麦当劳、肯德基、必胜客等 10 多家洋快餐站的工资待遇低、超时用工、不给员工购买工伤保险、单方面收合同等涉嫌违法违规的行为。该报道深入挖掘新闻事件，从劳动部门、工会、法律专家、肯德基公司、麦当劳内部员工、兼职大学生等多个角度切入新闻报道，选取角度广泛而新颖，并寻找两会后的新闻冷淡期推出，获得了相当高的关注度。整个报道持续 6 个月之久，连续发表相关报道 66 余篇，版面达 25 余版，把消息、通讯、评论各种新闻体裁合理组合，体现出连续报道的优势。该组系列报道发表后在社会上引起很大的反响，增强了报纸的影响力和美誉度。因此，上述三个系列获得评委们的一致好评，荣获一等奖。

其四，注重采写艺术，提升新闻作品的表现力与艺术性。消息一等奖作品《鲁莽运沙船今晨撞塌九江大桥》（《羊城晚报》2007 年 6 月 15 日）抢在第一时间发稿，当天刊出，时效性强，短小精悍，200 余字的篇幅却包含大量的信息，将船、落水车数量、大桥被撞后状况及目击者对大桥坍塌过程的描述，还有九江大桥建桥历史、获国家大奖的情况，都一一呈现给读者。消息一等奖作品《普京获赠"深圳瓷"》（《晶报》2007 年 3 月 29 日）通过国际电话采访和通讯员现场报道合作完成，用普京的话"响当当的中国货"来证明中国产品的质量是可信的，有力回击了西方一些国家所谓"中国制造"不安全的传言，可谓立意高远。消息三等奖作品《干部当学总理自打伞》（《晶报》2007 年 7 月 8 日）报道广大网友所关注并进行热烈讨论的问题，从网友的视角出发报道新闻，运用图片的对比，展现温总理平易近人的风格，与部分地方官员的官僚作风形成对照，最后又加入网友的评论，使整篇报道内容生动、主题深刻。消息一等奖作品《宋代沉船"南海Ⅰ号"整体打捞成功》（《阳江日报》2007 年 12 月 23 日）既有宏观视角，又有现场细节，材料剪裁得当，表达严谨简练，将成功打捞的过程、现场、背景一一呈现给读者。前面提到的《珠海全国率先启动全民医保》的导语,选择一位老人从市长手中接过小病治疗免费卡开心地笑了这一细节着墨,显得生动。不少通讯更是注重可读性,像二等奖作品《拯救吸毒人员的"诺亚方舟"》(《珠海特区报》2007 年 6 月 26 日)取材典型,有场景,有故事,读来亲切感人;《飞索求学》(《南方周末》2007 年 9 月 6 日)大量使用叙述、对话、抒情等表达方式以及比喻、拟物等修辞手法,描述了在祖祖辈辈没有桥的贫困山区,儿童依靠一条飞索过河、艰难求学的故事,笔触细致而感人。

当然,也有一些获奖作品存在这样那样的不足。有的新闻报道在处理上很不恰当。譬如,开平碉楼与村落申遗成功,是广东的一件大事,但有关新闻报道却不出彩。江门日报社报送的作品《申遗成功了!》,副题为"开平碉楼与村落获一致通过 表决过程仅用 11 分钟",消息也写得利索,但配发的大幅照片却是"开平碉楼与村落申遗成功新闻发布会"的现场,而不是第 31 届世界遗产大会的现场,给人的感觉是图文不符,缺乏新闻现场感、真切感,所以只能获得消息三等奖。

有的新闻报道浮于表面,没有对新闻事件进行深入挖掘,发现新闻背后更深层次的问题。像《民工举牌维权"举"进拘留所》报道了这样的事情:仅有小学知识的民工肖青山举牌维权,顺利讨回自己的工钱。这种举牌讨工钱的方式屡试不爽,使他发现了新的谋生方式——不经调查随意打出类似于"劳动站某某主任是个腐败分子"这种具有攻击性的牌子,替一些民工讨要工钱,并收取一定费用。这篇作品的实际内容是:"东莞市公安局以侮辱他人人格为由,对另一名在东莞 D 镇像肖青山一样举牌维权的民工处以行政拘留 5 天的处罚。"报道显得相当平淡。其实对这个新闻可以有更深层次的解读,为什么权益受到侵害的民工会找肖青山维权?这是不是表明执法部门的工作缺失?这种民工维权的觉悟和热情值得不值得肯定?当地企业是否存在着大量的侵害职工权益的事件？这些都是值得思考并可以做进一步深入调查的问题，而这篇通讯仅仅停留在新闻事件的表面，没有进行深入的挖掘，从而使其新闻价值受到局限。而《南方都市报》《广州日报》却对这条新闻进行追踪报道，这也从另一个角度反衬出这篇报道不够深入。

还有的新闻报道对写作技巧重视不够，平铺直叙，流于平庸。好新闻不仅好在题材内容，也好在表现形式。新闻报道要讲究谋篇布局，要把最吸引人的细节放在开头，要综合使用多种写作技巧来增强作品的生动性和感染力，只有这样才能激发读者的阅读兴趣。像《实行免费义务教育之后，辍学依然是我们心头之痛》的报道，按部就班地依照时间顺序介绍了我国全面免除农村义务教育阶段的学杂费后，农村中学的辍学率依然居高不下的现象，进而分析了辍学原因和提出对策，语言也比较平淡，不够生动。在免费义务教育的一片叫好声中，该报道通过对数名辍学学生的调查，发现了新的问题。可以说，这篇报道的角度不错，可是其四平八稳的报道方式消减了报道的影响力。如果以描述这些辍学孩子的生活现状作为开篇，报道将更具有可读性和吸引力。这也说明，记者在进行新闻写作的时候，不仅要遵循真实性的报道原则，要顾及时效性、接近性等新闻价值要素，也要练好自己的笔头，在报道技巧上多下一些功夫。

（原载《岭南新闻探索》2008 年第 3 期，与研究生钟丹、王妍合写）

激流勇进，继往开来

——2010 年度广东报纸系统新闻获奖作品述评

2010 年度广东好新闻奖评结果揭晓，报纸、广播电视等各传媒系统都有不俗的表现，共有 400 多件作品获奖。就报纸系统而言，奖项包括消息、通讯、评论、系列报道、版面、标题、专栏、论文、网络专题、网络专栏、网络评论等 17 个类别，共评选出一等奖作品 32 件，二等奖作品 65 件，三等奖作品 151 件，特别奖 5 件及标题奖 15 条，充分体现了广东报业、网络新闻在 2010 年所取得的成就。综观广东报纸系统的获奖作品，可圈可点之处不少，这里主要谈以下几点。

一 地市报收获多项一等奖，见证广东报业的整体进步

毫无疑问，南方报业传媒集团、羊城晚报报业集团、广州日报报业集团、深圳特区报业集团，代表了广东报业的最高水平，一等奖主要是在这几大报业集团产生。令人欣喜的是，2010 年的广东报纸系统好新闻，地市报收获了 8 项一等奖，包括消息一等奖：《梅县产生广东首位直选乡镇书记》（《梅州日报》），《顺德新探索　设"镇"到英德》（《佛山日报》）；通讯一等奖：《雷城一小，惊心一小时》（《湛江日报》）；系列报道一等奖：《爱心传递——"关爱独居老人"》（《中山商报》）、《鹿屿岛惊现 7 座在建别墅》（《汕头日报》）、《8090 新生代农民工调查》（《东莞日报》）；特别奖：《魏克进：行刑前想到母亲坟前烧点

纸钱》(《东莞时报》);专栏一等奖:《周日特稿》(《西江日报》)。地市报所收获的这些奖项,有两个鲜明特点:一是获奖的报纸广泛,粤东、粤西、粤北各个不同的区域都有地市报获奖;二是获奖的类别多种多样,覆盖了报纸系统各主要奖项。此外,《东莞日报》《东莞时报》同时获得一等,更表明东莞报业进步迅猛。从获奖作品的水平来看,也是表现不俗。一等奖消息《梅县产生广东首位直选乡镇书记》(《梅州日报》)报道梅州在广东率先"海推"乡镇书记的干部选拔创举,宣传梅州在深化人事制度改革中的举措,为扩大基层民主提供典型范例,体现报社记者编辑高度的政治敏感性与新闻敏感性。地市报收获这么多一等奖,可以说见证了广东报业 2010 年的整体进步。

二 舆论监督日益走向纵深,深度报道更显舆论监督力度

就获奖作品本身的特点而言,2010 年广东报纸新闻的一个突出亮点是舆论监督日益走向纵深,深度报道更显舆论监督力度。深度报道,特别是调查性报道,以及系列报道,可谓异军突起,充分彰显了媒体的社会责任感。通讯《三问广州规划局何为别墅?》(新华社广东分社)公开点名,针锋相对,直截了当,掷地有声,是很有批评力度的舆论监督稿件。通讯《每天数百吨问题气流向珠三角》(《南方日报》)是《南方日报》与《南方都市报》、南方电视台合作调查历时近一个月的成果,三家媒体联合暗访,结合专业检测手段,沿途跟踪运气车,层层揭开问题液化气背后的利益链条,保障消费者的用气安全和知情权。通讯《珠三角"地沟油"调查:价平 2/3"地沟油"上餐桌》(《广州日报》)从不同角度对珠三角"地沟油"问题作了深入的调查,指出其危害与黑色利益链条,反思"地沟油"回收制度的困境,很有深度。《南方调查》专栏(《南方日报》)发表了一系列调查性报道,推动解决了一大批阻碍广东科学发展的突出问题,如《龙川非法开采稀土矿死灰复

燃》《谁在为降价的电白猪肉埋单》《鼎湖山脚下黑水入西江》等，这些作品对违反科学发展的行为作了有效的舆论监督，促使政府积极处理问题，获得专栏奖一等奖，可谓实至而名归。特别奖作品（超长通讯）《"穷广东"论》作为《南方日报》《"穷广东"调查》系列报道的收官之作，更是别出机杼，用感人的笔触写出了富广东背后的"穷广东"，发人深省，动人心魄。特别奖作品（超长通讯）《安元鼎：北京截访"黑监狱"调查》（《南方都市报》）是南都记者历时半年的调查报道力作，直击正在进行中的犯罪，称得上是一篇真正意义上的调查报道，促使安元鼎公司被查处，充分彰显了舆论监督的力量，难能可贵。系列报道《鹿屿岛惊现 7 座在建别墅》（《汕头日报》）由一家地市报推出，令人印象深刻，由此可见，通过深度报道来开展舆论监督，也成为广东地市报的一种新闻追求。

三 聚焦发展节点，重视民生新闻，促进和谐社会建设

从社会发展进程来看，深化改革与关注民主，是当前社会转型期的时代主题。因此，聚焦发展节点，重视民生新闻，充分发挥新闻报道在和谐社会建设中的促进作用，成为 2010 年广东报纸新闻的又一鲜明特点。在聚焦发展节点方面，新闻工作者凭借敏锐的洞察力记录了广东民主政治、经济、文化、法律制度等方面的改革创新。《徐闻人大考评官员 6 人不称职丢乌纱》（《南方日报》）报道徐闻县人大和县委组织部对官员进行联合考评的创新做法，成为基层民主政治发展完善的现实标本，对于改革干部用人制度具有重要的现实意义。《珠三角民企老板百亿巨资砸向"低碳产业"》（《羊城晚报》）反映广东经济结构调整大潮下的市场新变化，以历史的眼光表现广东在产业结构升级中的具体成就，记录珠三角民企老板从陶瓷、纺织、有色金属等传统行业转向光伏、风能、电子信息等低碳产业的情况。《深圳发展迈入大特区时代》

（《深圳特区报》）见证深圳经济特区范围扩大至保安龙岗的历史时刻，成为深圳特区发展史中具有里程碑意义的重大历史事件的文献资料。这三篇消息均获一等奖。在关注民生方面，不少作品呈现转型期的社会流动情况，反映社会中下层民众的生存现状，关注"小人物"的命运。《中山商报》自 2010 年 3 月 4 日起围绕着关爱独居老人的主题刊发了 50 多篇报道，每周走访两位到三位独居老人，倾听他们的心声，凝聚各界的爱心力量，形成稳定的社会支持，探讨如何在城市化进程中建立多元化的关爱老人服务体系，推出系列报道《爱心传递——"关爱独居老人"》。面对"80 后""90 后"新生代农民工的现实处境，《东莞日报》推出专题报道《8090 新生代农民工调查》，包括深度报道、问卷调查、众论等版块，整个报道富有现实的立体感。而《深圳特区报》则以《舞动窘迫的人生》刻画了深圳新一代外来建设者积极向上、追逐梦想的精神面貌，反映出这一群新生代农民工"只要能跳舞，我们什么都愿意干"的梦想与坚持。此外，还有不少典型报道，譬如《"雷锋传人"》（《南方日报》）、《859 个孩子叫他"阿爹"》（《羊城晚报》），把笔触投向平民百姓中助人为乐的活雷锋，阐述社会主义主流价值，读来令人感动。

四　报道策划意识增强，注重新闻报道的独特视角与独特开掘

在全球化、信息化时代，信息洪流已成泛滥之势。因此，如何在海量信息中寻找和开发最有价值的新闻报道，已成为摆在新闻界面前的时代课题。在此背景下，报道策划意识大大增强，注重新闻报道的独特视角与独特开掘，已成为报纸、网络获奖作品的一个重要特点。一等奖专栏《热点问题看他国》（《广州日报》）就国内热点时事问题取他山之石为鉴，探讨国内的热点问题在其他国家的处理方法和实践经验。在广州街道因暴雨而被淹之际，该专栏发表文章《巴黎不怕暴雨担心洪水》

（《广州日报》）介绍国外城市排水系统经验，以全知视角集中并整合各国信息，在对比中凸显信息背后的意义。一等奖消息《中华白海豚搁浅死亡激增，港珠澳大桥施工期严监管》（中国新闻社）在对广东省海洋与渔业局的一次工作会议进行报道时，敏锐捕捉到当时港珠澳大桥的开建与保护中华白海豚之间关系的焦点问题，发掘了会议新闻中最有价值的新闻，别开生面，体现出鲜明的环保意识与生态意识。特别奖《魏克进：行刑前想到母亲坟前烧点纸钱》（《东莞时报》）与弑亲狂魔面对面，层层剥开一个杀人犯的内心世界，却并非全知全能地臆想魏克进的心理历程，而是直接刊发记者与他面对面的对话，魏克进的日记及对他的父亲、工友的采访内容，多视角呈现魏克进的人性与魔性，最终使读者的思绪从魏克进身上转向对留守家庭生存状态的反思。这是通讯写作在叙事方式上的创新探索。网络评论一等奖作品《"爱斯基摩结构"中的一个病毒变种》（金羊网）的评论方式也有出色的表现。此文评论南平惨案，却用"爱斯基摩结构"来阐明道理，把郑民生比喻成最落后并且是最想咬领狗的"力狗"，进而阐明"要着力重塑文明健康的人与社会，从点滴做起"，加强"基础工作"，比如人的信仰的确立，比如社会的关爱，比如人文的涵育，比如教育的熏陶等。比拟的论述手法，叙事与议论的有机结合，使这篇言论新颖而深刻，生动而可读，发人深省。

五 有待进一步改进的几个问题

除了上述几个特点，2010 年广东报人在新闻论文方面也取得了不俗的成绩。譬如，广州日报报业集团总编辑李婉芬的《从快报，厚报转向优报》一文提出，面对新媒体挑战，报纸在内容层面上要"抓好新闻的第二落脚点"，追求优质新闻和原创新闻，注重重大报道题材的新闻策划，并善于在与网络互动中为报纸增值，实现报纸从"快报"到

"好报"，从"厚报"到"优报"的转型，有理有据，富有报人的实践智慧。限于篇幅，这里对获奖论文就不作全面评述，还是回新闻实务的角度，谈谈广东报纸新闻有待进一步改进的地方。

首先，从评奖类别来看，言论一等奖空缺。是广东报业 2010 年没有推出有价值有影响的好言论吗？恐怕不能这么说。近些年来，广东报纸言论之新锐、大胆、泼辣、生猛，是有口皆碑的。为什么竟评不出言论一等奖呢？个人揣测，有可能是出于某种考虑，报社没有把那些大受欢迎的言论作品报送上来，或者是只报送报社自己人的言论作品，而未报送报社以外的自由撰稿人、时评作者的言论。如果真是这样，那这只是一个如何报送作品的问题，希望来年有所改变。同时，（地市报）总编辑好稿也有需要努力改进的地方。据说每年的作品都不怎么样，2010年只有 3 篇作品报送上来，只评出一篇三等奖。看来，地市报的总编辑在新闻采写方面还需要下更大的功夫。

其次，网络新闻的网络特色有待进一步强化。尽管新闻界尤其是报业界都在说要媒体融合，要做全媒体，也涌现出像《民间拍案（群众论坛）》（奥一网）这样的优秀网络专栏，但从总体上看，对如何做好网络新闻的探索还远远不够。譬如，网络新闻内容的原创性不足。网页设计一等奖作品《国家记忆——抗战胜利 65 周年专题》在设计上体现出优秀的品质，图文并茂，富有冲击力，但内容却来自《南方周末》，说白了，就是把《南方周末》的有关报道搬上网，虽然在网页设计上有所创新，毕竟未做到内容与形式的全面创新。再如，不少网络作品的网络特色还不够充分，互动性也有待加强。即使是评出的网络专题一等奖作品《深圳保障房乱相专题》，在这方面也大有提升的空间。

再者，新闻的基本功仍有待强化。譬如，报送评奖的消息作品中，有的题材内容本来适合做成通讯，却写成消息，像《廖氏三代守护红军师长墓 80 载》《潜水班长郑嘉霖》《安溪茶师傅海丰复活传统炭焙技艺》，就是如此。又如，准确报道事实是新闻的基本要求，但"标题党"的做法却往往偏离事实的准确性。报送评奖的作品《总书记也有了 QQ 号》，其实是腾讯首席执行官马化腾向胡锦涛总书记赠送了 QQ 号，显然，事实与标题之间是有距离的。就是消息一等奖作品《徐闻人大考评官员 6 人不称职丢乌纱》，标题也不够准确，因为按组织原则，官员并不是由人大去考评而是由组织部去考评的，新闻报道中的事实也是"人大和组织部的联合考评"。由此看来，记者编辑的确需要随时重温"准确，准确，再准确"这一新闻报道的基本原则。

（原载《岭南新闻探索》2011 年第 2 期，与研究生倪思洁合写）

网络新闻专题:日臻成熟,自有精彩

在中国新闻奖所设立的 5 类网络新闻作品中,网络新闻专题可以说是最特别的一类。除了网络新闻专栏,其他几类作品包括网络新闻评论、网络新闻访谈、新闻网页设计,在理论上都可以是网络新闻专题的有机组成部分或表现手段。网络新闻专题以其"集大成"的性质而代表了网络新闻作品的最高水平。

一 网络新闻专题的题材特点

新闻专题在国内网络媒体上的最初亮相,是 1999 年 12 月 20 日对澳门回归的报道。面对这一重大新闻,新浪、搜狐同时推出《澳门回归》专题;网易推出《澳门回归时,北京欢腾夜》专题;163 电子邮局推出《澳门回归专辑》;上海热线推出《网上直播回归盛况》。① 从那以后,网络新闻专题就成为网络媒体的拳头产品。每逢重大事件发生、重要节庆活动举行,或是发掘到重要的报道主题,网络媒体就会推出网络新闻专题。

作为网络媒体的一种深度报道方式,网络新闻专题以网络为平台,运用各种媒体手段对特定的事件或主题进行组合或连续性报道。在操作上,网络新闻专题报道的主要题材有以下几种:重大突发事件、可预知

---

① 董天策主编:《网络新闻传播学》第三版,福建人民出版社 2009 年版,第 259 页。

的重大事件、重要的社会现象或问题、媒体策划的重要活动。① 无论报道什么题材,网络新闻专题的内容都是丰富的、立体的、交互的,表现为:汇聚丰富多样的事实性信息,呈现各抒己见的意见性信息,传递大量及时的交互性或反馈性信息。因此,有论者称网络新闻专题实现了"三位一体"的立体化信息传播。②

如果将网络新闻专题与传统媒体的新闻专题进行比较,就会发现网络新闻专题具有以下鲜明的特点:

内容聚合化。网络新闻专题的报道内容,是围绕特定的事件或主题将有关的信息内容聚合在一起,从而在网络的海量信息中凸显该事件或主题的重要性,形成引人注目的新闻聚焦,产生新闻传播的集束效应。

媒体立体化。网络新闻专题运用各种媒体呈现方式,调用文字、图片、声音、视频、图像、动漫等多种信息载体,对有关新闻内容加以呈现,把报纸、广播、电视等传统媒体的信息呈现方式汇聚在一起,综合运用多种媒体形式来表现有关新闻内容。

传授交互化。网民不仅是新闻内容的接收者,而且是反馈信息和社会意见的表达者,网络新闻专题往往通过互动栏目的设置来实现传受双方的互动,让网民通过评论、论坛、聊天室、在线调查、手机短信参与等各种方式表达自己的意见。

二　获奖网络新闻专题述评

一个完整的网络新闻专题通常由专题首页、更多页、正文页以及其他特型页面组成。如何确定专题的表现主题、报道思路、类目结构、网页形式,都需要充分策划、合理设计和精心制作。而且,每一个新的专题都需要重新设计、重新制作。因此,网络新闻专题从内容到形式都充

---

① 彭兰:《网络新闻专题的特点、发展及编辑原则》,《中国编辑》2007 年第 4 期。
② 戴晓蓉:《网络新闻专题报道方式探析》,《当代传播》2005 年第 5 期。

满了创意与创造。只有通过创造性的策划、组织、设计、制作等各方面工作的有效配合,才能推出高水平的网络新闻专题。因此,《中国新闻奖、长江韬奋奖评选办法》对网络新闻专题的要求是:"主题得当,特色鲜明;容量大、采集广、更新迅即;交互性强、表现形式丰富多样;页面结构清晰、逻辑分明、布局合理,页面设计新颖美观,富有特色,达到形式、内容与主题思想的完美统一。"

第二十二届中国新闻奖评选中,网络新闻专题共有9件作品获奖。这9件作品包括了不同的专题类型:重要节庆专题,如人民网《"永远和人民在一起"——庆祝中国共产党成立90周年》,新华网《领航中国——隆重庆祝中国共产党90华诞》;突发事件专题,如东南网《往福州方向两列动车温州追尾》;主题性专题,如中国日报网《My China Story》,中国广播网《爱,八方来——爱撑起4岁娃娃的家》,四川在线《奇迹:汶川地震三周年　四川从悲壮走向豪迈》,长江网《治庸问责　武汉风暴》;活动策划专题,如胶东在线《接力寻美　温暖中国》,大众网《党旗漫卷中国红——走进56个民族家庭大型接力式采风活动》。不管是哪种类型,获奖的网络新闻专题都体现出一些共同的特点。

注重专题内容的丰富性及其系统性。譬如《永远和人民在一起——庆祝中国共产党成立90周年》专题设置了《中央精神》《庆祝活动》《伟大历程》等20多个栏目。在栏目的设置上始终以主题思想作为各种栏目的经纬线,如《缅怀·人民永远不会忘记》《信仰·践行为人民服务》《奋斗·为了党和人民的事业》等主题栏目,《学党史·党的根基在人民》《知党情·党的力量源自人民》《跟党走·党和人民心连心》等互动栏目,从不同角度和侧面体现了"永远和人民在一起"这一深刻的主题。

注重专题内容呈现的多媒体有机组合。譬如《党旗漫卷中国红——走进56个民族家庭大型接力式采风活动》专题,从栏目设置《最新报道》《民族影像》《音频连线》《唱支民歌给党听》等即可看出，整个专题的呈现是对文字、图片、影像、广播、MV、微博等多媒体的立体化综合。多媒体的综合运用，并非机械的堆砌，而是在走进56个民族家庭这一接力式采风活动过程中，记者、网友共同记录和参与的形式自然而然地呈现出来，从而使多媒体的运用既有多样化的立体感，又具整体上的协调性。

注重专题制作的全面策划。譬如，四川在线2011年初就着手策划汶川地震3周年特别报道，最终确定以答卷篇、音像篇、互动篇、回顾篇、展望篇、祝福篇共6个主题篇章和一个大型网络直播节目，来全面呈现3年重建所取得的辉煌成就，表达"从悲壮走向豪迈"的主题。当然，及早全面策划，并不意味着专题内容都在某一时刻全部搬上网。在专题内容越来越丰富的今天，专题内容其实是在适当的某一时间段逐渐生成和丰富的。比如人民网《永远和人民在一起——庆祝中国共产党成立90周年》专题，先从2011年1月1日推出《党史上的今天》栏目开始，2月25日推出《喜迎中国共产党成立90周年》专题，6月20日推出《永远和人民在一起》大型专题，7月1日24小时滚动直播将庆祝报道推向高潮，当天又推出《学习贯彻胡锦涛总书记"七一"讲话精神》专题。

注重专题策划的亮点与创新。同样是庆祝中国共产党成立90周年，人民网与新华网各有高招。新华网以"网络专题杂志化"为设计理念，运用最新的Java、3DMAX、Flash等技术手段，融文字、图片、视频等多媒体报道形式于一体，全景展示中国共产党诞生90年来波澜壮阔、恢宏磅礴的历史画卷。人民网的专题呈现方式，采用"画卷式"的横幅页面设计和"章回式"的内容编排形式，视觉冲击力强，引人入胜，独树一帜。东南网《往福州方向两列动车温州追尾》是一个突发事件专题，不断更新各医院收治乘客名单，持续更新微博网友寻人启事，及时沟通受伤人员与亲友寻人信息,可以说是充分发挥了网络媒体的特点,也成为该专题的一个亮点。

注重网页设计的主题色调。要让一个网络新闻专题在网络信息的汪洋大海中脱颖而出,专题网页必须具备令人耳目一新的视觉冲击力,力求醒目而别致,同时又必须与专题主题相协调、相统一。主题色调的确立与运用,发挥着至关重要的作用。为了庆祝中国共产党成立90周年,人民网、新华网的专题不约而同地以醒目的红色为基调,不仅醒目,而且热烈,充分体现了专题的主题内涵。胶东在线"接力寻美　温暖中国"标题中,橘黄、淡黄与深红的巧妙搭配,洋溢着温馨的氛围,彰显了专题的主题意蕴。

三　策划不断完善　专题日渐精彩

不同作品的具体水平是存在差异的。被评为一等奖的两件作品,一件是胶东在线的《接力寻美　温暖中国》专题;一件是大众网的《党旗漫卷中国红——走进56个民族家庭大型接力式采风活动》专题。这表明,地方网站通过自身的开拓进取,在网络新闻专题方面达到了相当高的水平。这两件作品的一个共同特点在于高水平的策划。"走进56个民族家庭大型接力式采风活动",本身就是一个策划活动,没有这个策划活动,也就没有这个新闻专题。"接力寻美"先是对"最美女孩"刁娜在车流中舍身救人事迹的报道,进而以此为契机加以策划,启动了"'爱传百城'寻找最美的你"活动,进一步挖掘宣传全国各地涌现出的刁娜式的先进人物。如果没有后续的策划,自然就没有"接力寻美温暖中国"这一深刻的主题。

从2006年第十六届中国新闻奖设立网络新闻专题开始,至2012年共有9个专题荣获一等奖。在往年获得一等奖的7个专题中,有6个是中央媒体单位报送的。今年的网络新闻专题一等奖,都为地方网站斩获，彰显出网络新闻专题的整体进步。单就网络新闻专题的水平而论，人民网《"永远和人民在一起"——庆祝中国共产党成立 90 周年》专题，对主题内容的呈现可谓内容权威，丰富多彩，气势磅礴，雄浑壮丽，完全不逊于两件获得一等奖的作品，只因为中国新闻奖对一家新闻单位获一等奖有名额限制，只好屈居三等奖之列。

比较而言，在今年的网络新闻专题获奖作品中，重要节庆专题与活动策划专题两个方面的专题表现突出，而突发事件专题和主题性专题则还有很大的提升空间。譬如，获奖作品《往福州方向两列动车温州追尾》在后续报道方面显得相当单薄，基本没有涉及救援过程中出现的各种不尽如人意的问题，这就势必限制整个专题的传播力与影响力。又如，获奖作品《爱，八方来——爱撑起 4 岁娃娃的家》，从题材内容到主题命意都很好，但专题内容尤其是表现形式都有提升的空间，比如同类事件的链接，感动、赞叹之余对此类现实问题的反思，都可以进一步充实，从而强化其深度、广度和冲击力。

（原载《新闻战线》2012 年第 11 期）

把握时代方位,高扬新闻艺术

——第二十二届中国新闻奖评奖感悟

一年一度的中国新闻奖评奖,是对上一年新闻工作的全面检阅。当颁奖掌声响过,在分享了获奖的光荣与喜悦之后,我们就应回过头来冷静地思考:为什么是这些作品获奖?获奖作品的成功究竟体现在哪里?新闻工作者应当如何努力才能创造出无愧于时代的佳作与精品?新闻工作者在实际工作中又应当注意些什么问题?

且不说全部获奖作品,单就一等奖和特等奖获奖作品而言,不仅全面展示了 2011 年我国各级各类媒体在消息、评论、通讯、直播、摄影、副刊等各个方面的成果,而且代表了当年的最高新闻水平。大体上,中央新闻单位的获奖数目几近一半,而且获奖项目大都是消息、评论、通讯、系列报道、专题等主要新闻项目,显示出中央新闻单位在我国新闻战线的核心地位与引领作用。同时,地方新闻单位也有各自的精彩表现,尤其是像温州广播电视台、烟台电视台、《扬州日报》《金华日报》等地市级媒体都能荣获一等奖,表明地方媒体也在奋起直追,且取得了可喜成就。

一 优秀作品的若干类型

优秀的新闻作品总是题材内容与表现形式的完美统一。从题材内容看,荣获一等奖和特等奖的作品主要包括以下几种主要类型:

第一，重大事件的报道。作为社会历史进程中的重要节点，重大事件尤其是重大突发事件的新闻价值不言而喻。重大突发事件报道，关键是要及时、准确、权威地报道事件的发生，跟踪事件的进程。"7·23"温州动车事故发生后，新华社通过微博监控获得线索，核实后迅速抢发英文特急电《中国发生特大动车相撞事件伤亡严重》，使之成为全球首发的公开报道。事故发生24小时内，英文连续滚动发稿21条，美联社、路透社、法新社、德新社、《纽约时报》《卫报》以及BBC网站等数十家国外主流通讯社和媒体标注"XINHUA"转载，凸显了新华社在重大突发事件后的第一时间报道能力，赢得了动车事故报道的主动权。在事故发生后半小时，温州广播电视台迅速推出《7·23动车追尾事故现场直播》，先后持续24小时，反应敏捷，操作到位，运用实时信号、微博播报等多种直播元素，全景式展现了事故的惨烈状况。以事故大救援的全过程，表现了一方有难、八方支援的仁爱精神，也体现出一个地市级电视台的综合实力。

第二，重要议题的评论。评论是媒体引导舆论的旗帜，要充分发挥媒体的舆论引导作用，就必须撰写具有思想内涵与价值引领的高水平评论。2011年，如何做好建党90周年宣传，是摆在新闻界面前的重大课题。《人民日报》的评论《选择，凝聚在信仰的旗帜下——写在中国共产党成立90周年（上）》，挖掘我党90年峥嵘岁月留存下的感人事迹、不朽精神，从共产党员应该"成为什么人"来结构篇章，着重写精神、写信仰，从"最初的理想"追寻"最终的答案"，以"信仰的旗帜"造就"理想的传奇"，从而回答共产党员应该"成为什么人"的问题，把一篇高度理论化的政论写得生动形象，感人肺腑，委实不易。2010年底，中东、北非局势动荡不安。2011年初，境内外一些人通过互联网煽风点火，试图在中国挑起"街头政治"。《人民日报·海外版》3月10日率先发表评论《中国不是中东》，指出"中国的人心思稳""中国共产党执政的根基牢固""中国领导人一直以来顺应民意,用发展改革的办法解决发展改革中出现的问题",从而深刻地阐明"中国不是中东,想把中东乱局引向中国的图谋注定落空"。评论一针见血,及时有效地引导了国内外舆论。

第三,重要理念的阐释。在社会转型日益加剧、社会问题日益突出的当今时代,必须进一步深化改革,创新社会管理,促进和谐社会建设。为此,我们需要大力倡导与社会发展相适应的新理念新举措。《人民日报》评论部文章《倾听那些"沉没的声音"》指出,群众不可倾诉、不被倾听、不能解决的利益表达,正是执政者需要尽可能打捞的"沉没的声音";维护弱势人群的表达权,使他们的利益能够通过制度化规范化渠道正常表达,这是构建和谐社会的关键所在。面对当前突出的医患纠纷,上海广播电视台的电视评论《聚焦医患"第三方"》,以上海各个区县医患纠纷人民调解机构正式挂牌成立为契机,深入调查和拍摄,选取典型案例来记录医疗纠纷的调解过程,从而阐明第三方调解是上海进行社会管理创新、缓解社会矛盾的新举措,具有普遍的现实意义。《河南日报》评论《在转变中赢得大发展》明确提出"用领导方式转变加快发展方式转变"的新理念,在中原大地掀起一场静悄悄的思想解放,为全面建设中原经济区提供了一次较好的思想和舆论准备,在省内外引起强烈的社会反响。

第四,重要问题的揭示。所谓重要问题,就是关系到国计民生的现实问题。《河北日报》消息《基层科技创新遇"无米之炊"》从一则河北科技投入居全国中下水平的简报入手,通过深入调查,一针见血地指出河北基层科技投入严重不足的问题,摆事实,讲道理,深入浅出地阐述了基础科技投入的重要性,引起强烈的社会反响,各界纷纷呼吁政府部门把"科技是第一生产力"真正落到实处。2011年初,呼和浩特市2008年建在城市边缘的春光嘉园小区,由于位于新规划的城市干道上而要进行拆迁,引起居民不满。对此,内蒙古电视台推出电视访谈《拆新房为哪般》,让居民代表和政府领导充分表达各自的观点和诉求,从而有效地开展了舆论监督,也促进了政府重视与居民的拆前沟通,还引导了居民的理性表达和依法维权。上海广播电视台的广播评论《严禁酒驾带给社会的启示》指出,为什么"醉酒驾车入刑"之后全国"醉酒、饮酒驾车"同比大幅下降,而违反食品安全的违法行为却依旧层出不穷?评论认为,管理部门像查处酒驾一样来查处所有的违法行为,充分体现法律的公正性和严肃性,社会管理才能有条不紊。

第五,时代精神的弘扬。时代精神具有丰富的内涵,一篇新闻作品只能从某个角度切入,从不同的层面或角度加以表现和弘扬。新华社记者深入太行山深处的乡村、企业和重修红旗渠工地调研采访,写成特稿《守望精神家园的太行人——红旗渠精神当代传奇》,以磅礴恢宏的气势,细腻饱满的笔触,通古博今的底蕴,从改革开放以来林州人民的理想、奋斗、坚韧、奉献中提炼出"难而不惧,富而不惑,自强不已,奋斗不息"的红旗渠精神,昭示国人,立意高远,境界深邃。《解放军报》通讯《红山嘴,大雪即将封山》,选取大雪即将封山这个极具代表性的时段,用白描的手法将一个个红山嘴边防连官兵无私奉献的感人故事巧妙地串在一起,表现边防连官兵在艰苦环境中卫国戍边的崇高精神,读来催人泪下。山西广播电视台的新闻专题《右玉精神》,运用纪实与追忆的手法,再现右玉人民在党的领导下60年的奋斗历程,不仅成就了一个绿色奇迹,而且铸就了一种艰苦奋斗、执政为民的"右玉精神"。《江西日报》报告文学《也是一个真实的故事》,描绘出一幅人与珍禽和谐共处的美丽画面,表现了养鹤姑娘邹进莲的精神境界,凸显出在实施鄱阳湖生态经济区这个国家战略的大背景下人与自然、人与社会和谐共处的美好追求与生动实践。所有这些作品,都是对时代精神的生动诠释。

第六，报道领域的开掘。随着中国的崛起与时代的发展，一些新的报道领域被开掘出来。《中国日报》系列报道《中国企业走向非洲系列报道》，通过作者到非洲进行访问与采访，报道了中非经贸投资的现实情况，表明北非国家的动乱导致非洲国家对发展经济、改善民生的追求达到前所未有的高度，而中国改革开放 30 年的成功发展经验为非洲国家树立了学习的样板，非洲国家的领导人欢迎来自中国的投资、技术和资金，希望中国的投资能够帮助他们实现经济繁荣的目标。中央电视台的 20 集系列报道《走进西藏寺庙》，是央视乃至国内外媒体第一次有系统、大规模地报道西藏的寺庙和藏传佛教，通过 CCTV－4、CCTV－NEWS 等诸多外宣频道，在世界近 200 个国家和地区落地播出，不仅让海外华人华侨充分了解西藏宗教和寺庙现状，而且通过各外语频道使国外主流人群也同步了解西藏、理解西藏。2011 年，是中国远征军出国作战 70 周年。北京电视台的广播访谈《请跟我回家》，《南方日报》的通讯《中国远征军老兵杨剑达：回家的路走了 70 年》，都是国内主流媒体正面报道远征军的佳作，感人至深。

二　获奖作品的共同特色

从新闻报道的采写制作过程及其表现形式来看，获奖作品体现出一些共同的特色：

其一，深入基层，深入采访，潜心体会，是优秀新闻作品产生的前提。可以这样说，没有中央电视台记者深入新疆喀什塔什库尔干塔吉克自治县的调查采访，就不可能产生系列报道《走基层·塔县皮里村蹲点日记》这样优秀的作品。《扬州日报》记者在随同用工单位横跨五省招工过程中，偶然获悉云南曲靖负责劳务输出的陈家顺副局长隐去官职在扬州开发区一企业"打工"的故事，敏锐地写出《就业局长"潜伏"打工探扬州用工》的精彩消息。新疆电视台的电视消息《张春贤"逛夜市》，没把新闻局限于领导报道，而是将其置于"7·5"打砸抢严重暴力事件刚过两年这一背景下来感悟其深刻的意义，通过记录夜市里发生的各种各样的细节，来反映乌鲁木齐乃至整个新疆和谐繁荣稳定的幸福情景。

其二，充分准备，精心策划，仔细打磨，是优秀新闻作品产生的保障。《人民日报》为撰写《选择，凝聚在信仰的旗帜下——写在中国共产党成立90周年（上）》这篇重点文章，编委会成员亲自部署、落实把关，起草组成员认真学习领会相关精神，走访了多位专家，在搜集大量资料的基础上，精心谋篇布局，才写出这篇寓政论于历史人物及其精神追求的评论精品。胶东在线的网络专题《接力寻美　温暖中国》先是对"最美女孩"刁娜在车流中舍身救人事迹的报道，进而以此为契机进行策划，启动了"'爱传百城'寻找最美的你"活动，进一步挖掘宣传全国各地涌现出的刁娜式的先进人物。如果没有后续的策划，自然就没有"接力寻美　温暖中国"这一深刻的主题。至于大众网的网络专题《党旗漫卷中国红——走进56个民族家庭大型接力式采风活动》，本身就是一个策划活动，没有这个策划活动，也就没有这个新闻专题。

其三，不断进取，敢于创新，力求完美，是优秀新闻作品产生的动力。《中国日报》2011年12月4日1版的版面设计极富创意。为了形象直观地报道中国粮食现状，编辑从家中拿来各种谷物、豆类，自己动手一颗颗地拼出中国地图，然后拍成照片完成设计，生动地诠释了"FEEDING CHINA"（中国粮食生产）的主题。版面以全新的视觉冲击为主打，利用创意体现主题，真是别出心裁。同时，版面在注重活泼的同时也特别兼顾了细节和新闻报道的严肃性，尤其是南海地图的处理恰到好处，完整而严谨。整个版面创意独特，设计新颖，主标题、副标题、文字与图片布局合理，完美结合。《金华日报》"多彩QQ群和谐新空间"专栏，以网络上极其庞大的QQ群为报道对象，在报纸和网络间搭建起一个可持续互动、沟通、交流、反馈的平台，既在报纸上展现网友声音，又在网络上体现党报导向，从而形成了报纸和网络互联互通、互取所长的新型传播形式。而且，所有文章大量采用 Q 友的网络语言，新鲜活泼，富有情趣。

不论哪种媒体，不论哪种题材，不论哪种样式，新闻报道都必须遵循真实、客观、公正、全面的基本准则。否则，优秀新闻作品的产生就会落空。2011 年，小悦悦事件受到国内外舆论的广泛关注，但获奖作品中却没有直接反映小悦悦事件的相关报道。这不能不说是一大遗憾。不是没有新闻单位报送有关作品，而是参评的一件电视消息作品存在主题或者说立意有些偏颇，不够全面，也有欠客观公正，并未完全弄清现场情况等因素，最终与中国新闻奖擦肩而过。

此外，应当注意的是，参评中国新闻奖的作品，不要由于某些不经意的细小失误而导致作品存在缺陷。按评奖办法和实施细则的规定，凡有缺陷的新闻作品不能评一等奖。本次评选就有一件广播作品在评委会集中审看时被发现存在一个小小的失误，把康德的名言"头顶的星空和内心的道德法则"说成歌德所说，按规定被降低了奖励等级。

（原载《中国记者》2012 年第 12 期）

在时代坐标上书写民族核心价值

——试评《守望精神家园的太行人：
红旗渠精神当代传奇》

如何培育与践行社会主义核心价值观，是各行各业必须认真研究的时代课题。新闻战线如何培育与践行社会主义核心价值观？作为中国新闻奖的评委，在重读第二十二届中国新闻奖特别奖作品《守望精神家园的太行人——红旗渠精神当代传奇》（新华社记者李从军、刘思扬、朱玉、赵承，2011 年 10 月 16 日播发，以下简称《守望》）过程中，有所感悟，试做评说。

一 彰显与践行社会主义核心价值观的力作

作品所着力表现的，是太行山区的"林州人民以自己的理想、奋斗、坚韧、奉献，成就了当代红旗渠精神"，并明确将这种精神概括为"难而不惧，富而不惑，自强不已，奋斗不息"，进而阐明：

难而不惧，在理想召唤下排除千难万险；

富而不惑，在物质大潮中坚守精神家园；

自强不已，在激烈竞争中壮大发展，不断超越；

奋斗不息，在复兴道路上奋力拼搏，永不停步。

　　这就是我们时代的精神，更是中华民族的精神。

　　无论我们将来多么富有，多么强大，都不应该丢弃。

　　改革开放 30 多年来，中国社会不断进步，同时也出现了一些不良现象。譬如有些人信仰迷失，理想动摇，价值扭曲，道德失范，诚信缺乏，社会上拜金主义、享乐主义、极端个人主义潜滋暗长。在这样的时代背景下，林州人民以自己的理想、奋斗、坚韧、奉献来守望精神家园，正是对富强、文明、和谐、爱国、敬业、友善等社会主义核心价值观的追求和信奉。

　　唯其如此，记者在文中意味深长地指出："一个国家真正的财富，不仅在于拥有有形的物质力量，更在于是否拥有无形的精神力量。经济的发达，可以为一个国家贴上强大的标签；而唯有精神的力量，可以让一个国家扛得起伟大的字眼。""当这种精神成为文化，当这种精神成为传统，当这种精神融入血脉，自然就有了与苍穹比阔的力量！""一个大国，一个强大的民族，必须具有展望未来的眼光，和追问历史的能力。一个时代，不能只留下飞速发展的数据，还应该为后人保存丰富的精神食粮。"因此，作品标题直接点明主题："守望精神家园。"这一诗性的表达，正是《守望》这篇通讯对社会主义核心价值观的确认与彰显。

二　深入采访是基础，升华提炼是关键

　　记者为什么能够写出这样大气磅礴、震撼人心、力透纸背的力作？除了太行儿女的理想、奋斗、坚韧、奉献本身感人至深这一客观事实基础，记者主观能动性的充分发挥是作品得以成功的关键。

　　这篇作品在申报中国新闻奖时对采编过程作了如下介绍："新华社社长李从军带领三名记者深入太行深处的乡村、企业和重修红旗渠工地调研，采访 30 多位典型人物，召开近 10 场座谈会。同时，在全国范围

采访了涉及红旗渠的人物,查阅三十多万字的文字资料。在深入采访基础上,精雕细刻,数易其稿,反复打磨,形成了这篇精品力作。"

在这里,深入采访是基础,升华提炼是关键。没有在田间、在渠旁、在太行山巅对基层干部群众的广泛接触和深入采访,就不可能掌握大量鲜活感人的新闻素材。然而,掌握鲜活的新闻素材之后,如何确立独特的写作角度和表达主题,却不能不通过反复的领会、酝酿、斟酌、提炼,才能捕捉到与时代脉搏一起跃动的主题。要解答林州人何以能够创造当代传奇,就必须探寻林州人的精神世界、理想追求、心灵操守。

林州市红旗渠精神研究会秘书长申伏生说得好:20 世纪 60 年代,林州人穿山凿壁修建红旗渠,孕育了"自力更生,艰苦奋斗,团结协作,无私奉献"的红旗渠精神。新时期,林州 10 万大军出太行,返太行,富太行,使红旗渠精神得到了传承和升华。① 而这种得到传承和升华的当代红旗渠精神是什么?在《守望》诞生前并没有人将其总结出来,正是记者的"精雕细刻,数易其稿,反复打磨",才将当代红旗渠精神概括提炼为"难而不惧,富而不惑,自强不息,奋斗不止",从而使作品的立意与意境跃升到一个崭新的高度。

三　理论思维与形象思维相融汇

人们常说,好新闻是跑出来的。所谓"跑",其实是说深入实际,认真调查研究,通过记者自己的所见所闻所感来采写新闻。但是,仅仅有"跑"也是不够的,调查研究其实离不开理论思维。要写出像《守望》这样高屋建瓴、大气磅礴的政论性通讯力作,训练有素的理论思维和理论概括能力尤其重要。不用说,离开了记者对报道对象的准确把握与写作素材的提炼升华,当代红旗渠精神是不会自动跑上笔端的。

---

① 任国战:《传承精神抢抓机遇建好家园——林州市热议当代红旗渠精神》,《河南日报》2011 年 10 月 19 日第 4 版。

《守望》这篇通讯带有很强的政论性。但是，作品是通讯而不是政论。既然是通讯，就得遵循通讯写作的规律，就得通过鲜活的形象来表现深刻的主题。作品塑造了县委书记杨贵、大堎村党支部书记许存山、打铁匠李光元等鲜活的形象，他们战天斗地，改变环境，创造美好生活。如何从这些一个又一个典型人物的感人事迹中升华提炼出当代红旗渠精神这一抽象的理论命题？作品通过对古今中外神话典故的联想类比，对太行儿女的精神境界作了恰如其分的理论升华：精卫填海，盘古开天，夸父逐日，女娲补天，愚公移山，不正是林州人古往今来一脉相承的理想、奋斗、坚韧、奉献？阿尔卑斯山畔的德萨雷有 3 个太阳照耀，哪比得上太行山有无数个太阳在照耀——那是太行人自强不已、奋斗不息的精神之光！如此一来，太行儿女的"精神之光"也就自然成为作品所表达的主题。

四　谋篇布局，思想为魂

典型人物的感人事迹，战天斗地的英雄场面，震古烁今的神话典故，之所以能够被组织成波澜起伏而又井井有条的有机整体，自然得力于记者精心构思、巧妙布局的结构技巧。李彬教授说得好："通讯的五个小标题及其内容板块仿佛五个乐章，步步为营，浑然一体，构成一部急管繁弦的交响曲，酣畅淋漓地抒发了报道主旨：

太行之梦——一个永不坠落的理想

太行之气——一派正大沛然的气概

太行之力——一种滴水穿石的坚韧

太行之爱——一首奉献当代的颂歌

太行之魂——一曲民族精神的咏叹

每个小标题下面,分别附有一段远古传奇:精卫填海、盘古开天、夸父逐日、女娲补天、愚公移山,既使作品的精神意味更加突出,又使今天的新闻彰显了深远的时空价值。"①

其实,五个小标题所彰显的,正是当代红旗渠精神的四个维度即"理想、奋斗、坚韧、奉献"的形象展现,以及一个宗旨即"民族精神"的画龙点睛。由此可见,思想的光芒正是贯穿整个作品的内在红线。而这种思想的光芒,既是对当代太行儿女精神价值追求的提炼,更是来自记者所把握的社会主义核心价值观的烛照——记者站在社会主义核心价值观的高度对太行儿女可歌可泣的所作所为进行审视,从而提炼出既切合当代太行儿女所作所为实际情况而又具有社会主义核心价值观内涵的当代红旗渠精神。

(原载《新闻战线》2013 年第 3 期)

---

① 李彬:《精神家园的新闻咏叹——读长篇通讯〈守望精神家园的太行人——红旗渠精神当代传奇〉》,《中国出版》2012 年第 17 期。

代跋　加强媒介批评，促进传媒发展，深化新闻学术

唐金凤

2011 年初，董天策教授被中国传媒大会 2010 年会授予"金长城传媒·2001—2010 中国传媒思想人物"，以表彰他在新闻传播学领域所做的贡献。最近十余年来，董天策教授密切关注我国新闻传播业的发展与新闻传播学的进展，深入探讨新闻传播学的基础理论问题，全新剖析"新闻策划"的理论与实践，积极倡导媒介批评及其理论研究，努力推进新闻传播教育的改革，并对传媒竞争、网络媒体、危机传播、传媒文化等多方面的理论与现实问题作了深入的探讨，取得了不少有价值的成果，多次荣获教育部、广东省的各种奖励。

在众多的研究领域中，董天策教授对"媒介批评"情有独钟，2004 年出版的《新闻传播学论稿》有一个方面的内容是"媒介批评与新闻教育"，2008 年申报教育部"新世纪优秀人才支持计划"的课题是"媒介批评的理论建构与教材建设"。在他的带领下，暨南大学新闻与传播学院在"媒介批评"领域开展了不少工作：组织研讨会，编辑出版学术集刊，对于"媒介批评"研究在我国的发展与壮大做出了自己的贡献。

受《今传媒》杂志社的委托，本人作为特约记者走进了董天策教授的办公室，以媒介批评为主题做了一次专访。

一　媒介批评是新闻传播学的一个新领域

记者：中国大陆学界 1995 年明确提出"媒介批评"概念以来，已经有十多年，但"媒介批评"究竟是什么？给人的感觉至今仍有些模糊。请谈谈您的看法。

董天策：简单地说，媒介批评就是对媒介的批评。在学术的意义上，批评是一个中性的概念，是对事物的是非、善恶、美丑、得失的分析、判断、评价。随着信息技术与传媒产业的发展，当今时代日益成为一个媒介化时代，当今社会日益成为一个媒介化社会。媒介在现代社会所发挥的作用越来越大，广泛地渗透到政治、经济、文化等各个领域，成为联结政治力量（政党/政府）、经济力量（工商企业）、社会力量（社会公众）的重要桥梁和纽带。与此同时，现代媒介已成为越来越庞大的产业，它也具有自身的利益诉求。媒介在与社会的政治力量、经济力量、社会力量的互动过程中，在自身的发展过程中，总是会产生这样那样的问题，要认识、把握、解决这些问题，就需要对媒介的是非、善恶、美丑、得失作出分析、判断、评价，这就是媒介批评。

记者：有人认为，"媒介批评与媒介同时诞生"，媒介批评与媒介实践始终相伴相随，有如"并蒂莲"一般。媒介批评果真有如此悠久的历史吗？

董天策：这是在媒介批评起源问题上的一种观点。这种观点到底在多大程度上反映了媒介批评的发生发展过程，还需要深入考察和讨论。我个人持保留意见。理论上，要区分"自发的媒介批评"与"自觉的媒介批评"。无论中外，在报刊的历史发展过程中，都曾出现对报刊的一些批评性言说。那些批评性言说往往是根据当时的现实需要来谈论报刊的某些利弊得失，大都是感性的、零散的、不成体系的，并未把对报刊的批评作为一个独立言说系统加以从理论到实践的整体性建构，只能说是一种自发的媒介批评。只有对媒介的批评成为一个独立言说系统，一方面进行媒介批评实践，一方面开展媒介批评研究，媒介批评才真正走向自觉。

"自觉的媒介批评"发展起来的时间并不是太长。从理论层面考量，在西方，大约是在 20 世纪初期；在中国大陆，大约是在 1995 年明确提出"媒介批评"概念之后。而"自发的媒介批评"，历史相对久远，现代意义上的报刊即通常所说的近代报刊诞生以后开始出现。西方国家近代报刊的诞生早于中国，所以西方国家"自发的媒介批评"也比中国早。当然，也有学者认为中国古代报刊产生以后就有自发的媒介批评出现。"自发的媒介批评"在实践层面的具体情况究竟如何，还需要对媒介批评的历史发展做深入的研究。

应当说，"自觉的媒介批评"是一个新兴的学术领域，在中国大陆尤其是如此。当然，研究媒介批评的历史，不仅要研究作为一个独立言说系统的媒介批评，而且要研究此前那些感性、零散、不成体系的媒介批评，才能深刻揭示媒介批评是如何从自发走向自觉的进程，尤其是揭示媒介批评从自发走向自觉的突变过程，才能科学阐明媒介批评的内在本质。

记者：媒介的种类很多，包括报纸杂志、广播电视、网络媒体等；媒介的内容广泛，包括新闻、评论、广告、知识、文学艺术等。所有这些，是否都是媒介批评的对象？

董天策：这其实涉及两个问题。首先是媒介批评究竟批评什么，或者说媒介批评可以在哪些层面展开？对此，学术界尚未达成共识。我们知道，"媒介"始终与"传播"紧密联系在一起，而"媒介""传播"又与整个社会联系在一起。因此，所谓"媒介"，不仅意味着信息传播的载体，而且意味着信息传播的产品，还意味着媒介与社会的关系。唯其如此，我认为媒介批评的实践主要在以下五个层面展开：一是文本层面的媒介批评,针对新闻与广告等媒介产品展开;二是行为层面的媒介批评,针对媒介活动中的传播伦理展开;三是现象层面的媒介批评,针对某种带有普遍性的媒介现象展开;四是体制层面的媒介批评,针对媒介体制问题展开;五是文化层面的媒介批评,针对媒介文化问题展开。

从这五个层面出发,可以给媒介批评下一个更有具体内涵的定义:它是批评者对媒介产品、媒介行为、媒介现象乃至媒介体制、媒介文化的是非、善恶、美丑、得失作出分析评判与价值判断。

其次是媒介批评的边界问题,或者说媒介批评与其他批评形态之间的关系问题。媒介批评刚刚引入国内之际,确有论者说过,"一切大众传播媒体——从书刊、报纸到广播、影视,从录音、录像到街头广告上面的一切信息,都在媒介批评的视野之内"。然而,媒介不仅是新闻、广告的载体,也是文学、艺术的载体,譬如报纸不仅刊登新闻、广告,也刊登诗歌、小说、散文等文学作品,电视的内容更是五花八门,新闻、广告、综艺、影视剧,不一而足。传统上,对文学的批评是文学批评,对艺术的批评是艺术批评,如果说媒介批评囊括了媒介的一切信息内容,那么媒介批评是否涵盖文学批评、艺术批评呢?历史告诉我们,无论文学批评还是艺术批评,都比媒介批评具有悠久得多也深厚得多的传统,媒介批评显然不能涵盖文学批评、艺术批评。

如果说媒介文本/产品批评、媒介行为/伦理批评、媒介现象批评是媒介批评的核心领域,媒介体制批评是媒介批评的特色领域,与其他类型的批评具有明显的区别,那么,媒介文化批评与文学批评、艺术批评、影视批评等其他类型的批评则存在着较大的关联。面对媒介所传承的大众文化,如果分别从文学、艺术、影视的角度就其美学特质、文艺规律、艺术成就等内涵开展批评,仍分别属于文学批评、艺术批评、影视批评的范畴;如果侧重从大众文化的生产与传播及其社会影响来展开批评,则成为媒介文化批评,或者说成为"文化研究"。正如吴迪所说，"媒介批评是与文艺批评、社会批评有交叉、有重叠的——当文学批评将武侠、言情等消闲作品列入自己范畴的时候，当电影批评将娱乐片、商业片纳入自己视野的时候，当社会批评从大众传媒角度出发的时候，我们也可以将其视为媒介批评。"

二　媒介批评是传媒业的园丁和啄木鸟

记者：中国大陆的媒介批评为什么到 20 世纪 90 年代才走向自觉？这其中有何因由？

董天策：原因很复杂，最为主要的还是中国大陆传媒业的发展变化。新中国成立后，报刊、广播等媒介作为党和国家的喉舌，成为党政机构的重要组成部分，被定位成"阶级斗争的工具"，甚至被说成是"无产阶级专政的工具"，在这种情况下，媒介所传播的内容成为党政意志的体现，自然是不能对媒介开展批评的。所以在改革开放前很长一段时间内，人们的感觉向来都是媒介去批评别人，批评社会，媒介怎么可能成为被批评的对象呢？

改革开放之初，人们对媒介的性质、功能、运作有所反思。作为当时思想界拨乱反正的有机组成部分，这种对媒介的反思主要体现为政治批判。80 年代中期以后，随着晚报、周末报、专业报、行业报、文化生活类报纸等媒介的大发展，新闻出版部门、宣传主管部门先后倡导报刊审读、新闻阅评，以加强对媒介的管理与引导。进入 90 年代以后，随着都市报的崛起，随着传媒市场化的发展，中国大陆的传媒业一方面蓬勃发展，充满朝气与活力，取得了前所未有的历史性进步，但同时也出现越来越多的问题。譬如虚假报道、有偿新闻、低俗之风、不良广告、新闻炒作、媒体错位等问题日益突出。

正是在这样的背景下，随着西方传播学的引进与介绍，媒介批评不仅成为学术界关注的研究课题，而且受到新闻传播业界所办专业刊物的重视。《新闻记者》从 2002 年第 1 期开设"媒介批评"专栏；较早探讨"报刊批评学""媒介批评研究"的《报刊之友》2002 年第 1 期封面打出"一份报刊媒介批评杂志"字样，改名《今传媒》以后，从 2004 年第 7 期起不定期开设"媒介批评"专栏；《新闻界》从 2004 年第 3 期也开始推出"媒介批评"专栏。"媒介批评"专栏的开设，为媒介批评文章的发表提供了基本的阵地。此外，还有其他专业刊物如《新闻战线》《中国记者》，也在有关栏目发表了不少媒介批评文章。

记者：媒介批评对传媒业的健康发展具有什么样的意义？

董天策：正是传媒业发展的需要促成了媒介批评的兴起。传媒业在发展过程中出现的各种失范现象表明，要维护传媒的专业性、纯洁性，就必须有一种制约机制。媒介批评，正是这样一种制约机制。打个比方来说，媒介批评可以说是传媒业发展的啄木鸟，专门去掉侵害传媒业发展的害虫；也可以说是传媒业发展的园丁，浇花除草，修枝葺叶，促使传媒业沿着正确、健康的道路发展，维护新闻传播的专业主义精神。

比喻总是蹩脚的。从理论上说，开展媒介批评，反思媒介的所作所为，反思媒介的性质与功能，反思媒介与政治力量、经济力量、社会力量的关系，反思媒介所建构的文化环境，就成为正视媒介现实的一种学术理性。媒介要强化社会责任，要践履时代使命，要加强行业自律，要提升职业伦理，要保持专业操守，要守望社会正义，要促进人类文明，都离不开媒介批评的价值引导。

记者：通常，批评就意味着否定，请问：媒介批评是否就是对媒介行为或媒介实践的否定？

董天策：需要指出的是，在当代中国的现实语境中，一说到"批评"，人们往往会认为就是对某种缺点和错误的指责或抨击，甚至是对某种错误思想、言行的批驳与否定,从而使"批评"一词成为一个否定性概念,尤其是"批评"与"表扬"的习惯性对举,更是大大强化了这种印象。这是由于过去相当长时期的"革命"话语与"斗争"哲学所浸染的结果。实际上,媒介批评中的批评概念,仅仅意味着分析、判断、评价。因此,媒介批评可能是对媒介现实中的某些问题提出质疑,加以抨击,乃至否定,也可能是对媒介现实中的某些做法总结经验,加以肯定,倡导推广。

换句话说,媒介批评既可以是否定性的批评,也可以是肯定性的批评。当然,对于缺乏媒介批评传统的当代中国来说,适当强调媒介批评的否定性指向,加强对媒介现实中各种问题的分析、评论、批判,对于促进传媒业的健康发展具有十分重要的现实意义。但是,也不能因为强调媒介批评的反思性、批判性乃至否定性,就扔掉媒介批评的建设性、倡导性、肯定性。对于媒介批评的价值取向,我们需要辩证思维。所谓"浇花除草""惩恶扬善""祛邪扶正"之类的俗语,正好反映了否定性批评与肯定性批评的辩证关系。

三 媒介批评是深化新闻传播学术的切入点

记者:媒介批评对传媒业的健康发展具有重要促进作用,对新闻传播学研究又什么意义呢?

董天策:我曾说过,媒介批评是一种往返于理论与实践之间的学术活动。一方面,媒介批评是对鲜活的媒介现实进行学理性的审视,剖析、判断、评价其利弊得失,为业界提供有价值的参考意见,帮助业界弘扬优势,正视问题,修正错误,从而促进传媒业的健康发展;另一方面,媒介批评所发现的问题,所进行的分析,所阐明的学理,所提出的对策,又可以为新闻传播学研究添砖加瓦,或储备素材,或增添新说,或完善旧说,或更新观念,从而推进新闻传播学的不断深化乃至重构。

因此,媒介批评可以深化新闻传播学术研究。

经过改革开放三十多年的发展,新闻传播学研究已取得了不少成就。问题在于,在学科内部作纵向比较,可谓成果丰硕;而一旦与其他人文学科、社会科学作横向比较,则不免显得单薄。原因自然多种多样,根本的一条,就是独立的、批判的、反思的学术理性未能得到充分的张扬。不少研究论著,要么跟在媒介实践的后面亦步亦趋,归纳总结业务经验;要么跟随政治或政策作解释或图解,把新闻学变成一种"解释新闻学"或"政策图解新闻学";要么把教科书式的知识框架或知识架构翻新当成理论体系建构或理论体系创新,不断进行知识框架或知识架构的复制。

媒介批评在世纪之交的当代中国蓬勃兴起,充分彰显出独立的、批判的、反思的学术理性在新闻传播学界与业界的觉醒。我以为,正是这样一种学术理性的觉醒,可以成为深化新闻传播学术的内在动力。

记者: 媒介批评方面的理论性著作从 2001 年就开始出版,十年中已出版了不少媒介批评方面的概论性著作或教材,媒介批评是否已经成长为一个独立的学科?

董天策: 国内学术研究的一个大问题是动不动就要建立学科,注重知识框架的搭建,而没有把研究的重心放在解决学理问题与创新理论学说上面。我曾说过,作为一个重要的学术领域,媒介批评包括两个基本方面:一是媒介批评的话语实践,二是媒介批评的学术研究。就媒介批评的内在规定性而言,其内在生命力还是在于媒介批评实践,即切实开展丰富多彩的媒介批评。当然,为了推动这种批评实践,需要深入研究媒介批评,总结一些规律性的、理论性的认识。至于建立"媒介批评学",其学科的内在规定性是什么,还需要深入讨论。我个人的看法,所谓媒介批评学的建立,主要还是在搭建媒介批评的知识框架,这对于国内推进媒介批评的教学，或许有益的。

不过，处在社会转型与传媒变革的时代，找出值得批评的现象与问题，开展富有学理深度的媒介批评，不仅可以深化"媒介批评学"的研究，而且可以深化整个新闻传播学术的研究。

记者：请问您以及暨南大学媒介批评研究中心将如何推进媒介批评的研究？

董天策：2007 年，暨南大学新闻学被评为广东省重点学科。作为负责人，我在考虑学科建设重点与特色的时候，把媒介批评确定为重点建设的一个学术领域。为此，我们首倡并在珠海召开了国内"首届媒介批评国际学术论坛"，来自美国、日本、爱尔兰和中国北京、上海、广州、南京、成都、兰州、济南、南昌、苏州、深圳以及香港、澳门等地的 60 多位专家学者和业界精英出席了论坛。2008 年，我们又成立了媒介批评研究中心，决定编辑出版媒介批评的学术集刊。迄今为止，我们已经举办两次"媒介批评国际学术论坛"，一次"媒介批评圆桌会议"，编辑出版两辑《中外媒介批评》。今后，还将继续举办"媒介批评国际学术论坛"，编辑出版《中外媒介批评》，把学术交流平台搭建得更加及时充分，大力促进媒介批评学术研究。

记者：说到媒介批评研究的交流平台，北师大的蒋原伦教授、张柠教授主编了一本《媒介批评》，您主编《中外媒介批评》和他们的《媒介批评》有什么不同？

董天策：蒋原伦教授、张柠教授原本是文艺理论、文学评论、文化研究的专家，所以他们主编《媒介批评》的宗旨，是从媒介学的角度对文化进行批评实践，考察媒介与社会文化的互动关系，主要刊登研究媒介文化的批评文章，实际上是文化研究，即西方的 Cultural Studies。我主编的《中外媒介批评》着眼新闻传播学视域，主要是想把媒介批评作为一个新闻传播的学术领域来加以建设，希望融开放平台、多元取向、学术理性的编辑理念为一体，努力将其打造成为国内媒介批评的一个重要学术集刊。

（原载《今传媒》2011 年第 3 期，原文有副标题"访暨南大学新闻与传播学院常务副院长董天策教授"）